U0506723

明清民国滇黔地方志中民族语言资料分类汇编

乔立智 ◎ 编著

上海古籍出版社

本书系国家社科基金西部项目"明清、民国滇黔地方志所记录的民族语言资料整理与研究"（编号18XYY031）及国家社科基金重大项目"明清以来西南官话区地方志方言俗语集成"（编号17ZDA313）成果

本书获得云南民族大学学术著作出版资助

凡　　例

　　一、本书力图全面真实地反映明清民国滇黔地方志所记录民族语言的情况。分为上、下两编,上编为明清民国云南地方志中的民族语言资料,下编为明清民国贵州地方志中的民族语言资料。

　　二、上、下两编中所有民族语言资料,均尽量按民族类别及方志修纂时间综合编排,以呈现出语言资料的民族类属、记录时间大致清晰确定之格局,例如"彝族语言资料",其下按修纂时间早晚分别列出方志名称及其中的彝族语言资料;有些资料不好直接按某一民族类属编排,则另列版块予以归纳,例如"多民族语言比较资料""山川名称及地名中的民族语言资料",其下按修纂时间早晚分别列出方志名称及其中的民族语言资料。

　　三、所搜集的民族语言资料,均按新式标点断句横编,凡原文明显有衍、讹、脱、误者径改,并以脚注说明,凡怀疑原文有衍、讹、脱、误且能够从其他方志中找到相似记载校勘的,以脚注的形式作校记;凡原文空缺或因漫漶致无法辨识其字形之处,均以"□"代之。

　　四、所搜集的民族语言资料,分类整理时,各词条之间,视不同情况用逗号或分号隔开。凡词条为"某曰某""某谓某"格式的,词条之间用逗号隔开,例如"祖曰阿伯,祖母曰阿达";凡词条为"某,某""某,某也"或"某,某谓之某"格式的,词条之间用分号隔开,例如"舌,布;牙,咬""介,鸡也;拜,豕也""耳,丽江夷谓之海足；目,丽江夷谓之眠吕"；凡记录形式为一个汉语词对应两个不同民族语词的,词条之间也用分号隔开,例如"肩曰冑膊、拱巴；背曰朱股、白浪"。

五、因所搜集的民族语言资料,多以同音或音近汉字记录,为尽量准确区分其读音,有些字仍然保留原文形体,而不转为简体,如"髮發"、"捨舍"、"幾几"、"鬪鬥斗"、"幹乾干",不统一写为通用的简体字"发""舍""几""斗""干"。

六、地方志中有些民族称谓,是旧时代的产物,甚者明显带有歧视或轻蔑之意味,但为了真实反映文献的本来面貌,引用原文时,一般不予改动,例如"爨蛮""罗罗""猓猡",引用原文时不改作"彝族"；"苗蛮""黑苗""青苗",引用原文时不改作"苗族"；"犵狫",引用原文时不改作"仡佬"。

七、每一则民族语言资料,均标明其所出方志及该方志的文献来源,例如："罗么山：在州东北二十五里,朝气凝塞,云横一线,岚光纷披,缥缈天际。近名龙马山。彝语'虎'为'罗么'。"其前标明"乾隆《新兴州志》卷三《地理·山川》"字样,以示其所出方志及卷数,其后标明"乾隆《新兴州志》卷三,清乾隆十五年[1750]刻本,第二至三叶"字样,以示该方志的版本来源及页码。

八、除了用来标注原文衍、讹、脱、误等校勘问题之外,凡在原文基础上有必要进行补充、拓展或解释的,亦以脚注说明。

九、"山川名称及地名中的民族语言资料"版块,如所辑录的地名较丰富且其中有明显结构规律者,在正文中以"按语"出之,并简要概括说明,以便进一步研究。

十、有些不常见的异体字,直接改为常用字形,例如"椀(盌)""樬""壻""荍",直接改为"碗""棕""婿""荞",而不逐一说明。

目　　录

下编　贵　　州

／ 上编 ／

云
南

一、彝族语言资料

(一) 明代方志

《南诏野史·南诏各种蛮夷·猓猡》

其部长妻曰"耐得",勇士曰"且可"。每岁六月廿四日,名火把节,燃松炬照村砦田庐。

"中国方志丛书"华南地方·云南省,第一五〇号,第149页

(二) 清代方志

1. 康熙《云南通志》

卷二十七《种人·爨蛮》

有彝经,皆爨字,状类蝌蚪。精者能知天象,断阴晴。民间皆祭天,为台三阶以祷。其部长正妻曰耐德,非所生不得继父职,若耐德无子,或有子早夭者,始及庶出者,无嗣则立其妻女。死以豹皮裹尸而焚,葬其骨于山,非骨肉莫知其处。多养死士,名曰"且可",厚赡之,每兵出则且可为前锋。……部彝称部长必曰"撒颇",彝言主人也。

康熙《云南通志》卷二十七,清康熙三十年[1691]刻本,第三十四叶

2. 乾隆《东川府志》

卷八《户口·夷人方音》

汉人本省多曲靖,外省多江广,各从其风土,方音亦不画一,惟

夷人乃土著者，其语言略载于篇。

天，木；日，拟机；月，罗溥；星，鸠；风，迷系；云，木恕；雷，木嚱；雨，木合；露，志；雪，文；冰，乌梯；霜，闻宁。

地，迷；山，白；水，以；岭，白脚；坡，白撇；箐，做；江，那以；海，恒；河，以莫；沟，以输；田，密；园，卧密；街，曲觉；路，觉莫；关，哈期；哨，好跌；城，鲁；村，卡；桥，梯；乡，塘普；火，熄度。

春，叨；夏，施；秋，暑；冬，初；正月；二月；三月；四月；五月；六月；七月；八月；九月；十月；十一月；十二月①；岁，哭；时，兔；古，阿无；今，阿额；早，挽；晚，期；天晴，木族；天阴，木登；岁丰，峨恩；岁歉，峨我。

房屋，黑沽；厅，黑歹；楼，戛，一作我何；寺，自黑；庙，补黑；樑，赌列；栋，戈则，一作洗鲁；门，角其；阶，橹梯，一作达七屋；井，作都；灶，鲁作；窗②；天井，视沽，一作杂咩。

皇帝，翁母；臣，者，一作募卿；官，厦助；祖，阿伯；祖母，阿达；父；母③；兄，未秫；弟，年目，一作卡阿侅；姊，目，一作阿侅；妹，腻，一作侅虐；夫，墨；妇，咩，一作欲；姨，莫虐，一作阿你咩；姑，阿你；男，哺租，一作租吾；女，阿咩，一作母遮；子，租；孙，希；孙女，希阿咩，一作把希；岳父，阿五；岳母，披煞；女婿，仕吾；朋友，潜额；长官，沙祝额，一作俗助；家主，额色普，一作撒普；主人家，杂色地；客人，俗外，一作俗汪；家奴，仆遮；师父，世朱；徒弟，苏育乌奈；兵，麻郁；民，鲁者；你，那；我，俄；人，乌撮。

衣，宾；帽，乌时，一作乌助；帕，乌是都，一作蜡色；缨，乌时妾；系腰，祝是；裤，树；行缠，期史；鞋，期乃；袜，布袜；笠，罗合；簑，顾六。

饭，假；饭米，假兔，一作兔；米，作兔，一作扯兔；谷，扯色；大

---

① "一月"至"十二月"，原文只列有汉语，而未记相应的民族语音、形。
② "窗"，原文只列有汉语，而未记相应的民族语音、形。
③ "父""母"，原文只列有汉语，而未记相应的民族语音、形。

麦,租;小麦,舒,一作十作;豆,努;蚕豆,努本,一作赶里;甜荞,古痴;苦荞,世古;稗,微;燕麦,厦世;王瓜,色菊;东瓜,布里吐;南瓜,布哩;白菜,卧土阿结;青菜,卧土;莱菔,卧莫;茄,鸠则;芥,一作卧乌泥;油,挖测;盐,粗;酱,作枝;醋,即醋;茶,机都;酒,汁;烧酒,扎汁;豆腐,努摺;汤,何以,一作疆亲;麦馒首,是,一作鑑鑑;牛乳茶,呢你机都;肉,挖护。

纸,拖衣;墨,麻练;笔,麻奇;砚,屋罗;书,苏迫;金,蛇;银,兔;铜,鸡;铁,歇;锡,搽;钱,鸡落宝;锅,歇歪;甑,蜡泥;碗,拔;箭,主;钟,拔租;盘,哈当;瓶,拖;壶,择白;罐,即罐子;刀,壁土;斧,係,一作苦锄;锄,祭苦;桶,以补;簸箕,风莫;筲,蜡贴;粪箕,单扯;桌,即桌子;凳,即板凳;板,洗皮;瓦,莪;土坯,业旦;戥子,列;秤,机;升,施;斗,布;柴,息;松明,什补;炭,咩西;灰,库;线,却;石灰,鲁呢;靛,枯;犁,密俄。

头,乌奔;面,拖,一作业念;耳,脑波;目,那都;口,业补;鼻,怒鼻;身,叱迫;髪,乌切;手,腊扒;足,期扒;腿,哺,一作窝别;心,你么。

善,讙,一作助;恶,马诺,一作马助;老,暮;少,煞;大,厄;小,虐。

去,领;来,列;笑,额;哭,嗯;坐,呢;走,疏;睡,楫;醒,腻;骂,触;打,独;跪,叱;贫,舒;富,菊。

红,你;绿,贺;青,纳;黄,捨;蓝,务;黑,那。

一,搭目;二,腻目;三,色目;四,分目;五,我目;六,曲目;七,係目;八,黑目;九,叱目;十,册目;百,合;万,业;千,都;亿,他都年。

东,肺;西,灼;南,务;北,克;上,戛;下,叱;中,烛;前,结;后,度;左,方;右,细。

多,努;少,诺;轻,罗;重,哩;长,舍;短,呢;厚,土;薄,波。

孝,哺鸠莫捨;友,踩①濯;忠,色都递;信,摺幄边坑;礼,宜间波俗;义,邓哭施呼;廉,以脚扮争;耻,多波厦簸;智,递藉色诺;仁,时世补脚;读,思迫无;写字,思迫果;做官,厦助没。

教人,俗孟;学好,助所;说好,鸠助;说话,鸠夺;做事,诺兹;吃饭,假租;穿衣,批顾;饮水,以赤夺;饮酒,植夺;饮茶,机都夺;吹火,熄都目;取火,熄都择;盛水,以克赤;上山,白达;走路,脚苏;叩头,拖吃;是不是,厄马厄;过,哭喜;撒种,扯世;栽种,得世;收获,倚革;点火炬,都是督;骑马,拇则;放牛,呢嘱;千岁,都枯;万岁,捏枯。

鸡,昂;鹅,俄;鸭,鹏;黄牛,鲁奔;水牛,务呢;马,木;骒马,拇莫;骟马②,拇督;驴,利拇;骡,拖拇;牛,呢;羊,赤;豕,挖;犬,期;鱼,俄;蛇,补赊;虫,补;蝇,合目。

树,洗;木,洗鲁;松,拖洗;柏,束白③;山竹,则目;园竹,呆目;桃,色温;杏,色革;柳,呢;花,尾鲁;药,库凄;草,葹。

乾隆《东川府志》卷八,清乾隆二十六年[1761]刻本,第二十至二十二叶

3. 乾隆《新兴州志》

卷三《地理·山川》

罗么山:在州东北二十五里,朝气凝塞,云横一线,岚光纷披,缥缈天际。近名龙马山。彝语"虎"为"罗么"。

密罗山:在州西南三十里,群峰云涌,层峦叠翠,彝名"奴喇",华言"猴箐"也。山深箐密,古猿猱所居,故名。下有密罗河。

乾隆《新兴州志》卷三,清乾隆十五年[1750]刻本,第二至三叶

---

① 原作"踸"。"踸""踩"为异体字,径改作通用的"踩"。
② 即"骟马"。
③ "束白"之称,颇为怪异,可能借自汉语"柏树",借入之后,其词法保留该民族语惯用表达方式。

4. 乾隆《永北府志》

卷二十六《方言·夷猓方音》

天，母幹喇；地，密睄库；日，母以；月，椅波；星，降么；风，母杏；云，计铳；雷，母腾；雨，贺哥；露，整以；雪，禾坎；冰，呢片；霜，呢哥。

山，□□；水，一佳；岭，白诺；坡，苔；箐，腊苦；江，□一；海，恨么；河，近么；沟，一可；田，密；园，养米；街，知；路，脚摩；关，即关；哨，即哨；城，拆；村，客；桥，格则；火，阿倒。

春，即春；夏，即夏；秋，即秋；冬，即冬；正月，考时呼；二月，你呼么；三月，所呼么；四月，里呼么；五月，我呼么；六月，瞧呼么；七月，始呼么；八月，海呼么；九月，古呼么；十月，次呼么；十一月，次底阿；十二月，次你呼；岁，考；时，值；古，阿嫩；今，阿闷；早，仰多；晚，母耻。

天晴，母得；天阴，母地；岁丰，考糯；岁歉，考擦。

皇帝，我主；臣，紫满歹；官，阿育；祖，阿播；祖母，阿岳；父，□□①；母，阿□；兄，阿达；弟，捏苴；姊，阿姨；妹，捏么；夫，阿布马；妇，阿容马；姨，阿娘；姑，阿呢；男，苴；女，苴墨；孙，礼苴；孙女，礼摩；岳父，阿务；岳母，阿呢；女婿，马屋；朋友，哥常；家主，思颇；家奴，正保；师傅，拔支；徒弟，拔支作；兵，麻杼；百姓，白色；你，匿；我，鄂；人②，措。

米，称卜；谷，称撒；大麦，斯；小麦，硕；豆，那；甜荞，菓处；苦荞，菓磨；燕麦，矢可。

牛，阿扭；马，阿喇母；猪，阿；羊，耻；鸡，鸦；鹅，烘；鸭，摆。

金，射；银，卜；铜，革；铁，憾；锡，撒；钱，革皮。

盐，□；茶，鲁；酒，阿喇计；柴，斯；草，支；松，□□；柏，削巴；竹

---

① 原文漫漶，似"阿爹"。
② "人"，即"他"。

子,末铎;房屋,栖;天井,脚格么。

> 乾隆《永北府志》卷八,清乾隆三十年[1765]刻本,第二十三至二十
> 五叶

5. 乾隆《蒙自县志》

卷五《土官·彝俗》

彝民不知文诰,凡官长有所征发,则用木刻。其制,锲木形似鱼而书其事,彝民奉行,惟谨其俗;有所贸易,亦用木刻,书爨字于上,要誓于神。按:爨字为纳酉阿丁所撰,字如蝌蚪,凡十千八百四十有奇,名之曰"韪书"。又按:唐徐云处使南诏,以木夹遣还,今之木刻,其遗制也。

> 乾隆《蒙自县志》卷五,清乾隆五十六年[1791]抄本,第三十八至三十
> 九叶

6.《滇系》

第四十册《杂载·方言》

方言出之夷猡者,实难晓其义,如山川村落多用"矣"字、"者"字打头,村哨谓之"喧",保甲谓之"牛丛",曰"甸"、曰"赕"、曰"睑",皆沿蒙段遗法。至水称"海子",岭称"坡子",沟称"龙江",呼院曰"万",呼关曰"官",松炬曰"明子",虹曰"水椿",皆土俗方言也。田四亩谓之一双,盖西域语,如卷之末弓也,金王庭筠诗:"寺僧乞与山前地,招客先开四十双。"滇西近天竺,故其方言云尔。《唐书·南诏传》云:"五亩为一双。"则四十双为二百亩。

> 《滇系》第四十册,清嘉庆十三年[1808]刻本,第二十叶

7. 宣统《楚雄县志》

卷二《地理·风俗》

曰猓猡,有黑白各种……星回节然炬吹葫笙,交头跌脚,跳舞节歌,饮酒为乐,婚丧亦然。其祝以铃,巫曰"躲依"。

> 宣统《楚雄县志》卷二,民国间(具体时间不详)抄本,第二十八叶

（三）民国方志

1. 民国《宣威县志稿》
卷八《语言·黑夷》

音浊而拙，与汉人则通用汉话，其族互相问对，则仍用夷话，夷话大概如：

天谓之米，地谓之迷，日谓之拟机，月谓之罗博，山谓之白，水谓之雨，江谓之那雨，海谓之黑。

正月谓之众项，二月谓之水项，三月谓之哈项，四月谓之懦项。

天晴曰米族，天阴曰米登。

房屋曰黑古，楼曰戞，门曰留基，宫曰厦助。

祖曰阿伯，祖母曰阿达，父曰阿日，母曰阿姆，子曰租，孙曰希，夫曰咱哇，妇曰咩。

衣曰宾，帽曰乌时，鞋曰期乃，裤曰树。

金曰蛇，银曰兔，铜曰鸡，铁曰血。

米曰扯鬼，谷曰扯色，大麦曰租，小麦曰舒，饭曰假，汤曰阿以，肉曰挖护，头曰乌奔，面曰业念。

耳曰脑波，目曰那都，口曰业补，手曰腊扒，足曰期扒。

善曰助，恶曰马助，孝曰补鸠莫捨，友曰踩耀，廉曰以脚粉争，耻曰多波撒簸。

老曰暮，少曰杀，大曰厄，小曰虐，去曰领，来曰列，笑曰额，哭曰恩。

一曰榕目，二曰腻目，三曰色目，四曰须目。

写字曰思迫果，做官曰厦的没，骑马曰母则，做事曰诺兹。

民国《宣威县志稿》卷八，民国二十三年［1934］铅印本，第四至五叶

卷八《文字·爨文》

夷族旧用爨字，爨字形如蝌蚪，凡为字母一千八百四十，号

曰"趐书",纳垢酋之后阿㫄所撰,事见《马龙州志》。本境夷族,惟必磨习之,余凡有志士进者,类皆习用汉文也。又查《滇系》"乾夷种类在曲、寻二部,凡哨隘设兵,多以其种,官府文书,必为书爨字于后,乃知遵信"等语,是爨文之行使,在乾嘉时诸夷中犹甚普遍也。其种日弱,语言文字随而消灭,可不惧哉!兹于消灭殆尽之余,录存梗概,备稽合方志、论撰言文者之参考焉。必磨一作毕穆。①

爨文	汉译	爨文	汉译	爨文	汉译	爨文	汉译
	個平声		书		火		柯
	楕(tuǒ)		方		欺		帖
	勒上声		麻		书		苦
	额上声		呢		热		写
	惹上声		惹上声		山		勒
	额平声		哭		也		也
	资		使		锁		锁
	膧		也		密平声		策
	古		音		朱		泥
	惹		吐		独		厄上声

① 原文竖行排列,现遵照原有版块与逻辑,横排造表呈现于下。又,此段文字论述,甚为诚恳,由此可见记录者之情怀。

　　右爨文直书横看，係由亡友董贯之先生(讳一道，玉溪人)所著《古滇土人图志》中临摹而来，惜原著中未叙来历，使人得作更进一步之研究，然吉光片羽，赀书赖以不朽，可宝也。

　　民国《宣威县志稿》卷八，民国二十三年［1934］铅印本，第五至六叶

2. 民国《路南县志》

卷一《地理·风俗》

撒尼语言：

　　房屋，黑；吃饭，渣杂；衣，梳白；父，依八；母，衣妈；男人，然濡；女人，阿麦能；水，日；读书，思索。

撒尼文字①：

汉　译	撒尼文字	汉　译	撒尼文字
房屋	〔撒尼字〕	吃饭	〔撒尼字〕
父	〔撒尼字〕	母	〔撒尼字〕
男人	〔撒尼字〕	女人	〔撒尼字〕
水	〔撒尼字〕		

阿细语言(无文字)：

　　父，阿八；母，阿麽；男人，然白；女人，骂渣妈；水，日；读书，所索；衣，高被；吃饭，左杂；房屋，海。

　　民国《路南县志》卷九，民国六年［1917］铅印本，第四十三叶

---

① 原文竖排，先列汉译，再列对应撒尼文字，现依照原有版块与逻辑，横排造表加以呈现。下同，不再注。

3. 民国《元江志稿》

卷三十《轶事》

《臺阳随笔》：滇中诸夷语言文字，《通志》率有纪录，惟猓文未收。元江自僰夷外，猓族为多，清咸、同间，州人赵明经恬以猓文译有《游地府记》一书，虽系因果报应之说，实以彼族顽悍成性，欲借神权以化移之。其书余不获见，仅见有猓文五言诗一首，不知为谁氏所译，录之以补滇志之阙。诗云："母吐沙呙削，宰堵素曛果。挪你阿苏虐，梳萨紫埋婆。"其中动词略如东文，倒嵌于名词之下，邑中儿童习字影本类以是诗授之，故汉夷之人，率能成诵。其汉文为"白马紫金鞍，骑出万人看；问是谁家子，读书人作官"二十字。

民国《元江志稿》卷三十，民国十一年［1922］铅印本，第十八叶

4. 民国《顺宁县志初稿》

卷九《语言》

顺宁古为夷蛮地，村落自聚，氏族各别，语言亦因而不同。溯其渊源，有蒲蛮、摆夷、保保、苗子、利米等族，元泰定间内附，设土知府以统之，明末置流官，始渐开化。又因明初黔宁王沐英镇滇，明末桂王由榔逃缅，清初平西王吴三桂封云南，及历代遣戍移民，遂有汉人杂居，久而繁衍，其势寖盛，蛮夷受其同化，多习汉俗汉语，有未尽同化者，散处边境，近以学校林立，国语通行，夷语亦归淘汰，甚有以保存土语为耻者。惟地区辽阔，交通梗塞，故同一汉语，其发音语尾仍有歧异，兹据调查所得，分通行及特殊地带，列表志之。

民国《顺宁县志初稿》卷九，民国三十六年［1947］抄本

卷九《语言·语系》

顺宁语系，民国十年前，约为五类，以图表之，并分别举例如下：

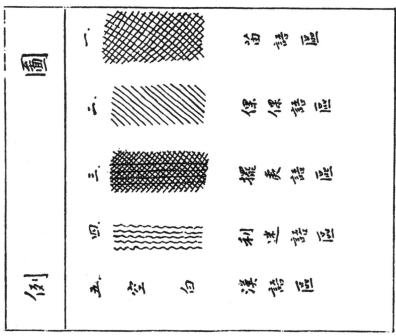

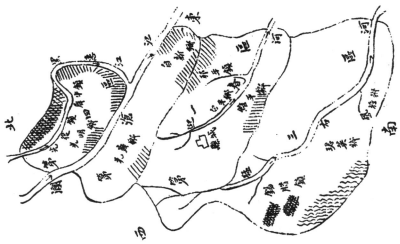

卷九《语言·各种语言调查表》

倮 倮 语	汉 译	地 带
ㄦㄚㄓㄨˋ、ㄓㄨˋ、ㄨㄓㄨˋ	筷子、有、不有	昔时自新乡、维平乡一部,瓦屋镇、西牛镇一部。现改说汉语
ㄚㄇㄨˋ、ㄚㄔ、ㄚㄋㄜˋ、ㄚㄎ	马、羊、牛、狗	同右①
ㄌㄧ②、ㄖㄨ、ㄌㄧㄏㄨㄛ	去、快去、快去了	同右
ㄚㄌㄛㄇㄨㄛㄓㄢㄨㄍㄚㄌㄚ	火不有快拿来	同右
ㄗㄜㄗㄧㄌㄧ	吃饭了	同右
墨贼墨贼		同右
ㄚㄜㄦㄌㄨㄧ	你到何处去	同右
ㄌㄧㄍㄧ～ㄌㄧㄝ	打架	同右
率买	女子	昔日光华乡少数人语,现改说汉语
率利	男子	同右
阿灭作	吃饭	同右
依	鸡	同右
阿瓦	牛	同右
阿翅	羊	同右
阿磨	马	同右
阿封得	身	同右

---

① 原文左行直书,故曰"同右",相当于右行横书所谓"同上"。下同,不再注。
② 注音字母"ㄧ"(韵母 i)竖排时横写,横排时竖写作"l"。

倮　倮　语	汉　译	地　带
哈度	站起	同右
衣度	睡起	同右
阿多度	向火	同右
阿灭结	煮饭	同右
衣钗	挑水	同右
些夥	斫柴	同右
衣比	桶	同右
阿诸	筷子	同右
阿麦	天	同右
阿面	地	同右
恶巴	碗	同右
阿驮	刀	同右
伊哩哈	去来	昔日光明乡一部,现亦改说汉语
地处利	同我去①	同右
呜他处利	同他去	同右
舍母	玉麦	同右
弃奴	糯米	同右

民国《顺宁府志》卷九,民国三十六年[1947]抄本

---

① "同我去"的"同"是连词,云南汉语方言中习用,相当于"和""与"。下"同他去"的"同"一样。

5. 民国《石屏县志》

卷十八《土司志》

猓猡貌粗恶，性燥喜斗，居室无楼，围火睡卧，亦似窝泥。呼父为阿把、母为阿莫、男为若得泼、女为梅吉莫、子①为阿若、女为阿咩。有文字，略似篆文，能译汉文，惜无人整理，以致不能发达耳。以每年六月二十四、十二月二十四为年节。

民国《石屏县》卷十八，民国二十七年[1938]铅印本，第十叶

6. 民国《姚安县志》

卷五十四《礼俗志六·方言》

山居夷人，虽有语言而无文字，名词概在动词之前，如米苴、火苴，即汉语吃饭、吃肉。近年新事物则用汉语搀入，或全用汉语，汉语渐有替代夷语之势②。兹就通常名物附表，以资对照。

汉夷语对照表③：

汉语	一般夷语	马油坪夷语	汉语	一般夷语	马油坪夷语
天	迷老博	门	雨	阿迷。和	阿迷。和
日	明。你	明。你	风	迷西	°门西
月	屑波	。屑波	霜	°略披	°略披
星	。格	格	雾	°墨克	墨黑
云	底彳○	底彳○④	露	指。露	之
雷	迷格泥	阿妹宅	雪	俄成俄啰	饿。爵

---

① "子"，原作"予"，径改。

② 此论颇有价值。可见自汉民族与少数民族杂居以来，汉语对少数民族语的影响，从未间断。

③ 表中原有多处字旁加标四声点，今照录。

④ 彳○，疑为注音字母"彳"旁加圈，手民不知而误作此形。

续　表

汉语	一般夷语	马油坪夷语	汉语	一般夷语	马油坪夷语
春	肋尼	奶	一里	赤勒	阿里
冬至	果底子	果底租	十里	疵勒	拆里
过年	可喜各	可喜各	百里	擢勒	屑里
寒	挤	挤	父	阿博	阿博
暑	撮	撮	母	阿妈读摸	阿妈读摸
正月	苦喜屑	苦喜屑	兄	阿哥	阿哥
二月	白事屑	白事屑	弟	你马	你马
三月	伞拉屑	三阿屑	伯	阿博岩	阿薄妈
地	米勒博	哒度	叔	阿汪	阿薄耶
田	得迷	得迷	祖父	阿嶓	阿嶓
山	饿基	饿基	祖母	阿奶	阿奶
水	阿挤	阿挤	子	弱	弱
路	夺嚼	嚼摸	孙	里簸	里簸
园	窊哒	万哒	夫	操婆	操婆
石	猓摸	猓摸	妻	操么或埋基	默弱
土	里鹅	你呵	婿	数而	你耶
沟	牙屑或捞屑	拉屑	岳父	岳婆	岳耍
塘	白摸或褰	殴碑	岳母	岳妈读摸	岳妈读摸
海	白摸	碑	男人	弱勒	弱勒
坡	得博	斗簸	女人	弱埋	弱埋

续　表

汉语	一般夷语	马油坪夷语	汉语	一般夷语	马油坪夷语
头	我得	我的	教人	怎么得了②	昌又
眼	默睹	默睹	孝	瓜期按即窒念之讹	学子
耳	裸包	裸巴	礼	勒读˙赛	勒读
鼻	裸˙别	裸˙别	耻	喜叨③(˙大)	色˙大
舌	˙裸	˙裸	睡	夷裸	移睹
嘴	默枯	默枯	起	好多	呵都
齿	色	瘦	行	哟色	夷都
眉	默里扪	默扪	立	爱都或侯得	˙屑都
髮	我髭	五髭	坐	立都	的˙得
手	勒˙拍	勒˙拍	跪	即都或子得	齐子挤
足	起杯	过杯	生	果得色	果得色
背	拍兹	乃挤	死	喜啰	西止按或系歇止之讹
胸	里摸˙着	醋默	烧火	阿˙朵子	阿˙朵子
读书	˙数遭	˙数又	点灯	得多	得多
写字	数歪˙	数˙又①	饮酒	˙日拜多	˙日拜多
做官	子麻么	子麻又	吃饭	阿麦苴	阿麦苴

① "又"当为"ㄇㄨ(mu)",恐是手民致误,将注音符号误视为汉字或误合为一字。下同。

② 此处"怎么得了",估计是记录者误记发音人临时感叹。

③ "叨"当为"ㄉㄚ(da)","ㄚ"误作"了"形。

续　表

汉语	一般夷语	马油坪夷语	汉语	一般夷语	马油坪夷语
饱	若簸朵	若饱	他	牙	牙
饿	黑簸默	黑奔默	高	吗	大吗又
笑	呃	呃	低	亨.	.描
哭	儿	儿	前	˙赫麦	˙赫麦
唱	抄	抄	后	˳格得	˳格得
打	勒	勒	左	˳万拜˳	˙万拜˳
拿	挟衣	威	右	˙右拜˳	˙右拜˳
毂	色	叉˙色	大	万ㄉㄧ	万②ㄉㄧ
官	子麻	子麻	小	耶	耶
民	百姓	百姓	远	哒˙万	哒˳万
兵	默	默	近	ㄉㄧㄉ	˙奶
农	亨˙①么	苗么苏	轻	捞	捞
工	亨˳么	基文	重	力	力
商	˙万勒么	万勒么	方	方	方
乞丐	˳如默苏	˳如默苏	圆	ㄜㄠ	ㄎㄚ
匪	惹婆	贼婆	香	˳屑	喉的
你	你	你	臭	白˳尼	白˳能
我	我	我	帽	ㄎㄚ图	卡˙都

① "亨",当为"ㄇㄧㄚ(mia)"。下同。
② 二"万"字,疑为注音符号"ㄎ(k)"或"万(v)"之讹。

汉语	一般夷语	马油坪夷语	汉语	一般夷语	马油坪夷语
衣	飘	飘	糖	烧叨	施表
裤	鲁独	鲁独	甜	吃吁或称欺	吃吁
鞋	千.勤	千.勤	苦	卡.	卡.
被	默裸簸	默裸簸	酸	卩せ	卩せ
毡	赫裸簸	赫裸簸	辣	.拍	.拍
袋	.课得	们巳	火	阿多	阿多
笠	腊火	腊火	针	额	额
襄衣	基.白	基.白	剪	摘刀	摘刀
房	.嚇	哂	纸	塔子	塔子
楼	勒麦.楼	喽簸	书	苏白	苏白
梯	.勒˚得子	.勒˚得子	刀	阿托	阿托
门	阿堵	阿堵	犁	司各	司各
墙	.裸白或路.不	.裸白或路.不	耙耙	节	节
灶	炉租	左	桌	遮子	遮子
井	衣堵	瓯奔	凳	八凳	八凳
炉	火拍	火拍	锅	而˚车	而˚车
茶	罗	罗	甑	麻.尼	麻.尼
酒	止摆	止摆	桶	图	图
猪油	万.拆	.拆	饭碗	叭喇	角幾
盐	醝	醝	筷	阿箸	阿箸

续　表

汉语	一般夷语	马油坪夷语	汉语	一般夷语	马油坪夷语
茶壶	即白	即白	千	赤都	都
柴	撕	撕	万	赤墨	一万
炭	赛.尼	赛.尼	金	奢	奢
红	.尼	.尼	银	披	披
黄	奢	奢	铜	吉	吉
蓝	鲁或称蓝	鲁	铁	赫	赫
白	披	披	锡	那	那
黑	¨勒	¨勒	布	吗	飘
绿	虐或称绿	虐	钱	即皮	即皮
一	赤勒	石.白	榖	.拆赛	拆赛
二	尼勒	又.白	麦	尸.	梭
三	梭勒	梭.白	稗	.万	淤
四	里勒	伊.白	荞	鹅	鹅
五	乌勒	我.白	膏粱	木.勒	鲁
六	却勒	却.白	南豆	.裸黑得	.裸黑得
七	息勒	息.白	黄豆	裸舍么	裸舍么
八	¨黑勒	黑.白	葱	喜	喜
九	格勒	基.白	韭	粗.格	°额拆
十	°拆么	拆.白	蒜	舒	格奢
百	赤喝	屑白	薑	查	查

续　表

汉语	一般夷语	马油坪夷语	汉语	一般夷语	马油坪夷语
爪	我拍	我拍	草	使	使
芋	必	必	花	万·绿	万·绿
白菜	娃·拍披	娃·拍披	竹	么	么
青菜	娃·拍·勒	娃·拍·女	松	塔·则	塔·则
莱菔	娃么	娃么	柏	树·不子	树·不子
茨菇	拜·密	拜·密	柳	雅迷子	雅迷子
山药	买	买	桑	色薄白	色·黑·则
香蕈	˚则吗	˚则吗	鸡	衣	衣
木耳	哈裸包	们奶	马	木	木
鸡枞	吗·勒	吗·勒	牛	略	略
梅	腮牌	腮牌	山羊	阿齿	阿齿
杏	腮牌密	腮牌密	猪	尾	尾
桃	·腮而	·腮而	猫	阿咪	阿咪①
李	腮脚	腮脚	犬	阿弄	阿弄
梨	腮·尼	腮·尼	狼	危	危麻
柿	略·白	略·白	鼠	呵	呵
栗子	ㄗㄝ	者遮们	豹	日么马	日么马
胡桃	腮吗	塞们	虎	渴	囉
木瓜	腮·白	腮·白	虫	白的	白的

---

① 白语"猫"亦读若"阿咪",或为同源词。

汉语	一般夷语	马油坪夷语	汉语	一般夷语	马油坪夷语
蚊	禾奢	禾奢	鱼	窝	窝
蝇	禾迷	禾迷	螃蟹	阿夹拉	阿夹拉
蛇	奢	淤阿么			

　　谨按：各山居一般夷语与马油坪、左门扣夷语固大同小异，此由地理或种类演变所致；详考通志，又多与爨蛮阿成夷、东川夷、丽江夷、玀人土獠语亦多相同，据此，则夷族其为爨蛮之苗裔欤？

　　民国《姚安县志》卷五十四，民国三十七年[1948]铅印本，第一至五叶

7. 民国《中甸县志稿》

下卷《语言文字·语言·猓猡语》

　　猓猡语多系鼻音，次为唇音，再次为喉音，最少颚音或齿音，音节长，语直无文，惟音声最柔细，如隔一氇幕而听，少年男女之则有不能分辨者，亦可见其婉腻也。

　　"中国地方志集成"云南府县志辑，第83册，第44页上栏

下卷《语言文字·文字·猓猡文》

　　猓猡文，普通称为夷字，原有一定字母，但无任何变音符号及母音、子音之拼法与阴性阳性、多数少数之限制，故无论将二字以上之若干字母拼合为一字，亦必须遍读其音其意如显。顾其造句似有动词、名词、介词之分，故虽不能阐发其深义理，而一般之单纯事象尚能显现，是以论其价值，虽不及藏文之完备，然较之摩些文，实已高出数倍，可称为中甸之第三种文字焉。学习此种文字者，多为猓猡教之掌教及其教徒，其缮写用木笔，亦可用毛笔，其写法系向左横行，与藏文相反。

猓猡文字母多系鼻音，又仅有拼字法而无拼音法，故拼音法偶有不同，但须观其前后拼合之字母，则其字之意义即已大定，再读其上下文，则其意义与范围遂确定而不可移也。其性质与摆夷文字相近，举例如下：

汉字	猓猡字	汉字	猓猡字	汉字	猓猡字	汉字	猓猡字	汉字	猓猡字
天		雨		父		羊		雨	
地		露		母		猪		云	
日		山水		子		鸡		女	
月		沟水		女		犬			
风		土		牛		天			
云		木		马		地			

"中国地方志集成"云南府县志辑，第83册，第45至46页

8. 民国《禄劝县志》

卷三《风土志·爨蛮方言》

滇为古要荒之域，蛮夷种类繁多，语言庞杂，罄竹难书。禄劝夷多汉少，兹仅就爨蛮方言分类记之，俾采风者知其梗概焉。

天文类：天谓之木，天晴谓之木撮，天阴谓之木申，天雨谓之木呵①，天明谓之姆梯，天黑谓之姆祭，云谓之呆，风谓之姆你，雷谓之更，雨谓之呵，霜谓之诬拈，雪谓之诬，雾谓之姆内，露谓之至，电谓之歹，虹谓之阿姆散移，瘴谓之亦其，气谓之宜，日谓之你，月谓之农，日出谓之你已夺，日中谓之你已爱，日入谓之你已歹，日蚀

---

① 本则"木"与下"姆"同词，均为汉语"天"之义。

谓之你已押，月出谓之农博夺，月明谓之农件，月亏谓之农毛，月蚀谓之农博押。

谨按：爨蛮以日为你，"你已"云者，犹俗名"日头"也；以月为农，"农博"云者，犹俗名"月亮"也。

岁时类：春谓之脑达，夏谓之赊更，秋谓之戳更，冬谓之初，年谓之他课，月谓之他农，日谓之他你，时谓之他更，刻谓之他捏革，昼谓之姆你，夜谓之姆气，早谓之姆兴，晚谓之器，寒谓之贾革，热谓之撮，朔谓之达太，望谓之且俄，度岁谓之课隙，正月谓之课兴农，二月谓之补须农，三月谓之洒接农，四月谓之奚农，五月谓之俄农，六月谓之郖农，七月谓之係农，八月谓之恨农，九月谓之更农，十月谓之且农，十一月谓之且的农，十二月谓之昭农，子谓之寒你，丑谓之你你，寅谓之弄你，卯谓之他灼你，辰谓之噜你，巳谓之赊你，午谓之姆你，未谓之好你，申谓之糯你，酉谓之昂你，戌谓之期你，亥谓之万你。

谨按：爨人以十二辰计日。"你"者，日也，"寒"为鼠，"你"为牛，"寒你""你你"者，谓鼠日、牛日也。

地理类：地谓之密，稻田谓之扯密，上则水田谓之矣轻作密，山田谓之姆脑，秧田谓之係五密，麦地谓之赊密，荞地谓之勒肯，山谓之本，小团山谓之木卧噜，冈谓之本耶令，岭谓之简念，凸谓之象更，陇谓之那芭，石谓之落本，水谓之矣，江谓之南衣末，大河谓之南衣，小河谓之矣查，潭谓之夺海，港谓之菜，涧谓之矣老，池谓之海本，塘谓之海本末，湾谓之过，岸谓之矣节密，滩谓之册白，渡谓之更轻，沟谓之矣灼，厂谓之都。

道理类：东谓之几夺米，西谓之几歺米，南谓之係乌米，北谓之交际米，大路谓之脚莫，里数谓之可晓怙鸠密，墩台谓之拨耳米，塘汛谓之博耳，旅店谓之应歺，街市谓之裙。

人伦类：君谓之乌，臣谓之达非，始祖谓之阿包，高祖谓之阿奔,曾祖谓之阿单,祖谓之阿卜,父谓之阿爹,母谓之阿妈,伯父谓之阿毛,伯母谓之阿窝,仲父谓之阿旧,二叔母谓之姆舅,季父①谓之阿虐,三叔母谓之阿虐,伯兄谓之阿姆窝,长嫂谓之阿妹窝,兄谓之阿姆旧,二嫂谓之阿妹旧,三兄谓之阿姆虐,三嫂谓之阿妹虐,弟谓之虐冒,姑谓之阿泥,姊谓之阿妳,妹谓之虐冒(同弟称),从兄谓之阿木,从弟谓之虐苴,夫谓之气骰,妻谓之气,妾谓之气落,媵谓之阿哖气,男谓之松胎,女谓之姆妳,子谓之苴,女子谓之阿哖,从子谓之苴都,孙谓之喜本,舅谓之阿恩,姨谓之阿恩末,姨父谓之阿机,女婿谓之婿五,姻家谓之五坐,姊妹夫谓之阿你苴,甥谓之婿五老,舅谓之亦坡,姑谓之阿泥,兄公谓之阿姆,师长谓之者朱,朋友谓之苴抄,主谓之所助,仆谓之所者,小仆谓之者苴,小婢谓之颇苴,雇工谓之所都,客人谓之所尾,主人家谓之赞骰。

形体类:头谓之乌的,面谓之套南,髮谓之乌姐,眉谓之补且,须谓之补苴,目谓之南都,口谓之念补,齿谓之者,颈谓之乃把,肩谓之万迫,臂谓之高歹那,腕谓之过,手谓之喇巴,指谓之喇之,背谓之干歹,腰谓之柱排,腹谓之卧卑,心谓之宜莫,肝谓之骰,肺谓之越,肾谓之仔,肠谓之五,股谓之批则,膝谓之补进,臁②谓之期昂额,脚谓之期扒,汗谓之斗,泪谓之纳的,疮谓之波哖,疾谓之诺,聋者谓之诺包,哑者谓之所安,瞎者谓之南得,盲者谓之南姆,麻者谓之套歌,跛者谓之八刀,侏儒谓之巧乃,长身谓之巧姆。

人事类:睡谓之义里,起谓之夺来,跌谓之记歹,跪谓之高古,拜谓之一,叩头谓之的乌的大,请坐谓之他古你今,命茶谓之

---

① "季父",原作"季文",径改。
② 臁(lián):小腿两侧。

弄今赫来，吃槟榔谓之果猱苴，烟谓之因得，吃烟谓之赓烟碗，移薪谓之叫惜，烧火谓之嫫□多，饮水谓之以侈倒，饮酒谓之只倒，食肉谓之万呵，作饮谓之左卑端，早饭谓之侈苴，午饭谓之喳苴，晚饭谓之扯苴，浣面谓之套妻，哭谓之恩，骂谓之遮博，唱谓之曲造。

称呼类：汉人谓之厦破，夷人谓之南苏，知州谓之知租冒，知县谓之海租冒，典史谓之力姆，幕友谓之租冒暑朱，差头谓之赍苏租母，小差谓之赍苏苴，甲头谓之卖额，火头谓之本骰，铺卒谓之骂容，营卒谓之骂容破，练总谓之所栽祖莫，工谓之烂更，木工谓之耳卑烂更，铸工谓之显刀烂更，商贾贸易谓之尾蜡，母巫谓之南佞莫，师谓之大觋旛，又谓之大希博，又谓之拜禑，又谓之白马，端公谓之南扎破，医师谓之暑朱，小人谓之农泊道，乞丐谓之左骂破，盗贼谓之栽，部长谓之撒破，部长妻谓之耐德，死士谓之苴可，分管地方头目谓之曲觉，管理庄田头目谓之遮古，管理刺误头目谓之更资（刺误者，钱粮之畸零也），管理六班快手头目谓之扯墨，管理庄田租谷头目谓之管家，通汉夷语谓之通事、一曰把事、一曰把总、一曰通把。

言语类：高谓之巧毋，低谓之巧乃，中谓之高姑，正谓之止，平谓之倒，歪谓之过，上谓之本达，下谓之本的，前谓之见，后谓之度，左谓之分照，右谓之谢照，长谓之赊，短谓之辇，大谓之窝，小谓之鸟，多谓之那，少谓之巧测，繁谓之革，减谓之些，稀谓之波，密谓之土，轻谓之老，重谓之里，方谓之溪期，圆谓之朵来，扁谓之达，稜谓之维，尖谓之念野，角谓之起，好谓之助，恶谓之务，香谓之侥，臭谓之贝乃，乾谓之浮，湿谓之栽，精谓之夺姐，粗谓之区，远谓之尾刀，近谓之密那，老谓之所冒，幼谓之所上，病谓之诺，苦谓之替，富谓之冒，贵谓之铺卡，贫谓之收，贱谓之铺老，勤谓之腊，惰谓之倒，缓谓之多些，急谓之早革，肥谓之初，瘦谓之歹，升谓之施，降谓之的，呼谓之苦,吸谓之志,吞谓之例,吐谓之屁,语谓之到拘,默谓之递,厚谓之吐,薄谓之波,出谓之夺易,入谓之隔易,进谓之抵易,退谓之彼退,去谓之领,来谓之达,会亲谓之所尾包里,抬接谓之介黑,送出谓之贺火,庆贺谓之所你,吊唁谓之希所乌,热闹谓之抄我,冷淡谓之驾古,高兴谓之窝些,无趣谓之卑马末,吉利谓之见伐,凶险谓之窝今兴,诚实谓之密妳,刁诈谓之高送,伶俐谓之所西,痴呆谓之所安,奇巧谓之卑栽,平常谓之可谢,强辩谓之可朵朵姆卑,拙讷谓之各栽,吵闹谓之遮包,和怡谓之姆噜助,怨恨谓之遮烧,喜笑谓之恶衣,夸奖谓之海恰,争斗谓之遮赌,收敛谓之欲机,喊叫谓之轻经,惧怕谓之踢脚,骄暴谓之歹马来,羞缩谓之上方卧稿,遗失谓之那,拾得谓之哥何,藏匿谓之發夺,搜寻谓之锛歇,捆缚谓之抵渴,释放谓之退结,破散谓之塔合,箍笼谓之十夺,告诉谓之所抵,和绎谓之闹和,刁唆谓之所撮,访闻谓之道鸠,伺候谓之所刀,奔走谓之脚须,努力谓之兀铁,停歇谓之来来末雪,暴晒谓之高盛,炕焙谓之高高,烹煮谓之帐散,宰割谓之阿牵,淘洗谓之色妻,分派谓之飞多,积聚谓之醋脚,犁而耕谓之颗俄,锄而掘谓之密祭,驾牛犁田谓之卧你则,拔秧谓之祭,栽秧谓之密多。

衣服类: 帽谓之五祖,衫谓之卑,帕谓之腊昔,带谓之众扎,褂谓之卑的,裙谓之众末,裤谓之弄,鞋谓之欠仍,毡谓之都书,被谓之应卑,耳环谓之脑脱,手钏谓之滥别,袋谓之颇世,手巾谓之套徐破,荷包谓之破耳,扇子谓之套曲,拐杖谓之把补,蓑谓之革。

房屋类: 屋谓之耳,板屋谓之屁耳,厅堂谓之力木古,厢房谓之苦力,檐宇谓之我鸠念,柱谓之高栽,梁谓之睹来,画梁谓之睹几,椽谓之而度,窗谓之邹纳,门谓之阿果,门限谓之果的,大门谓之龙角,门环谓之阿哥幹,门杠谓之阿哥夺,门掘戌[①]谓之割刀,壁

---

① "门掘戌",当即"屈戌",钉在门、箱或柜上的小金属环。

谓之鲁补,粉壁谓之分母埋母鲁,墙谓之己夺猓果,围墙谓之噜补照,井谓之以都,栏谓之遮绍,牛栏谓之你绍,马房谓之姆耳,猪圈谓之万本,鸡栅谓之昂本,土垆谓之曲显歹,厕圊谓之西都,粪谓之期白,石灰谓之飞母,土基谓之念之,砖谓之显价,瓦谓之我,筒瓦谓之敖补,园林谓之敖简,囷谓之發多,窖谓之妙都。

公仪类:城谓之鲁其,城门谓之鲁,戈楼谓之吕,仓廒谓之昭耳,衙厅谓之力姆古,暖阁谓之毋噜,班房谓之赍苏耳,书房谓之尾老耳,监狱谓之交耳,印谓之硬,鼓谓之早,点谓之点,梆谓之习我,行香谓之□曲,排衙谓之比鼠祭鸡,放告谓之所抵你早,行牌谓之苏数咱来,提摄谓之欲显来,传审谓之苦到那,诘门谓之所使剖,诉谓之到拘,判断谓之苏讼角,杖责谓之所赌,收禁谓之交耳增,讨保谓之所儿保,纳粮谓之扯幹缴,完课谓之撮卜缴,催收谓之鹊革,取票谓之王票欲。

寺院类:寺院谓之补你,庙宇谓之补耳,庵堂谓之补更,龙亭谓之乌姆噜到今,山门谓之阿哥,菩萨谓之补,圣贤亦谓之补,神仙谓之西苴,鬼怪谓之所那,僧谓之多的,道谓之卑冒,尼谓之毋乃的多。

饮食类:甜谓之痴,苦谓之拷,酸谓之者歉,涩谓之趣,辣谓之俾,焦谓之纳,咸谓之聪拷,淡谓之得,浓谓之歹,腐谓之贝乃,茶谓之弄今,酒谓之只,浆谓之卑祭赌,汤谓之敖衣,膏油谓之庸衣,亦曰忧衣,麻油谓之母忧衣,芥谓之敖施忧衣,猪油谓之万革,粉谓之肺母,米团谓之阿木,米饵谓之扯乌阿芭,荞饵谓之锅窝芭,豆腐谓之挪卓,盐谓之初,酱谓之作,蜜谓之多衣,红糖谓之是多,白糖谓之是多吐。

器用类:秤谓之幾,小秤谓之撒,比子谓之倒都,法码谓之止赌,升谓之施,斗谓之的,丈谓之来,尺谓之戳,锥谓之显勒,剪谓之显上,针谓之额,纸谓之讨衣,笔谓之苏及,砚谓之墨乌拉,犁谓之

惜过,犁花谓之弄轻,犁板谓之扒拉,犁达脑谓之遮姑,养巴谓之老
熟怕,千斤谓之落照,耙谓之甲,耙桯谓之甲照,锄谓之祭,刀谓之
闭拖,枪谓之动枚,剑谓之姆,镖谓之卑宰,棍谓之朵莫,弩谓之恰
窝,棒谓之比鼠祭鸡,绳索谓之扎且,舟谓之老,车谓之充,轿谓之
蜡力,鞍谓之鹅,镫谓之期赞,旗谓之坡,几谓之保的,桌谓之糊�梗,
碓谓之补且,硙①谓之乐,杵谓之蜡之,臼谓之且莫,桶谓之以土,
甑谓之蜡泥,筲箕谓之滥鸠,刷把谓之左须,瓢谓之茂批,缸谓之以
遭,盆谓之稿拉,瓮谓之不高,盂谓之亦麻,茶壶谓之菜版,酒壶谓
之只卑,饭碗谓之卧八,盘谓之缴,盏谓之盘子苴,匙谓之著蒲,汤
匙谓之卧八旧,筛谓之夫今,柜谓之拉,笼谓之哈六,筐谓之考曲,
竹篮谓之奔冷,竹筒谓之姆捕,扁挑谓之幾,烟袋谓之因哥,火镰谓
之姆歹,烛谓之动赌,灯谓之庸衣动赌,松脂谓之明子、又谓之树
邑,火把谓之说迫。

音乐类:钟谓之以莫把,鼓谓之早,锣谓之交,唢呐谓之嫫苴,
箫谓之嫫西,号筒谓之老照,大铜谓之老卑,吹手谓之嫫门破。

颜色类:青谓之女,红谓之乃,黄谓之赊,白谓之土,黑谓之
纳,蓝谓之饿。

数目类:一谓之塔嫫,二谓之腻嫫,三谓之洒嫫,四谓之奚
嫫,五谓之俄嫫,六谓之郐嫫,七谓之係嫫,八谓之恨嫫,九谓之
根嫫,十谓之且嫫,一十谓之塔且嫫,二十谓之腻且嫫,三十谓之
洒且嫫,四十谓之奚且嫫,五十谓之俄且嫫,六十谓之郐且嫫,七
十谓之係且嫫,八十谓之恨且嫫,九十谓之根且嫫,一百谓之塔
永,二百谓之腻永,三百谓之洒永,四百谓之奚永,五百谓之俄
永,六百谓之郐永,七百谓之係永,八百谓之恨永,九百谓之根
永,一千谓之塔五,二千谓之腻五,三千谓之洒五,四千谓之奚

---

① 硙(wèi):石磨。

五,五千谓之俄五,六千谓之郤五,七千谓之係五,八千谓之恨
五,九千谓之根五,一万谓之塔趱,钱文谓之嫫,觔谓之已,两谓
之米,钱谓之撒,分谓之他分。

货币类:金谓之赊,银谓之土,铜谓之幾,铁谓之显,锡谓之
菜,铅谓之痴,钱谓之鸡包,朱砂谓之爹乃,水银谓之上伊,硝谓之
志,绸谓之革,缎谓之拨,丝谓之补牵,线谓之遭,葛谓之拉,麻谓
之母。

五穀①类:穀谓之扯,糯穀谓之扯虐,红穀谓之扯乃苴,墨穀谓
之扯纳,旱穀谓之扯卡,米之扯土,大麦谓之租,小麦谓之□歹扯
灼、又谓之唆,燕麦谓之厦施;玉麦谓之灼莫、一曰玉粟、一曰包
穀②,白黍谓之玉穭,甜荞谓之果痴,苦荞谓之果拷,膏粱谓之姆
书,豆谓之农,南豆谓之农木代,饭豆谓之诈农,黑豆谓之农南,豌
豆谓之赊农,稗谓之尾,野稗谓之你,芝麻谓之母是,芥子谓之
拗施。

蔬菜类:葱谓之初,韭谓之趣,薑谓之抄,蒜谓之会姆,胡荽
谓之昂受,茴谓之羊受,椒谓之厦在,芹谓之书敖,芥谓之敖女,
菘谓之期土,蔓菁谓之拗莫、一曰敖咱,瓜谓之误补,金瓜谓之乌
铺,南瓜亦谓之乌铺,王瓜谓之嫂今,苦瓜谓之嫂今拷,瓠谓之乌
铺是,葫芦谓之布噜,茄谓之敖子,扁豆谓之农达,豇谓之农播
咩,山药谓之俄,茼蒿谓之阿拷吐,蕨谓之朵,茨菇谓之奔我,芋
谓之歹,石花谓之乐敖,参菜谓之敖,树头菜谓之敖子,香蕈谓之
栽姆,木耳谓之寒脑巴,白森③谓之姆些,鸡枞谓之姆里,菌谓
之母。

---

① 为避免与"山谷"之"谷"相混,"稻穀"之"穀",全书都不简化为"谷"。特此
　说明。
② "灼莫"当为原有词,"玉粟""包穀"则显然是借词(从周边汉语方言中借入)。
③ "白森",原文如此,当即"白参"。

果品类：梅子谓之洒过，桃谓之洒紊，李谓之洒鸠，梨谓之洒之，栗谓之咱，榴谓之细李，樱桃谓之敖虐，杨梅谓之洒莫，山楂谓之孔里，林檎谓之鲁儿，橄榄谓之词古，木瓜谓之黄乌铺，核桃谓之洒兔，多櫄①谓之洒补。

草木类：草谓之施，青草谓之施女，竹谓之姆，芭蕉谓之昂怕，木谓之惜哉，松谓之滔，柏谓之受乃哔达，杨谓之腻习，柳谓之矣泥，栗②谓之洒知哉，麻栗谓之保痴哉，黄栗谓之保康哉，椿谓之乐习，樟谓之三习，桑谓之之习，杉谓之滔习，棕榈谓之些。

禽兽类：孔雀谓之赊昂五猓，雁谓之歹往，燕谓之更，鹦鹉谓之阿昂，乌鸦谓之在大，喜鹊谓之阿汁，鸟谓之古古郭公，杜鹃谓之卧，斑鸠谓之的泥，画眉谓之昂痴，鹌鹑谓之昂乌木，瓦雀③谓之昂中，鹞谓之载女，凫谓之报，雉谓之昂使补，箐鸡④谓之铅铅，鸡谓之昂，鸭谓之额，鹅谓之奥，雄谓之补，雌谓之莫，虎谓之弄，豹谓之祭，狮谓之多猓行踪，象谓之何，熊谓之冒，彪谓之苦开，狐谓之卧，狸谓之五，豺谓之尾，狼谓之亦猓，马鹿谓之凶，獐谓之猓，麝谓之猓兴，猴谓之阿糯，兔谓之阿灼，野猫谓之五，香猫谓之阿哔，野猪谓之万你，豪猪谓之补万，松鼠谓之寒昭补，鼠狼谓之易猓，马姆⑤谓之姆壮，驴谓之路姆，骡谓之滔姆，骆驼谓之母夺器乃赊，牛谓之你，水牛谓之误你，羊谓之补，山羊谓之侈明，猪谓之万，狗谓之期，猫谓之阿哔⑥，鼠谓之寒。

虫鱼类：虫谓之补腊，蛇谓之波赊，蜈蚣谓之赊兴，蜘蛛谓之

---

① 櫄(sì)：山桃。
② 原作"粟"，径改。
③ "瓦雀"，汉语方言词。
④ "箐鸡"，汉语方言词。
⑤ 按"马姆"，未知具体何指，盖彼时"母马"之方言说法。
⑥ 猫，今白语称谓亦读若"阿哔"（"阿弥""阿密子"），二者或为同源关系。

阿乌①，蚁谓之备忧，蚂蝗谓之波末，虾蟆谓之卧波，蝙蝠谓之寒那，苍蝇谓之咬姆，蚊谓之鳌，鱼谓之龙俄，鳅谓之果知，螺蛳谓之必古，螃蟹谓之阿甲郎。

民国《禄劝县志》卷三，民国十七年［1928］铅印本，第十七至二十五叶

9. 民国《富州县志》

第十六《方言·富州县各种人类方言表·花猓猡》

天，莫；地，哒；日，莫批；月，拉叭；风，哩腊；云，莫波；雷，通们；雨，迁到；霜，完迁列；雾，莫波；雪，等列。

山，奔通；水，哩；田，那；园，困；城，王卡锦；墙，哒称；坡，咧那；路，咧马；草，月；木，洗蛮。

祖，铺；孙，列；父，叭；子，哑；兄，与；弟，容；嫂，米。

行，衣；立，楚大；坐，苦了；跪，枯滚。

贵，滥柄哪；贱，拉险呢；贫，拉下哪；富，所洒呢。

虎，腊；豹，腊哑；马，木；牛，迁努；羊，洗；猪，瓦；鸡，冶；鸭，腊比。

一，腾骂；二，宜妈；三，松妈；四，月妈；五，牙妈；六，苦妈；七，迁妈；八，使妈；九，国妈；十，西妈；百，得虾；千，得条；万，得完汪。

民国年间抄本，该本浸漶不清处颇多，参杨磊、农应忠点辑《富州县志点注及资料辑录》，云南大学出版社，2007 年，第 60 页

10. 民国《昭通志稿》

卷十《人种志·方音·夷人》

音浊而拙，通用汉话，但夷人系土著，故言语亦甚发达，兹参旧志及东川志分类译载于后，俾后世之习方言者资考焉②。

---

① 阿乌，原文漫漶不清，亦似“阿鸟”。
② 为简明故，尽量按原文排版，以表格的形式加以整理。

汉语	天	日	月	星	风	云
夷语	米	拟机	罗博	鸠	施恒	木勒
汉语	雷	雨	露	雪	冰	霜
夷语	木古	木合	志大	扰大	乌业	闻宁

以上天文类。

汉语	地	山	水	岭	坡	箐	江	海	河	田
夷语	迷	白	雨	白脚	不叠	做	那雨	黑	以莫	扯密
汉语	园	路	关	哨	城	村	桥	沟	乡	火
夷语	劲密	觉莫	哈期	好铁	鲁	的鲁	戛米	雨输	塘普	密度

以上地理类。

汉语	春	夏	秋	冬	正月	二月	三月	四月	五月
夷语	叻多	施化	我母	初	众项	水项	哈项	懦项	叶项
汉语	六月	七月	八月	九月	十月	十一月	十二月	岁	时
夷语	期项	列项	海项	你项	拉项	榻项	路项	哭	鬼
汉语	古	今	早	晚	天晴	天阴	岁丰	岁歉	
夷语	阿无	阿额	挽	期	米族	米登	些拆	乌酌	

以上时令类。

汉语	房屋	厅	楼	寺	庙	梁	栋
夷语	黑古	黑歹	戛	自黑	补黑	赌列	洗鲁
汉语	门	阶	井	灶	窗	天井	
夷语	留基	鲁梯	作都	鲁作	鲁棋	视沽	

以上居止类。

汉语	皇帝	臣	官	祖	祖母	父	母	兄	弟	姊
夷语	翁母	募卿	厦助	阿伯	阿达	阿日	阿姆	未秾	牟目	阿侫
汉语	妹	夫	妇	姨	姑	男	女	子	孙	岳父
夷语	侫虐	咱哇	咩	莫虐	阿你	哺租	阿咩	租	希	阿五
汉语	岳母	女婿	朋友	长官	家主	主人家	客人	家奴	师父	徒
夷语	披煞	士吾	潜额	俗助	撒普	杂地	俗外	仆遮	世朱	苏育
汉语	弟	兵	民	你	我	人	千岁			
夷语	乌奈	麻郁	普者	那	俄	乌撒	都拈			

以上称呼类。

汉语	衣	帽	帕	缨	腰带	裤	行缠	鞋	袜	笠
夷语	宾	乌时	腊色	乌妄	祝世	树	期史	期乃	布袜	罗谷
汉语	蓑	纸	墨	笔	砚	书	金	银	铜	铁
夷语	古六	拖衣	麻练	麻奇	屋罗	苏迪	蛇	兔	鸡	血

续　表

汉语	锡	钱	锅	甑	碗	筯	钟	盘	瓶	壶
夷语	搽	鸡罗	血止	蜡泥	拔	主	拔租	哈当	施	择白
汉语	镶	刀	斧	桶	箸	簸箕	粪箕	桌	凳	板
夷语	镶子	壁土	苦锄	以补	蜡贴	风莫	草扯	桌子	板凳	洗皮
汉语	瓦	土坯	戥子	升	斗	柴	松明	炭	灰	线
夷语	裁	业旦	列机	施	布	息	什补	咩西	库	却
汉语	石灰	靛	犁							
夷语	鲁灰	枯	密裁							

以上用物类。

汉语	饭	饭米	米	谷	大麦	小麦	豆	蚕豆	甜荞	苦荞
夷语	假	假鬼	扯鬼	扯色	租	舒	努	赶里	古碾	古翅
汉语	稗	燕麦	王瓜	东瓜	南瓜	韭	白菜	青菜	菜① 菔	茄
夷语	微	厦世	色菊	布吐	布哩	暑折	卧土 阿结	卧土	卧莫	鸠则
汉语	芥	油	盐	酱	醋	茶	蒜	酒	烧酒	豆腐
夷语	乌泥	挖测	粗都	作枝	都书	机都	瓜斯	汁	札汗	努折
汉语	汤	麦	馒首	牛乳茶	肉					
夷语	何以	饎	饎②	呢作幾都	挖护					

---

① 　原作"菜"，径改。
② 　"麦""馒首"均称作"饎"，或记录有误。

以上食物类。

汉语	头	面	耳	目	口	鼻	身
夷语	乌奔	业念	脑波	那都	业补	怒鼻	补铺
汉语	牙	手	足	腿	心	髮	
夷语	乙迫	腊扒	期扒	窝别	你麼	五志	

以上身体类。

汉语	善	恶	孝	友	忠	信	礼
夷语	助	乌助	补鸠莫捨	跴跃	色都地	折屋边坑	宜间波浴
汉语	义	廉	耻	智	仁	过	
夷语	邓哭施呼	以脚粉争	多波撒簸	递藉色诺	时世补觉	枯喜	

以上德行类。

汉语	老	少	大	小	去	来	笑	哭	坐
夷语	暮	煞	厄	虐	领	列	额	恩	呢
汉语	走	睡	醒	骂	打	跪	贫	富	红
夷语	辣	及	腻	触	独	吃	舒	菊	你
汉语	绿	青	黄	蓝	黑	一	二	三	四
夷语	贺	纳	舍	务	那	榕目	腻目	色目	须目

续　表

汉语	五	六	七	八	九	十	百	千	万
夷语	我目	曲目	係目	黑目	叱目	册目	合	都	业
汉语	亿	东	西	南	北	上	下	中	前
夷语	他都年	肺	灼	务	克	戛	叱	烛	结
汉语	后	左	右	多	少	重	长	长①	厚
夷语	度	方	细	努	诺	哩	舍	呢	土
汉语	薄	读							
夷语	波	思迫无							

以上形容类。

汉语	写字	做官	教人	学好	说好	说话	做事	吃饭	穿衣
夷语	思迫果	厦的没	俗孟	助所	鸠助	鸠夺	诺兹	假租	扯息
汉语	饮水	饮酒	饮茶	吹火	取火	盛水	上山	走路	叩头
夷语	以赤夺	直夺	幾都夺	熄都目	息都择	以克赤	白达	脚苏	拖吃
汉语	是不是	撒种	栽种	收获	点火炬	骑马	放牛		
夷语	厄马厄	扯世	得世	绮革	都是督	母则	呢嘱		

以上做事类。

---

① "长"重出，原文如此。或为记录错误，或为一词两说。

汉语	鸡	鹅	鸭	黄牛	水牛	马	骡马	剥马	驴	骡
夷语	昂	俄	鹇	列布	务呢	木	母莫	母督	利母	他目

汉语	牛	羊	豕	犬	鱼	蛇	虫	蝇	树	木
夷语	呢	黑	哇	期	何	补赊	补	合目	洗	洗鲁

汉语	松	柏	山竹	园竹	桃	杏	柳	花	华	草
夷语	拖洗	束白	马读	呆目	生吗	色华	呢我	尾鲁	库期	施

以上动植类。

民国《昭通志稿》卷十，民国十三年[1924]铅印本，第五至七叶

11. 民国《昭通县志稿》

卷六《氏族·方言》

人生世界，逞其聪明才力，建一国则有一国之文字，聚一族则有一族之语言。微论地球列邦各有其国之语言文字，即以吾华言，书同文矣，而各省之声音不同，即一省中，各地之土语尤不同。杨升庵《南诏野史》谓滇有百种，则其族亦甚复杂，其语言亦不相类。昭处东陲，仅有夷、苗二族，皆各有其土语，至改土时奉拨之汉人，惟云、曲二府人最多，其籍皆来自大江南北，尽属官话，悉无异也。但今之设学者，有外国语一科，岂以土语而竟漠视耶？[①] 爰考旧志及东川志照列之，以备习翻译者之资。志方言。

夷语音浊而拙，族本土著，当改土时，全县人民汉少夷多，故所言大半夷语。其族与外人交际则习汉话，与同类言则操夷语，外人闻之，瞠目而不知也。其方言，前志载之綦详，系照旧本转录，年湮代远，传闻错讹，但试与彼族言，已觉少差，即证之边远之音，尤为

---

① 此论甚有见识。"少数民族语言文学"学科设立之必要，此为一证。

不合,况今彼族之人多进学校,语文尽属汉字,故彼语言不复再列。

民国《昭通县志稿》卷六,民国二十七年[1938]铅印本,第八至九叶

12. 民国《新纂云南通志》

卷七十《方言考五·爨文》(存目)

　　按:卷七十《方言考五·爨文》所记内容及框架,沿袭杨成志先生《云南民族调查报告》一文,其文已较为全面深入地论述了罗罗文(即爨文)的使用情况、内容、性质及研究价值等。该文后来收入《杨成志人类学民族学文集》(民族出版社,2003 年),读者或研究者不难找寻,兹不复录。特此说明。

二、苗族语言资料

民国方志

1. 民国《宣威县志稿》

卷八《语言·苗子》

其音短而突,与汉人往来习用汉话,自相聚谈则仍用苗语。如:

父曰罢,母曰业,兄曰磨,嫂曰比保,二叔曰几岗,小叔曰几的。

雷曰英则。

走路曰拜,给物曰走,早饭曰羹到,晚饭曰羹崖,睡曰宁。

房子曰然,碗曰阿五,筷曰阿竹,磨石曰松白,筛子曰巴苏,锥曰房都。

富曰白恶,长曰喜爱。

牛曰直斗,马曰母,羊曰尤,鸡曰矣阿。

民国《宣威县志稿》卷八,民国二十三年[1934]铅印本,第五叶

卷八《文字·苗文》

据法国牧师费亚氏《苗文字典》,凡分三十七字母,母音凡十,子音二十有七[1],记如左[2]:

---

① 原文所列"子音"共二十六,不足二十七,或记录者漏记其一,或计算有误。

② 原文竖行,自上而下、自右至左排列,故曰"列于左"。

（一）母音：A、Ē、E(、AI、I、O、EL、ICE、IƆI、OLL

（二）子音：B、Ch、D、D)、DL、D2、F、G、CF、CFR、ƆO)、T、IC、I、M、∧、P、R、S、SR、SIC、P、IE、PS、V、Z

苗文大半起于象形，其无形者则立于会意、立于谐声，其意义之不能以形、意、声表示者，则设各种符号以表示之，故其中又有子音、母音之噎音①，凡二类：

（一）子音噎音以ᒉ记于后，如K、P、SR、T、PIE、PS等是。

（二）母音噎音以ꓭ记于前，如ᒉA、ᒉE、ᒉC、ᒉE等是。

苗文字母又分为五②：

音　别	苗　字	读音③	释　义	记　号
一尖音		那	多	一
二高音		那	问	?
三平音		那	病	◟
四上音		耐	你	ノ
五长音		拿	缝	人

字音之别既如上述，至其句法，首名字，次动字，自成一格，如"我建木屋"，苗文作"出入四ᒉ丼ᗆ"，直译其字，则为"我木取建屋"，ᗆ为助辞。

民国《宣威县志稿》卷八，民国二十三年［1934］铅印本，第六至七叶

---

① 所谓"噎音"，未知所指，阙疑。
② 原文竖行排列，现依照原有版块与逻辑，横排造表加以呈现。
③ "读音"，原文作"读者"，径改。

2. 民国《顺宁县志初稿》

卷九《语言·各种语言调查表》

苗　语	汉　译	苗　语	汉　译
慈不ㄌ～	谷子	倒	布
倒锛	麻布	倒纱	棉布
遮	房子	母巜～	走路
巜丫	鸡	脑差	吃早饭
脑说	吃午饭	脑摩	吃晚饭
耗茶	喝茶	母拉	走了
不	睡觉	寿	起来
堵	水牛	嘎唎噜	快来
嘎母	快去		

民国《顺宁县志初稿》卷九，民国三十六年[1947]抄本

3. 民国《中甸县志稿》

下卷《语言文字·语言·苗语》

苗语多唇音、舌音、颚音、喉音，而鼻音最少，齿音纯无，语音细短，言词简单。

"中国地方志集成"云南府县志辑，第83册，第44页上栏

4. 民国《富州县志》

第十六《方言·富州县各种人类方言表·苗人》

天，夺；地，地；日，参读；月，哩；风，抓；云，华；雷，扫；雨，落雷；霜，兜爹；雾，霸火；雪，腊屡。

山，肿；水，咧；田，连；园，哈环；城，蓝；墙，且；坡，肿；路，革；草，便；木，冬。

祖，优；孙，笋；父，乌鸡；子，杂；兄，底娄；弟，勾；嫂，念底；叔，京绸。

行，目革；立，抽住；坐，又周；跪，记周。

贵，计；贱，想影；贫，波；富，波浓。

虎，豹师；豹，抄豹；马，咨；牛，肚；羊，期；猪，巴；鸡，改；鸭，呵。

一，以；二，哦；三，有；四，表；五，乌；六，週；七，香；八，易；九，鸠；十，构①；百，以波；千，以浅；万，以湾②。

参杨磊、农应忠点辑《富州县志点注及资料辑录》，云南大学出版社，2007 年，第 61 页

5. 民国《昭通志稿》
卷十《人种志·方音·苗子》

僻处山陬，知识浅陋，与汉人往来习用汉语，自相聚谈仍用夷话。其音短而突，有文字，分三十七字母，有音者十，无音者二十七；读分五音，有尖、高、平、上、长之别，一字数音或数字同音，半起象形、会意、谐声及作各种记号以志别者。计度以两臂伸直时其两指尖之距为一罗，分时以支属，例如猪年羊月猴日，如汉人问人之岁则答曰属龙或属虎等，盖沿用夷习耳。

民国《昭通志稿》卷十，民国十三年［1924］铅印本，第四至五叶

---

① 低位数词"一"至"十"中，"以""乌""鸠"皆为汉语借词。
② "一波""以浅""以湾"均汉语借词，直接借自"一百""一千""一万"。

三、白族语言资料

（一）明代方志

《南诏野史·南诏称谓官制》①

　　南诏称帝曰骠信，王曰诏，自称曰元；称后曰信么，亦曰九么；妃曰进武，兄曰容，弟曰钟，下曰昶。其设官则有把国事八人，曰坦绰，曰布燮，曰九赞，谓之清平官。曰酋望，曰正酋望，曰员外酋望，曰大将军，曰员外。

　　又设九爽之名，爽，省也。功爽，主官人。宗爽，主户籍。万爽，主财用。慈爽，主礼。引爽，主宾客。幕爽，主兵。罚爽，主刑。厥爽，主工作。禾爽，主商贾。皆清平官酋望大军将兼之。以清平官子弟为羽仪长八人，清平官见王不得佩剑，惟羽仪长佩之。

　　又有六曹长二人，曹长有功，升大军将，大军将凡十二人。又立三托，巨托主仓廪，气托主马，禄托主牛。大府主将曰演习，副曰演览；中府主将曰缮裔，副曰缮览；下府主将曰澹酋，副曰澹览；小府主将曰幕撝，副曰幕览。每府有陀酋，陀酋即掌书记、判官之类。……又设十睑：蛮语谓州为睑。苴音斜羊睑、又名羊睑，即今大理府太和县。赵州睑、今大理府赵州。白崖睑、又名勃弄睑，今赵州之白崖。云南睑、今

---

① 　此节所载本于唐樊绰《蛮书》，并非真正意义上的"明代资料"，但《南诏野史》在"明清民国方志"范围内，故照录。

大理府云南县。蒙舍睑、今蒙化厅。大釐睑、又名史睑，今太和县喜州。邓川睑、今大理府邓川州。品澹睑、蒙秦睑、矣和睑三睑未详其地。……

……王之亲兵曰朱弩佉苴。音蛆。按：元微之、白乐天乐府皆作"呿嗟"，未审孰是。佉苴，韦带也。每兵百人置罗苴子统一人，戴朱鞮鍪，负犀革、铜盾而跣足；自大军将以至曹长，皆系金佉苴。尚绛紫，有功加锦，又有功加金波罗。即虎皮。民兵号白衣，凡民兵出，以望苴蛮为先驱。

"中国方志丛书"华南地方·云南省，第一五〇号，第 12 至 16 页

（二）清代方志

光绪《浪穹县志略》
卷十三《种人·方言》

僰子语皆方言也。浪穹宁湖以西迄黑惠江，比比皆然，大同小异，兼娴汉语。惟僻邑荒村，距城窵远，暸沓侏离，有终身不解汉语者矣。至宁湖以东、中前六所以及勋庄、大小官营、三营等处，一例汉语，复有终身不解方音者矣。其中犬牙交错，相距咫尺，问答不通，吐嘱互异，此诚不可以常情测。盖工汉语者皆旧时屯田军籍或外来客籍，操土音者皆土籍，谓之"民家"，即白人，古白国之支流也。在浪穹者多六诏赵氏、杨氏、段氏裔。按：《皇朝职贡图》、《伯麟图说》、旧《云南通志》均谓之"民家子"，俗呼其语为"民家话"。

光绪《浪穹县志略》卷十三，清光绪二十九年[1903]刻本，第三叶

（三）民国方志

1. 民国《大理县志稿》
卷六《社交部·社会教育·方言》

大理在周时为濮地，居民尽属蛮族，自汉诸葛南征，始与中国通。唐之中叶，尝有因辟充清平等官而居留未归去者，汉族尚为少

数。洎夫宋元，其固有之语言仍为蛮音，所谓白子国话是也。嗣有猓族杂居在苍山西南隅，语言又復混合，两族语意，绝不能通中土。逮明初削平段氏，总管迁中土大姓以实云南，而吴越间汉族来者纷纭踵至，于是呼土著者曰"民家"，外来者曰"军家"，民家中有自远方屯田移垦或经商卜籍者，其大部分犹是汉族也。汉族优胜则劣者败，渐久至于澌灭，二百年前南山隅经载庄大波箐之猓族，迄今胥同化为汉民，无復毡背椎耳之俗矣。

向来吾邑方言虽有"隔里不同音"之谚，但名词犹近中土，大凡可别为二：曰"汉话"，多在附城各区；曰"民家话"，则各乡一律，惟上下湾桥、五里桥、刘官厂则民汉两参；最奇者，数村相距二三十里，发音则一致焉。今由民家话中细参之，十有二三皆与汉语相符，而土语究十居六七也。[①] 城居之纯系官话者，盖当日拓疆之将士、移边之大姓与夫中土官商之流寓斯土者，均于城市卜居焉。今者世界大通，其于五洲言文尚求统一，而此弹丸之地竟尔语言歧出，种种隔阂，由此发生种种窒碍，洵属邑中缺憾。邦人诸友，尚其安筹良法，善立规约，牗导而丕变之，岂不休哉！

民家口音如：

日读泥，月读洼，朝起读车肯，时间读直加，茶读作，糖读夺，花读贺，坡读瓿，水读许，墓读贸，河读角，禾如之，江读冈，薑如之，男老曰皤，女老曰妪，姑母曰阿姑，处女曰郎子，妹曰女弟，新妇曰细巫倪简，人曰简倪，团体曰阿夥，彼人曰薄倪，小子曰细崽，头曰笛播（"头皮"转也），齿曰兹八（"齿盘"转也），头髮曰笛骂，胡曰屋，手曰叟，皆音转也。

墨与麦俱音近梅，柜曰鬼俱音近古，棍与骨俱音近瓜，官与关俱音近卦。

---

① 由此可知，当时"民家话"（即白语），汉化程度还不算深重。

雪梨读序利,沙塘读梭夺,此音直同日本。馒首读麻头,饵块读死馈,鸭读押,羊读油,豹读巴。

称草以刍,称柴以薪,称火以灰,称稻以麻,称蝇以蝇,称鸟以佳。

读拿为耐,与吴人读挪近;读闲为暇,与吴人摆暇同;读减为港,读不为滮,读轻为倩,读卑为敝,读略为糯,读鲜为朽,读秃驴为拖骡①,读狲狲为兀算,读年岁为觬算,读乡邑为秀衣。

卑为文,音之重翻;利为厘,字之轻转;笑作臊,则腭音移而齿;哭作芁,则腭音兼以喉音也;有毛曰皮,读卑,仍唇音也;无毛曰革,读给,仍腭音也;凡用咀嚼力者皆曰食,不用咀嚼力者皆曰饮。

以东西南北之四方、青白赤黑之四色、一二三四之十数、十廿卅卌之积数,其发音缓急轻重抑扬高下间,略为翻切,暨泥读重舌音、鸡读重喉音,皆属正音。又食菜取用曰挟,而挟读喉音,则义音俱正,与吴越仿佛出入,特唇齿喉舌之转微有小异。

先辈传言,民家话似江南,良非虚语。间有难以汉语解者,仍是沿习蛮语,久则难变也。近人邓秋枚曰:滇黔之音或近金陵,则明代应天劲族移屯云南之故也。证诸方言原理,殆确不可易欤?

民国《大理县志稿》卷六,民国六年[1917]铅印本,第二十至二十二叶

2. 民国《新纂云南通志》

卷六十八《方言考三·白文一》、卷六十九《方言考四·白文二》(存目)

按:卷六十八《方言考三·白文一》、卷六十九《方言考四·白文二》,原样摘录赵世铭先生所著《白文考》(二卷)所有内容,兹不复录。特此说明。

---

① 白语"兔子"读若"套捞",与"拖骡(拖罗)"音近,故以"拖罗"为地名者,其汉语义可能与驴相关,也可能与兔子相关。

四、傣族语言资料

(一) 清代方志

1. 康熙《云南通志》

卷二十七《种人·僰彝》

　　其俗,称宣慰曰"昭华",言主人也。其官署有叨孟、昭录、昭纲,递相臣属:叨孟总统政事,兼领军民,多者数十万,少者则数万;昭录亦万余人,赏罚皆任其意;昭纲千人,递减至十人。

　　康熙《云南通志》卷二十七,清康熙三十年[1691]刻本,第三十七叶

2. 嘉庆《滇云纪略》

卷下《夷种附方言》

　　天,發;地,顶;日,紊;月,等;风,龙;云,法;雷,法;雨,纷;霜,笼美;雾,磨。

　　山,反;水,难;田,那;园,虎朗;城,科职;墙,科;坡,拉反;路,丹;草,方;木,美。

　　祖,布贺;孙,浪;父,振博;子,楼;兄,必农;弟,农斋;嫂,猓;叔,布祆;娘,蔑。

　　行,娘;立,邓妈;坐,难;跪,拜。

　　贫,雅;富,迷;贵,丙;贱,波。

　　虎,色弄;豹,色乃;马,骂;牛,海;羊,有;猪,木奚;鸡,盖;鹅,旱;鸭,别。

升,成;斗,通;戥,掌;秤,掌敬;笔,典哲;墨,黑;书,酸职;纸,哲。

一,冷;二,算;三,丧;四,细;五,哈;六,火;七,哲;八,别;九,苟;十,昔。以上摆夷。

《滇云纪略》卷下,清嘉庆戊辰年[1808]刻本,第五十八至五十九叶

3. 道光《广南府志》

卷二《附种人方言·摆夷》(存目)①

4. 道光《开化府志》

卷九《风俗·方言》②

霜,笼毋③。

园,朗虎④;坡,拉歹⑤。

父,依博⑥。

道光《开化府志》卷九,清道光九年[1829]刻本,第十一叶

5. 光绪《永昌府志》

卷五十八《方言》

天文类:

缅人:天曰某,字作□;云曰定,字作□;雷曰某骨路,字作□;雨曰某唰,字作□;日曰腻,字作□;月曰刺,字作□;星曰革,字作□;斗曰库捏战,字作□。以上⑦滇师范《滇系》。

---

① 此处所记,与嘉庆《滇云纪略》卷下《夷种附方言》(以下简称"嘉庆《滇云纪略》")同,不重出。

② 此则所记,与嘉庆《滇云纪略》、道光《广南府志》卷二《附种人方言·摆夷》基本相同,以下只录有异者。

③ "笼毋",当是"笼每","毋""每"形近而误,嘉庆《滇云纪略》作"笼美",可证。

④ "朗虎",嘉庆《滇云纪略》作"虎朗"。

⑤ "拉歹",嘉庆《滇云纪略》作"拉反"。

⑥ "依博",嘉庆《滇云纪略》作"振博"。

⑦ "以上",原作"以古",径改。

　　玀夷：天曰發，雲曰發，风曰龙，雷曰法，雨曰纷，霜曰笼每，雾曰磨，日曰紊，月曰等。

岁时类：

　　缅人：岁曰捏，字作🔣；节曰撒胖，字作🔣；阳曰阿太，字作🔣；阴曰阿喷，字作🔣。以上俱师范《滇系》。

地舆类：

　　缅人：山曰挡，字作🔣；江曰麦列马，字作🔣。以上俱师范《滇系》。

　　玀夷：地曰顶，田曰那，园曰朗虎，山曰反，水曰难。

道里①类：

　　缅人：关曰冈，字作🔣；津曰夏豆，字作🔣。以上俱师范《滇系》。

　　玀夷：大路曰丹，坡曰拉歹。

人伦类：

　　缅人：父曰阿帕，字作🔣；母曰阿米，字作🔣。以上俱师范《滇系》。

　　玀夷：曾祖曰布贺，父曰依博，母曰蔑，兄曰必农，嫂曰猓，弟曰农齐，叔曰布袄，子曰楼，孙曰浪。

形体类：

　　缅人：头曰康，字作🔣；面曰妈那，字作🔣；手曰剌，字作🔣；脚曰克类，字作🔣。以上俱师范《滇系》。

人事类：

　　缅人：饱曰瓦挝，字作🔣；饿曰也必，字作🔣。以上俱师范《滇系》。

　　玀夷：行曰娘，立曰邓妈，坐曰难，跪曰拜。

---

① "道里"，原作"道理"，径改。

称呼类：

缅人：朝廷曰乌爹垢，字作🔣。以上俱师范《滇系》。

言语类：

玀夷：富曰迷，贵曰丙，贫曰雅，贱曰波。

房屋类：

缅人：房曰印，字作🔣。师范《滇系》。

玀夷：墙曰科。

公仪类：

缅人：城曰某路，字作🔣；国曰白列歹，字作🔣；京曰歹都，字作🔣；都曰然马，字作🔣；宫曰南列，字作🔣；殿曰塔到印，字作🔣。以上俱师范《滇系》。

饮食类：

缅人：酒曰细，字作🔣；饭曰塔莽，字作🔣。以上俱师范《滇系》。

器用类：

缅人：纸曰乍库，字作🔣；墨曰莽细，字作🔣；笔曰竹丹，字作🔣；视曰缴便，字作🔣；枪曰阑，字作🔣；旗曰丹，字作🔣。以上俱师范《滇系》。

玀夷：戥曰掌，升曰成，斗曰通，纸曰哲，墨曰墨，笔曰典哲，书曰酸职。

音乐类：

缅人：钟曰康浪，字作🔣。鼓曰摺，字作🔣。以上俱师范《滇系》。

数目类：

玀夷：一曰冷，二曰算，三曰丧，四曰细，五曰哈，六曰火，七曰哲，八曰别，九曰苟，十曰昔。

货币类：

缅人：金曰税，字作⟨字⟩；银曰位，字作⟨字⟩；钱曰撒白刺，字作⟨字⟩；玉曰麦刺，字作⟨字⟩；绫曰赖，字作⟨字⟩；罗曰阿辈刺，字作⟨字⟩；锦曰都央，字作⟨字⟩；丝曰瓦保，字作⟨字⟩。

草木类：

缅人：花曰阿唎，字作⟨字⟩；朵曰阿榜，字作⟨字⟩；枝曰阿苟，字作⟨字⟩；叶曰板，字作⟨字⟩；

玀夷：草曰芳，木曰美。

禽兽类：

缅人：虎曰贾，字作⟨字⟩；豹曰谢，字作⟨字⟩；狮曰唱，字作⟨字⟩；马曰麦浪，字作⟨字⟩；牛曰那，字作⟨字⟩；羊曰赤，字作⟨字⟩。

玀夷：鸭曰别，鹅曰旱，虎曰色弄，豹曰色乃，马曰骂，牛曰海，羊曰有，猪曰木奚。

虫鱼类：

蛇曰麦类，字作⟨字⟩；龙曰那戛，字作⟨字⟩。以上俱师范《滇系》。

光绪《永昌府志》卷五十八，清光绪十一年［1885］刻本，第一至六叶

6. 光绪《腾越厅志稿》
卷十五《诸夷志三·方言》

昔越裳之献雉也，重译而入贡周京，盖以远在一方，其语言文字各限于方域而不能通，非熟习其词者，无由达远人之情、通使臣之命，此象胥有掌王会所以赖方言也。腾壤接蛮夷，人非一类、地非一区，言语声音最难详辨，矧缅甸旧为我朝臣属，纳款输诚、献琛贡象者非一日，其言说文书屡上达九重之听，虽设有通事，随时解其语言文字，究不若方言之载可遍览而周知，则方言又勤边者所不可忽也。

摆夷方言并文字：

天文类：天曰發，字作▢；云曰暮，字作▢；雷曰法朗平声，字作▢；霜曰每平声，字作▢；雨曰纷，字作▢；露曰磨，字作▢；日曰晓，字作▢；月曰冷平声，字作▢；风曰龙，字作▢。

地理类：地曰岭平声，字作▢；山曰○当□切，字作▢；田曰那，字作▢；园曰孙，字作▢；路曰党，字作▢；水曰南，字作▢。

城市类：城曰允，字作▢；河曰南洗，字作▢；江曰南纠，字作▢；衙曰哈，字作▢；街曰夏，字作▢；房曰亨上声，字作▢；堂曰活弄，字作▢。

饮食类：谷曰考入声白，字作▢；米曰考入声山，字作▢；饭曰考入声数上声，字作▢；吃曰□，字作▢；酒曰劳，字作▢；菜曰帕，字作▢；肉曰肋，字作▢；汤曰南帕，字作▢。

衣服类：衣曰色，字作▢；服曰肱，字作▢；帽曰幕活，字作▢；鞋曰借丁，字作▢；靴曰靴，字作▢；带曰赛，字作▢。

器用类：刀曰筏，字作▢；剪曰紧，字作▢；碗曰玩毫，字作▢；桶曰桶，字作▢；壶曰道入声，字作▢；凳曰僧，字作▢；桌曰喷去声，字作▢；纸曰即，字作▢；书曰赖上声，字作▢；买曰斯入声，字作▢；卖曰亥，字作▢。

人伦类：君曰哈项，字作▢；臣曰捧捫上声，字作▢；朋友曰歹各，字作▢；父曰波去声，字作▢；母曰妈，字作▢；兄曰宰，字作▢；弟

曰龙宰,字作🔣;姊曰姐,字作🔣;妹曰龙骚,字作🔣;夫曰坡,字作

🔣;妻曰灭上声,字作🔣;老曰桃,字作🔣;小曰玩,字作🔣。

珍宝类：金曰罕,字作🔣;银曰哏,字作🔣;铜曰董,字作

🔣;铁曰列去声,字作🔣;锡曰替,字作🔣;铅曰准,字作🔣;玉石

曰幸修,字作🔣;宝石曰线孪,字作🔣。

五色：青曰颂,字作🔣;红曰孪,字作🔣;白曰帛去声,字作

🔣;黑曰蓝平声,字作🔣;黄曰棱去声,字作🔣;蓝曰漫,字作🔣;绿

曰秀,字作🔣。

五味：甜曰玩,字作🔣;苦曰烘去声,字作🔣;酸曰宋,字作🔣;

辛曰小,字作🔣。

数目：一曰冷平声,字作🔣;二曰颂,字作🔣;三曰散,字作🔣;

四曰细,字作🔣;五曰哈,字作🔣;六曰烘,字作🔣;七曰借,字作

🔣;八曰别平声,字作🔣;九曰高入声,字作🔣;十曰须,字作🔣;百

曰八,字作🔣;千曰幸,字作🔣;万曰闷,字作🔣。

花木类：花曰暮,字作🔣;荷花曰暮摸,字作🔣;菊花曰暮品,

字作🔣;桃花曰暮骂闷,字作🔣;李花曰暮骂门,字作🔣;椿木曰昧

勇,字作🔣;楠木曰昧毫,字作🔣;核桃曰骂代,字作🔣;松木曰昧

便,字作🔣;凤尾果曰骂哈拉,字作🔣;竹曰昧竹,字作🔣;芭蕉果

曰贵入声,字作🔣;甘蔗曰外入声,字作🔣;石榴曰骂章,字作🔣;梨

曰骂角,字作□;梅子曰骂风,字作□。

兽类: 马曰麻,字作□;水牛曰海,字作□;羊曰灭,字作□;鸡曰介,字作□;犬曰骂,字作□;豕曰牧,字作□;麒麟曰灭平声闻,字作□;虎曰色入声弄,字作□;豹曰色上声霭,字作□;狮曰项昔,字作□;象曰章入声,字作□;豺狗曰骂乃,字作□;狐狸曰骂岭平声,字作□;犀曰海腾入声,字作□;麂曰刚,字作□;麢曰灭平声烘,字作□。

禽类: 鸦作恝平声想,字作□;鹊曰睢睫,字作□;鸟曰鲁平声,字作□;鸠曰鲁毒,字作□;鹦哥曰鲁修,字作□;八哥曰鲁舅,字作□;野鸡曰介疼去声,字作□;野鸭曰别南,字作□;鹰曰哄,字作□;燕曰鲁那念,字作□。

鳞介类: 龙曰○恩而切,字作□;蛇曰牡,字作□;鱼曰把,字作□;鳝鱼曰把映,字作□;鳅鱼曰把郎,字作□;虾曰贡,字作□;螺曰壤,字作□;虫曰免,字作□。

缅人方言并文字:

天文类: 天曰摩上声,字作□;云曰登,字作□;雷曰摩上声,字作□;雪曰摩上声挤,字作□;雨曰摩上声呀平声,字作□;风曰列平声,字作□;日曰呢平声,字作□;月曰腊,字作□;星曰儿,字作□。

地理类: 地曰灭平声,字作□;山曰铠,字作□;路曰览,字作；水曰夜,字作⚇。

城市类：城曰矛,字作⚇；城墙曰矛偶,字作⚇；江曰迷纪,
字作⚇；河曰强上声,字作⚇；街曰姐,字作⚇；君殿①曰难上声惰,
字作⚇；衙门曰扪恩,字作⚇；房曰恩,字作⚇。

食物类：谷曰自入声把,字作⚇；米曰粲,字作⚇；饭曰特门上
声,字作⚇；吃曰杂上声,字作⚇；饮曰扫,字作⚇；酒曰阿月,字作
⚇；肉曰洒,字作⚇。

衣服类：衣曰恩上声居,字作⚇；带曰挤纠,字作⚇；鞋曰怕
挈,字作⚇；裙曰特们,字作⚇。

器用类：刀曰打,字作⚇；剪曰恝己,字作⚇；碗曰不幹,
字作⚇；筷曰都,字作⚇；桌曰空去声,字作⚇；凳曰炭躬,字
作⚇。

人伦类：君王曰升不阴,字作⚇；大臣曰们上声己,字作⚇；父
曰阿配平声,字作⚇；母曰阿美平声,字作⚇；兄曰阿哥,字作⚇；弟曰
呢,字作⚇；朋友曰阿坡,字作⚇；夫曰令,字作⚇；妻曰木哑,字作
⚇；姐曰麻麻,字作⚇；妹曰呢麻,字作⚇；子曰洒,字作⚇；女曰自
米,字作⚇。

---

① "君殿",不知具体所指,当即"皇宫"。

身体类：头曰拱，字作□；脚曰气，字作□；身曰歌，字作□；手曰勒上声，字作□；心曰那笼，字作□；眼曰免即，字作□；耳曰挈上声，字作□；鼻曰那孔，字作□。

珍宝类：金曰税，字作□；银曰未，字作□；铜曰己，字作□；铁曰散，字作□；锡曰克上声，字作□；铅曰散彪去声，字作□；玉石曰绞争上声，字作□；宝石曰绞腻，字作□。

五色：青曰阿墨上声，字作□；红曰阿害，字作□；白曰阿彪去声，字作□；黑曰阿那入声，字作□；黄曰阿挖，字作□；蓝曰阿卡平声，字作□；绿曰阿怎，字作□。

五味：甜曰邱去声，字作□；苦曰卡，字作□；酸曰庆，字作□；辛曰杂，字作□。

数目：一曰叠上声，字作□；二曰孽上声，字作□；三曰竦，字作□；四曰列上声，字作□；五曰〇古赛切，字作□；六曰巧，字作□；七曰苦捏，字作□；八曰喜，字作□；九曰果，字作□；十曰得择去声，字作□；百曰得鸦，字作□；千曰得痛，字作□；万曰得颡，字作□；买曰外，字作□；卖曰永，字作□。

花木类：花曰板，字作□；茉莉花曰兹白板，字作□；荷花曰驾贾，字作□；菊花曰幹得马，字作□；木曰挺，字作□；松木曰挺欲上声,字作🔶;竹曰瓦,字作🔶;芭蕉果曰那标,字作🔶;石榴曰兹勒挤,字作🔶;核桃曰舍加挤,字作🔶。

兽类：马曰免,字作🔶;水牛曰拙,字作🔶;犬曰窥上声,字作🔶;鸡曰洁上声,字作🔶;虎曰假,字作🔶;豹曰邪,字作🔶;狮曰庆贼,字作🔶;象曰青,字作🔶;豺狗曰朵窥上声,字作🔶;狐狸曰行,字作🔶;鹿曰萨入声,字作🔶;麋曰得夜,字作🔶。

禽类：鸦曰举敢,字作🔶;鸟曰领达,字作🔶;鸠曰九,字作🔶;鹦哥曰竭上声都蕊,字作🔶;八哥曰咱离戛平声,字作🔶;鸭曰稳白上声,字作🔶;小燕曰咱各列上声,字作🔶;孔雀曰党,字作🔶;鹑曰科,字作🔶;鹰曰尊,字作🔶。

鳞介类：龙曰那戛平声,字作🔶;蛇曰妹平声,字作🔶;鱼曰〇古寡切,字作🔶;鳝鱼曰那行,字作🔶;鳅鱼曰那自勒斗,字作🔶;虾曰贡不尊,字作🔶;螺曰客欲,字作🔶;虫曰簸,字作🔶。

光绪《腾越厅志稿》卷十五,清光绪十三年[1887]刻本,第一至十一叶

7.《滇系》

第四十册《杂载》

爨夷字大约袭爨字而为之,汉时有纳垢酋之后阿畊者,为马龙州人,弃职隐山谷,撰爨字,字如科斗,二年始成,字母十千八百四十有奇,夷人号为书祖。

《滇系》第四十册,清光绪十三年[1887]刻本,第二十二叶

第四十册《杂载·缅字》

汉语	缅字	缅字读音	汉语	缅字	缅字读音
天		某	绵		瓦保
云		定	锦		都央
雷		某骨路	头		康
雨		某唎	面		妈那
日		腻	手		剌
月		剌	脚		克类
斗		库捏战	金		税
星		草来	银		位
江		麦列马	钱		撒白剌
山		挡	玉		麦剌
关		冈	纸		乍库
津		戛豆	墨		莽细
酒		细	笔		竹丹
饭		塔奔	砚		缴便
醉		也必	龙		那戛
饱		瓦挝	蛇		麦类
绫		赖	虎		贾
罗		阿草剌	豹		谢

续　表

汉语	缅字	缅字读音	汉语	缅字	缅字读音
朝廷		乌爹垢	京		歹都
皇后		米鲁唰	国		白列歹
父		阿帕	节		撒胖
母		阿米	岁		捏
宫		南到	阳		阿太
殿		塔到那	阴		阿喷
房		印	枝		阿苟
城		某路	叶		板
钟		康浪	花		阿唰
鼓		摺	朵		阿榜
旗		丹	象		唱
鎗		阑	马		麦浪
城①		某路	牛		那
都		然马	羊		赤

　　爨有字，僰有字，麽些有字，西番有字，而独载此于系末者，明初设缅字馆于滇垣，令汉人习而译之。今虽十年一贡，然其输诚之奏、纳款之文仍不时上达，亦当事者所宜讲求也。

　　《滇系》第四十册，清光绪十三年[1808]刻本，第一百七至一百十一叶

---

① "城"字，原文如此，涉重。

（二）民国方志

1. 民国《新纂云南通志》

卷七十《方言考五·僰文》

　　僰文即摆夷文，通行甚广，曾征集得摆夷经数册，惜未翻译，兹录赵世铭《摆夷文考》如下：

　　夷族中多以摆夷语为标准，文字亦通用摆夷文字，其字自左而右，用拼音法，与注音符号同。《永昌志》称，摆夷字大约习爨字而为之，至今夷人字母止存十九字，且同音之字每易混淆，爰将夷文及摆夷语分类迻译于左：

类别	汉字	夷字	译音	汉字	夷字	译音
天文类	天		冬法	风		论
	云		募	日		晚
	雷		法嘟	月		能
	雪		吗穴	星		捞
	雨		份	霜		妹
地舆类	地		岭平声	林		龙埋
	田		那	树		埋
	路		党	河		难弄
	山		赖	海		弄弄
	园		顺	石		麻幸
	水		蓝	土		领

类别	汉字	夷字	译音	汉字	夷字	译音
器用类	大、小刀		腊、未	凳		儅
	壶		道平声	桌		喷
	剪		谨	纸		节
	桶		桶	笔		笔①
	墨		墨	书		乃
	砚		砚瓦			
人伦类	朋友		歹各	弟		龙宰
	父		播	母		咩
	子		鲁宰	姐		姐
	夫		坡	妹		龙少
	妻		灭上声	嫂		笔曩
	兄		宰	儿媳		鲁保
饮食类	穀		考白平声	汤		南帕
	饮水		索难	米		考散
	吃		经	碗		万
	酒		劳	筷		兔
	肉		肋	锅		募项
	菜		怕	甑		开毫

---

① "桶""笔"二词,读音完全借自汉语,形体则自成一系,这种情况颇为独特,与单纯意义上的"借词"或"外来词"有所不同。下"墨""砚""姐"三词同。又,此条后重一条"桌",已见前,不录。

类别	汉字	夷字	译音	汉字	夷字	译音
衣服类	衣		色	被		帕哄
	裤		肱滚	帐		素
	帽		幕货	毡		津
	鞋		借丁	褥		帖涉
	靴		靴	床		固
	带		赛	席		辅
珍宝类	金		罕	铁		列去声
	银		哏	锡		替
	铜		董	铅		准
颜色类	黄		楞	青		蓝
	红		连	白		珀
	蓝		算	黑		蓝
五味类	酸		绳	辣		撒
	甜		玩	辛		小
	苦		哄混	咸		井
房屋类	房		哏	门		腊都
	墙		墙	瓦		瓦
	窗		法孟	灶		火少

续　表

类别	汉字	夷字	译音	汉字	夷字	译音
数目类	一		冷平声	二		送
	三		散	四		细
	五		哈	六		户
	七		借	八		别
	九		薬平声	十		须
	百		八	千		幸
花木类	花		幕	竹	原缺	埋竹
	荷		幕摸	梅		骂风
	菊		幕品	兰		莫坎兰
	桃		幕骂闷	梨		骂角
	李		幕骂满	椿		埋勇
	松		原缺	榴		骂章
兽类	马		马	虎		涉弄
	黄、水牛		我、海	豹		涉万
	羊		咩	狮		项昔
	鸡		介	象		掌
	犬		骂	麂		反
	豕		牧	鹿		刚

类别	汉字	夷字	译音	汉字	夷字	译音
禽类	鸦		嘎难	八哥		鲁舅
	鹊		夏匝	鹦鹉		鲁修
	鸠		鲁毒	野鸡		介疼去声
	鹰		哄	鸡		戒哏
	雁		汉募法	鹅		汉
	燕		鲁万念	鸭		别
鳞介类	龙		原缺	螺		怀
	蛇		牡	虫		免
	鱼		巴	龟		道
	鳅		巴喜	钻山甲		结领
	虾		贡	蜗		快法
	鳝		巴映	蛟		腊嘎
身体类	身		多	眼		惠达
	头		户	眉		混达
	耳		咩户	手		母
	口		索	脚		丁
	鼻		虎即	心		昭
	舌		林	肝		达

考《滇海虞衡志》云："僰夷无中国文字，小事则刻木为契，如期不爽，大事书缅字为檄，无文案。"今据五福县及芒遮、板所采访，则僰夷固有文字也。顾察其字体结构殊形，简陋而不知变化，且其波磔钩勒，大类缅文，而五福县所辑《摆夷字母说明》谓其字组织略类英文之直疏句，形、副两词多置于主、动两词之后，名曰"缅文"，其实不类，其区别之处颇难辨认云。赵世铭《摆夷文考》

民国《新纂云南通志》卷七十，民国三十八年[1949]铅印本，第九至一四叶

2. 民国《顺宁县志初稿》

卷九《语言·各种语言调查表》

摆夷语	汉　译	摆夷语	汉　译
冷阳平	一	吸	十
送	二	戛的劳	去那点
伞	三	马君嚛	来吃饭
细	四	又党千	在中间
哈	五	搴戛安党	你上前
胡	六	戛搞戛	赶街去
厥	七	南各暮米	水不有①
别去声	八	搴哼ㄚ丂②	你杀牛么
高入声	九	哦寨歹摇	唉，阿公死了么

---

① "水不有"为云南汉语方言之说法，即"没有水"。

② "ㄚ丂"，当即注音字母"ㄚ一"之误（原文竖排，"一"应横写作"一"）。究其原因，可能是："一"原本带圈如l.或l.，手民不知，抄写时致误。

摆夷语	汉　译	摆夷语	汉　译
豪散摹因地高一能	把你的借米给我一点	满	他
波	父亲	没米	不有
芊	母亲	没胡	不知道
照磨	先生;老师;师父	没ㄅㄧㄝ	不是
戛	去	劳	酒
马	来	照反	新爷
今	吃	弄	大爹
ㄎㄠ	米(饭)	芊笼	大妈
很力	读书	比鸡	嫂
颠木李	写字	隆引	妹子
高	我	暖	睡
你	猫	的散	什么

　　民国《顺宁县志初稿》卷九,民国三十六年[1947]抄本,第九至十叶

卷九《语言·顺宁方言调查表·摆夷文字调查表》

　　附说:夷文字母于右上角加注符号,读音即变,而一字五音,即成五字,其分别处仅在于上下左右角,或撇或钩或点,字音高者撇向上,字音低者钩于下,音平者平书,拼法亦同;至其语法语系,与英语无异。

利迷语	汉　译	利迷语	汉　译
阿窝	爸爸	直	酒
阿摸	妈妈	呵	肉
阿悠	哥哥	ㄅ丨ㄢㄌ	猫
阿脐摸	姐姐	阿怒	狗
ㄅ˙ㄛ波	耳	阿以	鸡
咩都	目	阿万ㄝ	猪
目ㄅㄨ	口	路子	骡
怒ㄅㄨ	鼻	阿母	马
列ㄆㄝ	手	阿直	黄牛
气背	足	˙ㄛ呢	水牛
耳底撒	头	阿奇	羊
皮木	脸	炸	有
撒ㄇㄝ	油	宜炸	不有
擦波	盐	那敌	好
西	柴	那宜敌	不好
作苛	米	作宜作	吃不吃
阿克	烟	你ㄙㄚ宜ㄙㄚ	知不知
罗婆	茶	戛扒驮	成

利迷语	汉　译	利迷语	汉　译
戛扒宜驮	不成	阿杜哥	向火
阿慕一罗	那里去了	你我幺给	说给我
二《乀角利	回家去	打咩	田
这益	这宿	树薄	草
阿目希	吹风	五	卖
阿目呵	下雨	没五	不卖
阿母奇	天黑	鸡皮	银币
做的	煮饭	普鸡皮	纸币
阿以作	吃水		

民国《顺宁县志初稿》卷九,民国三十六年[1947]抄本,第十一至十三叶

卷十二《艺文·文徵内编·耿马一瞥》

摆夷滨水而居,又称"水摆夷",分为汉摆夷及长头发摆夷二种,汉摆夷说话间杂汉话,长头摆夷则蓄长发盘结于项,说话间杂缅甸语。

摆夷信佛教,处处建有缅寺,掌教长称为"大佛爷"。民间子弟,皆送入寺中做和尚,身披黄被单,早晚随佛爷念经,念完时,将水壶中水倾入钵内,泼于地下,名曰"泼水",即洗恶之意。小和尚渐长,即行还俗,惟彼认为功绩较好留做佛爷者,则不得回俗。缅寺师徒饮食由人民按时送来,勿所虑也。其经文为缅字,今得数字,写在下面:

字　形	字　音	字　意
	扒	天
	海	地
	籐弄	山
	南	水
	乚ㄟ	火
	零	土
	原文未标字音	父
	原文未标字音	母

民国《顺宁县志初稿》卷十二,民国三十六年[1947]抄本,第二十八至二十九叶

3. 民国《龙陵县志》

卷十三《诸夷志·方言》(存目)

按:本卷"摆夷方言并夷字""缅人方言",所记与光绪《腾越厅志》卷十五《诸夷志三·方言》之"摆夷方言并文字""缅人方言并缅字"同,兹不复录,特此说明。由此可见后出方志承袭前志而不事创新之弊。

4. 民国《石屏县志》

卷十八《土司》

僰夷性怯胆小,善耐烟瘴,四时洗浴,必居滨河之地。妇人性最慧,凡衣服,均系自织、自染、自制,并不购用外货。另有语言:景拷,吃饭也;景鸦,吃烟也;景漏,饮酒也;摆,走路也;状宽,大也。

岁时节气,悉仿汉人性,季春建辰之日,必祭龙,龙神最旺,遇之不吉,或有因之殒命者,实不知果何理也。

民国《石屏县志》卷十八,民国二十七年[1938]铅印本,第十叶

5. 民国《镇康县志初稿》

第十六《方言·摆夷方言》①(存目)

"中国地方志集成"云南府县志辑,第 58 册,第 277 至 279 页

第十六《方言·摆夷文字》

字形	⸘	⸜	⸝	⸞	⸟	⸠	⸡	⸢	⸣	⸤
读音	冷阴平	颂去声	散	细	哈阳平	贺上声	借	别去声	高阳平	谢去声
汉译	一	二	三	四	五	六	七	八	九	十

　　按:此十字即摆夷文字,其读法如上,其用法如汉文之一、二、三、四、五、六、七、八、九、十等字,略举数字,以表其形式;原有字母十九字,分列于后,幅少字多,碍难博采,识者谅之。

　　考《永昌府志》中有:"摆夷字,大约习爨字而为之,汉时有纳垢酋之后阿畎者,为马龙州人,弃职隐山谷撰字,字如蝌蚪,二年始成,字母十千八百四十有奇,夷人号为书祖。"是所谓"摆夷字"者,其所由来已久。惟志中所谓"大约习爨字而为之",爨字如何书写,今已不可得见,或犹有遗存,而为作者所不曾得见,亦未可知。然因未见,即不敢轻信摆夷文与爨文究有如何之关系,欲作详密之考证,请待寻于语言学与文学之专家。兹将摆夷文字母十九字录之如下表:

---

①　此处所记,同于光绪《腾越厅志稿》,不重录。

摆夷文字	另一种写法	以英文之音读之	以注音字母读之
ꠍ	ꠍ	ga	ㄍㄚ
ꠍ	ꠍ	ka	ㄎㄚ
ꠍ	ꠍ	nga	ㄫㄚ
ꠍ	ꠍ	ja	ㄓㄚ
ꠍ	ꠍ	su	ㄙㄚ
ꠍ	ꠍ	yu	ㄧㄚ
ꠍ	ꠍ	da	ㄉㄚ
ꠍ	ꠍ	ta	ㄊㄚ
ꠍ	ꠍ	na	ㄋㄚ
ꠍ	ꠍ	la	ㄌㄚ
ꠍ	ꠍ	pa	ㄆㄚ
ꠍ	ꠍ	ma	ㄇㄚ
ꠍ	ꠍ	nea	ㄈㄚ
ꠍ	ꠍ	ru	ㄌㄚ
ꠍ	ꠍ	wu	ㄨㄚ
ꠍ	ꠍ	la	ㄌㄚ
ꠍ	ꠍ	ha	ㄏㄚ
ꠍ	ꠍ	ha	ㄏㄚ
ꠍ	ꠍ	a	ㄚ

民国二十四年[1935]稿本

6. 民国《镇越县志》

第五章《民俗·姓名》

　　僰人有名无姓，其名亦随时代更易，莫衷一是。有幼年时代之名、为官时代之名，当头人或□目。有子女时代之名。学僧则弃幼年时代之名，为官则弃学僧时之名，有子若女则弃幼年学僧、为官时之名，而从子若女之名焉。子名岩糯，则父名为波岩糯，女名玉朗，则父名为波玉朗，母名咩玉朗；波、咩者，父、母之谓也。从子名多从长。其土司之姓刀者，非姓刀，因僰人百姓呼土司曰召，如猛腊土司即呼召猛腊，"召"者，夷语谓之官，"龙"谓之大王。□□□□□十土司为召孟、召龙，呼宣慰为"召法"，法，夷语谓之王也。□□□呼土司之名"召某"，因不顺口，即呼为"刀某"，其名□由□代□之耳。至今土司即以"刀"为姓。

　　民国《镇越县志》第五章，民国二十七年[1938]油印本

第十八章《语文》

　　本县民族复杂，语言各异，有汉语、僰语、徭人语、阿卡语、本人语、响堂语等，除汉语外，以僰语最为通行。内中水摆夷与汉摆夷略异，黑沙人与花腰摆夷接近，阿卡与徭人语法相似，动词、形容词皆在名词之后。近因各民族随时接触，有一人通数种语言者，而为头人者多习用汉语，渐有同化之趋向。

　　本县行政上之困难，莫如文字不通行，除第一区有少数汉人略知浅近国语外，其余概属文盲。内中如徭人使用文字，一如汉文，惟读音稍异，阿卡、本人、响堂诸氏族，开化最迟，尚无文字，独僰人乃西南之特别民族，具有文字，文化之高，实是惊人，兹专述之。

　　查僰文重拼音，由声母与韵母组合而成，其书法横衍右行，与欧西文字同一体系，而与缅文尤近，故一般且有误为缅文者。僰文字母四十有一，加放合母十五文，共五十六文；有正音，单独用时读变音，与符号拼缀时读正音，计廿一，可衍化至百余文。读法简易，

能认识字母符号拼音者即可阅读。兹将其字母符号录如下：

查僰文在本县最有势力，凡摆夷子弟送入□□□□□□，朝夕不厌，数年后文字通晓，仍复还俗，为地方之重要分子。举凡事物之记载、社会之应酬、政令之传播、照会之翻译，均惟僰文是须，而全国通行之汉文，反退避三舍，无复使用之余地。吾书至此，不觉汗颜！若不积极推行边教，从事改良，则行政上莫大之羞耻，不知何日能扫除也。孟子曰："吾闻用夏变夷者，未闻变于夷者也。"甚愿掌教权者，辟彼夷教，扫除文盲，倡我国语，保我国粹，不但行政便利，即巩固国防，亦惟是赖也。

民国《镇越县志》第十八章，民国二十七年［1938］油印本

五、纳西族语言资料

（一）清代方志

1. 乾隆《丽江府志略》

下卷《方言》

天，夷语曰美；地，里甸①；日，你买；月，海买；星，根；风，海；云，吉；雷，每枯；雨，痕；霜，你匐；露，着匐；寒，气；热，此；旱，酲；晚，荷。

山，氽；水，卓；岭，瓦便吕；关，改；哨，焦；江，迤彼；川，罗；河，濠；海，憾；沟，开；船，离；桥，晬。

春，每你；夏，每缄；秋，每处；冬，每初；岁，库；时，知；东，你买土；南，梅；西，你买谷；北，竿；上，果堕；下，梅台；中，虑谷；古，阿边是边；今，阿佞。

皇帝，卡；臣，喜公；官，率选；民，伴先；父，阿巴；母，阿买；祖，阿普；祖母，阿曾；兄，阿补；弟，跟生；姊，蛛买；妹，姑买；夫，阿该生；妇，你奴；男，左；女，食；子，苴；孙，鲁补；孙女，鲁买；长官，招蚁；小管，犀寡；家主，党哈；主人家，卡巴；家奴，吴；岳父，于扁；女婿，茂恩；师父，熟朱；徒弟，的子；朋友，阿党；你，纳；我，

---

① 此条表述，相当于"地，夷语曰里甸"，因上条"天，夷语曰美"，故省略"夷语曰"三字。以下各条目同。

扼；人，希。

头，古吕；面，爬买；髮，古南；鼻，你埋；眼，眠吕；口，供边；耳，海足；身，古母；手，拉；脚，坑；心，怒买。

哭，奴；笑，然；坐，足；走，几；睡，意；醒，鸟；去，甫；来，笼；骂，揣片；打，拉；跪，醋。

善，唱；恶，夸；大，的；小，计。

房屋，戟；厅，颇罗；楼，蹉；天井①，戟改；梁，古鲁；栋，都而；阶，挫补；门，孔；灶，寡；园，可；田，甲；街市，知；路，汝股；板，多；瓦，完。

衣，巴拉；帕，古鲁；帽，古蒙；缨，补买；系腰，木艮；裤，两②；裙，台；裹脚，苦鲁；鞋，撒；笠，马喝刺；蓑衣，戟祥。

红，湖；青，边拿；绿，鞋；白，匍；黄，时；蓝，边；黑，南；靛，典。

殻，哈；汤，训；下饭菜，哈树；米，濯；谷，形；大麦，每奖；小麦，奖；豆，奴；饮豆，奴羡；蚕豆，打睹；甜荞，阿根；苦荞，阿干；燕麦，梅习；稗，匍；酒，切；茶，量；药，差恩；蔓菁，阿坑；萝葡，两卜；茄，竿；王瓜，多谤；白菜，匊匍；青菜，畅波罗；豆腐，诸；豆粉，狠；油，池岩；芥，骂集；烧酒，阿拉吉；醋，该雄；酱，疸；盐，且；肉，施。

金，含；银，我；铜，尔；铁，首；锡，序；钱，寄马；贫，洗；富，恒。

锅，补；甄，布；碗，夸；钟，改；盘，核边；瓶，苴；壶，公彼；罐，硬生；箸，阿蟾；刀，汝添；斧，边边；锄，磋故；桶，图；簸箕，母；筲箕，苦助；粪箕，拉也；棹，筛来；凳，母买；戟子，加麻；秤，斤；升，彪；斗，都；笔，弄；墨，麻拿；砚，雄恩；纸，书树；书，添恩；火，弭；柴，私；棚，眛趋；炭，坑憾；灰，硬；线，砼；石灰，鞄。

树，字；木，私；梅，私卡；松，妥；柏，咻；桃，补王；杏，傻；柳，汶；

---

①　"天井"，原作"矢井"，径改。

②　"两"，原作"雨"，以今丽江纳西语 le³³（裤子）及宁蒗纳西语 ɬe³³ khua¹³（裤子）的读音观之，"雨"应为"两"，形近而误。径改作"两"。

花,罢巴;山竹,味;圆竹,布何;草,洗。

马,绕;骒马,绕每;儿马,绕公;剐马,绕杜;驴,篇绕;骡,反;牛,恩;羊,由;猪,蒲;狗,坑;鸡,岩;鹅,我;鸭,阿;黄牛,拿恩;水牛,载恩;鱼,你;虫,彼丁;蛇,日;蝇,补弄。

一,的;二,你;三,续;四,笼;五,瓦;六,钞;七,赏;八,货;九,姑;十,详;百,喜;万,每;亿,昴。

饱,硬;饿,戎;轻,由;重,里;长,蟾;短,歹;多,奔;少,能;厚,浪;薄,边。

吃饭,哈鲁;穿衣,巴拉母;饮水,载提;吃酒,切提;吃茶,量提;吹火,弭母;取火,弭子;盛水,潜吾;牛乳茶,恩乌量;上山,容钞;走路,忍今。叩头,落补对;是不是,哦买哦;读书,添恩索;写字,添恩布;做官,选扁;教人,布而;租田,恩里;麦馒首,奖都;撒种,刺布;栽种,都;收获,拓;天阴,每藏;天晴,每土;岁丰,巴址;岁歉,巴夸;学好,喝买索;说好,噶买祉;说话,根止;做事,赏;骑马,绕齐;放牛,恩弄;点火把,弭造;万岁,每库;千岁,部库;过年,载饬。

孝,琳殊;友,殊殊;忠,怒买都;信,根止日;礼,布苦思;义,哦买边;廉,马芍期;耻,杜多思;智,希特;仁,怒买噶。

乾隆《丽江府志略》下卷,清乾隆八年[1743]刻本,第三十七至三十九叶

下卷《艺文·诗·古风》

白狼王歌:汉永平中,益州刺史梁国朱黼好立功名,慷慨有大略,宣示汉德,威怀远夷白狼王唐菆等慕化归义,作乐诗三章诣黼,请献于朝,黼遣从事史李陵与健为郡掾田恭上之,帝嘉悦,事下,史官录其歌焉。按:白狼即丽江也。

远夷乐德歌:"提官隗构,魏冒榆渭。罔译刘脾,旁莫支留。征衣随旅,知唐桑艾。耶毗缒緥,推潭仆远。拓拒苏便,局后仍离。

偻让龙洞,莫支度由。阳雒僧解,莫稚角存。"译曰:"大汉是治,与天合意。吏译平端,不从我来。闻风向化,所见奇异。多赐缯布,甘美酒食。昌乐肉飞,屈伸悉备。蛮夷贫薄,无所报嗣。愿主长寿,子孙昌炽。"

远夷慕德歌:"偻让皮尼,且交陵悟。绳动随履,路且练雒。圣德度诺,魏茵度洗。综邪流藩,莋邪浔螺。藐寻泸离,茵补邪推。辟危归险,莫受万柳。术叠附德,仍路挛模。"译曰:"蛮夷所处,日入之部。慕义向化,归日出主。圣德深恩,与人富厚。冬多霜雪,夏多和雨。寒温时适,部人多有。涉危历险,不远万里。去俗归德,心归慈母。"

乾隆《丽江府志略》下卷,清乾隆八年[1743]刻本,第百二叶

2. 《滇系》

第三十七册《属夷·麽些》

有字迹,专象形,人则图人,物则图物,以为书契。无姓氏,以祖名末一字、父名末一字加一字为名,递承而下,以志亲疏。……闲则歌男女相悦之词,曰"阿合子",悉比体,音商以哀,彼此唱和,往往奔合于山涧深林中。

《滇系》第三十七册,清嘉庆十三年[1808]刻本,第二十四叶

3. 光绪《丽江府志》

卷一《风俗·方言》①

晚,何②。

水,戟③。

---

① 此则所记,与乾隆《丽江府志略》卷下《方言》所记基本相同(除个别形近字略有差异外)。乾隆《丽江府志略》较光绪《丽江府志》前出,当是后者沿袭前者。以下只录有异者。

② "何",乾隆《丽江府志略》下卷《方言》作"荷"。"乾隆《丽江府志略》下卷《方言》",以下简称"《府志略》"。

③ "卓",《府志略》作"戟"。

秋,每醋①;今,阿依②。

祖母,阿井③;女,觅④;岳父,于偏⑤。

身,姑母⑥。

饭⑦,哈;蚕豆,打都⑧;土瓜⑨,烧酒,阿剌吉⑩。

银,奴⑪;钱,寄马⑫。

墨,麻拿⑬;砚,雄恩⑭。

柳,汝⑮;山竹,昧⑯;圆竹,拉河⑰。

驴,篇绕⑱;骡,歹⑲;猪,不⑳;水牛,戟恩㉑。

穿衣,巴拉母㉒;吃茶,量提鸟㉓;吹火,弭母㉔;盛水,戟吾㉕;牛

---

① "每醋",《府志略》作"每处"。
② "阿依",《府志略》作"阿佞"。
③ "阿井",《府志略》作"阿曾"。
④ "觅",《府志略》作"食"。
⑤ "于偏",《府志略》作"于扁"。
⑥ "姑母",《府志略》作"古母"。
⑦ "饭",《府志略》作"殻"。
⑧ "打都",《府志略》作"打睹"。
⑨ "土瓜",《府志略》作"王瓜"。
⑩ "阿剌吉",《府志略》作"阿拉吉"。
⑪ "奴",《府志略》作"我"。
⑫ "寄",《府志略》作"寄马"。
⑬ "牪拿",《府志略》作"麻拿"。
⑭ "堆恩",《府志略》作"雄恩"。
⑮ "汝",《府志略》作"汶"。
⑯ "昧",《府志略》作"味"。
⑰ "拉河",《府志略》作"布何"。
⑱ "滕绕",《府志略》作"篇绕"。
⑲ "歹",《府志略》作"反"。
⑳ "不",《府志略》作"蒲"。
㉑ "戟恩",《府志略》作"载恩"。
㉒ "把拉母",《府志略》作"巴拉母"。
㉓ "量提鸟",《府志略》作"量提"。
㉔ "弥母",《府志略》作"弥每"。
㉕ "戟吾",《府志略》作"潜吾"。

乳茶,恩量①;做官,选扁②;犁田③,恩里;岁丰,巴埋④;做事,赏扁⑤;点火把,弭這⑥;万岁,每库;千岁,都库⑦;过年,戟篍⑧。

孝,咻殊⑨。

光绪《丽江府志》卷二,民国间抄本

(二) 民国方志

1. 民国《新纂云南通志》
卷七十《方言考五·麽些文》

麽些一作"摩挲",又作"末些",见《云南通志》。又作"摩娑",见《元史》。又作"木苏",见西人哈牧敦《世界人种说》。《丽江府志》"蒙古降摩荻","荻"字,疑"莎"字之讹。皆一音之转。……《木氏宦谱》云:"当宋徽宗政和中,牟乐、牟保与段氏并称大将军,时有西域异人乘大香树浮入金沙江,至北浪沧,夷人望而畏焉,率众迎之。后生一子曰阿琮,牟保抚以为嗣,此木氏之祖以古琮继摩挲者也。阿宗亦名麦琮,生七岁,不学而知文字,及长,旁通百蛮诸方书,制本方文字,饮玉龙山石盎中水,知禽兽语。"而清余庆远《维西见闻录》云:"麽些有字,迹专象形,人则图人,物则图物,以为书契,盖唐蕝时代之字,久已失传。"此象形字当即阿琮所造,今其字犹存于麽些祭师之东宝。张泓《滇南新语》作"刀把"。麽些有疾病祸祟,并不服药忏悔,惟延东宝作法禳被,而为东宝者类多

---

① "恩量",《府志略》作"恩乌量"。
② "选偏",《府志略》作"选扁"。
③ "犁田",《府志略》作"租田"。
④ "巴埋",《府志略》作"巴址"。
⑤ "赏扁",《府志略》作"赏"。
⑥ "弭這",《府志略》作"弭造"。
⑦ "千岁,都库"条,《府志略》无。
⑧ "戟篍",《府志略》作"戟饬"。
⑨ "咻殊",《府志略》作"琳殊"。

凡下,所有彼教微言奥旨,日就湮汨,仅留祈祷之辞以为猎食之具耳。

核其文法,动词在宾词之后,与罗罗教之毕摩经文同一结撰,其东宝在麼些族中为鬼主、为史氏、为专门名家,亦与毕摩酷肖,故西人谓川、滇两省之罗罗与云南北部平原之丽江木苏同系一种,实则字体各殊,宗教亦别。罗罗敬畏者惟魔鬼,麼些崇奉者惟神女,其避祸求福之心同,而其心目中所宗主之鬼神则绝不相侔也。近顷得东宝《长寿经》一卷,系就麼些象形字而译为汉文,虽词不雅驯,然段落分明,叙次条理,即亦足征其思想与其文化。……西人谓丽江居高原,金沙环绕,雪山高峙,北受藏俗之熏陶,南受汉人之文化,可谓民族之分水岭,亦可称文化之界址。今观其《长寿经》意义,颇似《离骚》,而其祈祷中往往杂以咒语,又颇近西域梵典,是知西人所言,亦可征信。苟能因其经义、制为乐章,俾麼些歌以飨之,是亦《湘夫人》《云中君》之嗣音也。东宝经咒猥多,以非方言范围,故不备录。

> 民国《新纂云南通志》卷七十,民国三十八年[1949]铅印本,第十四至
> 十六叶

2. 民国《中甸县志稿》
下卷《语言文字·语言·摩些语》

摩些语多唇音、喉音、颚音,其次则为舌音,最少鼻音或齿音。其音节语气极短促,而言词亦粗鄙无文。其造句多名词在前,形容词在后,动词又在后。

> 民国《中甸县志稿》卷下,民国年间抄本。按:据该志卷末"修纂始
> 末",其成稿于民国二十八年[1939],然则此抄本成书时间当在
> 1939—1949 年间,且距离 1939 年应该不会太久。以下民国《中甸
> 县志稿》成稿及抄本时间,同此

下卷《语言文字·文字·摩些文》

摩些文亦称"东跋字",即东跋萨拉所造。凡摩些民族多用此种文字,惟东跋经则较为艰深,非东跋教徒莫能解也。其实此种文

字但能称为"摩些字"或"东跋字",绝不能称之为"文",因此种文字仅有单字之连续,而并无八品名词或任何文法也。

摩些字多象形、指事,亦有借物名之音而造成字,颇似形声或假借者,然绝无一定规律,故写法每有不同,必视其上下之字始能识别,实原始民族之文字,不过较结绳木刻稍进一步耳。

摩些字无一定之音,质言之,即系本汉语之音意转为摩些语,又由摩些语之音意而生造此种符号。其缮写仍用竹笔,亦有用毛笔者,其写法多系下行直行,但每行写三字或二字,甚至笔画多者,仅写二字,后又必向右提写第二行,颇似新闻报纸之排印法,将整篇纸幅格为数段,不过其写法系由左端至右端,迨上格写完后,再由第二格之左端起,而开手必有一符号,又多于每句之后划一直线以为前后两句之区。分举如下:

3. 民国《维西县志》

卷二《第十六·方言·语系》

夷类杂处,语言庞杂,各有语系。如麽些也,谓天为母、地为你、日为女美、月为很美、星为梅、雨为恒、山为举、水为吉、木为师、一为直、二为你、三为叔、四为卢、五为瓦、六为岔、七为使、八为哄、九为姑、十为才、百为丁喜、千古为丁读,呼父为阿普、呼母为阿蔑、呼哥为不、呼弟为宜鸡、呼祖父为阿普、呼祖母为阿仔。

民国《维西县志》卷二抄本,具体时间不详。按:据该志卷首"序言",其成稿于民国二十一年[1932],则此抄本的成书时间很有可能在1932—1949 年间。以下民国《维西县志》成稿及抄本时间同此

六、回族语言资料

民国方志

1. 民国《宣威县志稿》

卷八《语言·回子》

音清而尖，所操言语同化汉人，失其原有之旧矣。

民国《宣威县志稿》卷八，民国二十三年［1934］铅印本，第五叶

卷八《文字·回子》

阿剌伯人所造数字，如 1、2、3、4、5、6、7、8、9 等，世界通用之，其他则习之者阿吽而已。字母凡二十有八，今昔略有变易，其起于圆点者为古字母造法，起于圆圈者为今字母造法，变化错综，万字以出。音母念法与汉文注音字母相近，标示四声亦略相类。书法横衍右行，习用刀笔如木版竹签，逼近汉文古制。阿吽之习此，亦专为研究彼族所奉宗教之经典耳。纪数等字，用作音符读法，不改其旧，以作此种言文代表足已，不多及。

民国《宣威县志稿》卷八，民国二十三年［1934］铅印本，第七叶

2. 民国《顺宁县志初稿》

卷九《语言·各种语言调查表》

回　语	汉　译	回　语	汉　译
布客来台	祖	卖思里比	祖母
吴耳肥台	父母	色特哈	兄
卖色只底	弟	吴胡土	孙
艾海罗体	朋友	绕只	家主
绕者土	客人	菜只里	家奴
尼梭雨	师父	王补努	徒弟
耳梭凯里	裤	莱二叶体	鞋
按台	饭	矮乃	米
命里里	豆	米来哈	金
沙雨	铁	买来格	钱
哈里著	城	败哈耳	村
卖合败耳	火	晒木思	雨
艾耳咀	田	乃河耳	桥
吗以	路	努朱米	雪

民国《顺宁县志初稿》卷九,民国三十六年[1947]抄本,第十三至十
四叶

3. 民国《昭通志稿》

卷十《人种志·方音·回子》

　　音清而尖，旧有文字曰"天方字"，习之者阿吽而已。回文字母二十有八，有古字母、今字母之分。古字母造法起于圆点，今字母造法起于圆圈，变化错综万字以出。音母念法与汉文注字母相近，标示四声亦略相类。书法横衍右行，习用刀笔，如木板、竹签等，犹存汉时之古制耳。

　　民国《昭通志稿》卷十，民国十三年[1924]铅印本，第四至五叶

七、壮族语言资料

（一）清代方志

1. 雍正《师宗州志》

卷上《府郭村寨·下六嶀·黑沙人方言》

天文：天，播奔；云，唰么；下雨，文倒；下雪，倒奶；打雷，得把；风①；天明，弄；阴，嫩；晴，两；晚，抗；昼，损完。

地利山川：地，令；山，迭当；水，揽；江，温达；河，达；上坡，冲堆；下坡，绒奈；田，提纳；菜园，里孙；石头，革；火，肥。

衣服冠带：戴帽，罗帽；穿衣，等布；裤，供；腰带，撒腰；布，崩；棉，舛；被，毛；毡，新辖；枕，得齐；桶裙，共不；簪，莫见；包头布，布；耳环②；帐，利波。

人伦：祖，老抱；祖母，裡；父，勒布；母，勒灭；伯父，勒抱；伯母，勒；兄，俾；嫂，俾囊；弟，浓；弟妇，浓俾；母，笔浓；母，俾灭。

身体：头，勒稿；脸，布拿；鼻，布当；眼，勒大；眉，保大；嘴，纯罢；舌，布；牙，咬；手，阿吻；指，吝吻；手幹，肩；肩，含罢；膊，过娥；肚，立董；腿，戈哈；脚，务登；腰，固；膝，革窝；头髮，奔稿；胡须，闷；背，拜网；耳，木耳。

---

① 原文缺民族语记音。
② 原文缺民族语记音。

饮食：吃早饭，赓崖；午饭，赓林；晚饭，赓韶；吃酒，赓老；吃肉，赓讷；吃烟，赓烟碗；吃药，赓衣；煮肉，陇讷；盐，姑；水酒，老盖；烧酒，老；槟榔，骂榔；芦子，戈麦。

草木：树，过矮；木，过歪；竹，哀歪；明子，机；草，吻；柴，焚。

五谷：谷，蒿；米，蒿三；高粱，高阳；豆，鲁杜；麦，哈舒；面，阿闷；糯米，蒿神；糍粑，蒿邪；芝麻，勒喇。

瓜菜：菜，罢；东瓜，勒洼；萝卜，勒八；茄子，勒己；葫芦，额谋。

五金：银，昂；铜，龙；铁，挖；锡，利；铅，浓。

器用：炊锅，得么，又名"喇把锅"；酒瓶，得哈；铁三脚，勒谨；甑，纳赖；碗①；箸，得；杓，锡介；桶，董；竹筐篮，叠藏；坛子，奶介；宽口锅②；扁挑，安；脸盆，纳昧；桌，勒绒；碓，平；磨，思括；纺车，勒撒；织机，到勒；戥，勒常③；秤，常干；斧，挖玩；烟筒，烟碗；土锅，纳么；挖田，那；锣，喇；鼓，陇工；箱，得；帚，牛罢；灯，邓机。

军器：鸟枪，防顺；环刀，槐衣。

房屋：房子，勒兰；楼，喇兜；楼板，达蚌；仓，里；楼梯，赖；卧房，嫊落；墙，含神；板壁，布洼；篱，额受、瓦同。

颜色：红，令；青，么；绿，腰；白，傲；黄，落；蓝，乖；黑，晚；靛，夺。

数目：一④；二，松；三，三；四，西；五，哈；六，六；七，歇；八，别；九，狗；十，十；百，罢；千，袜；万，量。

称呼：大官，老菩萨；书吏，外朗；征差，田主；小官，小菩萨；道

---

① 原文缺民族语记音。
② 原文缺民族语记音。
③ 铁三脚、桌、纺车、戥，均"勒×"结构，与上述东瓜、罗布、茄子"勒×"结构重合，这种情况，有两种可能：其一，"勒"范围宽泛，是农业生产生活的概括性用语；其二，"铁三脚"等词语的"勒"与"东瓜"等词语的"勒"并非同词而两词读音近似，记录者不觉，乃同用汉语音近字"勒"记录，从而产生混同。
④ 原文缺民族语记音。

士,五得谬;客人,不夜;主人家,抱阑;主人家婆,挥阑。

鸟兽: 虎,得过;牛,㸬崖;黄牛,得时;猪,得么;羊,得荣;狗,得妈;豹,得随;鼠,得奈;鸟,得落;鸡,得盖;鸭,得布;鸟,得汉。

鱼虫: 鱼,得巴;虫,得麻;蛇,得能;蝇,得娘。

杂物: 石灰,尔高;线,埋;炭,留。

文房: 笔,兵墨;砚,砚瓦;纸,萨。

人事杂语: 拿水,得揽妈;洗脚,泻登;走,摆;快走,忙摆;去,摆娘;回来,倒妈;醉,老肥;走路,摆阑;迟,完;早,罗么;梦,能昌;睡,能;醒,细那;认不得,迷裸列;你,蒙;我,勾;大,牢;小,愁;笑,攸;哭,歹;骂,纳;唱,温;好看,貌里貌鲜;不好,迓娃;瘅,扳箱;骑马,鬼马;出大恭,得崖;出小恭,得牛;点火把,根桂六月二十四日,滇土节;过年,根箱。

> 雍正《师宗州志》卷上,清雍正七年[1729]增修,抄本,第二十六至三十叶

卷上《府郭村寨·下六嶍》

管抡《彝嶍竹枝词十首》之三:"汲水中流负担高,担不用索。贮泉新筑木长槽。懒瓢日饮长流水,谓水为'懒',取水曰'瓢',皆彝语也。井渫从无点滴叨。"

> 雍正《师宗州志》卷上,清雍正七年[1729]增修,抄本,第三十二叶

2. 嘉庆《滇云纪略》

卷下《夷种_{附方言}》

天,發;地,南;日,烈;月,亥;风,朗;云,朗磨;雷,發轰;雨,泮;霜,腻髮;雾,朗目。

山,南播;水,南;田,恁那;园,勒省;城,蚌景;墙,耐烦;坡,肯靠;路,卡洛;草,雅;木,美。

祖,不竭;孙,浪;父,博;子,陆;兄,必;弟,农;嫂,毕南;叔,不拗;娘,腊密。

行，挛陆；立，定；坐，南；跪，及。

贫，楼；富，洒；贵，边；贱，拖。

虎，土弄；豹，土旅；马，底麻；牛，独歪；羊，有；猪，独暮；鸡，寨；鹅，旱；鸭，贝。

升，幸；斗，痛；戥，展；秤，展更；笔，并麻；墨，妈；书，土；纸，洒。

一，溜；二，宋；三，散；四，细；五，哈；六，差；七，拓；八，别；九，苟；十，谢。以上侬人。

天，窝；地，稜；日，驼宛；月，论；风，冷；云，磨；雷，搏恩；雨，难；霜，内；雾，马。

山，乱；水，难；田，傩；园，孙；城，称；墙，本；坡，短乱；路，禄；草，若；木，崖。

祖，布周；孙，滥；父，博；子，勒；兄，鲊；弟，鸾；嫂，比周；叔，布猓；娘，灭。

行，怕；立，任；坐，难；跪，及。

贫，牙；富，率；贵，那；贱，赖。

虎，丙介；豹，丙腻；马，磨；牛，瓦；羊，别；猪，磨；鸡，结；鹅，寒；鸭，白。

升，神；斗，桶；戥，掌；秤，掌更；笔，比；墨，马；书，事；纸，知。

一，流；二，送；三，散；四，四；五，呵；六，车；七，疸；八，别；九，勾；十，谢。以上土獠。

《滇云纪略》卷下，清嘉庆十三年［1808］刻本，第五十八至五十九叶

3. 道光《广南府志》[①]

卷二《附种人方言·玃人》

雪，美排。

墙，耐顷；草，芳。

---

① 此处所记，与嘉庆《滇云纪略》卷下《夷种附方言》基本相同，嘉庆《滇云纪略》较之道光《开化府志》前出，当是后者沿袭前者。以下只录有异者。

孙,郎。

卷二《附种人方言·土獠》

地,稜。

孙,浪。

贫,呀。

豹,丙赋。

道光《广南府志》卷二,清道光五年[1825]刻本,第八至九叶

4. 道光《开化府志》[①]

卷九《风俗·方言》(存目)

(二) 民国方志

1. 民国《广南县志》

卷五《农民生活状况》

其语言自成系统,日常居处不言汉语,夷语势盘据农村,每有文告,翻译始明。农民平居不用汉语,夷语势力甚大,有老死不入城市、不知汉语为何物者,不惟文告须翻译,即法庭审讯,有时亦须翻译。

其居处自成村落,不相杂错,固守其风俗言语,不易使之同化。夷农村落各有其分布境域,其与汉民杂居者,亦有少数与汉民同化,多数夷农始终保持其习惯风俗,数百年来未尝稍变;若少数汉民杂居夷村,则汉民反被夷民同化,此后若将汉夷界限划除,当非易事也。

"中国地方志集成"云南府县志辑,第44册,第418至419页

2. 民国《富州县志》

第十六《方言·富州县各种人类方言表·夷人》

天,门;地,颂;日,文恩;月,亥;风,哄;云,惑;雷,屡;霜,内结;雾,漠;雪,内。

---

① 此处所记,与嘉庆《滇云纪略》卷下《夷种附方言》所记相同,存目,不重出。

山,坡邑;水,淋;田,那;园,损;城,紧;墙,抢;坡,屡;路,混;草,夜;木,眉。

祖,措;孙,滥;父,颇;子,革;兄,必;弟,农;嫂,必抱;叔,颇构。

行,拜;立,蕊;坐,南;跪,鬼。

贵,边;贱,浅;贫,贺;富,迷。

虎,估;豹,韵;马,骂;牛,歪;羊,雍;猪,暮;鸡,盖;鸭,比。

一,了;二,送;三,散;四,昔;五,亚;六,猓;七,浅;八,别;九,故;十,启;百,叭;千,砚;万,反。

民国《富州县志》,油印本,参杨磊、农应忠点辑《富州县志点注及资料辑录》,云南大学出版社,2007年,第59页

第十六《方言·富州县各种人类方言表·黑衣人》

天,發;地,的;日,他昏;月,隆海;风,聋;云,温筏;雷,屡;雨,喷;霜,妹;雾,暮;雪,内。

山,沙;水,冷;田,那;园,线;城,星;墙,升;坡,破;路,落;草,芽;木,美。

祖,坐;孙,滥;父,博;子,绿;兄,必;弟,侬;嫂,必囊;叔,博构。

行,筛;立,论;坐,能;跪,葵。

贵,边;贱,前;贫,哈;富,迷。

虎,都司;豹,都训;马,马;牛,歪;羊,曰;猪,暮;鸡,盖;鸭,笔。

一,廖;二,送;三,散;四,序;五,亚;六,落;七,只;八,变;九,购;十,习;百,叭;千,浅;万,凡。

民国《富州县志》,油印本,参杨磊、农应忠点辑《富州县志点注及资料辑录》,云南大学出版社,2007年,第62页

第十六《方言·富州县各种人类方言表·天保人》

天,话;地,堆;日,踏文;月,胧孩;风,轮;云,旻怕;雷,雷;雨,盆;霜,美;雾,漠;雪,叠。

山,筏;水,嫩;田,那;园,损;城,成;墙,迹;坡,颇;路,猓;草,

压;木,妹。

祖,坐;孙,懒;父,博;子,绿;兄,背;弟,用;嫂,被囊;叔,傅傲。

行,革;立,仁;坐,能;跪,葵。

贵,边;贱,践;富,眉;贫,贺。

虎,都比;豹,都恒;马,骂;牛,怀;羊,曰;猪,某;鸡,该;鸭,比。

一,寥;二,恖;三,伞;四,腮;五,亚;六,括;七,夫;八,边;九,够;十,习;百,叭;千,城;万,泛。

民国《富州县志》,油印本,参杨磊、农应忠点辑《富州县志点注及资料辑录》,云南大学出版社,2007 年,第 63 页

八、藏族语言资料

民国方志

1. 民国《中甸县志稿》

下卷《语言文字·语言》

中甸有汉、藏、回、苗、摩些、力些、猓猡七种民族，而语言仅有六种，因回族与汉族同为一种语言也。今特各民族语言之发音与构造详言之。

藏语多舌音、弹舌音、颚音、喉音、唇音、齿音，而鼻音最少，其音节语气极为明晰清朗，惟言词多婉转譬喻，颇有外交家之态调。至造句，多动词在后，名词在前，与文字相同。据言，中甸藏族语言发音稍土，有不能与拉萨标准藏语完全相合者。

民国《中甸县志稿》卷下，民国年间抄本

下卷《语言文字·文字》

中甸虽有七种民族，而文字仅有五种，即汉文、藏文、回文、摩些文、猓猡文，其力些、苗子二种仅有言语而无文字。汉文通行于县城及第三区，惟县城内之纯藏族人民仍以藏文为标准，纯不学习汉文。即第三区之三坝乡摩些民族及散住各乡之猓猡族，亦必以摩些文字或猓猡文字为准，甚识汉文者不及千分之一。至于回文，识者尤寡，不甚通行，无有记载价值①。今将藏文、摩些文、猓猡文三种分别论列，汉、回文则从略焉。

　　藏文为中甸五种文字中最美术、最规矩、最完备之一种文字。原有字母三十字，而每一字母又加以四种阳母音符号，即能发四种变音，是以每一字母均有五音。其五音之音节、音阶，纯与日本文平假名无异，不过日文平假名则必以五字为一句，而藏文一字能发五音，此其优劣之比较耳。如字母第一字为〔ᠭ〕音旧，加以四种符号，则为〔ᠭ〕皆、〔ᠭ〕音孤、〔ᠭ〕盖、〔ᠭ〕谷。又如字母第二字为〔ᠮ〕音卡，加以四种符号则为〔ᠮ〕开、〔ᠮ〕摩、〔ᠮ〕间、〔ᠮ〕苦，余类推。复有〔ᠴ〕、〔ᠶ〕、〔ᠵ〕三字，能拼合其他一定之字，而发出四十九音，综计已有一百九十九音，此发音之规则与丰富也。

　　上述一百九十九音外，又有〔ᠠ〕、〔ᠰ〕、〔ᠳ〕、〔ᠯ〕、〔ᠨ〕五字，可以在任何字之或前或后，〔ᠯ〕、〔ᠵ〕、〔ᠳ〕、〔ᠶ〕、〔ᠸ〕五字，可以在任何字之后，而别出一音义。其余拼音，千变万化，然皆有一定之规律，不能任意乱拼，此拼音之规则也。

　　此外，极讲究八品名词，而尤注意于阳性阴性、多数单数及过去现在未来、你我他之类，颇似英文或法文之严密，故论单字虽仅有五千余字，即连徘徊、秘密、恐惧、欢喜等类之名词而统计之，亦不过一万数千字，但因其发音规矩、文法完备，故虽甚深意趣与曲理论，亦能委婉传达而不能移易，此又文法之紧密也。

　　藏文有大楷、小楷、大草、小草，但皆自左自右、旁行斜上，而又多横直笔画，故自有藏文以来，无论缮写何种字体，均以竹笔为标准，其笔极似破唇之鸭嘴。近因中甸接近内地，藏族文化渐次进步，故亦有用钢笔、毛笔、铅笔者，然欲求其规矩完善，实不如竹笔

---

①　此为修纂方志者主观之论，不确。

之美术也。其写字时，席地盘坐，左手捧纸，悬空而写，不用桌凳。兹举数字，以见中甸藏文之美术规矩焉：

汉字	藏文	汉字	藏文	汉字	藏文	汉字	藏文
月	〔藏文〕	木	〔藏文〕	女	〔藏文〕	宅	〔藏文〕
日	〔藏文〕	土	〔藏文〕	子	〔藏文〕	田	〔藏文〕
地	〔藏文〕	水	〔藏文〕	母	〔藏文〕	河	〔藏文〕
天	〔藏文〕	山	〔藏文〕	父	〔藏文〕		

民国《中甸县志稿》卷下，民国年间抄本

末卷《歌谣·农家谣谚》

“筏咱”“筏石婆”　此藏语译音，“筏”译言“猪”，“咱”译言“爬上”，“石婆”译言“爬下”。谓每年六月内，猪子由地上天，行程七日，在天游行七日，由天而下七日，在猪子上天七日内所下之雨，因猪在地下吃获毒秽之物，所以雨中有毒，伤害田苗。迨猪上天吃获宝物后，所下之雨甚于甘露，最宜田苗。其猪子上下之日均有一定，惟用藏历始能推算。

民国《中甸县志稿》末卷，民国年间抄本

2. 民国《维西县志》

卷二《第十六·方言·语系》

夷类杂处，语言庞杂，各有语系。……如古宗也，谓天为糯、地为少、日为疑骂、月为打凹、雨为茶穷、星为高马、山为日、水为知、木为心，一为金、二为疑、三为松、四为日、五为祆、六为东、七为等、八为寄、九为句、十为九、百为加、千为东他，呼父为阿攀、呼母为阿妈、呼弟为阿奔、呼祖父为阿觅、呼祖母为阿底是也。

民国《维西县志》卷二，抄本，具体时间不详

九、仡佬族语言资料

民国方志

民国《马关县志》
卷二《风俗志·夷俗琐记·土狇》

　　土狇乃滇南原有之种族也。有土语，无土文。女勤男惰，服色尚青黑。分花、白二种。家设神堂香火，耕种为生。妻以子名，加"老不"二字呼其夫，如子名"小云"，则呼夫为"老不云"，名"南"，则呼为"老不南"。"土狇"之命名，或缘此耶？

　　民国《马关县志》卷二，民国二十一年［1932］石印本，第二一至二二叶

十、哈尼族语言资料

民国方志

民国《石屏县志》
卷十八《土司》

境内人民披荆斩草莱而居者不一，其族曰汉人，乃建、石、元三属之流寓；曰窝泥、曰猓猡、曰僰夷，皆土著。窝泥面黑性笨，多居深山，茅屋如篷，竹笆作楼，名为"土掌"，人住其上，牲畜住其下，掌之中央设火塘，爇火其中。秋冬寒冷，男女围塘伏卧，间有寝牛皮、盖蓑衣，皆不离火之左右。有语言，呼谷曰澈西、米曰澈蒲、饭曰火、酒曰阿巴、吃饭曰火咋、饮酒曰阿巴夺。

民国《石屏县志》卷十八，民国二十七年[1938]铅印本，第九叶

十一、傈僳族语言资料

民国方志

1. 民国《中甸县志稿》

下卷《语言文字·语言·傈僳语》

力些语多颚音、喉音，而唇音、舌音最少，鼻音、齿音更少，语音粗涩，言词简单。

民国《中甸县志稿》卷下，民国年间抄本

2. 民国《维西县志》

卷二《第十六·方言·语系》

夷类杂处，语言庞杂，各有语系。……如栗粟也，谓天为木吾、地为每能、日为明末、月为好色、星为苦牛汝、雨为木好、山为聚聚、水为阿加、木为四，一为提、二为疑、三为三、四为里、五为袜、六为从、七为十、八为黑、九为古、十为此、百为提恒、千为提罗，呼父为阿八、呼母为阿马、呼兄为阿一、呼弟为宜杂、呼祖父为八、呼祖母为阿获。

民国《维西县志》卷二，抄本，具体时间不详

十二、瑶族语言资料

民国方志

民国《石屏县志》

卷十八《土司》

辖种人曰猓猡、窝泥、僰夷、扑獭，凡四类，土著也。曰汉人，内地流寓者。曰猺人，边远流寓者。曰扑獭，面黑而陋，性野而弱，居光山极燥之处，种干地为业，土屋矮小，器具骯髒。另有语言，稍懂汉话，呼水为阿卡、吃水曰阿卡多、火为阿杂、烧火曰阿杂博。四面短墙徧贴牛屎饼，广数寸，盖晒干取以作薪者，故炊烟起处，秽臭难闻。猺人貌稍平正，性亦柔弱，知读书，惟所读虽汉文，实则义同音殊，语言另成一种。

民国《石屏县志》卷十八，民国二十七年[1938]铅印本，第十七至十八叶

十三、多民族语言比较资料

（一）清代方志

1.《滇南杂志》
卷二十四《种人下·方言》

　　五方之言，风气不齐，嗜欲不同，言语亦因之而异。滇为西南夷，昔重译来朝，夷言莫解，今虽薄海同风，而各种方言仍难臆揣，爰就志乘所载，依类训释，得十一篇，都为"夷雅"一编，附于"种人"之后，以补《周官》土训、象胥之未备，游是地者，亦可按谱而求矣。

　　释天第一：美、發、窝、女、木，天也。你买、烈、驼宛、紊、猓及、拟机，日也。海买、亥、论、等、猓波、罗溥，月也。根、鸠，星也。海、朗、冷、笼、米隙、迷係，风也。吉、朗磨、磨、法、丹、木恕，云也。每枯、發轰、抟恩、法、米香、木囃，雷也。痕、泮、难、纠、米、木合，雨也。你匍、腻髮、内、笼每、阿多、闻宁，霜也。著甸、志，露也。朗目、马、磨、糯非，雾也。文，雪也。每你、吸，春也。每緘、施，夏也。每处、暑，秋也。每初、初，冬也。库、哭，岁也。知、兔，时也。寒谓之气，热谓之此。酐、晚，蚤也。何、期，晚也。每土、木族，天晴也。每藏、木登，天阴也。巴哩、峨恩，岁丰也。巴夸、峨我，岁歉也。过年为战筋。

　　释地第二：里甸、南、稜、顶、谜、迷，地也。菊、南播、乱、反、白，山也。容钞、白达，上山也。瓦次吕、白脚，岭也，亦谓之坡。肯靠、短乱、拉歺、迫、白撇,坡也。做,箐也。汝股、卡洛、禄、丹、着底、觉莫,路也。忍今、聊稣,走路也。戟、南、难、一结、以,水也。戟提、以赤夺,饮水也。戟吾、以克赤,盛水也。乌梯,冰也。憾、恒,海也。迤彼、那以、江也。濠、以莫,河也。罗,川也。开、以输,沟也。改、哈期,关也。莫、好跌,哨也。蚌景、称、科职、龙得、鲁,城也。曲觉,街也。知,街市也。塘曹,乡也。卡,村也。里、您那、㑽、那、当米、密,田也。恩里,犁田也。密俄,犁也。剌布、扯世,撒种也。都、得世,栽种也。倚革、拓,收获也。可、勒省、孙、朗虎、介彻、卧密,园也。晬、梯,桥也。耐顷、本、科、腻己,墙也。作都,井也。戟改、视沽、杂咩,天井也。珥、熄度,火也。珥母、熄都目,吹火也。弹子、熄都择,取火也。你买土、肺,东也。梅、务,南也。你买谷、灼,西也。竿、克,北也。果堕、戛,上也。虑谷,中也。梅苔、叽,下也。前谓之结,后谓之度,左谓之方,右谓之细。

释亲第三:希、乌撒,人也。卡、翁母,皇帝也。每库、捏枯,万岁也。都库、都枯,千岁也。喜公、者、募乡,臣也。阿普、不竭、布周、布贺、依坡、阿伯,祖也。阿曾、阿达,祖母也。鲁补、浪、滥、息里、希,孙也。魁买、希阿咩、把希,孙女也。阿巴、博、依博、依颇,父也。阿买,母也。腊密、灭、蔑、依么,娘也。不拗、布猓、布袄、波娘,叔也。阿你,姑也。苴、陆、勒、楼、息左、租,子也。左、补租、租吾,男也。觅、阿咩、母遮,女也。茂恩、仕吾,女婿也。阿补、必、鲊、必农、依尾、未秭,兄也。毕南、比周、猓、依迷,嫂也。跟生、农、鸢、农斋、阤左、年目、阿佟,弟也。妹买、阿佟,姊也。姑买、腻、佟虐,妹也。阿该生、墨,夫也。你奴、咩、欲,妇也。于扁、阿五,岳父也。披煞,岳母也。莫虐、阿你咩,姨也。熟朱、世朱,师父也。的子、苏育乌奈,徒弟也。阿党、潜额,朋友也。党哈、额色普、撒普,家主也。吴、仆遮,家奴也。杂色地、卡巴,主人家也。俗外、俗汪,客人也。率选、厦助,官也。招蛾、沙祝额、助,长官也。犀寡,小官也。选扁、厦助没，做官也。伴先、鲁者，民也。麻郁，兵也。纳、那，你也。扼、俄，我也。

释身第四：古母、叽迫，身也。怒买、你么，心也。左吕、乌奔，头也。落补对、拖吃，叩头也。爬买、拖、业念，面也。古甫、乌切，髮也。你埋、怒鼻，鼻也。眠吕，眼也。那都，目也。供边业补，口也。海足、脑波，耳也。拉、腊扒，手也。期扒，足也。坑，脚也。哺、窝别，腿也。然、额，笑也。奴、熄，哭也。拏陆、怕、娘、者厄，行也。定、任、邓妈、禾多，立也。足、南、难、宜、多、呢，坐也。几、疏，走也。醋、及、拜、居、叽，跪也。意、楫，睡也。乌、腻，醒也。甫、领，去也。笼，到来也。拉、独，打也。揣片、触，骂也。喝、曛、助，善也。夸、马诺、马助，恶也。的、厄，大也。计、虐，小也。谓老为暮，谓少为煞。洗、楼、呀、雅、书猓、舒，贫也。拖、赖、波、支罗，贱也。恒、洒、率、迷、索勒、菊，富也。边、那、丙、鄙慊，贵也。咻殊、哺鸠莫捨，孝也。殊殊、洒濯，友也。怒买都、色都递，忠也。根止日、摺幄边坑，信也。布苦思、宜间波俗，礼也。哦买边、邓哭施呼，义也。马芍期、以聊扮争，廉也。杜多思、多波厦簸，耻也。特希、递籍色诺，智也。怒买噶、时世补脚，仁也。

释宫第五：戟、黑沾，房屋也。颇罗、黑歹，厅也。蹉、夏、我何，楼也。古鲁、赌列，楼也。都而、戈、洗鲁，栋也。挫补、橹梯、达七屋，阶也。孔、角其，门也。寡、鲁作，灶也。多、洗皮，板也。完、裁，瓦也。自黑，寺也。补黑，庙也。船谓之离。

释器第六：彪、幸、神、成、鄙、施，升也。都、痛、桶、通、布，斗也。斤、展更、掌更、掌敬、更夺、机，秤也。加麻、掌、先夺、列，戬也。补、歇歪，锅也。布、腊泥，甑也。图、以补，桶也。夸、拔，碗也。核边、哈当，盘也。阿蟾、主，筋也。苴、拖，瓶也。公彼、择白，壶也。硬生，罐也。汝添、壁土，刀也。边边、系、苦锄，斧也。磋故、祭苦，锄也。改、拔租，钟也。棹谓之筛来，凳谓之母买。母、风莫,簸箕也。苦锄、蜡贴,筲箕也。拉也、单扯,粪箕也。奔、并麻、比、典哲、果夺、麻奇,笔也。添恩布、思迫果,写字也。昧拿、妈、马、黑、扪、麻练,墨也。书树、洒、知、哲、倬雨、拖衣,纸也。堆恩、屋罗,砚也。添恩、士、事、酸职、稜索、苏迫,书也。添恩索,读书也。思迫无,读也。

释食第七: 哈、假,饭也。哈鲁、假租,吃饭也。假兔,饭米也。哈树,下饭菜也。饱曰硬,饿曰戎。汁,酒也。阿刺吉、札汁,烧酒也。切提、植夺,饮酒也。量、机都,茶也。恩乌量、呢你机都,牛乳茶也。量提、机都夺,饮茶也。训、何以、堰亲,汤也。也岩、挖则,油也。且、粗,盐也。疽、作、枝,酱也。该雄,醋也。

释用第八: 巴拉、宾,衣也。巴拉母、批愿,穿衣也。古蒙、乌时、乌助,帽也。补买、乌时妾,缨也。古鲁、乌是都、蜡色,帕也。本艮、祝是,系腰也。期史、苦鲁,行缠、裹脚也。① 裙谓之台,裤谓之两。撒、期乃,鞋也。布袜,袜也。马喝利、罗合,笠也。戟祥、顾六,蓑衣也。砭、却,线也。含、蛇,金也。我、鬼,银也。尔、鸡,铜也。首、歇,铁也。序、搽,锡也。寄焉、鸡宝落,钱也。私、息,柴也。坑憾、咩西,炭也。弭造、都是督,点火炬也。火炬谓之松明。昧趋、什补,松明也。硬、库,灰也。鞋、鲁呢,石灰也。

释植第九: 濯、扯兔,米也。形、扯色,谷也。租、每奖,大麦也。奖、舒、十作,小麦也。梅习、厦世,燕麦也。奖都、是,麦馒首也,亦谓之饎饎。奴、弩,豆也。奴羡,饭豆也。打睹、弩本、赶里,蚕豆也。诸、努摺,豆腐也。狠,豆粉也。阿根、古痴,甜荞也。阿卡、世古,苦荞也。匍、撒,稗也。菊匍、卧土阿结,白菜也。畅波罗、卧土,青菜。两卜、卧莫,莱菔也。竿、鸠则,茄也。阿坑,蔓菁

---

①　此处误合两条为一条,应作"期史,行缠也。苦鲁,裹脚也。"

也。多夸、色菊，王瓜也。布哩，南瓜也。布里吐，东瓜也。马集、卧乌泥，芥也。字、洗，树也。施、美、崖、奚特、洗鲁，木也。洗、雅、若、方、奚、菰，草也。罗巴、尾鲁，花也。私卡，梅也。妥、拖洗，松也。咻、束白，柏也。补主、色温，桃也。爱、色革，杏也。汝、呢，柳也。差恩、库凄，蕊也。昧、则目，山竹也。拉何、呆目，园竹也。

释动第十：土弄、丙介、色弄、猓，虎也。土旅、丙腻、色乃、洗，豹也。绕、底麻、磨、骂、摹、木，马也。绕每、拇莫，骒马也。绕公、儿马也。绕杜、拇笃，骟马也。绕齐、拇则，骑马也。篇绕、利拇，驴也。反、拖拇，骡也。恩、独歪、瓦、海、女、呢，牛也。拿恩、鲁莽，黄牛也。载恩、务呢，水牛也。恩是、呢嘱，放牛也。由、有、别、痴、赤，羊也。蒲、独暮、磨、木奚、尾，猪也。挖，豕也。狗谓之坑，犬谓之期。诸肉曰施，亦谓之挖护。岩、寨、结、盖、焉、昂，鸡也。我、旱、寒、厄①、别、俄，鹅也。阿、贝、白、别、也恶、鸦，鸭也。你、俄，鱼也。日、补賒，蛇也。补弄、合木，蝇也。彼丁、补，虫也。

释杂第十一：希面俗孟，教人也。噶买索、助所，学好也。噶买杜、鸠助，说好也。根止、鸠夺，说话也。赏扁、诺兹，做事也。哦买哦、厄马厄，是不是也。哭喜，过也。由、罗，轻也。里、哩，重也。蟾、舍，长也。歹、呢，短也。奔、努，多也。能、诺，少也。浪、土，厚也。边、波，薄也。的、溜、流、冷、提磨、搭目，一也。你、送、宋、算、能任、腻目，二也。续、散、丧、思冷、色目，三也。笼、细、奚冷、兮目，四也。瓦、哈、呵、我冷、我目，五也。钞、差、车、火、忏冷、曲目，六也。赏、拓、疽、哲、始冷、系目，七也。货、别、喜冷、黑目，八也。姑、苟、居冷、吃目，九也。详、谢、昔、钱冷、册目，十也。姜、合，百也。都，千也。每、业，万也。昂、他都年，亿也。湖、你，红也。边拿、纳，青也。鞋、贺，绿也。匍，白也。时、捨，黄也。边、务，蓝也。

---

① "厄"，原作"也"，径改。

南、那,黑也。典、枯,靛也。阿边是边、阿无,古也。阿依、阿额,今也。

《滇南杂志》卷二十四,民国间上海申报馆铅印本,第五至十五叶

2. 光绪《云南通志》

卷二百七《南蛮志·方言》

滇处古要荒之域,蛮夷种类繁多,其语言有为扬雄所未及载者,今取诸简册所记,汇而存之,所以备輶轩之采,亦以见大一统之治,蛮夷戎狄尽作编氓,固无俟象胥之传也已。

天文类:天,爨蛮谓之木檀萃《农部爨雅》,东川夷谓之木《东川府志》,侬人、摆夷谓之發,土獠谓之窝《广南府志》,阿成谓之女《开化府志》,黑沙人谓之播奔《师宗州志》,丽江夷谓之美《丽江府志》,缅字作𠆿,曰某师范《滇系》。天晴①,爨蛮谓之木撮檀萃《农部爨雅》,东川夷谓之木族《东川府志》,黑沙人谓之两《师宗州志》,丽江夷谓之每土《丽江府志》。天阴,爨蛮谓之木甲檀萃《农部爨雅》,东川夷谓之木登《东川府志》,黑沙人谓之嫩《师宗州志》,丽江夷谓之每藏《丽江府志》。天雨,爨蛮谓之木呵檀萃《农部爨雅》。天明,爨蛮谓之姆梯同上,黑沙人谓之弄《师宗州志》。天黑,爨蛮谓之姆祭檀萃《农部爨雅》。云,爨蛮谓之呆同上,侬人谓之朗磨,土獠谓之磨,摆夷谓之發《广南府志》,阿成谓之丹《开化府志》,东川夷谓之木恕《东川府志》,黑沙人谓之喇么《师宗州志》,丽江夷谓之吉《丽江府志》,缅字作𠁥,曰定师范《滇系》。风,爨蛮谓之姆你檀萃《农部爨雅》,侬人谓之朗,土獠谓之冷,摆夷谓之龙《广南府志》,阿成谓之米隙《开化府志》,黑沙人谓之㮌《师宗州志》,东川夷谓之迷係《东川府志》,丽江夷谓之海《丽江府志》。雷,爨蛮谓之更檀萃《农部爨雅》,侬人谓之發轰,土獠谓之博恩,摆夷谓之法《广南府志》,阿成谓之米香《开化府

---

① "天晴",原作"天時",径改。

志》，黑沙人谓之得把《师宗州志》，东川夷谓之木鸡《东川府志》，丽江夷谓之每枯《丽江府志》，缅字作〇，曰某骨路师范《滇系》。雨，爨蛮谓之呵檀萃《农部爨雅》，侬人谓之泮，土獠谓之难，摆夷谓之纷《广南府志》，阿成谓之米，黑沙人谓之文倒《师宗州志》，东川夷谓之木合《东川府志》，丽江夷谓之痕《丽江府志》，缅字作〇，曰某喇师范《滇系》。霜，爨蛮谓之诬拈檀萃《农部爨雅》，侬人谓之腻髪，土獠谓之内，摆夷谓之笼每《广南府志》，阿成谓之阿多《开化府志》，东川夷谓之闻凝《东川府志》，丽江夷谓之你匐《丽江府志》。雪，爨蛮谓之诬檀萃《农部爨雅》，侬人谓之美排《广南府志》，黑沙人谓之倒妳《师宗州志》，东川夷谓之文《东川府志》。冰，东川夷谓之乌梯同上。雾，爨蛮谓之姆内檀萃《农部爨雅》，侬人谓之朗目，土獠谓之马，摆夷谓之磨《广南府志》，阿成谓之糯非《开化府志》。露，爨蛮谓之至檀萃《农部爨雅》，东川夷谓之志《东川府志》，丽江夷谓之著匐《丽江府志》。电，爨蛮谓之歺檀萃《农部爨雅》。虹，爨蛮谓之阿姆散移同上。瘴，爨蛮谓之亦其同上，黑沙人谓之板箱《师宗州志》。气，爨蛮谓之宜檀萃《农部爨雅》。日，爨蛮谓之你同上，侬人谓之烈，土獠谓之驼宛，摆夷谓之紊《广南府志》，阿成谓之猓及《开化府志》，东川夷谓之拟机《东川府志》，丽江夷谓之你买《丽江府志》，缅字作〇，曰腻师范《滇系》。月，爨蛮谓之农檀萃《农部爨雅》，侬人谓之亥，土獠谓之论，摆夷谓之等《广南府志》，阿成谓之猓波《开化府志》，东川夷谓之罗溥《东川府志》，丽江夷谓之海买《丽江府志》，缅字作〇，曰刺师范《滇系》。日出，爨蛮谓之你己夺檀萃《农部爨雅》。日中，爨蛮谓之你己爱同上。日入，爨蛮谓之你己歺同上；日蚀，爨蛮谓之你己押同上。月出，爨蛮谓之农博夺同上。月明，爨蛮谓之农件同上。月亏，爨蛮谓之农毛同上。月蚀，爨蛮谓之农博押同上。谨按：爨蛮以日为你你你己云者，犹俗名日头也，以月为农农博云者，犹俗名月亮也。星，东川夷谓之鸠《东川府志》，丽江夷谓之根《丽江府志》，缅字作🐾，曰革来师范《滇系》。斗，缅字作🦌，曰库捏战同上。

岁时类： 春，爨蛮谓之脑达檀萃《农部爨雅》，东川夷谓之叻《东川府志》，丽江夷谓之每你《丽江府志》。夏，爨蛮谓之赊更檀萃《农部爨雅》，东川夷谓之施《东川府志》，丽江夷谓之每缄《丽江府志》。秋，爨蛮谓之戳更檀萃《农部爨雅》，东川夷谓之暑《东川府志》，丽江夷谓之每处《丽江府志》。冬，爨蛮谓之初檀萃《农部爨雅》，东川夷亦谓之初《东川府志》，丽江夷谓之每初《丽江府志》。年，爨蛮谓之他课檀萃《农部爨雅》。月，爨蛮谓之他农同上。日，爨蛮谓之他你同上。时，爨蛮谓之他更同上，丽江夷谓之知《丽江府志》，东川夷谓之兔《东川府志》。刻，爨蛮谓之他捏革檀萃《农部爨雅》。昼，爨蛮谓之姆你同上，黑沙人谓之核完《师宗州志》。夜，爨蛮谓之姆气檀萃《农部爨雅》。早，爨蛮谓之姆兴同上，黑沙人谓之罗么《师宗州志》，丽江夷谓之酎《丽江府志》，东川夷谓之挽《东川府志》。晚，爨蛮谓之器檀萃《农部爨雅》，丽江夷谓之何《丽江府志》，东川夷谓之期《东川府志》，黑沙人谓之杭《师宗州志》。迟，黑沙人谓之完同上。寒，爨蛮谓之贾革檀萃《农部爨雅》，丽江夷谓之气《丽江府志》。热，爨蛮谓之撮檀萃《农部爨雅》，丽江夷谓之此《丽江府志》。朔，爨蛮谓之达太檀萃《农部爨雅》。望，爨蛮谓之且俄檀萃《农部爨雅》。岁，丽江夷谓之库《丽江府志》，缅字作🐸，曰捏。度岁，爨蛮谓之课隙檀萃《农部爨雅》。岁丰，丽江夷谓之巴埋《丽江府志》，东川夷谓之峨恩《东川府志》。岁歉，丽江夷谓之巴夸《丽江府志》，东川夷谓之峨我《东川府志》。古，丽江夷谓之阿边是边《丽江府志》，东川夷谓之阿无。今，丽江夷谓之阿依《丽江府志》，东川夷谓之阿额《东川府志》。节，缅字作🦌，曰撒胖师范《滇系》。阳，缅字作🦌，曰阿太同上。阴，缅字作🦌，曰阿喷同上。正月，爨蛮谓之课兴农檀萃《农部爨雅》，二月谓之补须农，三月谓之洒接农，四月谓之奚农，五月谓之俄农，六月谓之却农，七月谓之係农，八月谓之恨农，九月谓之更农，十月谓之且农，十一月谓之且的农，十二月谓之昭农；子曰寒你，丑曰你你，寅曰弄你，卯曰他灼你，辰曰噜你，巳曰赊你，午曰姆你，未曰好你，申曰糯你，酉曰昂你，戌曰期你，亥曰万你。并同上。谨案：爨人以十二辰计日，"你"者，日也，寒为鼠，你为牛，寒你、你你者，谓鼠日、牛日也。

地理类：地，乌蛮谓之溇樊绰《蛮书》，爨蛮谓之密檀萃《农部爨雅》，侬人谓之南，土獠谓之稜，摆夷谓之顶《广南府志》，阿成谓之谜《开化府志》，东川夷谓之谜《东川府志》，黑沙人谓之喇《师宗州志》，丽江夷谓之里甸《丽江府志》。田，侬人谓之恁那，土獠谓之俤，摆夷谓之那《广南府志》，阿成谓之当米《开化府志》，黑沙人谓之捏纳《师宗州志》，东川夷谓之密《东川府志》，丽江夷谓之里《丽江府志》。稻田，爨蛮谓之扯密檀萃《农部爨雅》。上则水田，爨蛮谓之矣轻作密同上。山田，爨蛮谓之姆脑同上。秧田，爨蛮谓之係五密同上。麦地，爨蛮谓之赊密同上。荞地，爨蛮谓之戈密同上。荒地，爨蛮谓之密登密同上。园，侬人谓之勒省，土獠谓之孙，摆夷谓之朗虎《广南府志》，阿成谓之介彻《开化府志》，黑沙人谓之里孙《师宗州志》，东川夷谓之卧密《东川府志》，丽江夷谓之可《丽江府志》。山，白蛮谓之和樊绰《蛮书》，爨蛮谓之本檀萃《农部爨雅》，侬人谓之南播，土獠谓之乱，摆夷谓之反《广南府志》，阿成谓之白《开化府志》，东川夷亦谓之白《东川府志》，黑沙人谓之迭当《师宗州志》，丽江夷谓之菊《丽江府志》，缅字作𤾓，曰挡师范《滇系》。山顶，白蛮谓之葱路樊绰《蛮书》。小团山，爨蛮谓之本卧噜檀萃《农部爨雅》。冈，爨蛮谓之本耶令同上。岭，爨蛮谓之简念同上，东川夷谓之白脚《东川府志》，丽江夷谓之便吕《丽江府志》。谷，白蛮谓之浪樊绰《蛮书》。崖，爨蛮谓之放檀萃《农部爨雅》。凸，爨蛮谓之象更同上。陇，爨蛮谓之那芭同上。箐，东川夷谓之做《东川府志》。石，爨蛮谓之落本檀萃《农部爨雅》，黑沙人谓之革糯《师宗州志》。水，爨蛮谓之矣檀萃《农部爨雅》，侬人谓之南，

土獠、摆夷谓之难《广南府志》，阿成谓之一结《开化府志》，黑沙人谓之揽
《师宗州志》，东川夷谓之以《东川府志》，丽江夷谓之卓《丽江府志》。海，东
川夷谓之恒《东川府志》，丽江夷谓之憾《丽江府志》。江，爨蛮谓之南衣
末檀萃《农部爨雅》，黑沙人谓之温达《师宗州志》，东川夷谓之那以《东川府
志》，丽江夷谓之地彼《丽江府志》，缅字作 𗆀，曰麦列马师范《滇系》。河，
黑沙人谓之卯达《师宗州志》，东川夷谓之以莫《东川府志》，丽江夷谓之
濠《丽江府志》。大河，爨蛮谓之南衣檀萃《农部爨雅》。小河，爨蛮谓之矣
查檀萃《农部爨雅》。川，白蛮谓之睒，丽江夷谓之罗《丽江府志》。潭，爨
蛮谓之矣夺海檀萃《农部爨雅》。港，爨蛮谓之菜同上。涧，爨蛮谓之
矣老同上。池，爨蛮谓之海本同上。塘，爨蛮谓之海本莫同上。湾，
爨蛮谓之过同上。岸，爨蛮谓之以节密同上。滩，爨蛮谓之册白同
上。渡，爨蛮谓之更轻同上。沟，爨蛮谓之矣灼同上，东川夷谓之以
输《东川府志》，丽江夷谓之开《丽江府志》。厂，爨蛮谓之都檀萃《农部
爨雅》。

　　道里类：东，爨蛮谓之几夺米檀萃《农部爨雅》，东川夷谓之肺《东川
府志》，丽江夷谓之你买土《丽江府志》。西，爨蛮谓之几歹米檀萃《农部爨
雅》，东川夷谓之灼《东川府志》，丽江夷谓之你买谷《丽江府志》。南，爨
蛮谓之係乌米檀萃《农部爨雅》，东川夷谓之务《东川府志》，丽江夷谓之梅
《丽江府志》。北，爨蛮谓之交祭米檀萃《农部爨雅》，东川夷谓之克《东川府
志》，丽江夷谓之竿《丽江府志》。大路，爨蛮谓之脚莫檀萃《农部爨雅》，侬
人谓之卡落，土獠谓之禄，摆夷谓之丹《广南府志》，阿成谓之着低《开
化府志》，东川夷谓之觉莫《东川府志》，丽江夷谓之汝股《丽江府志》。里
数，爨蛮谓之可哓怙鸠密檀萃《农部爨雅》。坡，侬人谓之肯靠，土獠谓
之短乱，摆夷谓之拉歹《广南府志》，阿成谓之迫《开化府志》，东川夷谓之
白撒《东川府志》。上坡，黑沙人谓之冲堆《师宗州志》。下坡，黑沙人谓
之绒奈同上。墩台，爨蛮谓之拨耳木檀萃《农部爨雅》。塘汛，爨蛮谓之

博耳同上。关，东川夷谓之哈斯《东川府志》，丽江夷谓之改《丽江府志》，缅字作 𖼀，曰冈。津，缅字作 𖼀，曰戛豆同上。哨，东川夷谓之好跌《东川府志》，丽江夷谓之莫《丽江府志》。旅店，爨蛮谓之应歹檀萃《农部璺雅》。村，爨蛮谓之卡更同上，东川夷谓之卡《东川府志》。街市，爨蛮谓之裘檀萃《农部璺雅》，丽江夷谓之知《丽江府志》。乡，东川夷谓之塘普《东川府志》。船，丽江夷谓之离《丽江府志》。桥，丽江夷谓之晔《丽江府志》，东川夷谓之梯《东川府志》。

人伦类：君，爨蛮谓之乌姆檀萃《农部璺雅》，东川夷谓之翁母《东川府志》，丽江夷谓之卡《丽江府志》。臣，爨蛮谓之达非檀萃《农部璺雅》，东川夷谓之者，又谓之募卿《东川府志》，丽江夷谓之喜公《丽江府志》。始祖，爨蛮谓之阿包檀萃《农部璺雅》。高祖，爨蛮谓之阿奔同上。曾祖，爨蛮谓之阿单同上。祖，爨蛮谓之阿卜同上，依人谓之不竭，土獠谓之布周，摆夷谓之布贺《广南府志》，阿成谓之依坡《开化府志》，黑沙人谓之老抱《师宗州志》，东川夷谓之阿伯《东川府志》，丽江夷谓之阿普《丽江府志》。祖母，东川夷谓之阿达《东川府志》，丽江夷谓之阿曾《丽江府志》，黑沙人谓之里押《师宗州志》。父，爨蛮谓之阿爹檀萃《农部璺雅》，依人、土獠谓之博，摆夷谓之依博《广南府志》，阿成谓之依颇《开化府志》，黑沙人谓之勒布《师宗州志》，丽江夷谓之阿巴《丽江府志》，缅字作 𖼀，曰阿帕师范《滇系》。母，爨蛮谓之阿妈檀萃《农部璺雅》，依人谓之腊密，土獠谓之灭，摆夷谓之蔑《广南府志》，阿成谓之依麽《开化府志》，黑沙人谓之勒灭《师宗州志》，丽江夷谓之阿买《丽江府志》，缅字作 𖼀，曰阿米师范《滇系》。伯父，爨蛮谓之阿毛檀萃《农部璺雅》，黑沙人谓之勒抱《师宗州志》。伯母，黑沙人谓之勒押《师宗州志》，爨蛮谓之阿窝檀萃《农部璺雅》。仲父，爨蛮谓之阿旧同上。二叔母，爨蛮谓之母旧同上。季父，爨蛮谓之阿虐同上。三叔母，爨蛮谓之姆虐同上。兄，南诏谓之容阮元声《南诏野史》，侬人谓之必，土獠谓之鲊，摆夷谓之必农《广南府志》，阿成谓之依尾《开化府志》，黑沙人谓之俾《师宗州志》，东川夷谓之未秭《东川府志》，丽江夷谓之阿补《丽江府志》。嫂，侬人谓之必南，土獠谓之比周，摆夷谓之保《广南府志》，阿成谓之依迷《开化府志》，黑沙人谓之俾囊《师宗州志》。伯兄，爨蛮谓之阿姆窝檀萃《农部爨雅》；长嫂，爨蛮谓之阿妹窝同上。二兄，爨蛮谓之阿姆旧同上；二嫂，爨蛮谓之阿妹旧同上。三兄，爨蛮谓之阿母虐同上；三嫂，爨蛮谓之阿妹虐同上。弟，南诏谓之钟阮元声《南诏野史》，爨蛮谓之虐冒檀萃《农部爨雅》，侬人谓之农，土獠谓之鸾，摆夷谓之农齐《广南府志》，阿成谓之阤左《开化府志》，黑沙人谓之浓《师宗州志》，东川夷谓之年目，又谓之卡阿佞《东川府志》，丽江夷谓之跟生《丽江府志》。弟妇，黑沙人谓之浓俾《师宗州志》。叔，侬人谓之不拗，土獠谓之布保，摆夷谓之布袄《广南府志》，阿成谓之波娘。姑，爨蛮谓之阿泥檀萃《农部爨雅》，东川夷谓之阿你《东川府志》。姊，爨蛮谓之阿你檀萃《农部爨雅》，东川夷谓之目，又谓之阿佞《东川府志》，丽江夷谓之妹买《丽江府志》。妹，爨蛮谓之虐冒同弟称。檀萃《农部爨雅》，东川夷谓之腻，又谓之佞虐《东川府志》，丽江夷谓之姑买《丽江府志》。从兄，爨蛮谓之阿木檀萃《农部爨雅》；从弟，爨蛮谓之虐苴同上。夫，爨蛮谓之气骹檀萃《农部爨雅》，东川夷谓之墨《东川府志》，丽江夷谓之阿该生《丽江府志》。妻，爨蛮谓之气檀萃《农部爨雅》，东川夷谓之咩，又谓之慾《东川府志》，丽江夷谓之你奴《丽江府志》。妾，爨蛮谓之气落檀萃《农部爨雅》。媵，爨蛮谓之阿咩气同上。男，爨蛮谓之松胎同上，东川夷谓之哺租，又谓之租吾《东川府志》，丽江夷谓之左《丽江府志》。女，爨蛮谓之姆你檀萃《农部爨雅》，东川夷谓之阿咩，又谓之母遮《东川府志》，丽江夷谓之觅《丽江府志》。子，爨蛮谓之苴檀萃《农部爨雅》，侬人谓之陆，土獠谓之勒，摆夷谓之楼《广南府志》，阿成谓之息左《开化府志》，东川夷谓之租《东川府志》，丽江夷谓之苴《丽江府志》。女子，爨蛮谓之阿咩檀萃《农部爨雅》。从子，爨蛮谓之苴都同上。孙，爨蛮谓之喜本自中外曾原来仍皆曰喜本。同上，侬人谓之郎，土獠、摆夷谓之浪《广南府志》，阿成谓之息里《开化府志》，东川夷谓之希《东川府志》，丽江夷谓之鲁补《丽江府志》。孙女，丽江夷谓之鲁买同上，东川夷谓之希阿咩，又谓之把希《东川府志》。舅，爨蛮谓之阿恩檀萃《农部爨雅》，黑沙人谓之笔浓《师宗州志》。舅母，黑沙人谓之俾灭同上。姨，爨蛮谓之阿恩末檀萃《农部爨雅》，东川夷谓之莫虐，又谓之阿你咩《东川府志》。姨父，爨蛮谓之阿机檀萃《农部爨雅》。岳父，东川夷谓之阿五《东川府志》，丽江夷谓之於扁《丽江府志》。岳母，东川夷谓之披煞《东川府志》。女婿，爨蛮谓之婿五檀萃《农部爨雅》，东川夷谓之仕吾《东川府志》，丽江夷谓之茂恩《丽江府志》。姻家，爨蛮谓之五坐檀萃《农部爨雅》。姊妹夫，爨蛮谓之阿你苴同上。甥，爨蛮谓之婿五老同上。舅，爨蛮谓之亦坡同上。姑，爨蛮谓之阿泥同上。兄公，爨蛮谓之阿姆同上。师长，爨蛮谓之暑朱同上，东川夷谓之世朱《东川府志》，丽江夷谓之熟朱《丽江府志》。徒弟，东川夷谓之苏育乌奈《东川府志》，丽江夷谓之的子《丽江府志》。朋友，爨蛮谓之苴抄檀萃《农部爨雅》，东川夷谓之潜额《东川府志》，丽江夷谓之阿党《丽江府志》。主，爨蛮谓之所助檀萃《农部爨雅》，东川夷谓之额色普，又谓之撒普《东川府志》，丽江夷谓之党哈《丽江府志》。仆，爨蛮谓之所者檀萃《农部爨雅》，东川夷谓之仆遮《东川府志》，丽江夷谓之吴《丽江府志》。小仆，爨蛮谓之者苴檀萃《农部爨雅》。小婢，爨蛮谓之颇苴同上。你公①，爨蛮谓之者同上；你母，爨蛮谓之婆同上。雇工，爨蛮谓之所都同上。客人，东川夷谓之俗外，又谓之俗汪《东川府志》，黑沙人谓之不夜《师宗州志》，爨蛮谓之所尾檀萃《农部爨雅》。主人家，东川夷谓之杂色地《东川府志》，黑沙人谓之抱苏兰《师宗州志》，丽江夷谓之卡巴《丽江府志》，爨蛮谓之赞骰檀萃《农部爨雅》；主人家婆，黑沙人谓之押苏兰《师宗州志》。

　　形体类： 头，爨蛮谓之乌的《檀萃《农部爨雅》，东川夷谓之乌奔《东川

---

① “你公”即“你父亲”，当为汉语方言词。

府志》，黑沙人谓之勒稿《师宗州志》，丽江夷谓之古吕《丽江府志》，缅字作

[缅字图形]，曰康师范《滇系》。　面，爨蛮谓之套南檀萃《农部爨雅》，东川夷谓之拖《东川府志》，又谓之业念《东川府志》，黑沙人谓之布拿《师宗州志》，丽江夷谓之爬买《丽江府志》，缅字作[缅字图形]，曰妈那师范《滇系》。　髪，爨蛮谓之乌姐檀萃《农部爨雅》，东川夷谓之乌切《东川府志》，黑沙人谓之奔稿《师宗州志》，丽江夷谓之古甫《丽江府志》。　眉，爨蛮谓之补且檀萃《农部爨雅》，黑沙人谓之保大《师宗州志》。　须，爨蛮谓之补苴檀萃《农部爨雅》，黑沙人谓之闷《师宗州志》。　耳，爨蛮谓之农把檀萃《农部爨雅》，东川夷谓之脑波《东川府志》，黑沙人谓之木耳《师宗州志》，丽江夷谓之海足《丽江府志》。　目，爨蛮谓之难都檀萃《农部爨雅》，东川夷谓之那都《东川府志》，黑沙人谓之勒大《师宗州志》，丽江夷谓之眠吕《丽江府志》。　口，爨蛮谓之念补檀萃《农部爨雅》，东川夷谓之业补《东川府志》，黑沙人谓之纯罢《师宗州志》，丽江夷谓之供边。　齿，爨蛮谓之者檀萃《农部爨雅》，黑沙人谓之皽《师宗州志》。　舌，黑沙人谓之布泠同上。　鼻，东川夷谓之怒鼻《东川府志》，黑沙人谓之布当《师宗州志》，丽江夷谓之你埋《丽江府志》。　颈，爨蛮谓之乃把檀萃《农部爨雅》。　肩，爨蛮谓之万迫同上，黑沙人谓之含罢《师宗州志》。　臂，爨蛮谓之高歹那檀萃《农部爨雅》，黑沙人谓之肩《师宗州志》。　腕，爨蛮谓之过檀萃《农部爨雅》。　手，爨蛮谓之喇巴同上。东川夷谓之腊扒《东川府志》，黑沙人谓之阿吻《师宗州志》，丽江夷谓之拉《丽江府志》，缅字作[缅字图形]，曰剌。　指，爨蛮谓之喇之檀萃《农部爨雅》，黑沙人谓之齐吻《师宗州志》。　背，爨蛮谓之干歹檀萃《农部爨雅》，黑沙人谓之拜网《师宗州志》。　膊，黑沙人谓之过娥同上。　腰，爨蛮谓之住排檀萃《农部爨雅》，黑沙人谓之固《师宗州志》。　肚，黑沙人谓之立董《师宗州志》。　腹，爨蛮谓之卧卑檀萃《农部爨雅》。　心，爨蛮谓之宜莫同上，东川夷谓之你麽《东川府志》，丽江夷谓之怒买《丽江府志》。　肝，爨蛮谓之骰檀萃《农部爨雅》，肺，爨蛮谓之趣同上。　肾，爨蛮谓之仔同上。　肠，爨蛮谓之五同

上。股，爨蛮谓之批则同上。膝，爨蛮谓之补进同上，黑沙人谓之革窝《师宗州志》。腋，爨蛮谓之期昂额檀萃《农部爨雅》。腿，东川夷谓之哺，又谓之窝别《东川府志》，黑沙人谓之戈哈《师宗州志》。脚，爨蛮谓之期扒檀萃《农部爨雅》，东川夷亦谓之期扒《东川府志》，黑沙人谓之务登，丽江夷谓之坑《丽江府志》，缅字作 ຊ，曰克类师范《滇系》。身，东川夷谓之叱迫《东川府志》，丽江夷谓之古母《丽江府志》。汗，爨蛮谓之叫檀萃《农部爨雅》。泪，爨蛮谓之纳的同上。疮，爨蛮谓之波咩同上。疾，爨蛮谓之诺同上。聋者，爨蛮谓之诺包同上。哑者，爨蛮谓之所安同上。瞎者，爨蛮谓之南得同上。盲者，爨蛮谓之南姆同上。麻者，爨蛮谓之套哥同上。跛者，爨蛮谓之八刀同上。侏儒，爨蛮谓之巧乃同上。长身，爨蛮谓之巧姆同上。

学问类：读书，丽江夷谓之添恩索《丽江府志》，东川夷谓之恩迫无《东川府志》。写字，丽江夷谓之添恩布《丽江府志》，东川夷谓之恩迫果《东川府志》。做官，丽江夷谓之选扁《丽江府志》，东川夷谓之厦助没《东川府志》。教人，丽江夷谓之希面《丽江府志》，东川夷谓之俗孟《东川府志》。学好，丽江夷谓之噶买索《丽江府志》，东川夷谓之助所《东川府志》。说好，丽江夷谓之噶买社《丽江府志》，东川夷谓之鸠助《东川府志》。孝，丽江夷谓之咻殊《丽江府志》，东川夷谓之哺鸠莫捨《东川府志》。友，丽江夷谓之殊殊《丽江府志》，东川夷谓之踩濯《东川府志》。忠，丽江夷谓之怒买都《丽江府志》，东川夷谓之色都递《东川府志》。信，丽江夷谓之根止日《丽江府志》，东川夷谓之摺幄边坑《东川府志》。礼，丽江夷谓之布苦思《丽江府志》，东川夷谓之宜閒波俗《东川府志》。义，丽江夷谓之哦买边《丽江府志》，东川夷谓之邓哭施呼《东川府志》。廉，丽江夷谓之马芍期《丽江府志》，东川夷谓之以脚扮争《东川府志》。耻，丽江夷谓之杜多思《丽江府志》，东川夷谓之多波厦爨《东川府志》。智，丽江夷谓之希特《丽江府志》，东川夷谓之递藉色诺《东川府志》。仁，丽江夷谓之怒买噶《丽江府志》，东川夷谓之时世补脑《东川府志》。

人事类：睡，爨蛮谓之义里檀萃《农部爨雅》，东川夷谓之楫《东川府志》，黑沙人谓之能《师宗州志》，丽江夷谓之意《丽江府志》。醒，东川夷谓之腻《东川府志》，黑沙人谓之细那《师宗州志》，丽江夷谓之乌《丽江府志》。起，爨蛮谓之夺米檀萃《农部爨雅》。趺，爨蛮谓之记歹檀萃《农部爨雅》。行，侬人谓之拿陆，土獠谓之帕，摆夷谓之娘《广南府志》，阿成谓之都厄《开化府志》，东川夷谓之疏《东川府志》，黑沙人谓之摆《师宗州志》，丽江夷谓之几《丽江府志》。立，侬人谓之定，土獠谓之任，摆夷谓之邓妈《广南府志》，阿成谓之禾多《开化府志》。坐，侬人谓之南，土獠、摆夷谓之难《广南府志》，阿成谓之宜多《开化府志》，东川夷谓之呢《东川府志》，丽江夷谓之足《丽江府志》。跪，爨蛮谓之高古檀萃《农部爨雅》，侬人、土獠谓之及，摆夷谓之拜《广南府志》，阿成谓之居《开化府志》，东川夷谓之叽《东川府志》，丽江夷谓之醋《丽江府志》。拜，爨蛮谓之一檀萃《农部爨雅》。叩头，爨蛮谓之乌的大同上，东川夷谓之拖吃《东川府志》，丽江夷谓之落补对《丽江府志》。请坐，爨蛮谓之他古你今檀萃《农部爨雅》。命茶，爨蛮谓之弄今赫来同上，东川夷谓之机都夺《东川府志》，丽江夷谓之量提《丽江府志》。请槟榔，爨蛮谓之果猓苴檀萃《农部爨雅》。烟，爨蛮谓之因得同上。吃烟，黑沙人谓之赓烟碗《师宗州志》。移薪，爨蛮谓之叫惜檀萃《农部爨雅》。烧火，爨蛮谓之媄硐多同上。吹火，东川夷谓之熄都目《东川府志》，丽江夷谓之弭母《丽江府志》。取火，东川夷谓之熄都择《东川府志》，丽江夷谓之弭子《丽江府志》。盛水，东川夷谓之以克赤《东川府志》，黑沙人谓之得揽妈《师宗州志》，丽江夷谓之戟吾《丽江府志》。饮水，爨蛮谓之以侈倒檀萃《农部爨雅》，东川夷谓之以赤夺①《东川府志》，丽江夷谓之戟提《丽江府志》。饮酒，爨蛮谓之只倒，东

---

① "赤夺"与"侈倒"音近，当即同一个词音调稍变异之后的表现形式，记录者不觉，乃记为两种不同的形式。

川夷谓之植夺①《东川府志》，黑沙人谓之赓老《师宗州志》，丽江夷谓之切提《丽江府志》。食肉，爨蛮谓之万呵檀萃《农部爨雅》，黑沙人谓之赓讷《师宗州志》。作饭，爨蛮谓之左卑端檀萃《农部爨雅》。早饭，爨蛮谓之侈苴同上，黑沙人谓之赓崖《师宗州志》。午饭，爨蛮谓之喳苴檀萃《农部爨雅》，黑沙人谓之赓林《师宗州志》。晚饭，爨蛮谓之扯苴檀萃《农部爨雅》，黑沙人谓之赓韶《师宗州志》。吃饭，东川夷谓之假苴《东川府志》，丽江夷谓之哈鲁《丽江府志》。吃药，黑沙人谓之赓衣《师宗州志》。猪肉，黑沙人谓之陇讷同上。穿衣，东川夷谓之批愿《东川府志》，黑沙人谓之等布《师宗州志》，丽江夷谓之巴拉母《丽江府志》。浣面，爨蛮谓之套妻檀萃《农部爨雅》。洗脚，黑沙人谓之泻登《师宗州志》。出大恭，黑沙人谓之得崖同上；出小恭，黑沙人谓之得牛同上。点火把，黑沙人谓之根柱同上，丽江夷谓之弄这《丽江府志》。过年，丽江夷谓之载箸同上，黑沙人谓之根箱《师宗州志》。饱，丽江夷谓之硬《丽江府志》，缅字作𗂅，曰瓦挝。饿，丽江夷谓之戎《丽江府志》。醉，黑沙人谓之老肥《师宗州志》，缅字作𗂅，曰也必范师范《滇系》。笑，东川夷谓之额《东川府志》，黑沙人谓之攸《师宗州志》，丽江夷谓之然《丽江府志》。哭，爨蛮谓之恩檀萃《农部爨雅》，东川夷亦谓之嗯《东川府志》，黑沙人谓之歹《师宗州志》，丽江夷谓之奴《丽江府志》。骂，爨蛮谓之遮博檀萃《农部爨雅》，东川夷谓之触《东川府志》，黑沙人谓之纳《师宗州志》，丽江夷谓之揣片《丽江府志》。打，东川夷谓之独《东川府志》，丽江夷谓之拉《丽江府志》。唱，爨蛮谓之曲造檀萃《农部爨雅》，黑沙人谓之温《师宗州志》。舞，白蛮谓之伽傍樊绰《蛮书》。

称呼类：帝，南诏谓之骠信阮元声《南诏野史》。王，南诏谓之诏同上。朝廷，缅字作𗂅，曰乌爹垢师范《滇系》。皇后，缅字作𗂅，曰米普唰同上。朕，南诏谓之元阮元声《南诏野史》。汉人，爨蛮谓之厦破檀萃

---

① "植夺"与"只倒"音近，当亦为同一个词音调稍变异之后的表现形式。

《农部僰雅》。夷人，爨蛮谓之南苏同上。官，爨蛮谓之租冒同上，丽江夷谓之牵选《丽江府志》。大官，黑沙人谓之老菩萨《师宗州志》；小官，黑沙人谓之小菩萨同上。知州，爨蛮谓之知租冒檀萃《农部僰雅》；知县，爨蛮谓之海租冒同上。典史，爨蛮谓之力姆同上。长官，东川夷谓之沙祝额，又谓之俗助《东川府志》，丽江夷谓之招蛾《丽江府志》。幕友，爨蛮谓之租冒暑朱檀萃《农部僰雅》；典吏，爨蛮谓之尾老祖莫同上，黑沙人谓之外郎《师宗州志》。征差，黑沙人谓之田主同上。差头，爨蛮谓之赍苏祖莫檀萃《农部僰雅》。小差，爨蛮谓之赍苏且同上。甲头，爨蛮谓之卖额同上。火头，爨蛮谓之本骰同上。铺卒，爨蛮谓之骂容同上。营卒，爨蛮谓之骂容破同上。兵，东川夷谓之麻郁《东川府志》。民，东川夷谓之鲁者同上，丽江夷谓之伴先《丽江府志》。练总，爨蛮谓之所栽祖莫檀萃《农部僰雅》。伴当，爨蛮谓之刀唆同上。农，爨蛮谓之噜者同上。工，爨蛮谓之烂更同上。木工，爨蛮谓之耳卑烂更同上。铸工，爨蛮谓之显刀烂更同上。商贾贸易，爨蛮谓之尾腊同上。母巫，爨蛮谓之南佞莫同上。师，爨蛮谓之大觋幡，又谓之大希博，又谓之拜禱，又谓之白马同上。端公，爨蛮谓之难札破同上。医师，爨蛮谓之暑朱同上。卜人，爨蛮谓之农泊道同上。乞丐，爨蛮谓之左骂破同上。盗贼，爨蛮谓之栽同上。部长，爨蛮谓之撒颇同上。部长妻，爨蛮谓之耐德同上。死士，爨蛮谓之且可同上。小管，丽江夷谓之犀寡《丽江府志》。分管地方头目，爨蛮谓之曲宽檀萃《农部僰雅》。管理庄田头目，爨蛮谓之遮古同上。管理剌误头目，爨蛮谓之更资剌误者，钱粮之畸零也。同上。管理六班快手头目，爨蛮谓之扯墨同上。管理庄田租榖头目，爨蛮谓之管家同上。通汉夷语，爨蛮谓之通事，一曰把事，一曰目把总，一曰通把同上。人，东川夷谓之马撮《东川府志》，丽江夷谓之希《丽江府志》。你，东川夷谓之那《东川府志》，黑沙人谓之蒙《师宗州志》，丽江夷谓之纳《丽江府志》。我，东川夷谓之俄《东川府志》，黑沙人谓之句《师宗州志》，丽江夷谓之扼《丽江府志》。

言语类： 高，白蛮谓之阁樊绰《蛮书》，爨蛮谓之巧毋檀萃《农部㑩雅》。低，爨蛮谓之巧乃同上。中，爨蛮谓之高姑同上，东川夷谓之烛《东川府志》，丽江夷谓之虑谷《丽江府志》。正，爨蛮谓之只檀萃《农部㑩雅》。平，爨蛮谓之倒同上。歪，爨蛮谓之过同上。上，爨蛮谓之本达同上，东川夷谓之戛《东川府志》，丽江夷谓之果堕《丽江府志》。下，南诏谓之昶阮元声《南诏野史》，爨蛮谓之本的檀萃《农部㑩雅》，东川夷谓之叱《东川府志》，丽江夷谓之梅苔《丽江府志》。前，爨蛮谓之见檀萃《农部㑩雅》，东川夷谓之结《东川府志》。后，爨蛮谓之杜檀萃《农部㑩雅》，东川夷谓之度《东川府志》。左，爨蛮谓之分照檀萃《农部㑩雅》，东川夷谓之方《东川府志》。右，爨蛮谓之谢照檀萃《农部㑩雅》，东川夷谓之细《东川府志》。长，爨蛮谓之赊檀萃《农部㑩雅》，东川夷谓之舍《东川府志》，丽江夷谓之蟾《丽江府志》。短，爨蛮谓之辇檀萃《农部㑩雅》，东川夷谓之呢《东川府志》，丽江夷谓之歹《丽江府志》。大，爨蛮谓之窝檀萃《农部㑩雅》，东川夷谓之厄《东川府志》，黑沙人谓之牢《师宗州志》，丽江夷谓之的《丽江府志》。小，爨蛮谓之鸟檀萃《农部㑩雅》，东川夷谓之虐《东川府志》，黑沙人谓之怒《师宗州志》，丽江夷谓之计《丽江府志》。多，爨蛮谓之那檀萃《农部㑩雅》，东川夷谓之努《东川府志》，丽江夷谓之奔《丽江府志》。少，爨蛮谓之巧测檀萃《农部㑩雅》，东川夷谓之诺《东川府志》，丽江夷谓之能《丽江府志》。繁，爨蛮谓之革檀萃《农部㑩雅》。减，爨蛮谓之些同上。稀，爨蛮谓之波同上。密，爨蛮谓之土同上。轻，爨蛮谓之老同上，东川夷谓之罗《东川府志》，丽江夷谓之由《丽江府志》。重，爨蛮谓之里，东川夷谓之哩《东川府志》，丽江夷谓之里《丽江府志》。方，爨蛮谓之溪期檀萃《农部㑩雅》。圆，爨蛮谓之朵来同上。扁，爨蛮谓之达同上。稜，爨蛮谓之维同上。尖，爨蛮谓之念野同上。角，爨蛮谓之起同上。好，爨蛮谓之助同上。恶，爨蛮谓之务同上。善，丽江夷谓之喝《丽江府志》；恶，丽江夷谓之夸同上。香，爨蛮谓之侥檀萃《农部㑩雅》。臭，爨蛮谓之贝乃同上。乾，爨蛮谓之浮同上。湿，爨蛮谓之栽同上。精，爨蛮谓之夺姐同上。

蠹，爨蛮谓之区<small>同上</small>。远，爨蛮谓之尾刀<small>檀萃《农部爨雅》</small>。近，爨蛮谓之密那<small>同上</small>。老，爨蛮谓之所冒<small>同上</small>，东川夷谓之暮<small>《东川府志》</small>。幼，东川夷谓之煞<small>同上</small>，爨蛮谓之所上<small>檀萃《农部爨雅》</small>。病，爨蛮谓之诺<small>同上</small>。苦，爨蛮谓之替<small>同上</small>。富，白蛮谓之加<small>樊绰《蛮书》</small>，爨蛮谓之冒<small>檀萃《农部爨雅》</small>，侬人谓之洒，土獠谓之率，摆夷谓之谜<small>《广南府志》</small>，阿成谓之索勒<small>《开化府志》</small>，东川夷谓之菊<small>《东川府志》</small>。贵，爨蛮谓之铺卡<small>檀萃《农部爨雅》</small>，侬人谓之边，土獠谓之那，摆夷谓之丙<small>《广南府志》</small>，阿成谓之鄙慊<small>《开化府志》</small>。贫，爨蛮谓之收<small>檀萃《农部爨雅》</small>，侬人谓之楼，土獠谓之呀，摆夷谓之雅<small>《广南府志》</small>，阿成谓之书保<small>《开化府志》</small>，东川夷谓之舒<small>《东川府志》</small>。贱，爨蛮谓之铺老<small>檀萃《农部爨雅》</small>，侬人谓之拖，土獠谓之赖，摆夷谓之波<small>《广南府志》</small>，阿成谓之支罗<small>《开化府志》</small>。勤，爨蛮谓之腊<small>檀萃《农部爨雅》</small>。惰，爨蛮谓之倒<small>同上</small>。缓，爨蛮谓之多些<small>同上</small>。急，爨蛮谓之早革<small>同上</small>。肥，爨蛮谓之初<small>同上</small>。瘦，爨蛮谓之歹<small>同上</small>。升，爨蛮谓之施<small>同上</small>。降，爨蛮谓之的<small>同上</small>。呼，爨蛮谓之苦<small>同上</small>。吸，爨蛮谓之志<small>同上</small>。吞，爨蛮谓之倒<small>同上</small>。吐，爨蛮谓之屁<small>同上</small>。语，爨蛮谓之到拘<small>同上</small>。默，爨蛮谓之递<small>同上</small>。厚，爨蛮谓之吐<small>同上</small>，东川夷谓之土<small>《东川府志》</small>，丽江夷谓之浪<small>《丽江府志》</small>。薄，东川夷谓之波<small>《东川府志》</small>，丽江夷谓之边<small>《丽江府志》</small>。深，白蛮谓之诺<small>樊绰《蛮书》</small>。后，白蛮谓之苴<small>同上</small>。出，爨蛮谓之夺易<small>檀萃《农部爨雅》</small>。入，爨蛮谓之隔易<small>同上</small>。进，爨蛮谓之抵易<small>同上</small>。退，爨蛮谓之彼退<small>同上</small>。去，东川夷谓之领<small>《东川府志》</small>，黑沙人谓之摆娘<small>《师宗州志》</small>，丽江夷谓之甫<small>《丽江府志》</small>。来，爨蛮谓之达<small>檀萃《农部爨雅》</small>，东川夷谓之列<small>《东川府志》</small>，黑沙人谓之倒妈<small>《师宗州志》</small>，丽江夷谓之笼<small>《丽江府志》</small>。过，东川夷谓之哭喜<small>《东川府志》</small>。请，乌蛮谓之数<small>樊绰《蛮书》</small>。会亲，爨蛮谓之所尾包裹<small>檀萃《农部爨雅》</small>。招接，爨蛮谓之介黑<small>同上</small>。送出，爨蛮谓之贺火<small>同上</small>。庆贺，爨蛮谓之所你<small>同上</small>。吊唁，爨蛮谓之希所乌<small>同上</small>。热闹，爨蛮谓之抄我<small>同上</small>。冷淡，爨蛮谓之驾古<small>同上</small>。高兴，爨蛮谓之窝些<small>同上</small>。无趣，爨蛮谓之卑马末同上。吉利，爨蛮谓之见伐同上。凶险，爨蛮谓之窝今兴同上。诚实，爨蛮谓之密你同上。刁诈，爨蛮谓之高送同上。伶俐，爨蛮谓之所西同上。痴呆，爨蛮谓之所安同上。奇巧，爨蛮谓之卑栽同上。平常，爨蛮谓之可谢同上。强辩，爨蛮谓之可朵朵姆卑同上。拙讷，爨蛮谓之各栽同上。吵闹，爨蛮谓之遮包同上。和洽，爨蛮谓之姆噜助同上。怨恨，爨蛮谓之遮烧同上。喜笑，爨蛮谓之恶衣同上。夸奖，爨蛮谓之海哈同上。争斗，爨蛮谓之遮赌同上。收敛，爨蛮谓之欲机同上。喊叫，爨蛮谓之轻经同上。惧怕，爨蛮谓之踢脚同上。骄暴，爨蛮谓之歹马来同上。羞缩，爨蛮谓之上力卧稿同上。遗失，爨蛮谓之那同上。拾得，爨蛮谓之哥何同上。藏匿，爨蛮谓之發夺同上。搜寻，爨蛮谓之锛歇同上。捆缚，爨蛮谓之抵渴同上。释放，爨蛮谓之退结同上。破散，爨蛮谓之塔合同上。箍笼，爨蛮谓之十夺同上。告诉，爨蛮谓之所抵同上。和释，爨蛮谓之闹和同上。刁唆，爨蛮谓之所撮同上。访闻，爨蛮谓之道鸠同上。伺候，爨蛮谓之所刀同上。奔走，爨蛮谓之脚须同上。努力，爨蛮谓之兀铁同上。停歇，爨蛮谓之来来末雪同上。暴晒，爨蛮谓之高盛同上。炕焙，爨蛮谓之高高同上。烹煮，爨蛮谓之帐散同上。宰割，爨蛮谓之阿牵同上。淘洗，爨蛮谓之色妻同上。分派，爨蛮谓之飞多同上。积聚，爨蛮谓之脑脚同上。说话，东川夷谓之鸠夺《东川府志》，丽江夷谓之根止《丽江府志》。做事，东川夷谓之诺兹《东川府志》，丽江夷谓之赏扁《丽江府志》。上山，丽江夷谓之容钞同上，东川夷谓之自达《东川府志》。走路，东川夷谓之脚苏同上，丽江夷谓之忍今《丽江府志》，黑沙人谓之摆兰《师宗州志》。快走，黑沙人谓之忙摆同上。放牛，东川夷谓之呢嘱《东川府志》，丽江夷谓之恩弄《丽江府志》。骑马，丽江夷谓之绕齐同上，东川夷谓之拇则《东川府志》，黑沙人谓之鬼马《师宗州志》。撒种，东川夷谓之扯世《东川府志》。栽种，东川夷谓之得世同上。收获，东川夷谓之倚革同上。犁而耕，爨蛮谓之颗俄檀萃《农部爨雅》。锄而掘，爨蛮谓之密祭同上。

架牛犁田，爨蛮谓之卧你则_{同上}。拔秧，爨蛮谓之係_{同上}。栽秧，爨蛮谓之密多_{同上}。千岁，东川夷谓之都枯《东川府志》。万岁，东川夷谓之捏枯_{同上}。是不是，东川夷谓之厄马厄《东川府志》。认不得，黑沙人谓之迷裸列《师宗州志》。好看，黑沙人谓之貌里貌鲜_{同上}。不好，黑沙人谓之牙娃_{同上}。

衣服类：帽，爨蛮谓之五祖_{檀萃《农部爨雅》}，东川夷谓之乌时（一作乌助）《东川府志》，黑沙人谓之罗帽《师宗州志》，丽江夷谓之古蒙《丽江府志》。缨，东川夷谓之乌时妾《东川府志》，丽江夷谓之补买《丽江府志》。衫，爨蛮谓之卑_{檀萃《农部爨雅》}。衣，东川夷谓之宾《东川府志》，丽江夷谓之巴拉《丽江府志》。帕，爨蛮谓之腊昔_{檀萃《农部爨雅》}，东川夷谓之乌是都（一作腊色）《东川府志》，丽江夷谓之古鲁《丽江府志》。带，白爨蛮谓之佉苴_{樊绰《蛮书》}，爨蛮谓之众札_{檀萃《农部爨雅》}，东川夷谓之祝是《东川府志》，黑沙人谓之撒腰《师宗州志》，丽江夷谓之本艮《丽江府志》。袿，爨蛮谓之卑的_{檀萃《农部爨雅》}。裙，爨蛮谓之众末_{同上}，黑沙人谓之共不《师宗州志》，丽江夷谓之台《丽江府志》。裤，爨蛮谓之弄_{檀萃《农部爨雅》}，东川夷谓之树《东川府志》，黑沙人谓之供洼《师宗州志》，丽江夷谓之两《丽江府志》。鞋，爨蛮谓之欠乃[①]_{檀萃《农部爨雅》}，东川夷谓之期乃《东川府志》，丽江夷谓之撒《丽江府志》。行缠，东川夷谓之期史《东川府志》。裹脚，丽江夷谓之苦鲁《丽江府志》。毡，爨蛮谓之都书_{檀萃《农部爨雅》}，黑沙人谓之新辖《师宗州志》。被，爨蛮谓之应卑_{檀萃《农部爨雅》}，黑沙人谓之过毛《师宗州志》。枕，黑沙人谓之得齐_{同上}。帐，黑沙人谓之利波_{同上}。簪，黑沙人谓之莫儿_{同上}。包头巾，黑沙人谓之布平_{同上}。耳环，黑沙人谓之革遂_{同上}，爨蛮谓之脑脱_{檀萃《农部爨雅》}。手钏，爨蛮谓之滥别_{同上}。袋，爨蛮谓之颇世_{同上}。手巾，爨蛮谓之套徐破_{同上}。荷包，爨蛮谓之破耳_{同上}。扇子，爨蛮谓之套曲_{同上}。拐杖，爨

---

① "欠乃"，原作"欠仍"，"仍"当为"乃"形误，径改。

蛮谓之把补_{同上}。笠，东川夷谓之罗合《东川府志》，丽江夷谓之马喝刺《丽江府志》。蓑衣，丽江夷谓之戟祥_{同上}，东川夷谓之顾六《东川府志》，爨蛮谓之革檀萃《农部爨雅》。

房屋类：屋，爨蛮谓之耳檀萃《农部爨雅》，东川夷谓之黑沽《东川府志》，黑沙人谓之勒兰《师宗州志》，丽江夷谓之戟《丽江府志》。板屋，爨蛮谓之屁耳檀萃《农部爨雅》。厅堂，爨蛮谓之力木古_{同上}，东川夷谓之黑歹《东川府志》，丽江夷谓之颇罗《丽江府志》。房，缅字作𬙂，曰印师范《滇系》。楼，东川夷谓之戛，一作我何《东川府志》，黑沙人谓之喇兜《师宗州志》，丽江夷谓之磋《丽江府志》。楼板，黑沙人谓之达哞《师宗州志》。厢房，爨蛮谓之苦刀檀萃《农部爨雅》。卧房，黑沙人谓之嫦落《师宗州志》。檐宇，爨蛮谓之我鸠念檀萃《农部爨雅》。柱，爨蛮谓之高栽_{同上}。梁，爨蛮谓之睹来_{同上}，东川夷谓之睹列《东川府志》，丽江夷谓之古鲁《丽江府志》。画梁，爨蛮谓之睹几檀萃《农部爨雅》。栋，东川夷谓之戈则（一作洗鲁）《东川府志》，丽江夷谓之都而《丽江府志》。椽，爨蛮谓之而度檀萃《农部爨雅》。窗，爨蛮谓之却纳_{同上}。门，爨蛮谓之阿果_{同上}，东川夷谓之角其《东川府志》，丽江夷谓之孔《丽江府志》。门限，爨蛮谓之果的檀萃《农部爨雅》。大门，爨蛮谓之龙角_{同上}。门环，爨蛮谓之阿哥幹_{同上}。门杠，爨蛮谓之阿哥夺_{同上}。门屈戌^①，爨蛮谓之割刀_{同上}。壁，爨蛮谓之鲁捕_{同上}。板壁，黑沙人谓之布洼《师宗州志》。粉壁，爨蛮谓之分毋埋鲁捕檀萃《农部爨雅》。墙，爨蛮谓之己夺猓果_{同上}，依人谓之耐顷，土獠谓之本，摆夷谓之科《广南府志》，阿成谓之腻己《开化府志》，黑沙人谓之含神《师宗州志》。围墙，爨蛮谓之鲁补照檀萃《农部爨雅》。阶，东川夷谓之橹梯（一作达七屋）《东川府志》，丽江夷谓之挫补《丽江府志》。楼梯，黑沙人谓之绑赖《师宗州志》。厨，爨蛮谓之左卑耳

---

① "门屈戌"，指钉在门、箱或柜上的小金属环。

檀萃《农部爨雅》。灶，爨蛮谓之果早同上，东川夷谓之鲁作《东川府志》，丽江夷谓之寡《丽江府志》。井，爨蛮谓之以都檀萃《农部爨雅》，东川夷谓之作都《东川府志》。天井，东川夷谓之视沽（一作杂哗）同上，丽江夷谓之戟改《丽江府志》。栏，爨蛮谓之遮绍檀萃《农部爨雅》。牛栏，爨蛮谓之你绍同上。马房，爨蛮谓之姆耳同上。猪圈，爨蛮谓之万本同上。鸡栅，爨蛮谓之昂本同上。土炉，爨蛮谓之曲显歹同上。厕圊，爨蛮谓之西都同上。粪，爨蛮谓之期白同上。石灰，爨蛮谓之飞毋同上，东川夷谓之鲁泥《东川府志》，黑沙人谓之尔蒿《师宗州志》，丽江夷谓之鞋《丽江府志》。土墼①，爨蛮谓之念之檀萃《农部爨雅》，东川夷谓之业旦《东川府志》。砖，爨蛮谓之显价檀萃《农部爨雅》。瓦，爨蛮谓之我同上，东川夷谓之莪《东川府志》，黑沙人谓之同《师宗州志》，丽江夷谓之完《丽江府志》。筒瓦②，爨蛮谓之敖捕檀萃《农部爨雅》。板，丽江夷谓之多《丽江府志》。篱，黑沙人谓之额爱《师宗州志》。园林，爨蛮谓之敖简檀萃《农部爨雅》。囤③，爨蛮谓之發多同上。窑，爨蛮谓之妙都同上。

公仪类： 城，乌蛮谓之弄樊绰《蛮书》，爨蛮谓之鲁其檀萃《农部爨雅》，侬人谓之咩景，土獠谓之称，摆夷谓之科职《广南府志》，阿成谓之龙得《开化府志》，缅字作🈶，曰某路师范《滇系》。国，缅字作🈶，曰白列歹同上。京，缅字作🈶，曰歹都同上。都，缅字作🈶，曰然马同上。宫，缅字作🈶，曰南到同上。殿，缅字作🈶，曰塔倒印同上。城门，爨蛮谓之鲁檀萃《农部爨雅》。戈楼，爨蛮谓之吕同上。仓廒，爨蛮谓之昭耳同上，黑沙人谓之里《师宗州志》。衙厅，爨蛮谓之力姆古檀萃《农部爨雅》。暖阁，爨蛮谓之毋鲁同上。班房，爨蛮谓之赍苏耳同上。书房，爨蛮

---

① "土墼"，原作"土擊"，"擊"当为"墼"形误，径改。
② "筒瓦"，汉语方言词（属西南官话），为半圆柱形筒状瓦片，下端半封闭，施设于屋顶所安放瓦片之底端（即最接近屋檐处）。
③ "囤"，以竹篾、荆条、稻草等编成的贮粮器具。

谓之尾老耳同上。监狱，爨蛮谓之交耳同上。印，爨蛮谓之硬同上。鼓，爨蛮谓之早同上。点，爨蛮谓之点同上。梆，爨蛮谓之习我同上。行香，爨蛮谓之侥曲同上。排牙，爨蛮谓之比鼠祭鸡同上。放告，爨蛮谓之所抵你早同上。行牌，爨蛮谓之苏数咱来同上。提摄，爨蛮谓之欲显来同上。传审，爨蛮谓之到那同上。诘问，爨蛮谓之所使剖同上。诉，爨蛮谓之到拘同上。判断，爨蛮谓之苏讼角同上。杖责，爨蛮谓之所睹同上。收禁，爨蛮谓之交耳增同上。讨保，爨蛮谓之所儿保同上。纳粮，爨蛮谓之扯干缴同上。完课，爨蛮谓之撮卜缴同上。催收，爨蛮谓之鹊革同上。取票，爨蛮谓之王票欲同上。

寺院类：寺院，爨蛮谓之补尔檀萃《农部爨雅》，东川夷谓之自黑《东川府志》。庙宇，爨蛮谓之补耳檀萃《农部爨雅》，东川夷谓之补黑《东川府志》。庵堂，爨蛮谓之补更檀萃《农部爨雅》。龙亭，爨蛮谓之乌姆噜今到同上。山门，爨蛮谓之阿哥同上。菩萨，爨蛮谓之补同上；圣贤，爨蛮亦谓之补同上。神仙，爨蛮谓之西苴同上。鬼怪，爨蛮谓之所那同上。僧，爨蛮谓之多的同上。道，爨蛮谓之卑冒同上，黑沙人谓之五得谬《师宗州志》。尼，爨蛮谓之毋乃的多檀萃《农部爨雅》。

饮食类：甜，爨蛮谓之痴檀萃《农部爨雅》。苦，爨蛮谓之栲同上。酸，乌蛮谓之制樊绰《蛮书》，爨蛮谓之者歇檀萃《农部爨雅》。涩，爨蛮谓之趣同上。辣，爨蛮谓之俾同上。焦，爨蛮谓之纳同上。咸，爨蛮谓之聪栲同上。淡，爨蛮谓之得同上。浓，爨蛮谓之歹同上。香，爨蛮谓之侥同上。腐，爨蛮谓之贝乃同上。茶，爨蛮谓之弄今同上，东川夷谓之机都《东川府志》，丽江夷谓之量《丽江府志》。酒，爨蛮谓之只檀萃《农部爨雅》，东川夷谓之计《东川府志》，丽江夷谓之切《丽江府志》，缅字作🉐，曰细师范《滇系》。烧酒，东川夷谓之札汁《东川府志》，黑沙人谓之老蔗《师宗州志》，丽江夷谓之阿剌吉《丽江府志》。水酒，黑沙人谓之老盖《师宗州志》。浆，爨蛮谓之卑祭赌檀萃《农部爨雅》。汤，爨蛮谓之敖衣同上，东川夷谓之何以（一作壃亲）《东川府志》，丽江夷谓之训《丽江府志》。膏油，爨蛮谓之庸衣（亦曰忧衣）檀萃《农部爨雅》，东川夷谓之挖测《东川府志》，丽江夷谓之也岩《丽江府志》。麻油，爨蛮谓之毋忧衣檀萃《农部爨雅》。芥油，爨蛮谓之敖施忧衣同上。猪油，爨蛮谓之万革同上。肉，东川夷谓之挖护《东川府志》，丽江夷谓之施《丽江府志》。牛乳茶，东川夷谓之呢你机都《东川府志》，丽江夷谓之恩乌量《丽江府志》。饭，白蛮谓之喻樊绰《蛮书》，东川夷谓之假《东川府志》，丽江夷谓之哈《丽江府志》，缅字作𰀁，曰塔莽师范《滇系》。粉，爨蛮谓之腑母檀萃《农部爨雅》。米团，爨蛮谓之阿本同上。米饵，爨蛮谓之扯乌阿芭同上。荞饵，爨蛮谓之锅附芭同上。糍粑，黑沙人谓之蒿邪《师宗州志》。麵，黑沙人谓之阿闷同上。馒首，东川夷谓之是（一作𪎈𪎈）《东川府志》，丽江夷谓之奖都《丽江府志》。豆粉，丽江夷谓之很同上。豆腐，爨蛮谓之挪卓檀萃《农部爨雅》，东川夷谓之努摺《东川府志》，丽江夷谓之诸《丽江府志》。盐，白蛮谓之宾樊绰《蛮书》，乌蛮谓之昫同上，爨蛮谓之初檀萃《农部爨雅》，东川夷谓之粗《东川府志》，黑沙人谓之姑《师宗州志》，丽江夷谓之且《丽江府志》。酱，爨蛮谓之作檀萃《农部爨雅》，东川夷谓之作枝《东川府志》，丽江夷谓之疽《丽江府志》。醋，丽江夷谓之该雄同上，东川夷谓之即醋《东川府志》。下饭菜，丽江夷谓之哈树《丽江府志》。蜜，爨蛮谓之多衣檀萃《农部爨雅》。红糖，爨蛮谓之是多同上。白糖，爨蛮谓之是多吐同上。火，东川夷谓之息度《东川府志》，黑沙人谓之肥《师宗州志》，丽江夷谓之弭《丽江府志》。槟榔，黑沙人谓之骂榔《师宗州志》。芦子，黑沙人谓之戈丧同上。

器用类：秤，爨蛮谓之几檀萃《农部爨雅》，侬人谓之展更，土獠谓之掌更，摆夷谓之掌敬《广南府志》，阿成谓之更夺《开化志》，东川夷谓之机《东川府志》，黑沙人谓之常干《师宗州志》，丽江夷谓之斤《丽江府志》。小秤，爨蛮谓之撒檀萃《农部爨雅》。戥，侬人谓之展，土獠、摆夷谓之掌《广南府志》，阿成谓之先夺《开化府志》，东川夷谓之列《东川府志》，黑沙人谓之勒常《师宗州志》，丽江夷谓之加麻《丽江府志》。比子①，爨蛮谓之倒都檀萃《农部爨雅》。法码，爨蛮谓之止赌同上。升，爨蛮谓之施同上，侬人谓之幸，土獠谓之神，摆夷谓之成，阿成谓之鄙《开化府志》，东川夷谓之施《东川府志》，丽江夷谓之彪《丽江府志》。斗，爨蛮谓之的檀萃《农部爨雅》，侬人谓之痛，土獠谓之桶，摆夷谓之通，阿成谓之桶《开化府志》，东川夷谓之布《东川府志》，丽江夷谓之都《丽江府志》。丈，爨蛮谓之你来檀萃《农部爨雅》。尺，爨蛮谓之戳同上。锥，爨蛮谓之显勒同上。剪，爨蛮谓之显上同上。针，爨蛮谓之额同上。纸，爨蛮谓之讨衣同上，侬人谓之洒，土獠谓之知，摆夷谓之哲，阿成谓之倬雨《开化府志》，东川夷谓之拖衣《东川府志》，黑沙人谓之萨《师宗州志》，丽江夷谓之书树《丽江府志》，缅字作![缅字]，曰乍库师范《滇系》。墨，侬人谓之妈，土獠谓之马，摆夷谓之黑，阿成谓之扣《开化府志》，东川夷谓之麻练《东川府志》，丽江夷谓之昧掌《丽江府志》，缅字作![缅字]，曰莽细师范《滇系》。笔，爨蛮谓之苏及檀萃《农部爨雅》，侬人谓之并麻，土獠谓之比，摆夷谓之典则，阿成谓之果夺《开化府志》，东川夷谓之麻奇《东川府志》，黑沙人谓之兵墨《师宗州志》，丽江夷谓之奔《丽江府志》，缅字作![缅字]，曰竹丹师范《滇系》。砚，爨蛮谓之墨乌拉檀萃《农部爨雅》，东川夷谓之屋罗《东川府志》，丽江夷谓之堆恩《丽江府志》，缅字作![缅字]，曰缴便师范《滇系》。书，侬人谓之士，土獠谓之事，摆夷谓之酸战，阿成谓之稜索《开化府志》，东川夷谓之苏迫《东川府志》，丽江夷谓之添恩《丽江府志》。犁，爨蛮谓之惜过檀萃《农部爨雅》，东川夷谓之密俄《东川府志》。犁花②，爨蛮谓之弄轻

---

① "比子"，未知何物，可能是汉语方言词。

② "犁花"，当为犁的某一部位之专称，但未知所指具体为何物，应是局域性汉语方言词；下"犁达脑""养芭""耙程"同。

檀萃《农部爨雅》。犁板，爨蛮谓之扒拉同上。犁达脑，爨蛮谓之遮姑同上。养芭，爨蛮谓之老熟怕同上。千斤，爨蛮谓之落照同上。耙，爨蛮谓之甲同上。耙程，爨蛮谓之甲照同上。锄，爨蛮谓之祭同上，东川夷谓之祭苦《东川府志》，丽江夷谓之磋故《丽江府志》。斧，东川夷谓之係，又曰苦锄《东川府志》，黑沙人谓之挖玩《师宗州志》，丽江夷谓之边边《丽江府志》。刀，爨蛮谓之闭拖檀萃《农部爨雅》，东川夷谓之壁土《东川府志》，丽江夷谓之汝添《丽江府志》。环刀，黑沙人谓之槐衣《师宗州志》。枪，爨蛮谓之动板檀萃《农部爨雅》，缅字作 𡄩，曰兰师范《滇系》。鸟枪，黑沙人谓之力顺《师宗州志》。剑，爨蛮谓之姆檀萃《农部爨雅》。镖，爨蛮谓之卑宰同上。梭镖，黑沙人谓之革乐《师宗州志》。弓，爨蛮谓之烂农檀萃《农部爨雅》。箭，爨蛮谓之那同上。弩，爨蛮谓之恰窝同上，黑沙人谓之弄弩《师宗州志》。棍，爨蛮谓之朵莫檀萃《农部爨雅》。棒，爨蛮谓之比鼠祭鸡同上。绳，爨蛮谓之札且同上。舟，爨蛮谓之老同上。车，爨蛮谓之充同上。轿，爨蛮谓之腊力同上。鞍，爨蛮谓之鹅同上。镫，爨蛮谓之期赞同上。盔，黑沙人谓之告汪《师宗州志》。甲，黑沙人谓之盖同上。旗，爨蛮谓之坡檀萃《农部爨雅》，缅字作 𢔅，曰丹师范《滇系》。几，爨蛮谓之保的檀萃《农部爨雅》。桌，爨蛮谓之糊辣同上，黑沙人谓之勒绒《师宗州志》，丽江夷谓之筛来《丽江府志》。凳，丽江夷谓之母买同上。纺车，黑沙人谓之勒撒《师宗州志》。织机，黑沙人谓之到勒同上。碓，爨蛮谓之补且檀萃《农部爨雅》，黑沙人谓之平《师宗州志》。砣，爨蛮谓之乐檀萃《农部爨雅》，黑沙人谓之恩括《师宗州志》。杵，爨蛮谓之腊之檀萃《农部爨雅》。臼，爨蛮谓之且莫同上。桶，爨蛮谓之以土同上，东川夷谓之以补《东川府志》，黑沙人谓之董《师宗州志》，丽江夷谓之图《丽江府志》。锅，东川夷谓之歇歪《东川府志》，黑沙人谓之得么（又名喇把锅）《师宗州志》，丽江夷谓之补《丽江府志》。宽口锅，黑沙人谓之哨《师宗州志》。土锅，黑沙人谓之讷么同上。甑，爨蛮谓之腊泥檀萃《农部爨雅》，东川人谓之腊泥《东川府志》，黑沙人谓之纳赖《师宗州志》，丽江夷谓之布《丽江府志》。杓，黑沙人谓之锡介《师宗州志》。筲箕^①，爨蛮谓之滥鸠檀萃《农部爨雅》，东川夷谓之腊贴《东川府志》，丽江夷谓之苦助《丽江府志》。刷把，爨蛮谓之左须檀萃《农部爨雅》。瓢，爨蛮谓之茂批同上。缸，爨蛮谓之以遭同上，黑沙人谓之纳慢《师宗州志》。脚盆，黑沙人谓之纳味同上。瓮，爨蛮谓之不高檀萃《农部爨雅》。瓶，东川夷谓之拖《东川府志》，丽江夷谓之苴《丽江府志》。酒瓶，黑沙人谓之得哈《师宗州志》。坛，黑沙人谓之你介同上。罐，丽江夷谓之硬生《丽江府志》。盂，爨蛮谓之亦麻檀萃《农部爨雅》。茶壶，爨蛮谓之菜版同上，东川夷谓之择白《东川府志》，丽江夷谓之公彼《丽江府志》。酒壶，爨蛮谓之只卑檀萃《农部爨雅》。饭碗，爨蛮谓之卧八同上，东川夷谓之拔《东川府志》，黑沙人谓之立赓《师宗州志》，丽江夷谓之证《丽江府志》。盘，爨蛮谓之缴檀萃《农部爨雅》，东川夷谓之哈当《东川府志》，丽江夷谓之核边《丽江府志》。盏，爨蛮谓之盘子苴檀萃《农部爨雅》。钟，东川夷谓之拔租《东川府志》，丽江夷谓之改《丽江府志》。匙，爨蛮谓之著蒲檀萃《农部爨雅》。汤匙，爨蛮谓之卧八旧同上。箸，东川夷谓之主《东川府志》，黑沙人谓之得《师宗州志》，丽江夷谓之阿蟾《丽江府志》。铁三脚，黑沙人谓之勒谨《师宗州志》。筛，爨蛮谓之夫今檀萃《农部爨雅》。箱，黑沙人谓之得责《师宗州志》。柜，爨蛮谓之拉檀萃《农部爨雅》。笼，爨蛮谓之哈六同上。筐，爨蛮谓之考曲同上。竹篮，爨蛮谓之奔冷同上，黑沙人谓之叠藏《师宗州志》。竹筒，爨蛮谓之姆捕檀萃《农部爨雅》。扁挑，爨蛮谓之几同上，黑沙人谓之安脸《师宗州志》。烟袋，爨蛮谓之因哥檀萃《农部爨雅》，黑沙人谓之烟碗《师宗州志》。火镰，爨蛮谓之姆歹檀萃《农部爨雅》。簸箕，东川夷谓之风莫《东川府志》，丽江夷谓之母《丽江府志》。粪箕，东川夷谓之单扯《东川府志》，丽江夷谓之拉也《丽江府志》。帚，黑

---

① "筲箕"，云南汉语方言词，煮米后用以沥水的竹制用具。

沙人谓之牛罢《师宗州志》。烛，爨蛮谓之动赌檀萃《农部爨雅》。灯，爨蛮谓之庸衣动赌同上，黑沙人谓之邓机《师宗州志》。松脂，爨蛮谓之明子，又谓之树邑檀萃《农部爨雅》，东川夷谓之什补《东川府志》，黑沙人谓之机《师宗州志》，丽江夷谓之昧趋《丽江府志》。火把，爨蛮谓之谓迫檀萃《农部爨雅》。柴，东川夷谓之息《东川府志》，黑沙人谓之焚《师宗州志》，丽江夷谓之私《丽江府志》。炭，东川夷谓之咩西《东川府志》，黑沙人谓之留《师宗州志》，丽江夷谓之坑憾《丽江府志》，爨蛮谓之母念檀萃《农部爨雅》。灰，爨蛮谓之库同上，东川夷亦谓之库《东川府志》，丽江夷谓之硬《丽江府志》。

音乐类：钟，爨蛮谓之莫把檀萃《农部爨雅》，缅字作𖤆，曰康浪师范《滇系》。鼓，爨蛮谓之早檀萃《农部爨雅》，黑沙人谓之陇工《师宗州志》，缅字作𖤐，曰摺。锣，黑沙人谓之喇《师宗州志》，爨蛮谓之交檀萃《农部爨雅》。唢呐，爨蛮谓之媄苴同上。箫，爨蛮谓之媄西同上。号筒，爨蛮谓之老照同上。大铜，爨蛮谓之老卑同上。吹手，爨蛮谓之媄门破同上。

颜色类：青，爨蛮谓之女檀萃《农部爨雅》，东川夷谓之纳《东川府志》，黑沙人谓之麽《师宗州志》，丽江夷谓之边拿《丽江府志》。红，爨蛮谓之乃檀萃《农部爨雅》，东川夷谓之你《东川府志》，黑沙人谓之令《师宗州志》，丽江夷谓之湖《丽江府志》。黄，爨蛮谓之赊檀萃《农部爨雅》，东川夷谓之捨《东川府志》，黑沙人谓之落《师宗州志》，丽江夷谓之时《丽江府志》。白，爨蛮谓之土檀萃《农部爨雅》，黑沙人谓之傲《师宗州志》，丽江夷谓之匍《丽江府志》。黑，爨蛮谓之纳檀萃《农部爨雅》，东川夷谓之那《东川府志》，黑沙人谓之晚《师宗州志》，丽江夷谓之南《丽江府志》。绿，东川夷谓之贺《东川府志》，黑沙人谓之腰《师宗州志》，丽江夷谓之鞋《丽江府志》。蓝，爨蛮谓之饿檀萃《农部爨雅》，东川夷谓之务《东川府志》，黑沙人谓之乖《师宗州志》，丽江夷谓之边《丽江府志》。靛，东川夷谓之枯《东川府志》，黑沙人谓之夺《师宗州志》，丽江夷谓之典《丽江府志》。

数目类：一，爨蛮谓之塔檀萃《农部爨雅》，侬人谓之滔，土獠谓之流，摆夷谓之冷《广南府志》，阿成谓之提磨《开化府志》，东川夷谓之搭目《东川府志》，黑沙人谓之么《师宗州志》，丽江夷谓之的《丽江府志》。二，爨蛮谓之腻檀萃《农部爨雅》，侬人、土獠谓之宋，摆夷谓之算《广南府志》，阿成谓之能任《开化府志》，东川夷谓之腻目《东川府志》，黑沙人谓之松《师宗州志》，丽江夷谓之你《丽江府志》。三，爨蛮谓之洒檀萃《农部爨雅》，侬人、土獠谓之散，摆夷谓之丧《广南府志》，阿成谓之思冷《开化府志》，东川夷谓之色目《东川府志》，黑沙人谓之三《师宗州志》，丽江夷谓之续《丽江府志》。四，爨蛮谓之奚檀萃《农部爨雅》，侬人、土獠、摆夷谓之细《广南府志》，阿成谓之奚冷《开化府志》，东川夷谓之兮目《东川府志》，黑沙人谓之西《师宗州志》，丽江夷谓之笼《丽江府志》。五，爨蛮谓之俄檀萃《农部爨雅》，侬人、摆夷谓之哈，土獠谓之阿《广南府志》，阿成谓之我冷《开化府志》，东川夷谓之我目《东川府志》，黑沙人谓之哈《师宗州志》，丽江夷谓之瓦《丽江府志》。六，爨蛮谓之却檀萃《农部爨雅》，侬人谓之差，土獠谓之车，摆夷谓之火《广南府志》，阿成谓之忏冷《开化府志》，东川夷谓之曲目《东川府志》，黑沙人谓之六《师宗州志》，丽江夷谓之钞《丽江府志》。七，爨蛮谓之係檀萃《农部爨雅》，侬人谓之拓，土獠谓之疸，摆夷谓之哲《广南府志》，阿成谓之始冷《开化府志》，东川夷谓之係目《东川府志》，黑沙人谓之歇《师宗州志》，丽江夷谓之赏《丽江府志》。八，爨蛮谓之恨檀萃《农部爨雅》，侬人、土獠、摆夷谓之别《广南府志》，阿成谓之喜冷《开化府志》，东川夷谓之黑目《东川府志》，黑沙人谓之别《师宗州志》，丽江夷谓之货《丽江府志》。九，爨蛮谓之根檀萃《农部爨雅》，侬人、摆夷谓之苟，土獠谓之勾《广南府志》，阿成谓之居冷《开化府志》，东川夷谓之吃目《东川府志》，黑沙人谓之狗《师宗州志》，丽江夷谓之姑《丽江府志》。十，爨蛮谓之且檀萃《农部爨雅》，侬人、土獠谓之谢，摆夷谓之昔《广南府志》，阿成谓之钱冷《开化府志》，东川夷谓之册目《东川府志》，黑沙人谓之十《师宗州志》,丽江夷谓之详《丽江府志》。百,爨蛮谓之永檀萃《农部爨雅》,东川夷谓之合,黑沙人谓之罘《师宗州志》,丽江夷谓之远《丽江府志》。千,爨蛮谓之五檀萃《农部爨雅》,东川夷谓之都《东川府志》,黑沙人谓之袜《师宗州志》。万,爨蛮谓之趱檀萃《农部爨雅》,东川夷谓之业《东川府志》,黑沙人谓之量《师宗州志》,丽江夷谓之每《丽江府志》。亿,东川夷谓之他都年《东川府志》,丽江夷谓之昂《丽江府志》。钱文,爨蛮谓之媄。塔媄,一也;腻媄,二也;洒媄,三也;奚媄,四也;俄媄,五也;却媄,六也;係媄,七也;恨媄,八也;根媄,九也;且媄,十也。一十曰且媄,二十曰腻且媄,三十曰洒且媄,四十曰奚且媄,五十曰俄且媄,六十曰却且媄,七十曰係且媄,八十曰恨且媄,九十曰根且媄,一百曰塔永,二百曰腻永,三百曰洒永,四百曰奚永,五百曰俄永,六百曰却永,七百曰係永,八百曰恨永,九百曰根永,一千曰塔五,二千曰腻五,三千曰洒五,四千曰奚五,五千曰俄五,六千曰却五,七千曰係五,八千曰恨五,九千曰根五,一万曰塔趱。檀萃《农部爨雅》。斤,爨蛮谓之已同上。两,爨蛮谓之来同上。钱,爨蛮谓之撒同上。分,爨蛮谓之他分同上。

货币类: 金,爨蛮谓之赊檀萃《农部爨雅》,东川夷谓之蛇《东川府志》,丽江夷谓之含《丽江府志》,缅字作〔符号〕,曰税师范《滇系》。银,爨蛮谓之土檀萃《农部爨雅》,东川夷谓之兔《东川府志》,黑沙人谓之昂《师宗州志》,丽江夷谓之我《丽江府志》,缅字作〔符号〕,曰位师范《滇系》。铜,爨蛮谓之几檀萃《农部爨雅》,东川夷谓之鸡《东川府志》,黑沙人谓之龙《师宗州志》,丽江夷谓之尔《丽江府志》。铁,爨蛮谓之显檀萃《农部爨雅》,东川夷谓之歇《东川府志》,黑沙人谓之挖《师宗州志》,丽江夷谓之首《丽江府志》。锡,爨蛮谓之菜檀萃《农部爨雅》,东川夷谓之搽《东川府志》,黑沙人谓之利《师宗州志》,丽江夷谓之序《丽江府志》。铅,爨蛮谓之痴檀萃《农部爨雅》,黑沙人谓之浓《师宗州志》。钱,爨蛮谓之鸡包檀萃《农部爨雅》,东川夷谓之鸡落宝《东川府志》,丽江夷谓之哥乌《丽江府志》,缅字作〔符号〕,曰撒白刺师范《滇系》。玉,缅字作〔符号〕,曰麦刺同上。朱砂,爨蛮谓之爹乃檀萃《农部夔雅》。水银，爨蛮谓之上伊<small>同上</small>。硝，爨蛮谓之志<small>同上</small>。绫，缅字作⋯，曰赖<small>师范《滇系》</small>。罗，缅字作⋯，曰阿革赖<small>同上</small>。紬（chóu，粗绸），爨蛮谓之革<small>檀萃《农部夔雅》</small>。缎，爨蛮谓之拨<small>同上</small>。锦，缅字作⋯，曰都央<small>师范《滇系》</small>。丝，爨蛮谓之补牵<small>檀萃《农部夔雅》</small>。绵，黑沙人谓之外<small>《师宗州志》</small>，缅字作⋯，曰瓦保<small>师范《滇系》</small>。线，爨蛮谓之遣<small>檀萃《农部夔雅》</small>，黑沙人谓之埋<small>《师宗州志》</small>，丽江夷谓之硁<small>《丽江府志》</small>。葛，爨蛮谓之拉<small>檀萃《农部夔雅》</small>。麻，爨蛮谓之母<small>同上</small>。布，黑沙人谓之崩<small>《师宗州志》</small>。

五谷类：谷，爨蛮谓之扯<small>檀萃《农部夔雅》</small>，东川夷谓之扯色<small>《东川府志》</small>，黑沙人谓之蒿<small>《师宗州志》</small>，丽江夷谓之形<small>《丽江府志》</small>。糯谷，爨蛮谓之扯虐<small>檀萃《农部夔雅》</small>。白谷，爨蛮谓之更登土<small>同上</small>。红谷，爨蛮谓之扯乃苴<small>同上</small>。黑谷，爨蛮谓之扯纳<small>同上</small>。旱谷，爨蛮谓之扯卡<small>同上</small>。米，爨蛮谓之扯土<small>同上</small>，东川夷谓之兔<small>《东川府志》</small>，又谓之扯兔，黑沙人谓之蒿三<small>《师宗州志》</small>，丽江夷谓之濯<small>《丽江府志》</small>。饭米，东川夷谓之兔，又谓之假兔<small>《东川府志》</small>。糯米，黑沙人谓之蒿神<small>《师宗州志》</small>。大麦，爨蛮谓之租<small>檀萃《农部夔雅》</small>，东川夷谓亦谓之租<small>《东川府志》</small>，丽江夷谓之每奖<small>《丽江府志》</small>。小麦，爨蛮谓之猓歹扯灼（一曰唆）<small>檀萃《农部夔雅》</small>，东川夷谓之舒<small>《东川府志》</small>，黑沙人谓之哈舒<small>《师宗州志》</small>，丽江夷谓之奖<small>《丽江府志》</small>。燕麦，爨蛮谓之厦施<small>檀萃《农部夔雅》</small>，东川夷谓之厦世<small>《东川府志》</small>，丽江夷谓之梅习<small>《丽江府志》</small>。玉麦，爨蛮谓之灼莫（一曰玉粟，一曰包谷）<small>檀萃《农部夔雅》</small>。白黍，爨蛮谓之玉穗。甜荞，爨蛮谓之果痴<small>同上</small>，东川夷谓之古痴<small>《东川府志》</small>，丽江夷谓之阿根<small>《丽江府志》</small>。苦荞，爨蛮谓之果拷<small>檀萃《农部夔雅》</small>，东川夷谓之世古<small>《东川府志》</small>，丽江夷谓之阿卡<small>《丽江府志》</small>。高粱，爨蛮谓之姆书<small>檀萃《农部夔雅》</small>，黑沙人谓之高阳<small>《师宗州志》</small>。豆，爨蛮谓之农<small>檀萃《农部夔雅》</small>，东川夷谓之努<small>《东川府志》</small>，黑沙人谓之鲁杜<small>《师宗州志》</small>，丽江夷谓之奴<small>《丽江府志》</small>。南豆，爨蛮谓之农木代《檀萃《农部巽雅》，东川夷谓之努本，又谓之赶里《东川府志》，丽江夷谓之打睹《丽江府志》。饭豆，爨蛮谓之诈农《檀萃《农部巽雅》，丽江夷谓之奴羡《丽江府志》。黑豆，爨蛮谓之农南《檀萃《农部巽雅》。豌豆，爨蛮谓之赊农同上。稗，爨蛮谓之尾同上，东川夷谓之微《东川府志》，丽江夷谓之匍《丽江府志》。野稗，爨蛮谓之你《檀萃《农部巽雅》。芝麻，爨蛮谓之毋是同上，黑沙人谓之勒喇《师宗州志》。芥子，爨蛮谓之拗施《檀萃《农部巽雅》。

蔬果类：葱，爨蛮谓之初《檀萃《农部巽雅》。韭，爨蛮谓之趣同上。葍，爨蛮谓之抄同上。蒜，爨蛮谓之会姆同上。胡荽，爨蛮谓之昂受同上。茴，爨蛮谓之羊受同上。椒，爨蛮谓之厦在同上。芹，爨蛮谓之书敊同上。芥，爨蛮谓之敊女同上，东川夷谓之卧乌泥《东川府志》，丽江夷谓之骂集《丽江府志》。菘，爨蛮谓之期土《檀萃《农部巽雅》。蔓菁，爨蛮谓之拗莫（一曰敊咱）同上，丽江夷谓之阿抗《丽江府志》。莱菔，东川夷谓之卧莫《东川府志》，黑沙人谓之勒八《师宗州志》，丽江夷谓之两卜《丽江府志》。青菜，东川夷谓之卧土《东川府志》，丽江夷谓之畅波罗《丽江府志》。白菜，东川夷谓之卧土阿结《东川府志》，丽江夷谓之菊匍《丽江府志》。菜，黑沙人谓之罢《师宗州志》。瓜，爨蛮谓之误补《檀萃《农部巽雅》。东瓜①，东川夷谓之布里吐《东川府志》，黑沙人谓之勒洼《师宗州志》。金瓜，爨蛮谓之乌铺《檀萃《农部巽雅》。南瓜，爨蛮谓之乌铺同上，东川夷谓之布哩《东川府志》。王瓜，爨蛮谓之嫂今《檀萃《农部巽雅》，东川夷谓之色菊《东川府志》。苦瓜，爨蛮谓之嫂今栲《檀萃《农部巽雅》。土瓜，丽江夷谓之多夸《丽江府志》。瓟，爨蛮谓之乌铺是《檀萃《农部巽雅》。葫芦，爨蛮谓之布噜同上，黑沙人谓之额谋《师宗州志》。茄，爨蛮谓之敊子《檀萃《农部巽雅》，东川夷谓之鸠则《东川府志》，黑沙人谓之勒已《师宗州志》，丽江夷谓之竿《丽江府志》。扁豆，爨蛮谓之晨达《檀萃《农部巽雅》。

---

① "东瓜"，即"冬瓜"。

豇豆，爨蛮谓之农簸咩同上。山药，爨蛮谓之俄同上。茼蒿，爨蛮谓之阿栲吐同上。蕨，爨蛮谓之朵同上。茨菇，爨蛮谓之奔我同上。芋，爨蛮谓之歹同上。石花，爨蛮谓之乐敖同上。参菜，爨蛮谓之敖同上。树头菜，爨蛮谓之敖汙，香蕈，爨蛮谓之哉姆同上。木耳，爨蛮谓之寒脑巴同上。白菜，爨蛮谓之姆些同上。鸡枞，爨蛮谓之姆里同上。菌，爨蛮谓之母同上。梅，爨蛮谓之洒过同上，丽江夷谓之私卡《丽江府志》。杏子，东川夷谓之色革《东川府志》，丽江夷谓之偊《丽江府志》。桃，爨蛮谓之洒紥檀萃《农部爨雅》，东川夷谓之色温《东川府志》，丽江夷谓之补主《丽江府志》。李，爨蛮谓之洒鸠檀萃《农部爨雅》。梨，爨蛮谓之洒之同上。榴，爨蛮谓之细里同上。柿，爨蛮谓之你波同上。查，爨蛮谓之孔里同上。樱桃，爨蛮谓之敖虐同上。杨梅，爨蛮谓之洒莫同上。林禽，爨蛮谓之鲁几同上。橄榄，爨蛮谓之词古同上。木瓜，爨蛮谓之莫乌铺同上。核桃，爨蛮谓之洒免同上。榹桃，爨蛮谓之洒补同上。

草木类：草，爨蛮谓之施檀萃《农部爨雅》，侬人、摆夷谓之芳，土獠谓之若《广南府志》，阿成谓之奚《开化志》，东川夷谓之施《东川府志》，黑沙人谓之吻《师宗州志》，丽江夷谓之洗《丽江府志》。青草，爨蛮谓之施女檀萃《农部爨雅》。花，爨蛮谓之乐同上，东川夷谓之尾鲁《东川府志》，丽江夷谓之罢田《丽江府志》，缅字作𦈷，曰阿唎师范《滇系》。朵，缅字作𦈷，曰阿榜同上。竹，乌蛮谓之蒻樊绰《蛮书》，爨蛮谓之姆檀萃《农部爨雅》，黑沙人谓之哀歪《师宗州志》。山竹，东川夷谓之则目《东川府志》，丽江夷谓之眛《丽江府志》。园竹，东川夷谓之呆目《东川府志》，丽江夷谓之拉何《丽江府志》。芭蕉，爨蛮谓之昂帕檀萃《农部爨雅》。药，东川夷谓之库凄《东川府志》，丽江夷谓之差恩《丽江府志》。树，东川夷谓之洗《东川府志》，黑沙人谓之过矮《师宗州志》，丽江夷谓之字《丽江府志》。木，爨蛮谓之惜哉檀萃《农部爨雅》，侬人、摆夷谓之美，土獠谓之崖《广南府志》，阿成谓之奚特《开化府志》，东川夷谓之洗鲁《东川府志》，黑沙人谓之过歪《师宗州志》，丽江夷谓之私《丽江府志》。松，爨蛮谓之滔檀萃《农部爨雅》，东川夷谓之拖洗《东川府志》，丽江夷谓之妥《丽江府志》。柏，爨蛮谓之受乃咩达檀萃《农部爨雅》，东川夷谓之束白《东川府志》，丽江夷谓之咻《丽江府志》。杨，爨蛮谓之以腻习檀萃《农部爨雅》。柳，爨蛮谓之矣泥同上，东川夷谓之呢《东川府志》，丽江夷谓之汝《丽江府志》。栗，爨蛮谓之洒知哉檀萃《农部爨雅》。麻栗，爨蛮谓之保痴哉同上。黄栗，爨蛮谓之保康哉同上。椿，爨蛮谓之乐习同上。樟，爨蛮谓之乃三习同上。桑，爨蛮谓之之习同上。杉，爨蛮谓之滔习同上。棕榈，爨蛮谓之些同上。枝，缅字作 𦒍，曰阿苛。叶，缅字作 𠂆，曰板同上。

禽兽类：孔雀，爨蛮谓之赊昂五猓檀萃《农部爨雅》。雁，爨蛮谓之歹往同上。燕，爨蛮谓之更同上。鹦鹉，爨蛮谓之阿昂同上。鸦乌[1]，爨蛮谓之在大同上。喜鹊，爨蛮谓之阿汁同上。乌，爨蛮谓之古不郭公同上。杜鹃，爨蛮谓之卧同上。斑鸠，爨蛮谓之阿呢同上。画眉，爨蛮谓之昂痴同上。鹌鹑，爨蛮谓之昂乌木同上。瓦雀，爨蛮谓之昂中同上。鹞，爨蛮谓之载女同上。枭，爨蛮谓之报同上。雉，爨蛮谓之昂使补同上。箐鸡，爨蛮谓之铅铅同上。鸡，爨蛮谓之昂同上，东川夷亦谓之昂《东川府志》，侬人谓之寨，土獠谓之结，摆夷谓之盖《广南府志》，阿成谓之焉《开化府志》，黑沙人谓之得盖《师宗州志》，丽江夷谓之岩《丽江府志》。鸭，爨蛮谓之额檀萃《农部爨雅》，侬人谓之贝，土獠谓之白，摆夷谓之别《广南府志》，阿成谓之也恶《开化府志》，东川夷谓之鹍《东川府志》，黑沙人谓之得布《师宗州志》，丽江夷谓之阿《丽江府志》。鹜，爨蛮谓之奥檀萃《农部爨雅》，侬人、摆夷谓之旱，土獠谓之寒《广南府志》，阿成谓之也别《开化府志》，东川夷谓之俄《东川府志》，黑沙人谓之得汉《师宗

---

① "鸦乌"，当即"乌鸦"，或是当地汉语方言的习惯叫法，或为刊刻时颠倒。

州志》，丽江夷谓之我《丽江府志》。鸟，黑沙人谓之得落《师宗州志》；雄，爨蛮谓之补檀萃《农部爨雅》；雌，爨蛮谓之莫同上。虎，白蛮谓之波罗密，亦名草罗樊绰《蛮书》，南诏谓之波卢，云南蛮谓之罗罗《虎荟》，爨蛮谓之弄檀萃《农部爨雅》，侬人谓之土弄，土獠谓之丙介，摆夷谓之色弄《广南府志》，阿成谓之猰《开化府志》，黑沙人谓之得过《师宗州志》，缅字作

〔缅字图〕，曰贾师范《滇系》。豹，爨蛮谓之祭檀萃《农部爨雅》，侬人谓之土旅，土獠谓之丙腻，摆夷谓之色乃《广南府志》，阿成谓之洗《开化府志》，缅字作

〔缅字图〕，曰谢师范《滇系》。狮，爨蛮谓之多猰行踪檀萃《农部爨雅》。犀，白蛮谓之矣樊绰《蛮书》。象，爨蛮谓之何檀萃《农部爨雅》，缅字作〔缅字图〕，曰唱师范《滇系》。熊，爨蛮谓之冒檀萃《农部爨雅》。彪，爨蛮谓之苦开同上。狐，爨蛮谓之卧同上。狸，爨蛮谓之五同上。豺，爨蛮谓之尾同上，黑沙人谓之得随《师宗州志》。狼，爨蛮谓之亦猰檀萃《农部爨雅》。马鹿，白蛮谓之识樊绰《蛮书》，爨蛮谓之兕檀萃《农部爨雅》。獐，爨蛮谓之猰同上。麂，爨蛮谓之猰与同上。猴，爨蛮谓之阿糯同上。兔，爨蛮谓之阿灼同上。野猫，爨蛮谓之五同上。香猫，爨蛮谓之阿咩同上。野猪，爨蛮谓之万你同上。豪猪，爨蛮谓之补万同上。松鼠，爨蛮谓之寒昭补同上。鼠狼，爨蛮谓之易猰同上。马，爨蛮谓之姆壮同上，侬人谓之地麻，土獠谓之磨，摆夷谓之骂《广南府志》，阿成谓之摹《开化府志》，东川夷谓之木《东川府志》，丽江夷谓之绕《丽江府志》，缅字作〔缅字图〕，曰麦浪师范《滇系》。剟马，东川夷谓之拇督《东川府志》，丽江夷谓之绕杜《丽江府志》。儿马，丽江夷谓之绕公同上。骟马，丽江夷谓之绕每同上，东川夷谓之拇莫《东川府志》。驴，爨蛮谓之路姆檀萃《农部爨雅》，东川夷谓之利拇《东川府志》，丽江夷谓之篇绕《丽江府志》。骡，爨蛮谓之滔姆檀萃《农部爨雅》，东川夷谓之拖姆《东川府志》，丽江夷谓之歹《丽江府志》。骆驼，爨蛮谓之母夺器乃赊檀萃《农部爨雅》。牛，白蛮谓之舍樊绰《蛮书》，爨蛮谓之你檀

萃《农部夿雅》，侬人谓之独歪，土獠谓之瓦，摆夷谓之海《广南府志》，阿成谓之女《开化府志》，东川夷谓之呢《东川府志》，黑沙人谓之犊崖《师宗州志》，丽江夷谓之恩《丽江府志》，缅字作 ，曰那师范《滇系》。水牛，夿蛮谓之误你檀萃《农部夿雅》，东川夷谓之务呢《东川府志》，丽江夷谓之戟恩《丽江府志》。黄牛，东川夷谓之鲁奔《东川府志》，黑沙人谓之得时《师宗州志》，丽江夷谓之拿恩《丽江府志》。羊，夿蛮谓之补檀萃《农部夿雅》，侬人、摆夷谓之有，土獠谓之别《广南府志》，阿成谓之痴《开化府志》，东川夷谓之赤《东川府志》，黑沙人谓之的荣《师宗州志》，丽江夷谓之由《丽江府志》，缅字作 ，曰赤师范《滇系》。山羊，夿蛮谓之侈明檀萃《农部夿雅》。猪，夿蛮谓之万同上，侬人谓之独暮，土獠谓之磨，摆夷谓之木奚《广南府志》，阿成谓之尾《开化府志》，东川夷谓之挖《东川府志》，黑沙人谓之得么《师宗州志》，丽江夷谓之蒲《丽江府志》。狗，夿蛮谓之期檀萃《农部夿雅》，东川夷亦谓之期《东川府志》，黑沙人谓之得妈《师宗州志》，丽江夷谓之坑《丽江府志》。猫，夿蛮谓之阿咩檀萃《农部夿雅》。鼠，夿蛮谓之寒同上，黑沙人谓之得奈《师宗州志》。

虫鱼类：虫，夿蛮谓之补腊檀萃《农部夿雅》，东川夷谓之补《东川府志》，黑沙人谓之得麻《师宗州志》，丽江夷谓之彼丁《丽江府志》。蛇，夿蛮谓之波赊檀萃《农部夿雅》，东川夷谓之补赊《东川府志》，黑沙人谓之得能《师宗州志》，丽江夷谓之日《丽江府志》，缅字作 ，曰麦类师范《滇系》。蜈蚣，夿蛮谓之赊兴檀萃《农部夿雅》。蜘蛛，夿蛮谓之阿乌同上。蚁，夿蛮谓之备忧同上。马蟥，夿蛮谓之波末同上。虾蟆，夿蛮谓之卧波同上。蝙蝠，夿蛮谓之寒那同上。苍蝇，夿蛮谓之皷母同上，东川夷谓之合目《东川府志》，黑沙人谓之得娘《师宗州志》，丽江夷谓之补弄《丽江府志》。蛟，夿蛮谓之鳌赊檀萃《农部夿雅》。鱼，夿蛮谓之龙俄同上，东川夷谓之俄《东川府志》，黑沙人谓之得巴《师宗州志》，丽江夷谓之你《丽江府志》。龙,缅字作𑖴,曰那戛师范《滇系》。鳅,爨蛮谓之果知檀萃《农部爨雅》。螺蛳,爨蛮谓之必古同上。螃蟹,爨蛮谓之阿甲郎同上。

光绪《云南通志》卷二百七,清光绪二十年[1894]刊本,第一至五十叶

3. 光绪《平彝县志》

卷十《杂志·方言》

如呼云为云彩、新月为月牙、水为矣、食为羹入声、走为败、疾走为忙败、爷爷为波去声、盐为粗、箸为把之类,此皆夷语,难以枚举,姑志一二,以备一隅。

光绪《平彝县志》卷十,清光绪三十四年[1908]刻本,第五十三叶

4. 光绪《云南地志》

卷上《人民·语言》

土人语言,大概以爨、僰人为代表,然与其文字均出于缅,如言天,爨谓之木,僰谓之發,缅谓之某,皆一音之转。其文字似中国籀形,特笔画简单耳,后又改为隶楷形,其祭司毕穆掌之,余人不识也。今其种类,匪独文字不识,并其语言亦多失之。汉、回均官话,云南府、曲靖、永昌操南京语,曲靖低而缓,云南府浊而柔,其他各府皆平直易晓,无南蛮鴃舌之音。惟大理通行民家话,仍夷语也。

光绪《云南地志》卷上,清光绪三十四年[1908]石印本,第八叶

5. 宣统《续蒙自县志》

卷十二《杂志·轶事》

爨有字,僰有字,缅有字,麽些有字,西番有字。缅字授自缅僧,有深浅优劣之别,其精者知晦明风雨日月剥蚀。又有玀夷字,大约袭爨字而为之。汉时有纳垢酋之后阿畘者,为马龙州人,弃职隐山谷,撰爨字,字如科斗,二年始成,字母十千八百四十有奇,谓之"韪书",夷人号为"书祖"。

诸夷各有言语,俗名"黑话",于应酬、器物俱能一一辨识,创始

者亦大不易。村落呼为寨、为庄，川泽呼为海。田以分计，穀以背计，_{一背二十升，五背为一石}。又以尔计，一尔二十四升，六升为桶，四桶为尔，四尔为石，皆方言也。至杖曰扶老，盐曰䃥，叔曰爸，妇女呼母行、通称阿妈，此则暗合汉文，可以解者。至马曰茂，猪曰微，犬曰期，鸡曰野，酒曰及楸，饭曰杂，姐曰尼，伯父曰阿毛、又曰阿舅，伯母则曰勒押，季父曰阿虐，兄曰容，弟曰钟，妹曰虐冒，夫曰气骰，妻曰气，妾曰气落，男曰松胎，女曰姆嫊，子曰苴，孙曰喜本，岳父曰阿五，岳母曰披煞，舅曰亦坡，甥曰婿五老，各种称谓不同，此则不可以文字求汉语通之矣。

　　宣统《续蒙自县志》卷十二，宣统年间［1909—1911］，第十七叶

（二）民国方志

1. 民国《新纂云南通志》①

卷六十六《各族语之比较一》

　　云南各氏族中，创有文字者少，语言则互异，兹录旧志方言，分类比较各族语言之不同如次：

　　天文类：天，爨蛮谓之木，东川夷谓之木，依人、摆夷谓之發，土僚谓之窝，阿成谓之女，黑沙人谓之播奔，丽江夷谓之美，缅字作 𝄪，曰某。天晴，爨蛮谓之木撮，东川夷谓之木族，黑沙人谓之两，丽江夷谓之每土。天阴，爨蛮谓之木甲，东川夷谓之木登，黑沙人谓之嫩，丽江夷谓之每藏。天雨，爨蛮谓之木呵。天明，爨蛮谓之姆梯，黑沙人谓之弄。天黑，爨蛮谓之姆祭。云，爨蛮谓之呆，依人谓之朗磨，土僚谓之磨，摆夷谓之發，阿成谓之丹，东川夷谓之木

---

　①　此处所记，与光绪《云南通志》卷二百七《南蛮志·方言》基本相同，但有差异之处也不少，因此，除了省去注明出处的小字（与光绪《云南通志》重复）外，其余均按原文录入。特此说明。

恕，黑沙人谓之喇麽，丽江夷谓之吉，缅字作【图】，曰定。风，爨蛮谓
之姆你，侬人谓之朗，土僚谓之冷，摆夷谓之龙，阿成谓之米隙，黑
沙人谓之椇，东川夷谓之迷係，丽江夷谓之海。雷，爨蛮谓之更，侬
人谓之發轰，土僚谓之博恩，摆夷谓之法，阿成谓之米香，黑沙人谓
之得把，东川夷谓之木鸡，丽江夷谓之每枯，缅字作【图】，曰某骨路。
雨，爨蛮谓之呵，侬人谓之泮，土僚谓之难，摆夷谓之纷，阿成谓之
米，黑沙人谓之文倒，东川夷谓之木合，丽江夷谓之痕，缅字作【图】，
曰某喇。霜，爨蛮谓之诬拈，侬人谓之腻髪，土僚谓之内，摆夷谓之
笼每，阿成谓之阿多，东川夷谓之闻凝，丽江夷谓之你匐。雪，爨蛮
谓之诬，侬人谓之美排，黑沙人谓之倒妳，东川夷谓之文。冰，东川
夷谓之乌梯。雾，爨蛮谓之姆内，侬人谓之朗目，土僚谓之马，摆夷
谓之磨，阿成谓之糯非。露，爨蛮谓之至，东川夷谓之志，丽江夷谓
之著匐。电，爨蛮谓之歹。虹，爨蛮谓之阿姆散移。瘴，爨蛮谓之
亦其，黑沙人谓之板箱。气，爨蛮谓之宜。日，爨蛮谓之你，侬人谓
之烈，土僚谓之驼宛，摆夷谓之紊，阿成谓之倸及，东川夷谓之拟
机，丽江夷谓之你买，缅字作【图】，曰腻。月，爨蛮谓之农，侬人谓
之亥，土僚谓之论，摆夷谓之等，阿成谓之倸波，东川夷谓之罗溥，
丽江夷谓之海买，缅字作【图】，曰刺。日出，爨蛮谓之你已夺；日中，
爨蛮谓之你已爱；日入，爨蛮谓之你已歹；日蚀，爨蛮谓之你已押。
月出，爨蛮谓之农博夺；月明，爨蛮谓之农件；月亏，爨蛮谓之农毛；
月蚀，爨蛮谓之农博押。星，东川夷谓之鸠，丽江夷谓之根，缅字作
【图】，曰革来。斗，缅字作【图】，曰库捏战。

岁时类：春，爨蛮谓之脑达，东川夷谓之[1]吶，丽江夷谓之每
你。夏，爨蛮谓之赊更，东川夷谓之施，丽江夷谓之每缄。秋，爨蛮

---

① "谓之"，原作"夷之"，涉上文"东川夷"之"夷"而误，径改。

谓之戳更,东川夷谓之暑,丽江夷谓之每处。冬,爨蛮谓之初,东川
夷亦谓之初,丽江夷谓之每初。年,爨蛮谓之他课;月,爨蛮谓之他
农;日,爨蛮谓之他你;时,爨蛮谓之他更,丽江夷谓之知,东川夷谓
之兔;刻,爨蛮谓之他捏革。昼,爨蛮谓之姆你,黑沙人谓之核完;
夜,爨蛮谓之姆气。早,爨蛮谓之姆兴,黑沙人谓之罗麽,丽江夷谓
之酎,东川夷谓之挽;晚,爨蛮谓之器,丽江夷谓之何,东川夷谓之
期,黑沙人谓之杭。迟,黑沙人谓之完。寒,爨蛮谓之贾革,丽江夷
谓之气。热,爨蛮谓之撮,丽江夷谓之此。朔,爨蛮谓之达太。望,
爨蛮谓之且俄岁,丽江夷谓之库,缅字作 ,曰捏。度岁,爨蛮谓
之课隙。岁丰,丽江夷谓之巴埋,东川夷谓之峨恩;岁歉,丽江夷谓
之巴夸,东川夷谓之峨我。古,丽江夷谓之阿边是边,东川夷谓之
阿无。今,丽江夷谓之阿依,东川夷谓之阿额。节,缅字作 ,曰
撒胖。阳,缅字作 ,曰阿太。阴,缅字作 ,曰阿喷。正月,爨
蛮谓之课兴农,二月谓之补须农,三月谓之洒接农,四月谓之奚农,
五月谓之俄农,六月谓之却农,七月谓之係农,八月谓之恨农,九月
谓之更农,十月谓之且农,十一月谓之且的农,十二月谓之昭农;子
曰寒你,丑曰你你,寅曰弄你,卯曰他灼你,辰曰噜你,巳曰赊你,午
曰姆你,未曰好你,申曰糯你,酉曰昂你,戌曰期你,亥曰万你。

地理类:地,乌蛮谓之渫,爨蛮谓之密,依人谓之南,土僚谓之
稜,摆夷谓之顶,阿成谓之谜,东川夷谓之谜,黑沙人谓之喇,丽江
夷谓之里甸。田,依人谓之恁那,土僚谓之傩,摆夷谓之那,阿成谓
之当米,黑沙人谓之捏纳,东川夷谓之密,丽江夷谓之里。稻田,爨
蛮谓之扯密。上则水田,爨蛮谓之矣轻作密。山田,爨蛮谓之姆
脑。秧田,爨蛮谓之係五密。麦地,爨蛮谓之赊密。荞地,爨蛮谓
之戈密。荒地,爨蛮谓之密登密。园,依人谓之勒省,土僚谓之孙,
摆夷谓之朗虎,阿成谓之介彻,黑沙人谓之里孙,东川夷谓之卧密,

丽江夷谓之可。山，白蛮谓之和，爨蛮谓之本，侬人谓之南播，土僚谓之乱，摆夷谓之反，阿成谓之白，东川夷亦谓之白，黑沙人谓之迭当，丽江夷谓之菊，缅字作![字]，曰挡。山顶，白蛮谓之葱路。小团山，爨蛮谓之本卧噜。冈，爨蛮谓之本耶令。岭，爨蛮谓之简念，东川夷谓之白脚，丽江夷谓之便吕。谷，白蛮谓之浪。崖，爨蛮谓之放。凸，爨蛮谓之象更。陇，爨蛮谓之那芭。箐，东川夷谓之做。石，爨蛮谓之落本，黑沙人谓之革糯。水，爨蛮谓之矣①，侬人谓之南，土僚、摆夷谓之难，阿成谓之一结，黑沙人谓之揽，东川夷谓之以，丽江夷谓之卓。海，东川夷谓之恒，丽江夷谓之憾。江，爨蛮谓之南衣末，黑沙人谓之温达，东川夷谓之那以，丽江夷谓之地彼，缅字作![字]，曰麦列马。河，黑沙人谓之卯达，东川夷谓之以莫，丽江夷谓之濠。大河，爨蛮谓之南衣。小河，爨蛮谓之矣查。川，白蛮谓之睒，丽江夷谓之罗。潭，爨蛮谓之矣夺海。港，爨蛮谓之菜。涧，爨蛮谓之矣老。池，爨蛮谓之海本。塘，爨蛮谓之海本莫。湾，爨蛮谓之过。岸，爨蛮谓之以节密。滩，爨蛮谓之册白。渡，爨蛮谓之更轻。沟，爨蛮谓之矣灼，东川夷谓之以输，丽江夷谓之开。廠，爨蛮谓之都。

　　道里类：东，爨蛮谓之几夺米，东川夷谓之肺，丽江夷谓之你买土。西，爨蛮谓之几歹米，东川夷谓之灼，丽江夷谓之你买谷。南，爨蛮谓之係乌米，东川夷谓之务，丽江夷谓之梅。北，爨蛮谓之交祭米，东川夷谓之克，丽江夷谓之竿。大路，爨蛮谓之脚莫，侬人谓之卡落，土僚谓之禄，摆夷谓之丹，阿成谓之着低，东川夷谓之觉莫，丽江夷谓之汝股。里数，爨蛮谓之可哓怙鸠密。坡，侬人谓之肯靠，土僚谓之短乱，摆夷谓之拉歹，阿成谓之迫，东川夷谓之白撇。上坡，黑沙人谓之冲堆。下坡，黑沙人谓之绒奈。

---

① 今彝语"矣"（音）亦"水"义。

墩台，爨蛮谓之拨耳木。塘汛，爨蛮谓之博耳。关，东川夷谓之哈斯，丽江夷谓之改，缅字作 ![字]，曰冈。津，缅字作 ![字]，曰戛豆。哨，东川夷谓之好跌，丽江夷谓之莫。旅店，爨蛮谓之应歹。村，爨蛮谓之卡更，东川夷谓之卡。街市，爨蛮谓之裴，丽江夷谓之知。乡，东川夷谓之塘曹。船，丽江夷谓之离。桥，丽江夷谓之晬，东川夷谓之梯。

人伦类：君，爨蛮谓之乌姆，东川夷谓之翁母，丽江夷谓之卡。臣，爨蛮谓之达非，东川夷谓之者，又谓之募卿，丽江夷谓之喜公。始祖，爨蛮谓之阿包。高祖，爨蛮谓之阿奔。曾祖，爨蛮谓之阿单。祖，爨蛮谓之阿卜，侬人谓之不竭，土僚谓之布周，摆夷谓之布贺，阿成谓之依坡，黑沙人谓之老抱，东川夷谓之阿伯，丽江夷谓之阿普。祖母，东川夷谓之阿达，丽江夷谓之阿曾，黑沙人谓之里押。父，爨蛮谓之阿爹，侬人、土僚谓之博，摆夷谓之依博，阿成谓之依颇，黑沙人谓之勒布，丽江夷谓之阿巴，缅字作 ![字]，曰阿帕。母，爨蛮谓之阿妈，侬人谓之腊密，土僚谓之灭，摆夷谓之蔑，阿成谓之依麽，黑沙人谓之勒灭，丽江夷谓之阿买，缅字作 ![字]，曰阿米。伯父，爨蛮谓之阿毛，黑沙人谓之勒抱。伯母，黑沙人谓之勒押，爨蛮谓之阿窝。仲父，爨蛮谓之阿旧。二叔母，爨蛮谓之母旧。季父，爨蛮谓之阿虐。三叔母，爨蛮谓之姆虐。兄，南诏谓之容，侬人谓之必，土僚①谓之鲊，摆夷谓之必农，阿成谓之依尾，黑沙人谓之俾，东川夷谓之未秣，丽江夷谓之阿补。嫂，侬人谓之必南，土僚谓之比周，摆夷谓之倮，阿成谓之依迷，黑沙人谓之俾囊。伯兄，爨蛮谓之阿姆窝；长嫂，爨蛮谓之阿妹窝。二兄，爨蛮谓之阿姆旧②；二嫂，爨蛮谓之阿妹旧。三兄，爨蛮谓之阿母虐；三嫂，爨蛮谓之阿妹

---

① "土僚"，原文作"土"，脱"僚"字，径补。
② "谓之阿姆旧"，原作"谓之谓阿姆旧"，衍"谓"字，径删。

虐。弟,南诏谓之钟,爨蛮谓之虐冒,㑊人谓之农,土僚谓之鸢,摆
夷谓之农齐,阿成谓之陁左,黑沙人谓之浓,东川夷谓之年目,又谓
之卡阿佞,丽江夷谓之跟生。弟妇,黑沙人谓之浓俾。叔,㑊人谓
之不拗,土僚谓之布倮,摆夷谓之布袄,阿成谓之波娘。姑,爨蛮谓
之阿泥,东川夷谓之阿你。姊,爨蛮谓之阿你,东川夷谓之目,又谓
之阿佞,丽江夷谓之妹买。妹,爨蛮谓之虐冒,东川夷谓之腻,又谓
之佞虐,丽江夷谓之姑买。从兄,爨蛮谓之阿木;从弟,爨蛮谓之虐
苴。夫,爨蛮谓之气骹,东川夷谓之墨,丽江夷谓之阿该生。妻,爨
蛮谓之气,东川夷谓之咩,又谓之慾,丽江夷谓之你奴。妾,爨蛮谓
之气落。媵,爨蛮谓之阿咩气。男,爨蛮谓之松胎,东川夷谓之哺
租,又谓之租吾,丽江夷谓之左。女,爨蛮谓之姆你,东川夷谓之阿
咩,又谓之母遮,丽江夷谓之觅。子,爨蛮谓之苴,㑊人谓之陆,土
僚谓之勒,摆夷谓之楼,阿成谓之息左,东川夷谓之租,丽江夷谓之
苴。女子,爨蛮谓之阿咩。从子,爨蛮谓之苴都。孙,爨蛮谓之喜
本,㑊人谓之郎,土僚、摆夷谓之浪,阿成谓之息里,东川夷谓之希,
丽江夷谓之鲁补。孙女,丽江夷谓之鲁买,东川夷谓之希阿咩,又
谓之把希。舅,爨蛮谓之阿恩,黑沙人谓之笔浓。舅母,黑沙人谓
之俾灭。姨,爨蛮谓之阿恩末,东川夷谓之莫虐,又谓之阿你咩。
姨父,爨蛮谓之阿机。岳父,东川夷谓之阿五,丽江夷谓之于扁。
岳母,东川夷谓之披煞。女婿,爨蛮谓之婿五,东川夷谓之仕吾,丽
江夷谓之茂恩。姻家,爨蛮谓之五坐。姊妹夫,爨蛮谓之阿你苴。
甥,爨蛮谓之婿五老。舅,爨蛮谓之亦坡。姑,爨蛮谓之阿泥。兄
公,爨蛮谓之阿姆。师长,爨蛮谓之暑朱,东川夷谓之世朱,丽江夷
谓之熟朱。徒弟,东川夷谓之苏育乌奈,丽江夷谓之的子。朋友,
爨蛮谓之苴抄,东川夷谓之潜额,丽江夷谓之阿党①。主,爨蛮谓

① 白语称"朋友"亦曰"阿党"。

之所助，东川夷谓之额色普，又谓之撒普，丽江夷谓之党哈。仆，爨蛮谓之所者，东川夷谓之仆遮，丽江夷谓之吴。小仆，爨蛮谓之者苴。小婢，爨蛮谓之颇直。你公①，爨蛮谓之者；你母，爨蛮谓之婆。雇工，爨蛮谓之所都。客人，东川夷谓之俗外，又谓之俗汪，黑沙人谓之不夜，爨蛮谓之所尾。主人家，东川夷谓之杂色地，黑沙人谓之抱苏兰，丽江夷谓之卡巴，爨蛮谓之赞骰；主人家婆，黑沙人谓之押苏兰。

形体类：头，爨蛮谓之乌的，东川夷谓之乌奔，黑沙人谓之勒稿，丽江夷谓之古吕，缅字作，曰康。面，爨蛮谓之套南，东川夷谓之拖，又谓之业念，黑沙人谓之布拿，丽江夷谓之爬买，缅字作，曰妈那。髮，爨蛮谓之乌姐，东川夷谓之乌切，黑沙人谓之奔稿，丽江夷谓之古甫。眉，爨蛮谓之补且，黑沙人谓之保大。须，爨蛮谓之补直，黑沙人谓之闷。耳，爨蛮谓之农把，东川夷谓之脑波，黑沙人谓之木耳，丽江夷谓之海足。目，爨蛮谓之难都，东川夷谓之那都，黑沙人谓之勒大，丽江夷谓之眠吕。口，爨蛮谓之念补，东川夷谓之业补，黑沙人谓之纯罢，丽江夷谓之供边。齿，爨蛮谓之者，黑沙人谓之皾。舌，黑沙人谓之布泠。鼻，东川夷谓之怒鼻，黑沙人谓之布当，丽江夷谓之你埋。颈，爨蛮谓之乃把。肩，爨蛮谓之万迫，黑沙人谓之含罢。臂，爨蛮谓之高歹那，黑沙人谓之肩。腕，爨蛮谓之过。手，爨蛮谓之喇巴，东川夷谓之腊扒，黑沙人谓之阿吻，丽江夷谓之拉，缅字作，曰剌。指，爨蛮谓之喇之，黑沙人谓之吝吻。背，爨蛮谓之干歹，黑沙人谓之拜网。膊，黑沙人谓之过娥。腰，爨蛮谓之住排，黑沙人谓之固。肚，黑沙人谓之立董。腹，爨蛮谓之卧卑。心，爨蛮谓之宜莫，东川夷谓之你麼，丽江夷谓之怒买。肝，爨蛮谓之骰，肺，爨蛮谓之趣。肾，爨蛮谓之仔。肠，爨

---

① "你公"，方言词，即"你父亲"。

蛮谓之五。股,爨蛮谓之批则。膝,爨蛮谓之补进,黑沙人谓之革窝。腋,爨蛮谓之期昂额。腿,东川夷谓之哺,又谓之窝别,黑沙人谓之戈哈。脚,爨蛮谓之期扒,东川夷亦谓之期扒,黑沙人谓之务登,丽江夷谓之坑,缅字作🐍,曰克类。身,东川夷谓之叽迫,丽江夷谓之古母。汗,爨蛮谓之叫。泪,爨蛮谓之纳的。疮,爨蛮谓之波咩。疾,爨蛮谓之诺。聋者,爨蛮谓之诺包。哑者,爨蛮谓之所安。瞎者,爨蛮谓之南得。盲者,爨蛮谓之南姆。麻者,爨蛮谓之套哥。跛者,爨蛮谓之八刀。侏儒,爨蛮谓之巧乃。长身,爨蛮谓之巧姆。

学问类: 读书,丽江夷谓之添恩索,东川夷谓之恩迫无。写字,丽江夷谓之添恩布,东川夷谓之恩迫果。做官,丽江夷谓之选扁,东川夷谓之厦助没。教人,丽江夷谓之希面,东川夷谓之俗孟。学好,丽江夷谓之噶买索,东川夷谓之助所。说好,丽江夷谓之噶买社,东川夷谓之鸠助。孝,丽江夷谓之咻殊,东川夷谓之哺鸠莫捨。友,丽江夷谓之殊殊,东川夷谓之踩濯。忠,丽江夷谓之怒买都,东川夷谓之色都递。信,丽江夷谓之根止日,东川夷谓之摺幄边坑。礼,丽江夷谓之布苦思,东川夷谓之宜閛波俗。义,丽江夷谓之哦买边,东川夷谓之邓哭施呼。廉,丽江夷谓之马芍期,东川夷谓之以脚扮争。耻,丽江夷谓之杜多思,东川夷谓之多波厦爨。智,丽江夷谓之希特,东川夷谓之递藉色诺。仁,丽江夷谓之怒买噶,东川夷谓之时世补脑。

人事类: 睡,爨蛮谓之义里,东川夷谓之楫,黑沙人谓之能,丽江夷谓之意。醒,东川夷谓之腻,黑沙人谓之细那,丽江夷谓之乌。起,爨蛮谓之夺米。跌,爨蛮谓之记歹。行,侬人谓之挐陆,土僚谓之帕,摆夷谓之娘,阿成谓之都厄,东川夷谓之疏,黑沙人谓之摆,丽江夷谓之几。立,侬人谓之定,土僚谓之任,摆夷谓之邓妈,阿成谓之禾多。坐，侬人谓之南，土僚、摆夷谓之难，阿成谓之宜多，东川夷谓之呢，丽江夷谓之足。跪，爨蛮谓之高古，侬人、土僚谓之及，摆夷谓之拜，阿成谓之居，东川夷谓之叱，丽江夷谓之醋。拜，爨蛮谓之一。叩头，爨蛮谓之乌的大，东川夷谓之拖吃，丽江夷谓之落补对。请坐，爨蛮谓之他古你今。命茶，爨蛮谓之弄今赫来，东川夷谓之机都夺，丽江夷谓之量提。请槟榔，爨蛮谓之果保苴。烟，爨蛮谓之因得。吃烟，黑沙人谓之赓烟碗。移薪，爨蛮谓之叫惜。烧火，爨蛮谓之嬷碉多。吹火，东川夷谓之熄都目，丽江夷谓之弭每。取火，东川夷谓之熄都择，丽江夷谓之弭子。盛水，东川夷谓之以克赤，黑沙人谓之得揽妈，丽江夷谓之戟吾。饮水，爨蛮谓之以侈倒，东川夷谓之以赤夺，丽江夷谓之戟提。饮酒，爨蛮谓之只倒，东川夷谓之植夺，黑沙人谓之赓老，丽江夷谓之切提。食肉，爨蛮谓之万呵，黑沙人谓之赓訹。作饭，爨蛮谓之左卑端。早饭，爨蛮谓之侈苴，黑沙人谓之赓崖。午饭，爨蛮谓之喳苴，黑沙人谓之赓林。晚饭，爨蛮谓之扯苴，黑沙人谓之赓韶。吃饭，东川夷谓之假苴，丽江夷谓之哈鲁。吃药，黑沙人谓之赓农。猪肉，黑沙人谓之陇讷。穿衣，东川夷谓之批愿，黑沙人谓之等布，丽江夷谓之巴拉母。浣面，爨蛮谓之套妻。洗脚，黑沙人谓之泻登。出大恭，黑沙人谓之得崖；出小恭，黑沙人谓之得牛。点火把，黑沙人谓之根柱，丽江夷谓之弭这。过年，丽江夷谓之戟箸，黑沙人谓之根箱。饱，丽江夷谓之硬，缅字作 ，曰瓦挝。饿，丽江夷谓之戎。醉，黑沙人谓之老肥，缅字作 ，曰也必。笑，东川夷谓之额，黑沙人谓之攸，丽江夷谓之然。哭，爨蛮谓之恩，东川夷亦谓之恩，黑沙人谓之歹，丽江夷谓之奴。骂，爨蛮谓之遮博，东川夷谓之触，黑沙人谓之纳，丽江夷谓之揣片。打，东川夷谓之独，丽江夷谓之拉。唱，爨蛮谓之曲造，黑沙人谓之温。舞，白蛮谓之伽傍。

称谓类： 帝，南诏谓之骠信。王，南诏谓之诏。朝廷，缅字作㊉㊉，曰乌爹垢。皇后，缅字作㊉，曰米普唎。朕，南诏谓之元。汉人，爨蛮谓之厦破。夷人，爨蛮谓之南苏。官，爨蛮谓之租冒，丽江夷谓之牵选。大官，黑沙人谓之老菩萨；小官，黑沙人谓之小菩萨。知州，爨蛮谓之知租冒；知县，爨蛮谓之海租冒。典史，爨蛮谓之力姆。长官，东川夷谓之沙祝额，又谓之俗助，丽江夷谓之招蛾。幕友，爨蛮谓之租冒暑朱；典史，爨蛮谓之尾老祖莫，黑沙人谓之外郎。征差，黑沙人谓之田主。差头，爨蛮谓之赍苏祖莫。小差，爨蛮谓之赍苏苴。甲头；爨蛮谓之卖额；火头，爨蛮谓之本散。铺卒，爨蛮谓之骂容；营卒，爨蛮谓之骂容破。兵，东川夷谓之麻郁。民，东川夷谓之鲁者，丽江夷谓之伴先。练总，爨蛮谓之所栽祖莫。伴当，爨蛮谓之刀唆。农，爨蛮谓之噜者。工，爨蛮谓之烂更；木工，爨蛮谓之耳卑烂更；铸工，爨蛮谓之显刀烂更。商贾贸易，爨蛮谓之尾腊。母巫，爨蛮谓之南伫莫。师，爨蛮谓之大觋皤，又谓之大希博，又谓之拜禑，又谓之白马。端公，爨蛮谓之难札破。医师，爨蛮谓之暑朱。卜人，爨蛮谓之农泊道。乞丐，爨蛮谓之左骂破。盗贼，爨蛮谓之栽。部长，爨蛮谓之撒颇；部长妻，爨蛮谓之耐德[①]。死士，爨蛮谓之苴可。小管，丽江夷谓之犀寡。分管地方头目，爨蛮谓之曲宽；管理庄田头目，爨蛮谓之遮古；管理刺误头目，爨蛮谓之更资 刺误者，钱粮之畸零也；管理六班快手头目，爨蛮谓之扯墨；管理庄田租谷头目，爨蛮谓之管家。通汉夷语，爨蛮谓之通事，一曰把事，一曰目把总，一曰通把。人，东川夷谓之马撮，丽江夷谓之希。你，东川夷谓之那，黑沙人谓

---

① 妻称"耐德"，他志亦记载，而未标明是"部长妻"。可见，妻称"耐德"是有等级关系的，庶人之妻未必可以称"耐德"。

之蒙,丽江夷谓之纳。我,东川夷谓之俄,黑沙人谓之句,丽江夷谓之扼。

民国《新纂云南通志》卷六十六,民国三十八年[1949]铅印本,第三至一四叶

卷六十七《各族语之比较二》

言语类: 高,白蛮谓之阁_{蛮书},爨蛮谓之巧毋。低,爨蛮谓之巧乃。中,爨蛮谓之高姑,东川夷谓之烛,丽江夷谓之虑谷。正,爨蛮谓之只。平,爨蛮谓之倒。歪,爨蛮谓之过。上,爨蛮谓之本达,东川夷谓之戛,丽江夷谓之果堕。下,南诏谓之昶_{南诏野史},爨蛮谓之本的,东川夷谓之叱,丽江夷谓之梅苔。前,爨蛮谓之见,东川夷谓之结。后,爨蛮谓之杜,东川夷谓之度。左,爨蛮谓之分照,东川夷谓之方。右,爨蛮谓之谢照,东川夷谓之细。长,爨蛮谓之赊,东川夷谓之舍,丽江夷谓之蟾。短,爨蛮谓之挲,东川夷谓之呢,丽江夷谓之歹。大,爨蛮谓之窝,东川夷谓之厄,黑沙人谓之牢,丽江夷谓之的。小,爨蛮谓之鸟,东川夷谓之虑,黑沙人谓之怒,丽江夷谓之计。多,爨蛮谓之那,东川夷谓之努,丽江夷谓之奔。少,爨蛮谓之巧测,东川夷谓之诺,丽江夷谓之能。繁,爨蛮谓之革。减,爨蛮谓之些。稀,爨蛮谓之波。密,爨蛮谓之土。轻,爨蛮谓之老,东川夷谓之罗,丽江夷谓之由。重,爨蛮谓之里,东川夷谓之哩,丽江夷谓之里。方,爨蛮谓之溪期。圆,爨蛮谓之朵来。扁,爨蛮谓之达。棱,爨蛮谓之维。尖,爨蛮谓之念野。角,爨蛮谓之起。好,爨蛮谓之助;恶,爨蛮谓之务。善,丽江夷谓之喝;恶,丽江夷谓之夸。香,爨蛮谓之侥。臭,爨蛮谓之贝乃。乾,爨蛮谓之浮。湿,爨蛮谓之栽。精,爨蛮谓之夺姐。蠹,爨蛮谓之区。远,爨蛮谓之尾刀。近,爨蛮谓之密那。老,爨蛮谓之所冒,东川夷谓之暮。幼,东川夷谓之煞,爨蛮谓之所上。病,爨蛮谓之诺。苦,爨蛮谓之替。富,白蛮谓之加,爨蛮谓之冒,侬人谓之洒,土僚谓之率,摆夷谓之谜,阿成

谓之索勒,东川夷谓之菊。贵,爨蛮谓之铺卡,侬人谓之边,土僚谓
之那,摆夷谓之丙,阿成谓之鄙慊。贫,爨蛮谓之收,侬人谓之楼,
土僚谓之呀,摆夷谓之雅,阿成谓之书保,东川夷谓之舒。贱,爨蛮
谓之铺老,侬人谓之拖,土僚谓之赖,摆夷谓之波,阿成谓之支罗。
勤,爨蛮谓之腊。惰,爨蛮谓之倒。缓,爨蛮谓之多些。急,爨蛮谓
之早革。肥,爨蛮谓之初。瘦,爨蛮谓之歹。升,爨蛮谓之施。降,
爨蛮谓之的。呼,爨蛮谓之苦。吸,爨蛮谓之志。吞,爨蛮谓之倒。
吐,爨蛮谓之屁。语,爨蛮谓之到拘。默,爨蛮谓之递。厚,爨蛮谓
之吐,东川夷谓之土,丽江夷谓之浪。薄,东川夷谓之波,丽江夷谓
之边。深,白蛮谓之诺。后,白蛮谓之苴。出,爨蛮谓之夺易。入,
爨蛮谓之隔易。进,爨蛮谓之抵易。退,爨蛮谓之彼退。去,东川
夷谓之领,黑沙人谓之摆娘,丽江夷谓之甫。来,爨蛮谓之达,东川
夷谓之列,黑沙人谓之倒妈,丽江夷谓之笼。过,东川夷谓之哭喜。
请,乌蛮谓之数。会亲,爨蛮谓之所尾包裹。招接,爨蛮谓之介黑。
送出,爨蛮谓之贺火。庆贺,爨蛮谓之所你。吊唁,爨蛮谓之希所
乌。热闹,爨蛮谓之抄我。冷淡,爨蛮谓之驾古。高兴,爨蛮谓之
窝些。无趣,爨蛮谓之卑马末。吉利,爨蛮谓之见伐。凶险,爨蛮
谓之窝今兴。诚实,爨蛮谓之密你。刁诈,爨蛮谓之高送。伶俐,
爨蛮谓之所西。痴呆,爨蛮谓之所安。奇巧,爨蛮谓之卑栽。平
常,爨蛮谓之可谢。强辩,爨蛮谓之可朵朵姆卑。拙讷,爨蛮谓之
各栽。吵闹,爨蛮谓之遮包。和洽,爨蛮谓之姆噜助。怨恨,爨蛮
谓之遮烧。喜笑,爨蛮谓之恶衣。夸奖,爨蛮谓之海哈。争斗,爨
蛮谓之遮赌。收敛,爨蛮谓之欲机。喊叫,爨蛮谓之轻经。惧怕,
爨蛮谓之踢脚。骄暴,爨蛮谓之歹马来。羞缩,爨蛮谓之上力卧
稿。遗失,爨蛮谓之那。拾得,爨蛮谓之哥何。藏匿,爨蛮谓之發
夺。搜寻,爨蛮谓之锛歇。捆缚,爨蛮谓之抵渴。释放,爨蛮谓之
退结。破散,爨蛮谓之塔合。箍笼,爨蛮谓之十夺。告诉,爨蛮谓

之所抵。和释，爨蛮谓之闹和。刁唆，爨蛮谓之所撮。访闻，爨蛮谓之道鸠。伺候，爨蛮谓之所刀。奔走，爨蛮谓之脚须。努力，爨蛮谓之兀铁。停歇，爨蛮谓之来来末雪。暴晒，爨蛮谓之高盛。炕焙，爨蛮谓之高高。烹煮，爨蛮谓之帐散。宰割，爨蛮谓之阿牵。淘洗，爨蛮谓之色妻。分派，爨蛮谓之飞多。积聚，爨蛮谓之脑脚。说话，东川夷谓之鸠夺，丽江夷谓之根止。做事，东川夷谓之诺兹，丽江夷谓之赏扁。上山，丽江夷谓之容钞，东川夷谓之自达。走路，东川夷谓之聊苏，丽江夷谓之忍今，黑沙人谓之摆兰。快走，黑沙人谓之忙摆。放牛，东川夷谓之呢嘱，丽江夷谓之恩弄。骑马，丽江夷谓之绕齐，东川夷谓之拇则，黑沙人谓之鬼马。撒种，东川夷谓之扯世。栽种，东川夷谓之得世。收获，东川夷谓之倚革。犁而耕，爨蛮谓之颗俄。锄而掘，爨蛮谓之密祭。架牛犁田，爨蛮谓之卧你则。拔秧，爨蛮谓之係。栽秧，爨蛮谓之密多。千岁，东川夷谓之都枯。万岁，东川夷谓之捏枯。是不是，东川夷谓之厄马厄[1]。认不得，黑沙人谓之迷裸列。好看，黑沙人谓之貌里貌鲜。不好，黑沙人谓之牙娃。

衣服类：帽，爨蛮谓之五祖，东川夷谓之乌时（一作乌助），黑沙人谓之罗帽，丽江夷谓之古蒙。缨，东川夷谓之乌时妾，丽江夷谓之补买。衫，爨蛮谓之卑。衣，东川夷谓之宾，丽江夷谓之巴拉。帕，爨蛮谓之腊昔，东川夷谓之乌是都（一作腊色），丽江夷谓之古鲁。带，白爨蛮谓之伝苴蚕书，爨蛮谓之众札，东川夷谓之祝是，黑沙人谓之撒腰，丽江夷谓之本艮。袿，爨蛮谓之卑的。裙，爨蛮谓之众末，黑沙人谓之共不，丽江夷谓之台。裤，爨蛮谓之弄，东川夷谓之树，黑沙人谓之供洼，丽江夷谓之两。鞋，爨蛮谓之欠乃，东川

---

[1]　疑问句式记录，颇为难得。方志所记录的民族语言资料，多为单字或复合词，较少有短语或句子。下"认不得""好看"等条类此。

夷谓之期乃，丽江夷谓之撒。行缠，东川夷谓之期史。裹脚，丽江
夷谓之苦鲁。毡，爨蛮谓之都书，黑沙人谓之新辖。被，爨蛮谓之
应卑，黑沙人谓之过毛。枕，黑沙人谓之得齐。帐，黑沙人谓之利
波。簪，黑沙人谓之莫儿。包头巾，黑沙人谓之布平。耳环，黑
沙人谓之革遂，爨蛮谓之脑脱。手钏，爨蛮谓之滥别。袋，爨蛮
谓之颇世。手巾，爨蛮谓之套徐破。荷包，爨蛮谓之破耳。扇
子，爨蛮谓之套曲。拐杖，爨蛮谓之把补。笠，东川夷谓之罗合，
丽江夷谓之马喝刺。蓑衣，丽江夷谓之戟祥，东川夷谓之顾六，
爨蛮谓之革。

房屋类：屋，爨蛮谓之耳，东川夷谓之黑沽，黑沙人谓之勒兰，
丽江夷谓之戟。板屋，爨蛮谓之屁耳。厅堂，爨蛮谓之力木古，东
川夷谓之黑歹，丽江夷谓之颇罗。房，缅字作 𫲇，曰印。楼，东川
夷谓之夏，一作我何，黑沙人谓之喇兜，丽江夷谓之磋。楼板，黑沙
人谓之达吽。厢房，爨蛮谓之苦刀。卧房，黑沙人谓之嫭落。檐
宇，爨蛮谓之我鸠念。柱，爨蛮谓之高栽。梁，爨蛮谓之睹来，东川
夷谓之睹列，丽江夷谓之古鲁。画梁，爨蛮谓之睹几。栋，东川夷
谓之戈则(一作冼鲁)，丽江夷谓之都而。椽，爨蛮谓之而度。窗，
爨蛮谓之却纳。门，爨蛮谓之阿果，东川夷谓之角其，丽江夷谓之
孔。门限，爨蛮谓之果的。大门，爨蛮谓之龙角。门环，爨蛮谓之
阿哥幹。门杠，爨蛮谓之阿哥夺。门屈戍，爨蛮谓之割刀。壁，爨
蛮谓之鲁捕。板壁，黑沙人谓之布洼。粉壁，爨蛮谓之分毋埋鲁
捕。墙，爨蛮谓之己夺倮果，侬人谓之耐顷，土僚谓之本，摆夷谓之
科，阿成谓之腻己，黑沙人谓之含神。围墙，爨蛮谓之鲁补照。阶，
东川夷谓之橹梯(一作达七屋)，丽江夷谓之挫补。楼梯，黑沙人谓
之绑赖。厨，爨蛮谓之左卑耳。灶，爨蛮谓之果早，东川夷谓之鲁
作，丽江夷谓之寡。井，爨蛮谓之以都，东川夷谓之作都。天井，东

川夷谓之视沽(一作杂哔)，丽江夷谓之戟改。栏，爨蛮谓之遮绍。牛栏，爨蛮谓之你绍。马房，爨蛮谓之姆耳。猪圈，爨蛮谓之万本。鸡栅，爨蛮谓之昂本。土炉，爨蛮谓之曲显歹。厕囷，爨蛮谓之西都。粪，爨蛮谓之期白。石灰，爨蛮谓之飞毋，东川夷谓之鲁泥，黑沙人谓之尔蒿，丽江夷谓之鞋。土墼，爨蛮谓之念之，东川夷谓之业旦。砖，爨蛮谓之显价。瓦，爨蛮谓之我，东川夷谓之耒，黑沙人谓之同，丽江夷谓之完。筒瓦，爨蛮谓之敖捕。板，丽江夷谓之多。篱，黑沙人谓之额爱。园林，爨蛮谓之敖简。囤，爨蛮谓之發多。窑，爨蛮谓之妙都。

公仪类：城，乌蛮谓之弄蛮书，爨蛮谓之鲁其，侬人谓之哗景，土僚谓之称，摆夷谓之科职，阿成谓之龙得，缅字作〓，曰某路。国，缅字作〓，曰白列歹。京，缅字作〓，曰歹都。都，缅字作〓，曰然马。宫，缅字作〓，曰南到。殿，缅字作〓，曰塔倒印。城门，爨蛮谓之鲁。戈楼，爨蛮谓之吕。仓厫，爨蛮谓之昭耳，黑沙人谓之里。衙厅，爨蛮谓之力姆古。暖阁，爨蛮谓之毋鲁。班房，爨蛮谓之赍苏耳。书房，爨蛮谓之尾老耳。监狱，爨蛮谓之交耳。印，爨蛮谓之硬。鼓，爨蛮谓之早。点，爨蛮谓之点。梆，爨蛮谓之习我。行香，爨蛮谓之侥曲。排衙，爨蛮谓之比鼠祭鸡。放告，爨蛮谓之所抵你早。行牌，爨蛮谓之苏数咱来。提摄，爨蛮谓之欲显来。传审，爨蛮谓之到那。诘问，爨蛮谓之所使剖。诉，爨蛮谓之到拘。判断，爨蛮谓之苏讼角。杖责，爨蛮谓之所睹。收禁，爨蛮谓之交耳增。讨保，爨蛮谓之所儿保。纳粮，爨蛮谓之扯幹缴。完课，爨蛮谓之撮卜缴。催收，爨蛮谓之鹊革。取票，爨蛮谓之王票欲。

寺院类：寺院，爨蛮谓之补尔，东川夷谓之自黑。庙宇，爨蛮谓之补耳，东川夷谓之补黑。庵堂，爨蛮谓之补更。龙亭，爨蛮谓之乌姆鲁今到。山门，爨蛮谓之阿哥。菩萨，爨蛮谓之补；圣贤，爨蛮亦谓之补。神仙，爨蛮谓之西苴。鬼怪，爨蛮谓之所那。僧，爨蛮谓之多的。道，爨蛮谓之卑冒，黑沙人谓之五得谬。尼，爨蛮谓之毋乃的多。

饮食类：甜，爨蛮谓之痴。苦，爨蛮谓之栲。酸，乌蛮谓之制，爨蛮谓之者歇。涩，爨蛮谓之趣。辣，爨蛮谓之俾。焦，爨蛮谓之纳。咸，爨蛮谓之聪栲。淡，爨蛮谓之得。浓，爨蛮谓之歹。香，爨蛮谓之佬。腐，爨蛮谓之贝乃。茶，爨蛮谓之弄今，东川夷谓之机都，丽江夷谓之量。酒，爨蛮谓之只，东川夷谓之计，丽江夷谓之切，缅字作 🌀，曰细。烧酒，东川夷谓之札汁，黑沙人谓之老蔗，丽江夷谓之阿剌吉。水酒，黑沙人谓之老盖。浆，爨蛮谓之卑祭赌。汤，爨蛮谓之敖衣，东川夷谓之何以（一作壃亲），丽江夷谓之训。膏油，爨蛮谓之庸衣（亦曰忧衣），东川夷谓之挖测，丽江夷谓之也岩。麻油，爨蛮谓之毋忧衣。芥油，爨蛮谓之敖施忧衣。猪油，爨蛮谓之万革。肉，东川夷谓之挖护，丽江夷谓之施。牛乳茶，东川夷谓之呢你机都，丽江夷谓之恩乌量。饭，白蛮谓之喻，东川夷谓之假，丽江夷谓之哈，缅字作 🌀，曰塔荞。粉，爨蛮谓之腑母。米团，爨蛮谓之阿本。米饵，爨蛮谓之扯乌阿芭。荞饵，爨蛮谓之锅附芭。糍粑，黑沙人谓之蒿邪。麵，黑沙人谓之阿闷。馒首，东川夷谓之是（一作饊饊），丽江夷谓之奖都。豆粉，丽江夷谓之很。豆腐，爨蛮谓之挪卓，东川夷谓之努摺，丽江夷谓之诸。盐，白蛮谓之宾，乌蛮谓之昫，爨蛮谓之初，东川夷谓之粗，黑沙人谓之姑，丽江夷谓之且。酱，爨蛮谓之作，东川夷谓之作枝，丽江夷谓之疽。醋，丽江夷谓之该雄，东川夷谓之即醋。下饭菜，丽江夷谓之哈树。蜜，爨蛮谓之多衣。红糖，爨蛮谓之是多。白糖，爨蛮谓之是多吐。火，东川夷谓之息度，黑沙人谓之肥，丽江夷谓之弭。槟榔，黑沙人谓之骂榔。芦子,黑沙人谓之戈丧。

器用类：秤,爨蛮谓之几,侬人谓之展更,土僚谓之掌更,摆夷谓之掌敬,阿成谓之更夺,东川夷谓之机,黑沙人谓之常干,丽江夷谓之斤。小秤,爨蛮谓之撒。戥,侬人谓之展,土僚、摆夷谓之掌,阿成谓之先夺,东川夷谓之列,黑沙人谓之勒常,丽江夷谓之加麻。比子,爨蛮谓之倒都。法码,爨蛮谓之止赌。升,爨蛮谓之施,侬人谓之幸,土僚谓之神,摆夷谓之成,阿成谓之鄙,东川夷谓之施,丽江夷谓之彪。斗,爨蛮谓之的,侬人谓之痛,土僚谓之桶,东川夷谓之布,丽江夷谓之都。丈,爨蛮谓之你来。尺,爨蛮谓之戳。锥,爨蛮谓之显勒。剪,爨蛮谓之显上。针,爨蛮谓之额。纸,爨蛮谓之讨衣,侬人谓之洒,土僚谓之知,摆夷谓之哲,阿成谓之倬雨,东川夷谓之拖衣,黑沙人谓之萨,丽江夷谓之书树,缅字作◆,曰乍库。墨,侬人谓之妈,土僚谓之马,摆夷谓之黑,阿成谓之扣,东川夷谓之麻练,丽江夷谓之昧掌,缅字作◆,曰莽细。笔,爨蛮谓之苏及,侬人谓之并麻,土僚谓之比,摆夷谓之典则,阿成谓之果夺,东川夷谓之麻奇,黑沙人谓之兵墨,丽江夷谓之奔,缅字作◆,曰竹丹。砚,爨蛮谓之墨乌拉,东川夷谓之屋罗,丽江夷谓之堆恩,缅字作◆◆,曰缴便。书,侬人谓之士,土僚谓之事,摆夷谓之酸战,阿成谓之稜索,东川夷谓之苏迫,丽江夷谓之添恩。犁,爨蛮谓之惜过,东川夷谓之密俄。犁花,爨蛮谓之弄轻。犁板,爨蛮谓之扒拉。犁达脑,爨蛮谓之遮姑。养芭,爨蛮谓之老熟怕。千斤,爨蛮谓之落照。耙,爨蛮谓之甲。耙程,爨蛮谓之甲照。锄,爨蛮谓之祭,东川夷谓之祭苦,丽江夷谓之磋故。斧,东川夷谓之系,又曰苦锄,黑沙人谓之挖玩,丽江夷谓之边边。刀,爨蛮谓之闭拖,东川夷谓之壁土,丽江夷谓之汝添。环刀,黑沙人谓之槐衣。枪,爨蛮谓之动板,缅字作◆,曰兰。鸟枪,黑沙人谓之力顺。剑,爨蛮谓之姆。

镖，爨蛮谓之卑宰。梭镖，黑沙人谓之革乐。弓，爨蛮谓之烂农。箭，爨蛮谓之那。弩，爨蛮谓之恰窝，黑沙人谓之弄弩。棍，爨蛮谓之朵莫。棒，爨蛮谓之比鼠祭鸡。绳，爨蛮谓之札且。舟，爨蛮谓之老。车，爨蛮谓之充。轿，爨蛮谓之腊力。鞍，爨蛮谓之鹅。镫，爨蛮谓之期赞。盔，黑沙人谓之告汪。甲，黑沙人谓之盖。旗，爨蛮谓之坡，缅字作，曰丹。几，爨蛮谓之保的。桌，爨蛮谓之糊㰈，黑沙人谓之勒绒，丽江夷谓之筛来。凳，丽江夷谓之母买。纺车，黑沙人谓之勒撤。织机，黑沙人谓之到勒。碓，爨蛮谓之补且，黑沙人谓之平。硙，爨蛮谓之乐，黑沙人谓之恩括。杵，爨蛮谓之腊之。臼，爨蛮谓之且莫。桶，爨蛮谓之以土，东川夷谓之以补，黑沙人谓之董，丽江夷谓之图。锅，东川夷谓之欹歪，黑沙人谓之得么（又名喇把锅），丽江夷谓之补。宽口锅，黑沙人谓之哨。土锅，黑沙人谓之讷么。甑，爨蛮谓之腊泥，黑沙人谓之纳赖，丽江夷谓之布。杓，黑沙人谓之锡介。筲箕，爨蛮谓之滥鸠，东川夷谓之腊贴，丽江夷谓之苦助。刷把，爨蛮谓之左须。瓢，爨蛮谓之茂批。缸，爨蛮谓之以遭。盆，爨蛮谓之稿拉，黑沙人谓之纳慢。脚盆，黑沙人谓之纳味。瓮，爨蛮谓之不高。瓶，东川夷谓之拖，丽江夷谓之苴。酒瓶，黑沙人谓之得哈。坛，黑沙人谓之你介。罐，丽江夷谓之硬生。盂，爨蛮谓之亦麻。茶壶，爨蛮谓之菜版，东川夷谓之择白，丽江夷谓之公彼。酒壶，爨蛮谓之只卑。饭碗，爨蛮谓之卧八，东川夷谓之拔，黑沙人谓之立赓，丽江夷谓之证。盘，爨蛮谓之缴，东川夷谓之哈当，丽江夷谓之核边。盏，爨蛮谓之盘子苴。钟，东川夷谓之拔租，丽江夷谓之改。匙，爨蛮谓之著蒲。汤匙，爨蛮谓之卧八旧。箸，东川夷谓之主，黑沙人谓之得，丽江夷谓之阿蟾。铁三脚，黑沙人谓之勒谨。筛，爨蛮谓之夫今。箱，黑沙人谓之得责。柜，爨蛮谓之拉。笼，爨蛮谓之哈六。筐，爨蛮谓之考曲。竹篮，爨蛮谓之奔冷，黑沙人谓之叠藏。竹筒，爨蛮谓之姆捕。扁挑，爨蛮谓之几，黑沙人谓之安脸。烟袋，爨蛮谓之因哥，黑沙人谓之烟碗。火镰，爨蛮谓之姆歹。簸箕，东川夷谓之风莫，丽江夷谓之母。粪箕，东川夷谓之单扯，丽江夷谓之拉也。帚，黑沙人谓之牛罢。烛，爨蛮谓之动赌。灯，爨蛮谓之庸衣动赌，黑沙人谓之邓机。松脂，爨蛮谓之明子，又谓之树邑，东川夷谓之什补，黑沙人谓之机，丽江夷谓之昧趋。火把，爨蛮谓之谓迫。柴，东川夷谓之息，黑沙人谓之焚，丽江夷谓之私。炭，东川夷谓之咩西，黑沙人谓之留，丽江夷谓之坑憾，爨蛮谓之母念。灰，爨蛮谓之库，东川夷亦谓之库，丽江夷谓之硬。

音乐类：钟，爨蛮谓之莫把，缅字作 ，曰康浪。鼓，爨蛮谓之早，黑沙人谓之陇工，缅字作 ，曰摺。锣，黑沙人谓之喇，爨蛮谓之交。唢呐，爨蛮谓之嫫苴。箫，爨蛮谓之嫫西。号筒，爨蛮谓之老照。大铜，爨蛮谓之老卑。吹手，爨蛮谓之嫫门破。

颜色类：青，爨蛮谓之女，东川夷谓之纳，黑沙人谓之么，丽江夷谓之边拿。红，爨蛮谓之乃，东川夷谓之你，黑沙人谓之令，丽江夷谓之湖。黄，爨蛮谓之赊，东川夷谓之捨，黑沙人谓之落，丽江夷谓之时。白，爨蛮谓之土，黑沙人谓之傲，丽江夷谓之匍。黑，爨蛮谓之纳，东川夷谓之那，黑沙人谓之晚，丽江夷谓之南。绿，东川夷谓之贺，黑沙人谓之腰，丽江夷谓之鞋。蓝，爨蛮谓之饿，东川夷谓之务，黑沙人谓之乖，丽江夷谓之边。靛，东川夷谓之枯，黑沙人谓之夺，丽江夷谓之典。

数目类：一，爨蛮谓之塔，侬人谓之溜，土僚谓之流，摆夷谓之冷，阿成谓之提磨，东川夷谓之搭目，黑沙人谓之么，丽江夷谓之的。二，爨蛮谓之腻，侬人、土僚谓之宋，摆夷谓之算，阿成谓之能任，东川夷谓之腻目，黑沙人谓之松，丽江夷谓之你。三，爨蛮谓之洒，依人、土僚谓之散，摆夷谓之丧，阿成谓之思冷，东川夷谓之色目，黑沙人谓之三，丽江夷谓之续。四，爨蛮谓之奚，依人、土僚、摆夷谓之细，阿成谓之奚冷，东川夷谓之兮目，黑沙人谓之西，丽江夷谓之笼。五，爨蛮谓之俄，依人、摆夷谓之哈，土僚谓之阿，阿成谓之我冷，东川夷谓之我目，黑沙人谓之哈，丽江夷谓之瓦。六，爨蛮谓之却，依人谓之差，土僚谓之车，摆夷谓之火，阿成谓之忤冷，东川夷谓之曲目，黑沙人谓之六，丽江夷谓之钞。七，爨蛮谓之系，依人谓之拓，土僚谓之疽，摆夷谓之哲，阿成谓之始冷，东川夷谓之系目，黑沙人谓之歇，丽江夷谓之赏。八，爨蛮谓之恨，依人、土僚、摆夷谓之别，阿成谓之喜冷，东川夷谓之黑目，黑沙人谓之别，丽江夷谓之货。九，爨蛮谓之根，依人、摆夷谓之苟，土僚谓之勾，阿成谓之居冷，东川夷谓之吃目，黑沙人谓之狗，丽江夷谓之姑。十，爨蛮谓之且，依人、土僚谓之谢，摆夷谓之昔，阿成谓之钱冷，东川夷谓之册目，黑沙人谓之十，丽江夷谓之详。百，爨蛮谓之永，东川夷谓之合，黑沙人谓之罢，丽江夷谓之远。千，爨蛮谓之五，东川夷谓之都，黑沙人谓之袜。万，爨蛮谓之趱，东川夷谓之业，黑沙人谓之量，丽江夷谓之每。亿，东川夷谓之他都年，丽江夷谓之昂。钱文，爨蛮谓之嫫。塔嫫，一也；腻嫫，二也；洒嫫，三也；奚嫫，四也；俄嫫，五也；却嫫，六也；係嫫，七也；恨嫫，八也；根嫫，九也；且嫫，十也。一十曰且嫫，二十曰腻嫫，三十曰洒且嫫，四十曰奚且嫫，五十曰俄且嫫，六十曰却且嫫，七十曰係且嫫，八十曰恨且嫫，九十曰根且嫫，一百曰塔永，二百曰腻永，三百曰洒永，四百曰奚永，五百曰俄永，六百曰却永，七百曰係永，八百曰恨永，九百曰根永，一千曰塔五，二千曰腻五，三千曰洒五，四千曰奚五，五千曰俄五，六千曰却五，七千曰係五，八千曰恨五，九千曰根五，一万曰塔趱。斤，爨蛮谓之已。两，爨蛮谓之来。钱，爨蛮谓之撒。分，爨蛮谓之他分。

　　货币类：金，爨蛮谓之赊，东川夷谓之蛇，丽江夷谓之含，缅字作🪙，曰税。银，爨蛮谓之土，东川夷谓之兔，黑沙人谓之昂，丽江夷谓之我，缅字作〓，曰位。铜，爨蛮谓之几，东川夷谓之鸡，黑沙人谓之龙，丽江夷谓之尔。铁，爨蛮谓之显，东川夷谓之歇，黑沙人谓之挖，丽江夷谓之首。锡，爨蛮谓之菜，东川夷谓之搽，黑沙人谓之利，丽江夷谓之序。铅，爨蛮谓之痴，黑沙人谓之浓。钱，爨蛮谓之鸡包，东川夷谓之鸡落宝，丽江夷谓之哥乌，缅字作〓，曰撒白刺。玉，缅字作〓，曰麦刺。朱砂，爨蛮谓之爹乃。水银，爨蛮谓之上伊。硝，爨蛮谓之志。绫，缅字作〓，曰赖。罗，缅字作〓，曰阿革赖。紬（粗绸），爨蛮谓之革。缎，爨蛮谓之拨。锦，缅字作〓，曰都央。丝，爨蛮谓之补牵。绵，黑沙人谓之外，缅字作〓，曰瓦保。线，爨蛮谓之遣，黑沙人谓之埋，丽江夷谓之硋。葛，爨蛮谓之拉。麻，爨蛮谓之母。布，黑沙人谓之崩。

五穀类：穀，爨蛮谓之扯，东川夷谓之扯色，黑沙人谓之蒿，丽江夷谓之形。糯穀，爨蛮谓之扯虐。白穀，爨蛮谓之更登土。红穀，爨蛮谓之扯乃苴。黑穀，爨蛮谓之扯纳。旱穀，爨蛮谓之扯卡。米，爨蛮谓之扯土，东川夷谓之兔，又谓之扯兔，黑沙人谓之蒿三，丽江夷谓之濯。饭米，东川夷谓之兔，又谓之假兔。糯米，黑沙人谓之蒿神。大麦，爨蛮谓之租，东川夷谓亦谓之租，丽江夷谓之每奖。小麦，爨蛮谓之保歹扯灼（一曰唆），东川夷谓之舒，黑沙人谓之哈舒，丽江夷谓之奖。燕麦，爨蛮谓之厦施，东川夷谓之厦世，丽江夷谓之梅习。玉麦，爨蛮谓之灼莫（一曰玉粟，一曰包穀）。白黍，爨蛮谓之玉穬。甜荞，爨蛮谓之果痴，东川夷谓之古痴，丽江夷谓之阿根。苦荞，爨蛮谓之果拷，东川夷谓之世古，丽江夷谓之阿卡。高粱，爨蛮谓之姆书，黑沙人谓之高阳。豆，爨蛮谓之农，东川夷谓之努，黑沙人谓之鲁杜，丽江夷谓之奴。南豆，爨蛮谓之农木代，东川夷谓之努本，又谓之赶里，丽江夷谓之打睹。饭豆，爨蛮谓之诈农，丽江夷谓之奴羡。黑豆，爨蛮谓之农南。豌豆，爨蛮谓之赊农。稗,爨蛮谓之尾,东川夷谓之微,丽江夷谓之匍。野稗,爨蛮谓之你。芝麻,爨蛮谓之毋是,黑沙人谓之勒喇。芥子,爨蛮谓之拗施。

蔬果类: 葱,爨蛮谓之初。韭,爨蛮谓之趣。薑,爨蛮谓之抄。蒜,爨蛮谓之会姆。胡荽,爨蛮谓之昂受。茴,爨蛮谓之羊受。椒,爨蛮谓之厦在。芹,爨蛮谓之书敖。芥,爨蛮谓之敖女,东川夷谓之卧乌泥,丽江夷谓之骂集。菘,爨蛮谓之期土。蔓菁,爨蛮谓之拗莫(一曰敖咱),丽江夷谓之阿抗。莱菔,东川夷谓之卧莫,黑沙人谓之勒八,丽江夷谓之两卜。青菜,东川夷谓之卧土,丽江夷谓之畅波罗。白菜,东川夷谓之卧土阿结,丽江夷谓之菊匍。菜,黑沙人谓之罢。瓜,爨蛮谓之误补。东瓜,东川夷谓之布里吐,黑沙人谓之勒洼。金瓜,爨蛮谓之乌铺。南瓜,爨蛮谓之乌铺,东川夷谓之布里。王瓜,爨蛮谓之嫂今,东川夷谓之色菊。苦瓜,爨蛮谓之嫂今栲。土瓜,丽江夷谓之多夸。瓠,爨蛮谓之乌铺是。葫芦,爨蛮谓之布鲁,黑沙人谓之额谋。茄,爨蛮谓之敖子,东川夷谓之鸠则,黑沙人谓之勒巳,丽江夷谓之竿。扁豆,爨蛮谓之晨达。豇豆,爨蛮谓之农簸咩。山药,爨蛮谓之俄。茼蒿,爨蛮谓之阿栲吐。蕨,爨蛮谓之朵。茨菇,爨蛮谓之奔我。芋,爨蛮谓之歹。石花,爨蛮谓之乐敖。参菜,爨蛮谓之敖子。香蕈,爨蛮谓之哉姆。木耳,爨蛮谓之寒脑巴。白菜,爨蛮谓之姆些。鸡枞,爨蛮谓之姆里。菌,爨蛮谓之母。梅,爨蛮谓之洒过,丽江夷谓之私卡。杏子,东川夷谓之色革,丽江夷谓之偬。桃,爨蛮谓之洒紊,东川夷谓之色温,丽江夷谓之补主。李,爨蛮谓之洒鸠。梨,爨蛮谓之洒之。榴,爨蛮谓之细里。柿,爨蛮谓之你波。查,爨蛮谓之孔里。樱桃,爨蛮谓之敖虐。杨梅,爨蛮谓之洒莫。林禽,爨蛮谓之鲁几。橄榄,爨蛮谓之词古。木瓜,爨蛮谓之莫乌铺。核桃,爨蛮谓之洒免。榧桃,爨蛮谓之洒补。

　　草木类：草，爨蛮谓之施，依人、摆夷谓之芳，土僚谓之若，阿成谓之奚，东川夷谓之施，黑沙人谓之吻，丽江夷谓之洗。青草，爨蛮谓之施女。花，爨蛮谓之乐，东川夷谓之尾鲁，丽江夷谓之罢田，缅字作𤙷，曰阿唎。朵，缅字作𦰏，曰阿榜。竹，乌蛮谓之蒚，爨蛮谓之姆，黑沙人谓之哀歪。山竹，东川夷谓之则目，丽江夷谓之昧。园竹，东川夷谓之呆目，丽江夷谓之拉何。芭蕉，爨蛮谓之昂帕。蘽，东川夷谓之库凄，丽江夷谓之差恩。树，东川夷谓之洗，黑沙人谓之过矮，丽江夷谓之字。木，爨蛮谓之惜哉，依人、摆夷谓之美，土僚谓之崖，阿成谓之奚特，东川夷谓之洗鲁，黑沙人谓之过歪，丽江夷谓之私。松，爨蛮谓之滔，东川夷谓之拖洗，丽江夷谓之妥。柏，爨蛮①谓之受乃咩达，东川夷谓之束白，丽江夷谓之咻。杨，爨蛮谓之以腻习。柳，爨蛮谓之矣泥，东川夷谓之呢，丽江夷谓之汝。栗，爨蛮谓之洒知哉。麻栗，爨蛮谓之保痴哉。黄栗，爨蛮谓之保康哉。椿，爨蛮谓之乐习。樟，爨蛮谓之乃三习。桑，爨蛮谓之之习。杉，爨蛮谓之滔习。棕榈，爨蛮谓之些。枝，缅字作𤗪，曰阿苛。叶，缅字作𥻻，曰板。

　　禽兽类：孔雀，爨蛮谓之赊昂五猓。雁，爨蛮谓之歺往。燕，爨蛮谓之更。鹦武，爨蛮谓之阿昂。乌鸦，爨蛮谓之在大。喜鹊，爨蛮谓之阿汁。乌，爨蛮谓之古不郭公。杜鹃，爨蛮谓之卧。斑鸠，爨蛮谓之阿呢。画眉，爨蛮谓之昂痴。鹌鹑，爨蛮谓之昂乌木。瓦雀，爨蛮谓之昂中。鹞，爨蛮谓之载女。枭，爨蛮谓之报。雉，爨蛮谓之昂使补。箐鸡，爨蛮谓之铅铅。鸡，爨蛮谓之昂，东川夷亦谓之昂，依人谓之寨，土僚谓之结，摆夷谓之盖，阿成谓之焉，黑沙人谓之得盖，丽江夷谓之岩。鸭，爨蛮谓之额，依人谓之贝，土僚谓之白，摆夷谓之别，阿成谓之也恶，东川夷谓之貌，黑沙人谓之得

---

① "爨蛮"原文作"蛮"，脱"爨"字，径补。

布，丽江夷谓之阿。鸢，爨蛮谓之奥，侬人、摆夷谓之旱，土僚谓之寒，阿成谓之也别，东川夷谓之俄，黑沙人谓之得汉，丽江夷谓之我。鸟，黑沙人谓之得落；雄，爨蛮谓之补；雌，爨蛮谓之莫。虎，白蛮谓之波罗密，亦名草罗，南诏谓之波卢，云南蛮谓之罗罗，爨蛮谓之弄，侬人谓之土弄，土僚谓之丙介，摆夷谓之色弄，阿成谓之俣，黑沙人谓之得过，缅字作 ，曰贾。豹，爨蛮谓之祭，侬人谓之土旅，土僚谓之丙腻，摆夷谓之色乃，阿成谓之洗，缅字作 ，曰谢。狮，爨蛮谓之多俣行踪。犀，白蛮谓之矣。象，爨蛮谓之何，缅字作 ，曰唱。熊，爨蛮谓之冒。彪，爨蛮谓之苦开。狐，爨蛮谓之卧。狸，爨蛮谓之五。豺，爨蛮谓之尾，黑沙人谓之得随。狼，爨蛮谓之亦俣。马鹿，白蛮谓之识，爨蛮谓之兕。獐，爨蛮谓之猓。麂，爨蛮谓之猓与。猴，爨蛮谓之阿糯。兔，爨蛮谓之阿灼。野猫，爨蛮谓之五。香猫，爨蛮谓之阿哞。野猪，爨蛮谓之万你。豪猪，爨蛮谓之补万。松鼠，爨蛮谓之寒昭补。鼠狼，爨蛮谓之易猓。马，爨蛮谓之姆壮，侬人谓之地麻，土僚谓之磨，摆夷谓之骂，阿成谓之挈，东川夷谓之木，丽江夷谓之绕，缅字作 ，曰麦浪。骟马，东川夷谓之拇督，丽江夷谓之绕杜。儿马，丽江夷谓之绕公。骒马，丽江夷谓之绕每，东川夷谓之拇莫。驴，爨蛮谓之路姆，东川夷谓之利拇，丽江夷谓之篇绕。骡，爨蛮谓之滔姆，东川夷谓之拖姆，丽江夷谓之歹。骆驼，爨蛮谓之母夺器乃赊。牛，白蛮谓之舍，爨蛮谓之你，侬人谓之独歪，土僚谓之瓦，摆夷谓之海，阿成谓之女，东川夷谓之呢，黑沙人谓之犊崖，丽江夷谓之恩，缅字作 ，曰那。水牛，爨蛮谓之误你，东川夷谓之务你，丽江夷谓之戟恩。黄牛，东川夷谓之鲁奔，黑沙人谓之得时，丽江夷谓之拿恩。羊，爨蛮谓之补，侬人、摆夷谓之有，土僚谓之别，阿成谓之痴，东川夷谓之赤，黑沙人谓之的荣，丽江夷谓之由，缅字作 ，曰赤。山羊，爨蛮谓之侈明。猪，爨蛮谓之万，侬人谓之独暮，土僚谓之磨，摆夷谓之木奚，阿成谓之尾，东川夷谓之挖，黑沙人谓之得么，丽江夷谓之蒲。狗，爨蛮谓之期，东川夷谓之期，黑沙人谓之得妈，丽江夷谓之坑。猫，爨蛮谓之阿咩。鼠，爨蛮谓之寒，黑沙人谓之得奈。

虫鱼类：虫，爨蛮谓之补腊，东川夷谓之补，黑沙人谓之得麻，丽江夷谓之彼丁。蛇，爨蛮谓之波赊，东川夷谓之补赊，黑沙人谓之得能，丽江夷谓之日，缅字作，曰麦类。蜈蚣，爨蛮谓之赊兴。蜘蛛，爨蛮谓之阿乌。蚁，爨蛮谓之备忧。马蟥，爨蛮谓之波末。虾蟆，爨蛮谓之卧波。蝙蝠，爨蛮谓之寒那。苍蝇，爨蛮谓之皶母，东川夷谓之合末，黑沙人谓之得娘，丽江夷谓之补弄。蛟，爨蛮谓之鳌赊。鱼，爨蛮谓之龙俄，东川夷谓之俄，黑沙人谓之得巴，丽江夷谓之你。龙，缅字作，曰那戛。鳅，爨蛮谓之果知。螺狮，爨蛮谓之必古。螃蟹，爨蛮谓之阿甲郎。

民国《新纂云南通志》卷六十七，民国三十八年[1949]铅印本，第一至一九叶

卷七十《方言考五·怒子古宗栗粟语》

贡山属民，虽分喇嘛、古宗、怒子、栗粟、曲子五种，而语言仅有三种，喇嘛、古宗均系古宗语，怒子、曲子均系怒子语，惟曲语之音稍异栗粟，纯系栗粟语，古宗、喇嘛、怒子、曲子均通栗粟语，栗粟通古宗、怒子语者绝少，全境通用栗粟语。兹将此三种语略译于后：

怒子语	古宗语	栗粟语	汉　语
列木干厄里	喃冗	密俄把	天晴
慈张厄滴	恰巴保	木项则	下雨
列麦密	喃诧杂	密俄阿揩岔	天气太热

怒子语	古宗语	栗粟语	汉　语
列木分列以	聋妹陇	密恨菊	风吹
戛不楼六	八拉此	俾慈持	洗衣服
木念则以	呢不未熊	玉咱那瓦	请客来了
晴麻耳	渴妈茹惹	亥洒	修房屋
力高比	冲甲锑	举卜益	酒醉了
俄拉踏尔	充鲁阿雅	倭来不克举瓦	生意甚好

考贡山即菖蒲桶，上列语言传自何种部落，及其系统递变之故，均不可考。其怒、曲语纯用喉音，极为难学；古宗语用唇音，栗粟语用齿音，学之尚易。兹依原文钞录于右，以为全省方音之殿。其外阿墩方言，分汉、蛮两种，街市多谈汉语，乡村尽操蛮话，与西藏语略同，惟口音稍异耳。至上帕夷民虽分怒子、栗粟、喇嘛三种，而语言仅有怒子、栗粟两种。喇嘛语只沧江一带有之，其移来上帕地者，概从栗粟语。怒语惟怒子能言之，此外知者不多觏。栗粟语则全境通晓，尽人皆知。贡山采访。

民国《新纂云南通志》卷七十，民国三十八年[1949]铅印本，第十六至十七叶

2. 民国《巧家县志稿》

卷八《方言》

巧家民族复杂，言语各异，但普通言词仍以汉语为主，兹将汉、夷、回、蛮民族之独立语，择其切于日常应用者，列为两表，以资对照。

汉、夷、回语对照表：

汉 语	夷 语	回 语	汉 语	夷 语	回 语
天	木	色吗雨	正月	原缺	晒黑路来艾哈地
日	拟机	晒木思	二月	原缺	晒黑露来雨思嗒尼
月	罗溥	改买尔	三月	原缺	晒黑轮色拉蓑尼
星	鸠	努朱米	十一月	原缺	晒黑路来俺哈歹耳使来
风	迷係	利哈	十二月	原缺	晒黑路来玉思嗒耳使莱
云	木恕	色哈比	早	挽	布客来台
地	迷	艾尔咀	晚	期	卖思里此
山	白	寨白里	房屋	黑沽	吴耳肥台
水	以	吗以	楼	夏一作我何	色特哈
江	那以	哈里着	寺	自黑	卖色只底
海	桓	败哈耳	姊	目一作阿佞	吴胡土
河	以莫	乃河耳	妹	腻一作佷虚	艾海罗体
沟	以输	卖台败耳	夫	墨	饶只
春	呐	茉只耳	妇	咩一作欲	饶者土
夏	施	苏艾衣府			
秋	暑	海里府			
冬	初	使他以			

汉　语	夷　语	回　语	汉　语	夷　语	回　语
男	哺租一作租吾	莱只里	板	洗皮	牢哈
女	阿咩一作母遮	尼梭雨	炭	咩西	肥哈门
子	祖	玉补努	头	乌奔	莱衣思
兵	麻郁	耳梭凯里	面	拖一作叶念	外支孩
民	鲁者	莱二叶体	耳	脑波	五祖尼
你	那	按台	目	那都	二雨尼
我	俄	矮乃	口	业补	肥米
衣	宾	里波思	三	色目	色拉塞
帽	乌时一作乌助	拖只	四	丐目	艾耳摆尔
帕	乌是都一作蜡色	命里里	五	我目	亥木色
油	挖测	在雨体	六	曲目	西台台
盐	粗	米来哈	七	係目	色补耳
酱	作技	买鲁哈体	八	黑目	色吗尼矮
醋	即醋	原缺	九	叱目	梯思耳
茶	机都	沙雨	雷	木难	莱耳堵
酒	汁	亥木里	雨	木合	屠衣利
汤	何以一作壃亲	买来格	露	志	色罗补
			雪	文	赛来只

续　表

汉 语	夷 语	回 语	汉 语	夷 语	回 语
冰	乌梯	败耳底	十月	原缺	晒黑荚耳使来
霜	闻宁	印只吗地	门	角其	波比
田	密	爱耳咀	井	作都	避衣里
街	曲觉	苏格	祖	阿伯	占堵
路	觉莫	色碧里	祖母	阿达	占歹体
城	鲁	摆来地	父母	原缺	艾补愠母
村	卡	艾耳罗比	兄	未辣	艾胡来凯比鲁
桥	梯	柱思耳	弟	年一作卡目阿佞	艾胡
火	熄度	喏耳	孙	希	玉补努来玉补尼
四月	原缺	晒黑路来艾耳摆耳	朋友	潜额	哈里鲁
五月	原缺	晒黑路来哈木色	家主	额色作撒	浪白土来白衣体
六月	原缺	晒黑仑西台体	客人	俗外一作俗汪	苏艾衣非
七月	原缺	晒黑仑色补耳	家奴	仆遮	二补堵
八月	原缺	晒黑仑色马尼叶	师父	世朱	吴思拖德
九月	原缺	晒黑仑梯思耳	徒弟	苏育乌奈	兔来米数

续　表

汉　语	夷　语	回　语	汉　语	夷　语	回　语
裤	树	以若鲁	鼻	恕鼻	按肥
鞋	期乃	台耳里	身	叽迫	塞色底
饭	假	愠鲁加卖特布只	手	腊扒	雨底
米	作儿扯一作儿	愠鲁祖来故施里	足	期扒	里支里
			心	你麽	格来补
谷	扯色	五仑祖	一	搭目	矮哈底
大麦	原缺	晒尔里	二	腻目	玉思喏尼
豆	努	波格么雨	十	册目①	耳舍来
肉	挖护	莱哈米	百	合	米叶体
金	蛇	儿衣尼	千	都	艾米府
银	儿	份祖矮体	万	业	耳舍来米叶体
铜	鸡	努哈数			
铁	歇	哈低底	亿	他都年	凯里米
锡	搩	里梭数	东	肺	卖施里格
钱	鸡落宝	府鲁司	西	灼	卖儿里摆

---

① 数词一至十,均"×目"结构,其中"目"当是量词,如是,则该语言中,称低位数词时习惯于附以量词,而不常单独称之;今白语数词一至十称谓习惯上附加量词,类此。

汉苗蛮语对照表：

汉 语	苗 语	蛮 语	汉 语	苗 语	蛮 语
天	更上们平	稀	山	啊丙上	敌捕
云	朗木平	摸乌	水	啊	崖痴
冰	啊路平	武匕及	海	米敖三	原缺
江	阿大	孜蒋	正月	令平老	原缺
街	耐惹上	丁子	二月	令平艾	原缺
火	革尾	莫多	三月	令平三	原缺
春	令平木平	同汉语	四月	令平塞入	原缺
秋	令平蒋	同汉语	五月	令平好	原缺
星	能平劳平	原缺	六月	令平霜平	原缺
风	哀人	母思朵	七月	令平则平	原缺
雨	讨昏	原缺	八月	令平别平	原缺
露	饭敖	母衣乌	九月	令平口①	原缺
雪	讨来平	武及	十月	令平则入	原缺

---

① 苗语月份"一月"至"九月",与苗语数词"一"至"九",呈现出较为整齐的对应关系,即:"三月"谓"令三","三"谓"三商",其中"三"显然是汉语借词,而相互对应;"四月"谓"令塞","四"谓"塞商",其中"四""塞"对应,"塞"亦当为汉语借词("四"的借词,而稍有音变);"五月"谓"令好","五"谓"哈商",其中"好""哈"对应(所指当为同词,而稍有音变);"六月"谓"令霜","六"谓"耍商","霜""耍"对应(所指当为同词,而稍有音变,记录者不觉,乃记作两词);"七月"谓"令则","七"谓"则商",两称中"则"均即汉语"七"之义;"八月"谓"令别","八"谓"别商",两称中"别"均即汉语"八"之义;"九月"谓"令口","九"谓"口商",其中"口"均即汉语"九"之义。可知苗语月份"一月"(正月)至"九月",其表达形式为"月份+数词",即"量词+数词"结构,如正月、二月、三月,分别称作"令老""令艾""令三",直译为汉语,即"月正""月二""月三",这与汉语的表达顺序正好相反。

汉语	苗语	蛮语	汉语	苗语	蛮语
十一月	令平一	原缺	河	阿大	原缺
十二月	令平赠艾	原缺	沟	哀普往	日嘎
祖父、祖母	啊褒、啊妈	啊普、啊妈	田	哀纳	体
父	啊坝	啊打	村	哀丙上	啊思加
母	啊咪	啊母	路	革平山	夏
兄	啊谋平	日武	早	革海平	母体
弟	思暖	衣雨	晚	哀屋	母尸
夫	老钓	不子	人	堵文	舍
妇	买	莫季	一	一商	慈马
日	登完	蒙惭	二	两商	业马
月	领班	勺波猓	三	三商	所马
雨	讨唔	母匕及	四	塞平商	耳马
地	岗浪	朦得	五	哈上商	硬马
河	阿大	日夏	六	耍平商	呵马
城	阿姐	池雨	七	则上商	食马
夏	令平纳	同汉语	八	别上商	补马
冬	令平冷	同汉语	九	口商①	害马
			十	则个老商	起马

---

① 苗语数词"一"至"九",尾部皆有"商",据其月份"一月"至"九月"分别称作"令老""令艾""令三""令塞""令好""令霜""令则""令别""令口"反推可知,此"商"当是量词,与上述"夷语"数词低位数词习惯于附以量词、而不常单独使用的情况略同,亦与今白语数词一至十习惯上附以量词类同。

续　表

汉 语	苗 语	蛮 语	汉 语	苗 语	蛮 语
百	蒿	慈哈	他	勾	能阿子马
千	万	慈堵	衣	革平布	衣土
万	木度平	原缺	裤	克发平	拉
我	蒙平	瓦	帽	矮平毛	猫子
你	蒿平	能			

民国《巧家县志稿》卷八，民国三十一年[1942]铅印本，第二至六叶

3. 民国《嵩明县志》

卷十八《各地方言》

　　本属地面辽阔，山川修阻，各地风俗语言不无稍异。本属民族汉杂苗、回，苗人之语言，所谓"南蛮鴃舌"者是也。回人语言，其本来面目既已失去，而同化于汉人，其间稍有差别者：汉人多呼父为"爹"，呼祖为"老爹"，回人呼父为"ㄅㄚ"（阴平），呼祖为"把"，汉人呼豕为"猪"，回人呼豕为"亥"等是也。苗人虽受汉族同化，然尚保其原有语言，间有习汉语者，"两口话"是也。

民国《嵩明县志》卷十八，民国三十四年[1945]铅印本，第二五〇叶

4. 民国《新平县志》

第十六《方言》

　　天地生人，种类各殊，言语亦异，生于南者未必能谙北语，生于北者亦未必能通南语也。新邑地处南荒，夷多于汉，又囿于方隅，所操语言各有土音，扞格难通，间有大同小异，亦往往诘屈聱牙，不易辨析。兹仅就各区所有语系、语音，分类记载，庶为筹备统一语音之一助云。志方言。

各地方言

新邑夷民散处各区,风土既殊,言语自异,猓猡土音与摆夷迥殊,窝泥土音又与山苏绝异,其余如卡惰、喇鲁、喇乌、卜拉、车苏、罗武、苦葱、苗子、糯比等,无一不各有各之土语,以为传达思想情感利器。兹将各种方言分列如左:

天,猓猡谓之母,摆夷谓之發,窝泥谓之哦,卡惰谓之迷。

地,猓猡谓之密,摆夷谓之领,窝泥谓之乜茶,卡惰谓之米朝。

日,猓猡谓之阿出,摆夷谓之紊,窝泥谓之诺吗,卡惰谓之呢。

月,猓猡谓之活泼,摆夷谓之等,窝泥谓之巴拉,卡惰谓之蒿。

风,猓猡谓之密吼,摆夷谓之龙,窝泥谓之哦ㄌㄝ,卡惰谓之杂西。

云,猓猡谓之阿努,摆夷谓之發汞,窝泥谓之哦多,卡惰谓之业互。

雷,猓猡谓之母毒,摆夷谓之法冷,窝泥谓之哦之,卡惰谓之戳。

雨,猓猡谓之阿窝,摆夷谓之纷,窝泥谓之阿火,卡惰谓之恶呵。

霜,猓猡谓之哲,摆夷谓之奶,窝泥谓之尼普,卡惰谓之白厄。

雾,猓猡谓之阿努,摆夷谓之片發,窝泥谓之汁黑,卡惰谓之业ㄎ丨。

田,猓猡谓之呢,摆夷谓之那,窝泥谓之哈鲁,卡惰谓之蒿。

园,猓猡谓之沃切,摆夷谓之生發,窝泥谓之哈科,卡惰谓之哈口。

山,猓猡谓之白,摆夷谓之了,窝泥谓之古主,卡惰谓之比得。

水,猓猡谓之鱼结,摆夷谓之难,窝泥谓之玉出,卡惰谓之阿戳。

大路,猓猡谓之作木,摆夷谓之昏挡笼,窝泥谓之戛吗,卡惰谓之哈柯。

坡，猓猡谓之白陡，摆夷谓之料整，窝泥谓之戛打，卡惰谓之打猫。

祖，猓猡谓之妈麻，摆夷谓之阿布，窝泥谓之玉皮，卡惰谓之阿皮。

父，猓猡谓之阿巴，摆夷谓之阿爹，窝泥谓之阿爸，卡惰谓之阿保。

母，猓猡谓之阿蟆，摆夷谓之阿谬，窝泥谓之阿嬷，卡惰谓之阿妈。

叔，猓猡谓之阿勒，摆夷谓之布袄，窝泥谓之阿爸ㄌㄝ勒，卡惰谓之阿窝。

兄，猓猡谓之摩，摆夷谓之阿大，窝泥谓之阿哥，卡惰谓之阿高。

嫂，猓猡谓之面，摆夷谓之必曩，窝泥谓之阿初，卡惰谓之阿枢。

弟，猓猡谓之奶秋，摆夷谓之阿农，窝泥谓之阿你，卡惰谓之呢及。

子，猓猡谓之惹，摆夷谓之罗崽，窝泥谓之ㄇㄚㄇㄨ，卡惰谓之押哟。

孙，猓猡谓之兮惹，摆夷谓之浪崽，窝泥谓之礼节，卡惰谓之立及。

行，猓猡谓之婼，摆夷谓之仰，窝泥谓之热，卡惰谓之约。

立，猓猡谓之黑，摆夷谓之邓妈，窝泥谓之河，卡惰谓之土老。

坐，猓猡谓之宜，摆夷谓之难，窝泥谓之ㄓㄛㄔㄛ，卡惰谓之呢咱。

跪，猓猡谓之格，摆夷谓之号，窝泥谓之独土，卡惰谓之恶拖。

富，猓猡谓之拔，摆夷谓之米，窝泥谓之革巴ㄓㄚ，卡惰谓之思波。

贵,猓猡谓之咩,摆夷谓之立,窝泥谓之咩ㄅㄝ黑,卡惰谓之阿皮波。

贫,猓猡谓之灼,摆夷谓之达,窝泥谓之洒,卡惰谓之千麻咱。

贱,猓猡谓之咩出,摆夷谓之波,窝泥谓之ㄅㄝ所,卡惰谓之阿皮麻波。

秤,猓猡谓之枝,摆夷谓之掌敬,窝泥谓之掌合,卡惰谓之令。

戥,猓猡谓之鸬独,摆夷谓之掌,窝泥谓之鸡,卡惰谓之萨壳。

升,猓猡谓之赊批,摆夷谓之配,窝泥谓之败,卡惰谓之升。

斗,猓猡谓之得,摆夷谓之朵,窝泥谓之得,卡惰谓之得。

纸,猓猡谓之踏衣,摆夷谓之藉,窝泥谓之赎戛拉,卡惰谓之及。

墨,猓猡谓之墨,摆夷谓之墨,窝泥谓之墨,卡惰谓之墨。

笔,猓猡谓之笔,摆夷谓之笔,窝泥谓之笔,卡惰谓之笔。

书,猓猡谓之书熟,摆夷谓之厥,窝泥谓之熟,卡惰谓之阿剥。

柴,猓猡谓之兮,摆夷谓之粉,窝泥谓之米杂,卡惰谓之迷卓。

炭,猓猡谓之咩丝,摆夷谓之炭,窝泥谓之米鸡,卡惰谓之迷鸡。

油,猓猡谓之婼鱼,摆夷谓之满,窝泥谓之若窝,卡惰谓之阿枢。

盐,猓猡谓之艖,摆夷谓之格,窝泥谓之插得,卡惰谓之茶及。

酱,猓猡谓之啄,摆夷谓之酱,窝泥谓之酱,卡惰谓之酱。

醋,猓猡谓之卡梭,摆夷谓之农米,窝泥谓之戛梭,卡惰谓之醋。

草,猓猡谓之白,摆夷谓之芽,窝泥谓之渣革,卡惰谓之咱告。

木,猓猡谓之兮,摆夷谓之蓑,窝泥谓之败作,卡惰谓之爹壳。

鸡,猓猡谓之耶,摆夷谓之盖,窝泥谓之哈,卡惰谓之哈。

鸭，猓猡谓之厄，摆夷谓之别，窝泥谓之丫杯，卡惰谓之阿。

鹅，猓猡谓之厄落，摆夷谓之旱，窝泥谓之厄，卡惰谓之阿幺①。

猪，猓猡谓之矍，摆夷谓之母，窝泥谓之万丫，卡惰谓之袜。

狗，猓猡谓之期，摆夷谓之妈，窝泥谓之刻，卡惰谓之克。

猫，猓猡谓之阿奶，摆夷谓之矛，窝泥谓之阿尼，卡惰谓之阿迷。

马，猓猡谓之嬷，摆夷谓之麻，窝泥谓之莫，卡惰谓之莫。

牛，猓猡谓之呢，摆夷谓之海，窝泥谓之奴，卡惰谓之米奴。

羊，猓猡谓之哈，摆夷谓之挨很，窝泥谓之七，卡惰谓之七。

虎，猓猡谓之落漠，摆夷谓之色笼，窝泥谓之哈拉，卡惰谓之月老。

豹，猓猡谓之于漠，摆夷谓之色刀，窝泥谓之哈日，卡惰谓之月老。

一，猓猡谓之提，摆夷谓之冷，窝泥谓之塔，卡惰谓之特。

二，猓猡谓之宜，摆夷谓之酸，窝泥谓之宜，卡惰谓之业。

三，猓猡谓之沙，摆夷谓之丧，窝泥谓之梭，卡惰谓之些。

四，猓猡谓之西，摆夷谓之细，窝泥谓之李，卡惰谓之立。

五，猓猡谓之窝，摆夷谓之哈，窝泥谓之兀丫，卡惰谓之鳌。

六，猓猡谓之出，摆夷谓之火，窝泥谓之哭，卡惰谓之壳。

七，猓猡谓之石，摆夷谓之哲，窝泥谓之死，卡惰谓之昔。

八，猓猡谓之衡，摆夷谓之别，窝泥谓之厂せ②，卡惰谓之雪。

九，猓猡谓之格，摆夷谓之高，窝泥谓之ㄍせ，卡惰谓之及。

十，猓猡谓之择，摆夷谓之昔，窝泥谓之且，卡惰谓之择。

饮酒，猓猡谓之直达，摆夷谓之津醪，窝泥谓之居八多，卡惰谓之居遥多。

---

① "幺"，似为注音字母"ㄟ(ei)幺(ɑo)"之误。
② 原作"厄"，当为注音字母"厂せ"之误，手民不知，误合为一。

食饭，猓猡谓之作着，摆夷谓之津烤，窝泥谓之合杂，卡惰谓之合觅。

烧火，猓猡谓之咩毒丢，摆夷谓之松斐，窝泥谓之咩杂鸠，卡惰谓之迷觅的。

点灯，猓猡谓之咩毒毒，摆夷谓之点灯，窝泥谓之灯刻，卡惰谓之灯托。

关门，猓猡谓之落角必，摆夷谓之赛佛都，窝泥谓之落哥低皮，卡惰谓之猓哥皮。

启户，猓猡谓之落角卡，摆夷谓之开佛都，窝泥谓之落哥坡皮，卡惰谓之哥坡。

行路，猓猡谓之作丝，摆夷谓之仰胆，窝泥谓之戛吗热，卡惰谓之哈柯哟。

读书，猓猡谓之书萨，摆夷谓之案厥，窝泥谓之书诸，卡惰谓之阿剥萨。

写字，猓猡谓之书熟谷，摆夷谓之喀厥，窝泥谓之字ㄉㄝ，卡惰谓之阿波。

说话，猓猡谓之达厄，摆夷谓之阿罕，窝泥谓之夺八八，卡惰谓之夺帖。

做事，猓猡谓之奶没，摆夷谓之侯尾，窝泥谓之莫窝，卡惰谓之纳迷。

做官，猓猡谓之咨咩，摆夷谓之难照，窝泥谓之职吗窝，卡惰谓之即猫米。

放牛，猓猡谓之呢特，摆夷谓之菸海，窝泥谓之奴乌，卡惰谓之米奴合。

栽秧，猓猡谓之呢朵，摆夷谓之送那，窝泥谓之ㄏㄚ①爹，卡惰

---

① 原作"ㄏ"，当为注音字母"ㄏㄚ"之误，手民不知，误合为一。

谓之厄薅搓。

穿衣,猓猡谓之踏鼍,摆夷谓之能色,窝泥谓之哈鲁多,卡惰谓之夏七爹。

盖屋,猓猡谓之侯必,摆夷谓之瓮恩,窝泥谓之火古,卡惰谓之曰敲搓。

出去,猓猡谓之鲁婼,摆夷谓之阿街,窝泥谓之都夜,卡惰谓之多耶。

回来,猓猡谓之谷烈,摆夷谓之大满,窝泥谓之古拉,卡惰谓之爹坡老。

语系

《礼记·王制篇》云:"五方之民,言语不通。"然各地言语,虽云不通,而总不出单音语系及复合语系二种。以新邑而论,任何猓猡、摆夷、窝泥、山苏等夷类,其发音口吻虽殊,要皆一字一音,属于单音语系,无变化,亦无连结。间有一字两音者,亦无非凑合单音而成也。

语音

在昔汉人多操江南话,历久改易,渐失其真。例如"间"字,皆山切,应读为"干",邑多读为"坚";"鱼"字,玉居切,应读为"迁",邑多读为"一"是也。然音韵虽未全叶,而发音只属半浊,且徐缓直率,听者易晓。

土音

土人发音,难以言宣,其音浊而粗、使人易晓者,为猓猡一种;此外如摆夷,如山苏等,其发音或带鼻或夹舌,音低而快,殊不易晓。

民国《新平县志》第十六,民国二十三年[1934]石印本,第一至六叶

5. 民国《盐丰县志》

卷三《地方·种类》

盐丰民族除汉人外,凡夷民统称为"夷家",汉人占十之四,夷

人占十之六。语言有汉话、有土语，然今之夷人亦多有通汉话者。文字则皆用汉文。汉人住城厢附近，夷人住深谷高山，然今之汉人亦有杂居夷地者。

民国《盐丰县志》卷三，民国十三年[1924]铅印本，第六叶

十四、山川名称及地名中的民族语言资料

山 川 名 称

（一）清代方志

1. 康熙《云南通志》

卷四《建置》

禄丰县

汉。古禄琫甸，乌蛮杂居。初，江有石如甑，俗名"禄琫"，讹为"禄丰"。

石屏州

汉。蛮曰"旧忻"，汉语"林麓"。

阿迷州

汉。蛮名"阿宁"，讹为"阿迷"。

蒙自县

唐。南诏通海都督府，其地属焉，以赵氏守之。有山名"目则"，讹为"蒙自"。

剑川州

唐。为罗鲁城，罗鲁，西彝云"海"也，古名"剑川"，又名"波州"。

康熙《云南通志》卷四，清康熙三十年［1691］刻本，第六、十五、十七、

五十一叶

卷六《山川·腾越州》

高黎贡山。在州东一百二十里。旧名"昆仑冈"，彝语讹为"高良公"。界潞

江、龙川之间。

康熙《云南通志》卷六,清康熙三十年[1691]刻本,第二十五叶

2. 康熙《平彝县志》

卷三《地理·山川》

宗孟山。在亦佐城东南五里。彝呼山之至尊者为"祖慕",讹为"宗孟"。

矣层山。在亦佐城西三里。山有清泉,居人皆汲饮之。彝语水为"矣",因名。

康熙《平彝县志》卷三,清康熙四十四年[1705]刻本,第六十二叶

3. 雍正《临安府志》

卷七《风俗·方言》

夷人呼其村落、寨亦谓之庄,川泽谓之海。田以"分"计,"一分"者,犹言"一区",不辨多寡。米以"尔"计,"一尔"者,二十四升也,六升谓之"桶",四桶谓之"尔",四尔谓之"石"。

雍正《临安府志》卷七,清雍正九年[1731]刻本,第八叶

4. 乾隆《东川府志》

卷四《疆域·山川》

以濯河。原名"矣濯河",夷名"水"曰"矣",谓"交"曰"濯",即"水交"之谓。

乾隆《东川府志》卷四,清乾隆二十六年[1761]刻本,第一三叶

5. 道光《普洱府志》

卷二十《杂记·异闻》

山村夷人有名"白母"者,即巫觋也,不论男女,多习其术。其人睛黄毛寒,易辨。能以鸡胫骨占吉凶,其法:以鸡骨二枚,剔净倒执之,验其孔多少,以细篾签插其上,左为神、为宾,右为主、为事。又能持咒遣鬼害人,受其患者,必另延白母,看水碗而收之,或讼之于阴阳学处,以审其谳。事虽不经,抑亦崇信巫鬼之陋俗耳。

按:夷人谓咒曰"白(去声)",谓巫曰"母",皆夷语也。

九龙江有夷人一种，计四五百户，名曰“歹缅”，译言“普洱人”也。最强悍有力，宣慰司用为土练，凡冲锋辄居前茅决胜。按：郡治东山，旧名“普洱山”，即光山，又有“普洱河”，即三岔河，下流会思茅河处，昔有土目，率众居山下，后因兵燹，徙居九龙江，故今犹以地名名其人，志不忘本也。

道光《普洱府志》卷二十，清咸丰元年[1851]刻本，第十三至十四叶

6. 光绪《永昌府志》

卷六《地舆志 · 山川》

哀牢山。在城东二十五里，与太保山相向，孤峰秀耸。本名“安乐”，夷语讹为“哀牢”。

光绪《永昌府志》卷六，清光绪十一年[1885]刻本，第二叶

7. 光绪《武定直隶州志》

卷二《山川》

餔哇山。在城西二十五里。山势险隘，有瀑布千余丈下注城池，彝名“餔哇”。每岁暮春沐浴于此。

“中国地方志集成”云南府县志辑，第62册，第166页

8. 光绪《姚州志》

卷十一末《志余琐录 · 自久海》

自久者，明洪武间夷贼也。初，东山有自姓夷女梦与鬼交，不夫而孕，孕期月而生自久，有勇力，夷人附之，遂率诸夷以叛，事败伏诛。未叛时，尝于东山麓开乌鲁淜，兴水利，今州人称乌鲁淜为“紫究海”，盖“自久”二字之讹云。同治中，予避乱山居，于村塾中得一小钞，不著作者姓名，其书多记姚往事，而于自久叛乱始末记之尤详，今特节录于此。

光绪《姚州志》卷十一末，清光绪十一年[1885]刻本，第三十叶

卷十一末《志余琐录 · 朵觋》

夷俗信鬼，丧祭皆用巫，谓巫为“朵西”，高雪君《鸡足山志》则称“朵喜”。按：“喜”字无“交神”之义。《说文》云：“男巫曰觋，女巫

曰巫。"徐锴曰："觋，能见神者也。"求诸字义，称"朵觋"较典切。

光绪《姚州志》卷十一末，清光绪十一年[1885]刻本，第三十四叶

（二）民国方志

1. 民国《嵩明县志》

卷五《舆地·山脉》

乌纳山。《一统志》：山顶有石如马首，远近祷祀，以毡氍裹之。土人呼"马首"为"乌衲"，故名。

敕茅山。《旧云南通志》：相传蒙世隆征乌蒙，得四女归，至此山，四女遥望故乡，徘徊呼叹，忽山巅雾起，结为三峰。蛮谓"三"为"敕"，"雾"为"茅"，故名。

民国《嵩明县志》卷五，民国三十四年[1945]铅印本，第四九、五一叶

2. 民国《石屏县志》

卷四十《杂志·外纪》

旧欣：石屏州古蛮夷地，蛮曰"旧欣"。犹汉言林麓也。唐为乌蛮所居，筑城名"末束"，宋时阿么蛮夺而据之，名"石坪邑"。

民国《石屏县志》卷四十，民国二十七年[1938]铅印本，第十三叶

地　　名

（一）清代方志

1. 康熙《元谋县志》

卷二《村庄》①

汉禄　那猛渴　空宰　班洪　你们村　班卖　班法　普蛮村

---

①　以下村寨地名多为摘录，而非原书所记全部，显然为汉语地名或地名特征不明显者，皆略而不记。"地名"之辑录，大体如此，以下不再逐一说明。

哀小　班枝罕　那拱得　小丙弄　空法费　班有益　丙戍　那蚌

上苴那　下苴那　张波罗　把度　六初郎　南号　空弄　波亨

猛连　大丙汉　小丙汉　老者革　麻柳　丙间　大月白

苴宁大村　苴宁小村　丙弄　能矣　磨和　班宰　空恶村

上法纳禾　下法纳禾　阿郎　罗额　麦良地　班须立　班三闹

能道　小那弄　小相花　车良居　车良车新村　怕郎　猛鹑

雷那贤　班恺　班果　那能　臼结　卧添　班者糯　骂虐　满滇

万代老　雷那应　罗乂　丙令　乌舌村　普登　班羊　罗免

怕地　课连　莫党那大　丙大浪　小雷宰　那化　午茂　多尅

唐各　雷衣　雷稿　猛鹗　大雷宰　多虐　上罗莫勒　下罗莫勒

奇柳　能海闹　腊海金　你莫　那空　法旦村　立多　中班卖

班庄　怕号　下班卖　领亥　阿纳勒　未补　定见

"中国地方志集成"云南府县志辑，第 61 册，第 145 至 154 页

2. 雍正《建水州志》

卷二《村寨》

州治东

阿朋寨　老鼠鲊　阿达寨　蜜腊甸　洒溪革　梭罗庄
阿六寨　阿屋寨　乍甸坝　罗科斯

州治西

水打营　东者　甸鲁　黑皮三寨　阿瓦寨　菓白

州治南

普雄　塔瓦　阿白寺寨　龙岔　莫黑　撒结子　帮岗箐
阿西村　阿土寨　五邦　五邦水寨　六呼　瓦遮　宗哈　上戛凸
下戛凸　关牙　六蓬　猛丁　猛赖　猛梭　者米　把哈

州治北

荸罗冲　矣则特　匪坎

雍正《建水州志》卷二，清雍正九年[1731]刻本，第二至五叶

3. 乾隆《东川府志》

卷八《户口》

城东敦仁乡村寨一十有八：　　土城村　　福海村　　兴旺村
以舍村　　马伍寨　　夸狼箐　　挖泥寨今改华宜　　拖罗村　　扯戛村
白勒村　　海可村　　拖姑村　　罗泥村　　黑土基　　野猪冲　　郭租固
法罗村　　大水头村

城西尚德乡村寨四十有七：　　鲁机村　　龙潭村　　五龙募
马鞍山　　阿那縠　　以里村　　小法戛　　水城村　　鱼洞村　　热水塘
以则村　　披戛村　　以濯河　　小补泥　　黑猿村　　河隔村　　西梭罗
补多村　　趉落村　　小五龙　　硝厰塘　　大木厰　　小村　　歹扯村
歹戈村　　哈泥卡　　多召村　　小江村　　白勒村　　读米堵　　多着村
多慕村　　三家村　　卑冲村　　者社村　　关上村　　大朵村　　安溪卡
新村　　卜多村　　法那着　　歹所村　　革勒村　　托补卡　　迤西村
树吉村　　葫芦口

城西南集义乡村四十有三：　　紫牛坡　　法湾村　　木树郎
腊利村　　大碑村　　烟山村　　绿树朵　　石羊村　　密那姑　　新村
深沟村　　起戛村　　糯縠田　　三江口　　洗尾戛　　龙潭村　　小补丹
你可村　　以都村　　那戛村　　扯姑村　　后山村　　鲁补业　　段家村
大寨村　　深沟村　　大桥村　　光龙角　　仓房村　　阿衣鲁　　义备村
洒海村　　玉碑地　　则都村　　法戛村　　捨可村　　乐务村　　纪朵村
腻革村　　着舍村　　施可村　　迤西村　　铁籐沟　　板河村　　法万村
橄榄坡

城西北崇礼乡村寨三十有三：　　那姑村　　落水洞　　岩洞村
鲁务村　　那哹村　　拖车村　　赤勒村　　大坪子　　法溪村　　陈家屯
挖青黑　　七里村　　测戛村　　密树卡　　法土沟　　何扯租　　乐鲁村
拖补卡　　得所村　　乾海子　　拖古村　　诺古村　　长岭子　　租着村
歹色卡　　舍乐村　　以扯寨　　纪乐村　　鲁租村　　火烧寨　　必茂村

白雾村　　可可村

城北归治里村寨八十有一：　　底得村　　　都色村　　　鲁红卡

乾夸村　　鲁得村　　卑红卡　　磨盘卡　　挖革村　　卑歹村　　小歹乌

尹五村　　木多多　　大歹乌　　竹里箐　　七里村　　补业村　　阿白落

拖趔村　　普勺村　　柳树村　　亨德村　　沙却村　　三官村　　合着村

达轰村　　六家村　　四家村　　小河村　　着合村　　卡法村　　却币村

左角村　　巧家营　　大米粮坝　　小米粮坝　　可富村　　鲁木德

补之落　　以砖溪　　库着村　　红路村　　三家村　　安居村　　小河村

臭小井　　法上窝　　旧营村　　井底卡　　阿飞卡　　半兔村　　得色卡

木黑村　　法古村　　拖古村　　者那村　　鹦哥嘴　　大寨村　　红岩村

乐哲村　　幕租村　　阿白沟　　大坪子　　添窝村　　阿白村　　姑红村

法夏村　　小姑红　　科独村　　树机卡　　都鹿卡　　路期得　　小田坝

者那　　罗乌村　　彼乌卡　　法着那　　挖营地　　怕那村　　者却村

凉山村　　安机租

城北新添江外庆成里村寨二十有一：　　以西寨村　　　以夏寨

奇乐寨　　卡莫寨　　伏机乐寨　　补泥寨　　则泥其寨　　贺西乐寨

摩衣寨　　贺夏寨　　落木寨　　西机寨　　以补寨　　色曲卡　　弩夏寨

城东北输诚里村寨一十有六：后沟村　　腻夏村　　小米租村

中寨　　下寨　　朵革村　　鲁以岔　　勺夏村　　则勒村　　江底村

以扯村　　箐口村　　锅底村　　法夏村　　大寨　　阿姑乐　　知乐村

城西南宁靖里村寨五十有二：　　糯租村　　　海照村　　　卑各村

西卡多　　沽古村　　营上村　　额碑村　　贺客村　　波罗村　　顶针村

三家村　　歹咩村　　保幕村　　咩则村　　牛泥塘　　小凉山　　夏里村

觉落村　　鲁戈村　　婢碑多　　朵歹村　　以式村　　诺歹村　　法却村

伐柯村　　赤栗村　　桥头村　　雾露河　　革黑村　　纸厰村　　待补街

车乌村　　乾河村　　灰洞村　　奋歹村　　倒挂箐　　兰朱礑　　李子箐

木多村　　杨柳冲　　大苗村　　尹伍村　　白土泥　　卡机村　　永宁村

永宁小村　普泽期　打板村　白沙井　海山村　大水塘
　　城西南清宁里村寨三十有二：　阿汪村　　戞得村　　拖汤村
栖黑村　木多村　长岭子　以里乐　小树革　大树革　大凹子
以式小河　鲁纳窝　拖罗村　海河村　虐落村　黑水村　多虐村
大坪子　安乐村　毕戞村　小龙潭　新村　楚鲁戞　多召革
地理卡　小营上村　达德村　古海村　水碑子　白婆纪
新村子　租戞村
　　城西向化里村寨四十有九：　古庄村　　迤西村　　舍可村
落雾村　石城村　纪朵村　着舍村　施可村　番结村　铁沟村
黄栋头　虾蟆井　块河村　你租戞　小阳关　大水井　回头山
三眼井　大坪子　陈鸡卡　野鸭塘　三台坡　牛碧谷　梅水井
西井　东水井　小坝塘　普趐河　钻天坡　菜子箐　徐家村
小五龙　铺多村　大阳关　则足村　鲁舍得　鲁白河　海勒村
海莫德　德块则　树足村　大小碑　德佳块　法乐海　法者村
木鱼卡　布阿德　乐隐村　安德谷
　　城西善长里村寨二十有二：　蒙姑村　　碑角村　　达多村
机勒村　虐古村　七多村　大水沟　吉兆村　鹨衣村　色海戞
黑土村　木落村　德勒村　马遥村　新村村　老凹村　普哖村
那村　木树衣　阿坝村　老口河　则补村
　　城东南忠顺里村寨五十有九：　乐木卡　　阿红卡　　柳树村
阿叶卡　笋子卡　鲁机村　白勒寡　法起戞　阿法戞　集贤村
法茄村　居仁村　尚义村　卓舍村　水环村　居家村　拖木落
民家村　牛拦江　岩租谷　瓠子村　以黑村　拖木村　阿可卡
三多多　者家营　三家村　并即卡　坎儿村　阿白鸠　阿迫落
补毕卡　曲吾卡　扯都卡　阿果乐　法雷村　扯尺寸　革舍歹
色补角　树姑乐　鹿得卡　机腊卡　堵色卡　鲁红村　以得乐
落乌村　腊革卡　阿乃卡　妥那古　马书　者误村　木得朵

卑得卡　　播诗村　　阿奈村　　得悟村　　鲁补村　　红落村　　鲁得村

　　城东丰乐里村寨九十有一：　　长岭子　　　大麦冲　　　鲁租村

腻乐寨　　舍乐村　　鲁租苗寨　　上纪乐　　下纪乐　　歹色卡　　西土村

法古村　　乐业大寨　　　乐业小寨　　　务夏邑　　　火烧寨　　期迫寨

阿补卡　　三家村　　以扯寨　　则革期　　深沟寨　　达雷寨　　布非冲

书乐寨　　岔河村　　射乐村　　偏坡寨　　鲤鱼卡　　轻底村　　硝厰河

拖乐村　　马蚁卡　　鲁布古　　阿龙角　　阿都村　　卑马密　　那西夏

拖侈乐　　树登歹　　小巨业　　知衣乐　　黑租江　　乐库村　　撒酌村

巴兔村　　色觉古　　树白村　　白遮夏　　得着村　　破露村　　卑黑卡

阿催米　　马白鲁　　白赤打　　扯乐村　　革舍村　　色居村　　枯租乐

只窝村　　阿弩哆　　打黑雾　　法乐村　　岩宗阁　　以白卡　　阿固村

孤乐单　　糯幕卡　　述钉迭　　所居业　　说统果　　阿奈弥　　拖期卡

火红村　　迭募卡　　勒固卡　　移得密　　遮者卡　　阿固多　　阿博古

破乌卡　　色句多　　阿麦租　　腊鸡村　　乌泥了夏　　租窝乐　　火莫乐

火尼村　　那戈卡　　白干得　　木多村　　者色租乐

　　乾隆《东川府志》卷八，清乾隆二十六年［1761］刻本，第二至十一叶

按：以上地名资料，呈现出较为明显的结构规律，这些地名结构，各自皆有理据，亦有较为丰富的物质文化内涵，值得从民族语言研究、地名研究的角度加以深入考察。

"×夏"结构：有"扯夏村、小法夏、起夏村、洗尾夏、测夏村、法夏村、以夏寨、贺夏寨、弩夏寨、腻夏村、勺夏村、法夏村、毕夏村、楚鲁夏、租夏村、你租夏、色海夏、法起夏、阿发夏、务夏邑、那西夏、白遮夏、乌泥了夏"等。

"拖×"结构：有"拖姑村、拖车村、拖补卡、拖古村、拖翅村、拖古村、拖汤村、拖罗村、拖木落、拖木村、拖乐村、拖侈乐、拖期卡"等。

"法×"（或"×法"）结构：有"法罗村、法那着、法湾村、法万

村、法溪村、法土沟、法上窝、法古村、法戛村、法着那、法戛村、法却村、法乐海、法者村、法起戛、法茄村、法雷村、法古村、法乐村、小法戛、卡法村"等。

"鲁×"结构：有"鲁机村、鲁务村、鲁租村、鲁红卡、鲁得村、鲁木德、鲁以岔、鲁戈村、鲁纳窝、鲁舍得、鲁白河、鲁机村、鲁红村、鲁补村、鲁得村、鲁租村、鲁租苗寨、鲁布古"等。

"以(迤)×"结构：有"以里村、以濯河、迤西村、以都村、以扯寨、以砖溪、以西寨村、以戛寨、以补寨、以扯村、以里乐、以白卡、以式小河、迤西村、以黑村、以得乐"等。

"歹×"(或"×歹")结构：有"歹扯村、歹戈村、歹所村、歹色卡、歹咩村、卑歹村、小歹乌、大歹乌、朵歹村、诺歹村、奋歹村、革舍歹、树登歹"等。

"×着"(或"着×")结构：有"多着村、法那着、着舍村、租着村、合着村、着合村、库着村、法着那、着舍村、得着村"等。

"得(德)×"[或"×得(德)"]结构：有"得所村、得色卡、得悟村、底得村、戛得村、鹿得卡、以得乐、木得朵、卑得卡、鲁得村、得着村、移得密、白干得、达德村、海莫德、德块则、德佳块、布阿德、安德谷、德勒村"等。

"×卡"结构①：有"安溪卡、歹色卡、鲁红卡、卑红卡、磨盘卡、井底卡、阿飞卡、树机卡、都鹿卡、卡莫寨、色曲卡、西卡多、卡机村、地理卡、陈鸡卡、木鱼卡、乐木卡、阿红卡、阿叶卡、笋子卡、阿可卡、并即卡、补毕卡、曲吾卡、扯都卡、鹿得卡、机腊卡、堵色卡、腊革卡、阿乃卡、卑得卡、歹色卡、阿补卡、鲤鱼卡、马蚁卡、黑卡、以白卡、糯幕卡、阿奈弥、拖期卡、迭募卡、勒固卡、遮者卡、破

---

① 据乾隆《东川府志》卷八《夷人方音》及民国《巧家县志稿》卷八《方言·汉夷回语对照表》所记，"卡"对应的汉语为"村"，此条所列地名均含"卡"，因此这些地名可能都与"村"相关。

乌卡、戈卡"等。

"阿×"结构：有"阿白落、阿飞卡、阿白沟、阿白村、阿衣僧、阿姑乐、阿汪村、阿德布、阿坝村、阿红卡、阿叶卡、阿发戛、阿可卡、阿白鸠、阿迫落、阿果乐、阿乃卡、阿奈村、阿补卡、阿龙角、阿都村、阿弩哆、阿固村、阿奈弥、阿固多、阿博古、阿麦租"等。

"乐×"（或"×乐"）结构①：有"乐务村、乐鲁村、舍乐村、纪乐村、乐哲村、奇乐寨、伏机乐寨、贺西乐寨、知乐村、以里乐、法乐海、乐木卡、阿果乐、树姑乐、以得乐、腻乐寨、舍乐村、书乐寨、者色租乐、拖乐村、拖侈乐、知衣乐、乐库村、扯乐村、枯租乐、法乐村、孤乐单、租窝乐、火莫乐、射乐村"等。

"多×"（或"×多"）结构：有"多召村、多着村、多慕村、多虐村、多召革、木多多、西卡多、婢碑多、木多村、木多村、铺多村、达多村、七多村、三多多、阿固多、色句多、木多村"等。

"那×"（或"×那"）结构：有"那戛村、阿那穀、法那着、密那姑、那姑村、那咩村、者那村、者那、法着那、那村、妥那古、那西戛、那戈卡"等。

"×革"结构：有"腻革村、挖革村、朵革村、革黑村、小树革、大树革、多召革、革舍歹、则革期、革舍村"等。

"者×"结构：有"者那村、者那、者家营、者误村、者色租乐、遮者卡"等。

"密×"（或"×密"）结构：有"密那姑、密树、移得密、卑马密"等②。

---

① "乐"，似亦可记作"罗""落""俸"等形，如本则"拖乐村"，上则"拖罗村"，其中"拖乐""拖罗"所指应为同词；又"拖木落""阿迫落""虐落村""觉落村""阿白落"，其中"落"所指与"乐"当同。

② 据乾隆《东川府志》卷八《夷人方音》及民国《巧家县志稿（二）》卷八《方言·汉夷回语对照表》所记，"密"对应的汉语意为"田"，此条所列地名均含"密"，因此这些地名可能都与"田"相关。

4. 乾隆《永北府志》

卷八《乡村》

老只代 矣察村或作一岔 崀峨村 八代村 河佉村 均早郎村又名革早郎 罗则村 六通村 窝罗庄 托蓬村 察力村 古革 左郎村 腊母地 纳杂 苗力 丙刁村 矣角村 喇乂村 他留 罗黑 吉苴 苏巴唔 阿止得 罗苴 罗莫 亦喇 得莫村 猛连 三马喇 把干村 海罗寨 木底杏苴 期纳村 小各郎 罗门村 罗莫左 古底村 长赛村 撒满村 母立溪 朗秃村 品波村 喇瓦 打哄 窝邑 谷六土 罗票村 罗来村 剌石村 罗摩村 剌左村 莫我村 立位村 罗可村 挨五村 俄得村 立即村 夺苦村 必香村 夷剌村 阿左剌 阿卜力 的里村 黑早郎 倘底麽村 黑邬村 干村 羊沙喇村 乌浦村或作窝铺 里当村 比洗村 罗打喇村 脱票村 下喇嘛村 上喇嘛村 幾嘛村 下六通村 下六通村 洛脚村 打瓦村 蛮头洒村 耙猓猡村 毋底村 托漂壹大村 上罗模村 下罗模村 看毛牛村

乾隆《永北府志》卷八，清乾隆三十年[1765]刻本，第三至五叶

5. 乾隆《石屏州志》

卷一《村寨》

番卜龙 作佳 左所 密勒寨 禄来村 者折冲 者遮垤 者遮乌 所加克 所巴得 栖寄白 夷白孔 他腊 他戛 拖罗白 猓色湾 异龙里 胖别寨 糯午 者纳 假巴 罗都 阿勇 老乃河 矣革 老乃孔 戛租得 扯折 觅谜寨 者孔白 白堵寨 三苴邑 他莫旦 莫白 摸冲 阿勇 菲坎 阿牛白午 普洱 他腊寨 夷黑结 者腊 果白寨 罗白地① 阿希者

---

① 明清民国滇黔地方志所记录地名中含“罗白”字样的并不少见，其理据值得探索分析。今云南省宾川县鸡足山镇有“罗白地”（又称“萝卜地”）村，其中“罗白”似同。

阿比白　　阿白冲　　莫作孔　　矣腊冲　　所罗苴　　簪乍　　他克苴

白觅母　　黑万　　阿扎期　　棵腊　　漫赛　　觅池孔　　脚都　　夷都作

他革　　菲龙　　朋鲊　　罗莫业　　西期叠　　他布衣　　白土克　　六谷冲

他罩　　菲业　　窝泥冲　　腊左寨　　漠扒泥寨　　白勒　　夷他得　　阿古黑

木瓜车　　咩哺　　哈妈革　　海科寨　　曲左　　舒戛冲　　阿戛龙　　峨爽

密勒茄　　他克则　　他克母　　乌兄　　白古　　巴窝　　甸苴　　姐冲

小峨爽　　矣关　　得特　　匪格　　多白者　　撒红白　　矣都冲头　　维都鲊

　　乾隆《石屏州志》卷一,清乾隆四十五年[1780]刻本,第十九至三十一叶

6. 乾隆《云南县志》

卷一《城池·村屯》

　　上波畎　　下波畎　　大波那　　小波那　　上棕棚　　下棕棚

密鲊郎　　溪呼鲊　　你鲊　　六孤磨　　咩哆唔　　白棚头　　青溆尾

大棚头　　小棚头　　茨芭村　　者排村　　明镜登　　阿斯邑　　上溯灯

下溯灯　　阿马喇　　小插朗　　俄打喇　　阿悟村　　雄鲁摩　　茨芭城

　　乾隆《云南县志》卷一,清乾隆三十二年[1767]刻本,第二十至二十二叶

7. 嘉庆《阿迷州志》

卷四《疆域·乡庄村寨》

　　北禄丰乡:东山庄　　南洞　　镇蛮哨　　石头寨　　南村　　赵龙寨

他你白　　古城　　核桃寨　　了勒　　落云庄　　胡琏塘　　矣迫冲

莲花塘　　糯革　　木栖黑　　龙潭　　一连山　　巡检司　　红土寨

石灰窑　　岑旧　　木花果　　太平庄　　阿得邑　　石榴村　　桃川

大罗龙　　水塘哨　　坟墓寨　　四方井　　六甸

　　西集甸乡:杉札哨　　高山寨　　漾田　　老鼠鲊　　双棬槽

小法乌　　安边哨　　白打　　山头铺　　部沼　　马王庄　　过左驿　　海尾

白京寨　　芦柴冲　　小里长　　路白庄　　兴龙寨　　大龙潭　　城子

土锅寨　　鬼打寨　　乐恒　　响水　　土锅寨　　鬼打寨　　乐恒　　响水

张举人寨　　陇桥　　老马寨　　庄户　　浑水塘　　九条龙　　打兔寨

　　南乌甸乡：　大庄寨　　永丰庄　　雷公哨　　阿龙古　　白圭邑
长泥寨　　乍黑甸　　阿宽寨　　江头村　　川枋寨　　中坡哨　　白宗朋
龙潭寨　　左乃山　　革勒寨　　一把伞　　团寨　　牛卧白　　红果哨
河湾寨　　鱼塘寨　　水头

　　东傍甸乡：　野马驿　　马者哨　　多衣铺　　水城　　打鱼寨
歪头山　　木瓜铺　　罗台驿　　双水塘　　马鞍山　　大尧寨　　依人河
偤革龙　　舒城　　阿度马　　栖必叠　　芦柴冲　　罗坡碉　　石坝
大小禄丰　　罗溪旧　　米朵　　果克　　大小石牙　　架衣　　本者
阿策　　大小跨叠

　　嘉庆《阿迷州志》卷四,清嘉庆元年[1796]刻本,第二至三叶

8. 道光《新平县志》
卷一《疆域·村寨》

　　他扒　　马密　　迖戛　　法涂　　颇罗湾　　法乌　　季母白　　冲舍冲
勒达　　奴那山　　锅落冲①　　者甸冈　　克祖克　　阿谢　　阿白作
鲊腊冲　　扒之立　　鲊马密　　羊乃革　　莫租勒　　膏粱冲　　發毛冲
赵密克　　丁苴　　他克冲　　节达母　　白租拉　　宁鲊　　格捏母
白耻亦宜　　鱼古母　　冲乌　　歇母　　土租　　鲁奎寨　　他拉　　革朋
纳溪　　夷本贾　　阿得甸　　扒那黑　　西牛　　慢车　　腊路母　　他鲊母
夷都母　　树布拉　　夏赛　　轰哈　　歇基　　过洒　　慢岭　　慢掌　　法其
慢湾　　喇翅　　慢轰　　慢秧　　慢勒　　喇博　　他旦　　丫味　　猛项
乌轮　　打勒　　等龙　　怕纳　　慢卖　　拉得　　丙习　　六库　　那夏蚌
必吉利　　夷者摸　　慢汉　　杨桃利卡　　瓦白果　　错纳贾　　慢血坡
葛者打黑　　那糯田　　洒西河　　遮亥　　猛洒　　猛岭　　那扒村　　夏卡

　　道光《新平县志》卷一,民国三年[1914]铅印本,第二十九至三十二叶

---

①　明清民国云南地方志中,"×冲"之地名结构颇多,其中"冲"有可能是少数民族语音译,其内涵值得探索。

9. 道光《威远厅志》
卷二《城池》

街每逢街期,近村居民及摆夷、猓玀等各赴市买卖粟米、布匹、牲畜等物,日中而聚,日夕而散:威远街　抱母街　猛戛街　猛班街　茂篾街　猛住街　蛮卡街　骂木街　翁烘街

东 界 民 村:旧石马　满波村　蛮折村　蛮冈村　黄栗坡　困庄　等洞村　义發箐　者壮村　景貌村　蛮且村　南板　海庆　千家寨

南 界 民 村:蛮海村　蛮武村　乜也村　片里村　木瓜村　习文村　杏冈村　杏糯村　蛮乍村　南英村　大寨　新寨　全家村　整短村　蛮腰村　等可　蛮腊村　蛮别村　大蛮糯　小蛮糯　石板村　河湾　蛮东　土锅寨　蛮龙村

西 界 民 村:蛮拱村　宣化村　蛮竹村　唐家坡　蛮养村　白沙井　凉水箐　文易村　蛮貌村　文明村

北界民村:到坐哨　新村　大箐　王家山　草地龙

道光《威远厅志》卷二,清道光十七年[1837]刻本,第十七至十八叶

10. 道光《广南府志》
卷二《民户·村寨附》

宝宁县四乡三十二营①:者太营　阿章　者王营　里跛营　普梅　郎喊营　者豹营　阿科　革榜营　罗里营　阿用营　沙斗　罗贡营　者歪营　者兔　弥勒湾　者盖营　板蚌营　革鲁营　八播营　莫雨龙营　者钟营　圈罗营　者黑营　八甲营　阿莫营　者岜营　罗瓦寨　里纪寨　阿乃寨

富州四哨十八夕:阿用哨　板仑哨　坡怀夕　那南夕　乌落夕

---

① 四乡三十二营,只摘选其中特殊地名,其余显然为汉语地名者,均略而不记。下同。

安定夕　蜡山夕　剥隘夕　者桑夕　者仪夕　那良夕　那瓜夕　坡戈夕　者宁夕　板平夕

道光《广南府志》卷二，清光绪三十一年[1905]抄本，第二至三叶

11. 道光《大姚县志》

卷一《地里・陂塘》

赤草淜，俗称陂堰为“淜”①。在城南二十里，汇溪涧之水，潴而为淜。

道光《大姚县志》卷一，清光绪三十年[1904]刻本，第三十三叶

卷二《地里・村屯》

肐胳村　羊那美　摩苴屯　班闫屯　波淜屯　苴力屯　小苦了　纳波勒　缴苴村　缴末村　力苴村　猛连　浪巴铺　凹布果　班庄　班果　打苴箕　黑敢村　苴赖　只租的　黑泥麽　歪波咧　直纳鲊　大小罗古　碧麽　外普喇　卧马喇　灰巴务　西哈喇

黑起郎　外可奈　大罗古　大苦了　小波西　碧苴　歪波哩　碧麽　碧喇鲊　直纳鲊　老什古上村　老什古下村　拉麽　利米鲊　万兔村　灰旦　打苴基　黑什里　夜家村　下黑而　上黑而　米迟基　夜起连　六苴　只纳麽　直苴　他利颇　阿朵所　他克　他的麽　喇利麽　大直麽　六瓦鲊　小直麽　他的苴　红古麽　茨喇　碧喇鲊　维泥喇　上下湾别　喇务堵　上下巴拉　丙海　迤迫

又北界：苴却改为永定乡，者车马改为教正里，路咂马改为丰仁里，矣资马改为向化里，沙喇马改为输诚里，三麽的改为同风里，谷苴马改为慕义里，泥旧马改为涤新里，卧马喇改为悦来里，石腊马改为归德里，王朝马改为兴隆里，兴来马改为大成

① 今云南大理宾川白语，塘堰亦读若“淜”。

里。① 按：苴却十一马地方自古为荒服，每年纳马，故地以马名。每马彝长一名，曰马头，各辖数村或数十村不等，皆谓之马脚庄。

插利苴　上糯连村　他克鲊　鲊石村　懦达村　羊子文
插利麽　冈丙　凹利村　罗武村　雾黑麽　上下比利　下懦连
塔崩沟　上那灰　下那灰　老扒哨　他的麽　迤喇麽　小波西
外普喇　喇麦石　下格红　羊旧鲊　班别村　上格红　黑哑村
中格红　下凹鲊　下麦喇　上麦喇　摸鱼鲊　小卧喇　子喇务
拉务麽　阿把拉　者布麻　躲兵鲊　大布鲊　普鲊村　上纳鲊

道光《大姚县志》卷一，清光绪三十年［1904］刻本，第十四至四十九叶

12. 光绪《续顺宁府志稿》

卷六《地理志四·村屯》

太平里：得落崩　和睦村　堵扁　田心寨　得阿村　龙村
上罗拐　下罗拐　挨司铺　落仙寨

平村里：等洒落　地把洒　象庄　立款　地里摆

邦买里：马喇铺　和得村　立阿村　洛党村　立勒　甘卡
翁妈宠　把边寨　班飘　马误　丙蒙　蛮朵　顺大堡

牛街里：阿城旧　瓦胡卢　阿何六　阿你六　小模六
蚂蟥箐　吏礼街　屋甫　四木渎　土妈笃　克妈　阿哥六　把密
洒戛左　什福地　喇咱窝　只木六　白腊　举妈　打里　六五
故利　已密　咱咱木　洒密六

马街里：郭瓦力　瓦必哥　硬此马苦　猛胡禄　鲁古止
猛底　喇白足　洒吕许　密必禄　郭骂　郭咱　咀禄村　比此

---

① 地名变化往往伴随原有文化痕迹的丧失，汉文化进入少数民族地区之后，某些少数民族语地名，其原有内涵与特征便逐渐消失了。而地方志所记录民族语言资料之"特殊地名"，其间常常保留着早期理据，以此为途径探索其内涵，对于民族史、民族交融、民族文化等研究，都不无裨益。

腊五村　六阿谷　吉阿足　阿希库

　　东木龙里：文耐村　古六村　喇洒村　孺子卑　自克足村
阿苴　沙妈村　喇罗母　歪拔村　喇射客足　冇足瞿有俗音①
冇把村　厄体妈　六戛妈　利打村　阿發寨　阿你洒寨　矣禄村
舍舍足村　密别村　蒲蛮村　草库路村　落马库村　矣村
猛思浪村　米库村　瓦迫村　碧石寨　碧柏寨　滴水箐寨
即把村　瓦五鼠　上黑妈　洒列鄐　下黑妈　阿列母左
阿母腊村　落厦村　施先必村　大厰村　小厰村　阿你户村
东木龙村　瓦客村　大小炉村

　　观音里：高家寨　柏树屯　克勒猛　色普鲁　白喳喇
阿嫂寨　梅家寨　罗锅寨　阿敢寨　高寨　中山　阿买村
笃陆陇　高枧槽　立把桶　得乐位　扁阿度　马喇洒　昆南爱
阿找山　西密村　鲁皮村　味咱村　白喇　聚禄　额读　尾把
阿鲁司　沙喇谷　鲁家山　箐木左　古把即　坤申　阿尾聚
凤定　阿沙把　等村　等箐　木里箐　禄马勿　勿把村　洛可所
阿味思　思开去　阿定　洛可巧　大阿董　小阿董　硝硐
阿史密　罗格自　阿起密　阿格自　阿卜克　阿买密　麦鼠六
阿衣卑　勿把　力密　喇左　五戒度　母古　爱此马六　阿林寨
乌母主　莽找　阿波寨　洒戛租　黑妈寨　福都禄　阿郎　乐把
把等　立把阳　阿贝寨　阿戛寨　马喇翁村　古平村

　　右甸里：炉竹寨　扁凹寨　蛮办寨　宦家寨　禾木寨
乌使配寨　龙竹蓬寨　三家村　芭蕉寨　邑林街村　李文寨
墩山寨　荒田寨　安续寨　大鸡飞　小鸡飞　阿聘寨　栗木寨
立贵寨　观浪寨　万瓦寨

---

①　修纂者自注，颇值得注意，至少可以证明，其人已经注意到地名中的特殊因素
　　非汉语所能解。

　　达丙里：上达丙寨　打油寨　达丙街寨　翁堵寨　得乐寨
扁木寨　乌母古寨　爇子寨　蛮尾寨

　　明邑里：扁堵寨　落灼　蛮起寨　阿胖寨　倭子寨　粉坡寨
扁里寨　乌木龙

　　猛右里：大锡铅　小锡铅　李拐寨　立安寨　乌木大寨
立普寨　立董寨　白崖寨　立者寨　碧梯果寨　擦里寨　吴铁寨
立达寨　阿里寨　灰户

　　锡腊里：蛮瓦　乌木龙　蛮灰　邦买　陈麻寨　兔乃
阿把地　蛮窝　回龙　气回　大乃　底笼　挨达　锦杏　幸郎
蛮育　蛮辉　塔驮　蛮笼　硝塘　蛮甫大寨　六公寨　蛮来
蛮捞　洛党　立铺　立尾　打思革　立我　蛮岗慢来　小猛峒
那拐　蛮拔寨　摆彝寨

　　阿度吾里：阿改　乌马舟　立马勒　小猛山　立把特　立卯
立达　阿米山　阿米所　立木扒　立色　卡思街　立把标　甘马
翁思奎　立思基　立马兴　窝左　阿耿寨　等腊关　立马糯
立把乐　裡拐　翁思凹　邦贵　章又　郭大寨　立耿味　中山
安得村　马喇坡　阿拖寨　习林　那盖　立古凹村　慢雄户村
立式美村　得福气村　立勿村　土摆村　鲁后山　漫自口
翁卜宠　落仙　泮香村　沙裡安村　沙打扁村　阿格密村

光绪《顺宁府志》卷六,清光绪三十一年[1905]刻本,第九至二十一叶

　　按：以上不少地名资料结构规律较为明显,其间理据与文化
内涵,也值得从民族语言研究、地名研究的角度加以深入考察。按
结构规律大略概括如下:

　　含"落(洛)"的地名：得落崩、落仙寨、等洒落、洛党村、落马库
村、落厦村、洛可所、洛可巧、落灼、洛党、落仙。

　　含"把"的地名：地把洒、把边寨、把密、冇把村、即把村、立把
桶、尾把、古把即、阿沙把、勿把村、勿把、乐把、把等、立把阳、阿把

地、立把特、立把标、立把乐。

含"立"的地名：立款、立阿村、立勒、立把桶、立把阳、立贵寨、立安寨、立普寨、立董寨、立达寨、立铺、立尾、立我、立马勒、立把特、立卯、立达、立木扒、立色、立把标、立思基、立马兴、立马糯、立把乐、立耿味、立古四村、立式美村、立勿村。

含"六（禄）"的地名：阿何六、阿你六、小模六、阿哥六、只木六、六五、洒密六、猛胡禄、密必禄、咀禄村、六阿谷、古六村、六夏妈、矢禄村、聚禄、禄马勿、麦鼠六、爱此马六、福都禄、六公寨。

含"咱"的地名：咱咱木、郭咱、味咱村。

含"喇"的地名：喇咱窝、喇白足、喇洒村、喇罗母、喇射客足、白喳喇、马喇洒、沙喇谷、喇左、马喇翁村、马喇坡。

含"得"的地名：得落崩、得阿村、和得村、得乐位、得乐寨、安得村、得福气村。

含"扁"的地名：堵扁、扁阿度、扁凹寨、扁木寨、扁堵寨、扁里寨、沙打扁村。

含"蛮"的地名：蛮朵、蒲蛮、蛮办寨、蛮尾寨、蛮起寨、蛮瓦、蛮灰、蛮窝、蛮育、蛮辉、蛮笼、蛮甫大寨、蛮来、蛮捞、蛮岗慢来、蛮拔寨。

含"洒"的地名：等洒落、地把洒、洒夏左、洒密六、洒吕许、喇洒村、阿你洒寨、洒列鄩、马喇洒、洒夏租。

含"拐"的地名：上罗拐、下罗拐、李拐寨、那拐、裡拐。

含"妈"的地名：翁妈宠、土妈笃、克妈、举妈、沙妈村、厄体妈、六夏妈、上黑妈、下黑妈、黑妈寨。

含"等"的地名：等洒落、等村、等菁、把等、等腊关。

含"阿你"的地名：阿你六、阿你洒寨、阿你户村。

13. 光绪《鹤庆州志》

卷十七《户口·村屯》

古乐　西乐　木札腊　赵家登　杨李登　金登村　小邑登

高家登　象眠登　西登　思地登　大妙登　大登　腊石左　鲁摆
新压　官压　撒须　阿鲌　黄洛崀　迤鲋　赛鲋　峇崀　炼渡
阁登　士登　田子压。

> 光绪《鹤庆州志》卷十七,民国年间抄本。据该志卷首"序",其成书于
> 光绪二十年[1894],故所记载资料的时间,至迟为 1894 年

14. 光绪《镇南州志略》
卷十一《考辨·苴字考》

滇中地名多有以"苴"字名者,姚州之大小代苴、白马苴,大姚之
苴却,镇南之苴力铺、苴水,皆读为子锁切,音左。案:《字典》"苴"字
有十二音:千余切音蛆,子余切音沮,锄加切音槎,宗苏切音租,徐嗟
切音斜,侧下切音鲊,将豫切音怚,子野切音地,又读作巴、读作苞,
又子与切音咀,又子豫切,均无有读为"左"音者。惟《汉书·终军
传》"苴以白茅",师古注曰:"苴音祖。"夫"祖"音与"左"音相近,然
则滇人之读"苴"字为子锁切者,其"祖"音之转而讹欤?

> 光绪《镇南州志略》卷十一,清光绪十八年[1892]刻本,第二十叶

15. 宣统《楚雄县志》
卷十《考辨实绩·苴字辨》

滇蛮语谓火草为"苴",草之叶背有绵可织布者译为"左",考
《说文》《字典》,"苴"字有二十切音,并无"左"音,然滇中地名,每以
"苴"为"左",讹传相沿,殆亦"蛆""沮""租"之转音为"祖"误与[①]?

按:县邑箐、苴二字地名颇多,如大龙箐、告白箐、磨刀箐、白
龙箐、瘾袋箐、务夸苴、莫苴葱、打苴河、卡苴麽等,土音沿遂,至字
义亦失考辨矣。

> 宣统《楚雄县志》卷十,民国间抄本,第二十五叶

---

① 此则所谓"苴",当是以汉语音近字所记录的少数民族语词,不能仅从汉语汉字
的角度考察,否则会迷雾重重。

（二）民国方志

1. 民国《新纂云南通志》

卷四十《地理考二十·城池一》

　　易笼城：昔段氏于共甸筑城，名曰"易笼"。又"易笼"者，城名，在禄劝州北，地名培场，县境有二水，蛮语谓"洟"为水、"笼"为城，因此为名。昔罗婆部大酋居之，为群酋会集之所。

　　民国《新纂云南通志》卷四十，民国三十八年［1949］铅印本，第十五叶

2. 民国《宣威县志稿》

卷八《语言·汉族》

　　永安一里，旧有三十六卡、七十二戛，"卡"与"戛"皆夷语也，约皆表示其地荒僻褊狭、不通冠盖之意，今俗对于乡僻之处亦曰"山卡卡"。沛泽等里地名亦多卡、戛。

　　民国《宣威县志稿》卷八，民国二十三年［1934］铅印本，第四叶

3. 民国《嵩明县志》

卷六《舆地·市镇乡村》

　　得自村　乃卜村　扣雀村　本纳克　大矣得谷　小矣得谷
纳足村　乌云龙　查白龙　阿古龙大村　阿古龙小村　阿里塘
芒郎董　落海冲　箐猛种　扯米庄　前后哈　米纳多　阿左村
花茨蓬　河对过　达照村　匡郎村　达龙村　大弥良　普矣村
上矣村　中矣村　下矣则　麻衣古　上木丛龙　下木丛龙
矣纳龙　老习扯　上矣铎村　下矣铎村　矣赏龙　上对龙
中对龙　下对龙　乌撒庄　阿赤村　昆宜曰　古里本　矣纳寨
上罗良村　下罗良村　罗邦　阿乃村　下纳堡　上纳堡　朵格
大迤勾　中迤勾　小迤勾　达达村　得食村　者纳坡　阿打龙
古岔　者纳村　喜兹　阿子营　贾郎古　果东　起翅　德夸罗村

　　民国《嵩明县志》卷六，民国三十四年［1945］铅印本，第六二至八〇叶

4. 民国《罗平县志》

卷二《地舆志六·村镇》

东区村名：大法郎　小法郎　大洒马邑　小洒马邑　阿则村
马木歹　阿真者　下鲁邑　下妥者　的安村　阿都村　戈慕村
木纳以都　品得村　块白村　补旦者　补冲村　大募舍　得密村
路刻村　阿遣村　补引村　落岩村　阿怎村　阿补村　小阿东
鲁孔村　得抉村　以则村　金鸡山　不穷村　小则怎村
大则怎村　下得块　上得块　必色村　以足凹　安扎村　得沙村
法土夐　当郎村　阿来本块　赛补村　密村　康牛村　木革村
龙夐村　木六村　补宗歪　阿来舌　係戈村　纳革歹　洒坡村
鲁布革　鲊勒村　鲁落歹　鸠宜村　木黑村　栖革村　普都村
乃革沙　乃革干　都干村　募本村　阿八札　鲁苦夐　鲁歹村
维村　拖黑村　法易则母古　安木勒　大海宁　大革达
岂奴歹沙　以开额　宁革村　舌刻村　布宗村　岂奴歹鲊
安谷村　以都勒　母古村　歹各村　三板桥　吉朵村　木纳歹
黑石岗　六合海宁　折都村　舌底村　牛补歹　安黑古　小革达
木特勒　卑则村　刻妈井　阿係村　法石岩　把作村　黑夐村
舍邦多　法金甸

南 区 村 名：大水塘　康仪村　康吉村　勒泥朵　夐者村
鲁泥革　斗简村　洪补块　土白勒　上阿等　下阿等　必里村
阿邦村　大明寨　红石岩　九有村　龙係村　小明寨　补得村
石头寨　箐口村　歹补朵　康虐村　上阿来　下阿来　外纳村
以龙千　木刻黑　独白村　金得村　箐补朵　乐作村　沙戈村
歹歪纳　以折村　以孔也　那立村　西且矣　以土村　安勒村
大鸡登　木星村　普鲁村　安吉村　下阿东　袜歪折　普抡村
小鸡登　普归也　西霸田　袜更河　鲁捨白　洒刻村　撒块普
下纳勒都　阿达纳古　能革村　鲁摆村　撒块村　以龙沙

撒召村　　革来沙　　本享额　　革来干　　更坡村　　木马甲　　下吉即

阿来歹　　补董村　　色戛村　　法古村　　识色莫觉白　　维古村

六恰村　　法士非木戛　　以西戛　　以特村　　龙潭河　　幸多额

石登哨　　镶块哨　　偏头山　　泥万村　　糯下村　　播罗村　　大小罗斯

罗习村　　同来长者　　多衣村　　俄党村　　箐口村　　西林寨　　新寨

镶者村　　高寨　　木纳板台　　大水井

　　西区村名：阿白村　　法土村　　大阿捨　　小法找　　阿郎村

上迫干　　大冲村　　木六本戛①　　响水村　　安吉村　　阿遣鲁纳

下迫干　　以都必　　革牡村　　以庄村　　黑纳村　　大龙甸　　大法找

七排楼　　西舌古　　阿遣本寨　　乌白村　　以古村　　镶暑村　　安色白

莫觉龙　　必奈村　　上吉郎　　安足村　　革泥村　　阿俄村　　捏落村

阿宁村　　补镶村　　木冲革　　大俄得　　罗祖块　　小俄得　　阿舍补古

小法歪　　以宁村　　曾多村　　牛古维鸦　　戈苴村　　歹乌村　　执鸦多

上斗普　　鲁楚达　　鲁洗村　　上索干　　妥登古　　大法歪　　上拖白

革舒村　　阿干歹　　小龙甸　　龙戛村　　大白得　　中者黑　　阿葵村

五六丁　　小老鸦台　　扯纳龙　　舌宁湾　　束租村　　白教村　　阿干村

大革来　　阿折村　　阿改村　　袜补古　　袜以冲　　以额村　　黑泥村

小革来　　哈马村　　岂落村　　那块村　　戈维村　　撒召村　　奴革村

非革村　　妥者本寨　　下拖白　　阿舍谷勒　　舌得村　　大镶庄

上以龙　　小镶庄　　纳令则足　　拖溪村　　木冲村　　小阿舍　　简洗村

上鲁邑　　山古村　　迪立找　　阿得鲊　　竹鸡村　　补召村　　淑基村

以白村　　戈施村　　祖母块　　歹鲁村　　阿郎村　　纳祖白　　干者黑

台开村　　山白村　　龙王庙　　歪落冲　　阿宁革　　享召村　　河革村

河色冲　　袜卑村　　宁奈村　　柏家村　　以国乐　　瓦鲁村　　舌宁块

---

① 罗常培《语言与文化》第五章"从地名看民族迁徙"云："其实'六''禄''渌''绿''菉''陆'等都是状语 lu:k³³ 的对音，原意是'谷'或'山地'。"

热水塘村　地利找村

　　北区村名：斗普村　　空戛村　　色矣村　　拖白村　　纳贡者

享召村　　必车干　　阿改舌恰　　大六恰革　　以本戛　　捏恰村

屋母古　　得块村　　居吉古　　补纳找　　坝埂　　瓦窑村　　以国村

小渡口　　大母米　　习白村　　袜卑吉　　拖白盖　　母米那立

以莫鲁机　　阿鲁村　　阿者舌恰　　黄泥沟　　阿者村　　阿者必

歪得村　　安革村　　把洪村　　安必村　　召舍村　　木戛歹　　阿块舌

兄赤古　　上必车　　革黑块　　恰登村　　楼革村　　三道沟　　江边村

石峒村　　安黑古　　芦柴冲　　黑法村　　土冲村　　阿东歹黑　　下鲁法

以洪村　　马把村　　法贵村　　洪黑村　　歹足村　　索干村　　梭黑村

阿是村　　阿东戈心　　上折都　　戈多村　　鲁落鸦　　河革苴

古比村　　汉足村　　鲁黑革　　拖勒村　　干得村　　洒文则　　鲁机村

妈衣村　　以本村　　苴必村　　即孤村　　拖康素　　河也村　　诗歹沙

阿贵村　　妈衣足　　鲁乌村　　阿主村　　纳各村　　奈直必　　小歹村

请歹干　　废即村　　阿改鲁纳　　歪纳村　　斗刻村　　上阿东　　母沙黑

上补者沙　　以本歹墨　　腊各村　　补者本寨　　以墨东　　龙碉村

阿洪村　　史腊村　　阿古本勒　　堵杂村　　达村　　大小以罗　　奴袜村

鸡溪土助　　莫郎村　　沙锅寨　　小鸡场　　沙袜村　　奴刻村　　大鸡场

落墨喜　　阿曲也得　　蒿子冲　　洒舒革　　史田　　牛古村　　戛戈村

纳袜村　　小桃园　　安达村　　老君台　　阿坝村　　阿纪村　　小係代

阿本块　　马撒块　　安益村　　革竹村　　那昂村　　多洪村　　歹堵村

木纳杂　　阿洗村　　补衣村　　法干必密　　法干本寨　　係戈村

母米妥　　法乃村　　本丹多　　法乌村　　募者村　　旧圳村　　以持村

哈马著　　安必得　　革干村　　则勒村　　奴勒村　　上歹足　　少係村

上鲁法　　以本村　　鲁特村　　白康村　　龙马树　　乾河哨　　黑泥哨

清平哨　　圆峰哨　　海石凹　　法郎哨　　干得哨　　古康歹　　以莫村

大把洪　　小龙洞　　补者村　　大龙碉　　块泽拖勒　　木期黑　　以孔村

以土块　斗额村　恩白村　　恩勒村　　大係代　　係代干　　必革村
必舌村　以特歹　黑外村　　安额村　　东勒村　　初纳村　　木特勒
小六恰革　牛袜村　　以瓦干　　路以法则　　歹达村　　夏以村
扯土古　土官寨　俄罗甸　　舌迫村　　板村　　鲁得块　　普刻村
舌得勒　补笼村　歹舌村　　马打特　　革来村　　母戈业　　以瓦沙
甲拱村　纳卓村　舌块村　　得等村

　　　　"中国地方志集成"云南府县志辑，第19册，第516至531页

　　按：以上不少地名资料结构规律较为明显，其间理据与文化内涵，也值得从民族语言、地名研究的角度加以深入考察。按结构规律概括如下：

　　含"法"的地名：大法郎、小法郎、法土夏、法易则母古、法石岩、法金甸、法古村、法士、法土村、小法找、大法找、小法歪、大法歪、黑法村、下鲁法、法贵村、法干必密、法干本寨、法乃村、法乌村、上鲁法、法郎哨、路以法则。

　　含"阿"的地名：阿则村、阿真者、阿都村、阿遣村、阿怎村、阿补村、小阿东、阿来本块、阿来舌、阿八札、阿係村、上阿等、下阿等、阿邦村、上阿来、下阿来、下阿东、阿达纳、阿来歹、阿白村、阿郎村、阿遣鲁纳、阿遣本寨、阿俄村、阿宁村、阿舍补古、阿干歹、阿葵村、阿干村、阿折村、阿改村、阿舍谷勒、小阿舍、阿得鲊、阿郎村、阿宁革、阿改舌恰、阿鲁村、阿者舌恰、阿者村、阿者必、阿块舌、阿东歹黑、阿是村、阿东戈心、阿贵村、阿主村、阿改鲁纳、上阿东、阿洪村、阿古本勒、阿曲也得、阿坝村、阿纪村、阿本块、阿洗村。

　　含"洒"的地名：大洒马邑、小洒马邑、洒坡村、洒刻村、洒文则、洒舒革。

　　含"歹"的地名：马木歹、纳革歹、鲁落歹、鲁歹村、岂奴歹沙、岂奴歹鲊、歹各村、木纳歹、牛补歹、歹补朵、歹歪纳、阿来歹、歹乌

村、阿干歹、歹鲁村、木夏歹、阿东歹黑、歹足村、诗歹沙、小歹村、请歹干、以本歹墨、歹堵村、上歹足、古康歹、以特歹、歹达村、歹舌村。

含"鲁"的地名：下鲁邑、鲁孔村、鲁布革、鲁落歹、鲁苦夏、鲁歹村、鲁泥革、普鲁村、鲁捨白、鲁摆村、阿遣鲁纳、鲁楚达、鲁洗村、上鲁邑、歹鲁村、瓦鲁村、以莫鲁机、阿鲁村、下鲁法、鲁落鸦、鲁机村、鲁乌村、阿改鲁纳、上鲁法、鲁特村、鲁得块。

含"者"的地名：阿真者、下妥者、补旦者、夏者村、同来长者、中者黑、妥者本寨、干者黑、纳贡者、阿者舌恰、阿者必、上补者沙、补者本寨、募者村、补者村。

含"戈"的地名：戈慕村、係戈村、沙戈村、戈苴村、戈维村、戈施村、阿东戈心、戈多村、河革戈苴、夏戈村、係戈村、母戈业。

含"得"的地名：品得村、得密村、得抉村、下得块、上得块、得沙村、补得村、金得村、大俄得、小俄得、大白得、舌得村、阿得鲊、得块村、歪得村、干得村、阿曲也得、安必得、干得哨、鲁得块、舌得勒、得等村。

含"块"的地名：块白村、下得块、上得块、撒块普、镶块哨、罗祖块、得块村、阿块舌、革黑块、块泽拖勒、以土块、鲁得块、舌块村。

含"补"的地名：补旦者、补冲村、补引村、阿补村、补宗歪、牛补歹、补得、歹补朵、箐补朵、补董村、补镶村、阿舍补古、袜补古、补召村、补纳找、上补者沙、补者本寨、补衣村、补笼村。

含"六"的地名：木六村、六合海宁、六恰村、木六本夏、五六丁、大六恰革、小六恰革。

含"黑"的地名：木黑村、拖黑村、黑石岗、安黑古、黑夏村、木刻黑、黑纳村、中者黑、黑泥村、干者黑、革黑块、安黑古、阿东歹黑、洪黑村、梭黑村、鲁黑革、母沙黑、黑泥哨、木期黑、黑外村。

含"革"的地名：木革村、纳革歹、鲁布革、栖革村、乃革沙、乃革干、大革达、宁革村、小革达、鲁泥革、能革村、革来沙、革来干、革牡村、革泥村、革舒村、大革来、小革来、奴革村、非革村、阿宁革、河革村、大六恰革、安革村、革黑块、楼革村、河革戈苴、鲁黑革、洒舒革、革竹村、革干村、必革村、小六恰革、革来村。

5. 民国《石屏县志》

卷四十《杂志·同声字》

屏俗于地名同声之字，往往变一字音以呼之，如吴家营、刘家营、大杨家营、小杨家营、盘家营，俗语省“家”字，则吴、刘、杨三字阳平声皆读去声，以别于阳平之“营”字。如不省“家”字，则从古音，读“家”如“居”，顾炎武云：古麻韵同鱼韵。但亦不撮口读“居”而合口读如“基”，如竺家巷、朱家寨、孙家营，俗呼竺基巷、朱基寨、孙基营是也。或旁转读“家”如“金”，如符家营，呼“符金营”，因双声而变也。或舌音读为舌头音，如大小杨营，呼“大小亮营”，钱大昕云：古无舌上，皆读舌头。因叠韵而变化也。此皆可证屏人音变。至于鲁兔革，呼“鲁兔”阴平声、“革”上声；他克苴，呼“克”阴平声、“苴”古哥韵，则名从主人之义，乃译土音以华文，不能尽合，非误读也。“作佳”呼“作假”，亦同。

民国《石屏县志》卷四十，民国二十七年[1938]铅印本，第五十二叶

卷四十《杂志·萧家海》

《建水志》载：土人称“海”曰“惠劚”，汉文译为“建水”，然今之建水已无海之存在，可见所谓“惠劚”者，盖统指今之赤瑞湖、鉴湖、异龙湖、建水坝一带而言也。

民国《石屏县志》卷四十，民国二十七年[1938]铅印本，第五十七叶

6. 民国《盐丰县志》

卷三《地方·乡镇》

格谷　了姑埂　而的　阿苴莪　红古地　比大膊　大古衙　哪奈　吾普黑　腻姑　格么津　大小碧么　文泥么　菽苴　喇巴　杞喇么　多底河　阿腻腊　喇鲊么　菜溪拉　空龙寨

民国《盐丰县志》卷三，民国十三年[1924]铅印本，第二十九至三十二叶

7. 民国《大理县志稿》

卷三《建设部·乡镇·三乡村庄调查表》

波罗塝　南星登　北星登　小院塝　阁洞塝　上院塝
下院塝　新登　长登　塝曲　上作邑　下作邑　古生　上羊波院
下羊波院　上波溯邑　下波溯邑　古主庄　上生久　北生久
南生久　罗久邑　推登

民国《大理县志稿》卷六,民国六年[1917]铅印本,第十六至二十五叶

贵州

一、彝族语言资料

（一）清代方志

1. 乾隆《普安州志》

卷二十五《方言志》

一翻曰译，以译译译及数译，皆曰重译。五代时，胡崧从契丹北行，踪迹数万里，有数译然后知其音者，竟有不能译者，又有可译而文义并然者，如武后时房融译《楞严经》，悉四字属句，杳渺幽深，《南华》之后，有数文字。又如汉时宋醋进《白狼夷歌》，亦四字句译之，文义古雅，与《安世房中歌》相仿佛间。尝读其译本，即今罗罗声也。盖白狼夷即莋都，后为沈黎郡，今在重庆诸处，故其声同也，兹录于后。

罗罗中有安氏济济火，后安氏盛时，自制文字，不同中国。今阅其字，与回纥同，横写、从后起，予读金、元史，亦如此，盖元实居云南之南，故元将末，诸平章总管皆窜入滇黔间，以其离故部不远也，故罗罗文字略与之同，而声音不同，如元呼牛不花、呼钮脱欢，兹皆不然，是文字略同而音迥不同也。

罗罗之外有犵家，虽同为苗，而音又不同。杨雄谓蜀之先蚕丛、鱼凫、开明、拍濩不晓文字，未有礼乐，至今犹然。《后汉书》谓九隆之母沙壹为鸟语，今则无此。罗罗犵家之语，有汉字一语而为二语者，有一语为一语者，又[1]有声音与汉人相同者，又有以虚字在上而实反在下者，如曰"奉调"则云"调奉"、曰"出兵"则云"兵出"之类，尝考之徼外，多有如此，不独罗罗为然。兹仿杨雄作《方言》并仿金、元史，记罗罗数语，以备将来有事于此者展卷而通其音，不致如胡崧之不知音而竟返也。志方言。

罗罗诗歌

罗罗之名已久，束晳《汲家周书》有《王会图》一篇载诸国入朝，中有罗罗，事在周武王盟津大会后，窃以为微、卢、彭、濮中即有此种。

汉武帝时，有罗罗名白狼夷王唐菆，慕化归义，作诗三章，班固《西都赋》所谓《白狼夷歌》是也。其诗曰："提官傀构，汉言曰大汉是�。魏冒逾曹。汉言曰与天意合。罔驿刘脾，汉言吏哗平端。旁莫支笛。汉言曰不从我来。罗罗谓'不'为'莫'，'不从'倒读曰'从不'。微衣随漾，汉言曰闻风向化。知唐桑艾。汉言曰所见奇异。邪毗緤繡汉言曰多赐缯帛，推潭仆远。汉言曰甘美酒食。今谓酒为'旨多'，用君子有酒旨且多，句雅甚。拓拒苏更，汉言曰昌乐肉飞。局后仍离。汉言曰屈伸悉备。偻让龙洞，汉言曰蛮夷贫薄。莫支度由。汉言曰无所报嗣。阳雒僧鳞，汉言曰愿主长寿。莫穉角存。汉言曰子孙昌盛。"又曰："偻让彼尼，汉言曰蛮夷所处。且交陵悟。汉言曰日入之都。缒动随旅，汉言曰慕义向化。路且拣雒。汉言曰归日出主。圣德渡诺，汉言曰圣德深恩。魏茵渡洗。汉言与人富厚。综邪流藩，汉言曰冬多霜雪。莋邪寻螺。汉言曰夏多和雨。藐浔泸漓，汉言曰寒温时适。菌补邪推。汉言曰部人多有。辟危归险，汉言曰涉危历险。莫受万柳。汉言曰不远万里。术叠附德，汉言曰去俗归德。仍路孳摸。汉言曰心归慈母。"又歌曰："荒服之仪，汉言曰荒服之外。案，苗言地名人名俱依汉言，如言荒服之类。犁籍憐憐。汉言曰土地硗埆。阻苏邪犁，汉言曰食肉衣皮。莫砀粗沐。汉言曰不见盐榖。

---

① "又"，原作"文"，径改。

案，苗中碛埆之山只宜荞麦，余皆不生，去盐井远，以狗椒①代盐。罔译传微，汉言曰吏译传风。是汉夜拒。汉言曰大汉安乐。蹤优路仁，汉言曰携负归仁。雷折险龙。汉言曰触冒险狭。伦狼藏幡，汉言曰商山歧峻。案，苗语山曰②嵞，盖嵞为山之顶也，此言甚合；谓高为狼，'高山'倒言曰'山高'，虚字在下也。扶路侧禄。汉言曰缘崖蟠石。息落服淫，汉言曰木薄发蒙。理沥髭雉。汉言曰百宿(xiǔ)到雉。捕苣菌毗，汉言曰父子同赐。怀槀匹漏。汉言曰怀抱匹帛。传言呼敕，汉言曰传告种人。陵阳臣仆。汉言曰长愿臣仆。"案《白狼夷》三章，与今罗罗语音同。

罗罗语

天曰母，日曰甯其，月曰阿不，星曰斤儿，风曰米嘻，云曰倭卓，雨曰母呼，雪曰污，雷曰母革，露曰至，霜曰呢，雹曰鲁呼，冰曰涡泥。

地曰弥，山曰不勒，水曰亦甲，凡溪涧皆曰亦甲，田曰得作平声读，房曰儿用喉音，井曰宜都，石曰落莫，楼曰纳麓，桥曰扎。

人曰祖，皇帝曰厄母，大人曰沙祖，普安州曰塞着学，师曰摩哥，捕厅曰吗哩，父曰爹，母曰阿纳，兄曰阿摸，弟曰哥低，姊曰阿讷，妹亦曰哥低，子曰肉作平声读，女曰阿墨，孙曰息孙，女曰息阿墨，师傅曰苏么。

拜年曰斩呼，祭祀曰铺皮根，请客曰湾侧，娶亲曰欺克，嫁女曰阿墨欺，有子曰亦钵，有女曰阿墨育，织布曰扑字，耕田曰歹作平声读葛，结讼曰发可得。

金曰施儿，木曰洗尔，水曰亦甲，火曰水都，土曰泥母，青曰纳，红曰涅，黄曰奢，白曰出，蓝曰咳，紫曰呢纳，喜曰辣，怒曰泥怒，哀曰额平声，乐亦曰辣。

---

① "狗椒"，未知何物，似为汉语方言词或少数民族语之音译词。
② "曰"，原作"目"，径改。

梅曰萨革尾,桃曰萨勿尾,李曰萨菊尾凡读花为尾,核桃曰萨绵,栗曰宅平声,柳曰呢。

头曰五作鼻音,耳曰乐波,眼曰那去声都,口曰涅波,眉曰那波,颈曰下入,胡曰泥七,乳曰八入,胸曰你都,肚曰亚巴,心曰你,肠曰无,肺曰次,肝曰塞,手曰辣,足曰夹跋。

布曰濮,缎曰叵,锦曰叵佳佳字作"家"字读,鞋曰琴,带曰竹是,耳环曰奴则,胸前珠曰逐木。

打仗曰麻吉,弓曰娜,弩曰茄,箭曰弩,刀曰霞,枪曰杵,炮曰杵。

金曰除,钱曰止知,戥曰罗,秤曰鸡,升曰施,斗曰得。

饮酒曰旨多,杀鸡曰呀呼,倒读,呀为呀,呼为杀。为黍曰绩腻。

牛曰呢,羊曰禾用鼻出气读,狗曰溪,猪曰挖,猫曰阿必,鼠曰哈,虎曰骆,豹曰亦,鹿曰活貘,狼曰物野。

谷曰赤,荞曰姑,雁麦曰食米,小米曰策,芋头曰难苞,粟曰乌母苏,稗曰阿鳖。

皇帝好曰厄母的,官好曰祖莫的,老者曰速莫,少年曰奔儿沙,女之美者曰忌,男之好汉仗曰脚踏,住老有德曰速莫助。

乾隆《普安州志》卷二十五,清乾隆二十三年[1758]刻本,第一至六叶

2. 乾隆《独山州志》

卷三《地理志·方言·蛮歌》

利完入声案绕寮喇闷,锅上声玩滴赧盎笑眉。歹冰入声蒲乃觅离宝,胆软底般入声攘晚拈入声。译之曰:"盛世恩膏遍普天,衢歌击壤乐陶然。太平愚贱无将报,但愿江山享受万年。"

线逃入声亥凹寮槐吝,贬线更去声老平声也降阑入声。软求入声菩完入声教敛备,晚般入声蒲乃盎备黎。译之曰:"仙桃开花满树红,八仙饮酒在堂中。愿祈人主活千岁,万国黎民乐岁丰。"

盖此地彝人亦有读诗书者,能以彝语为诗歌,其声亦有音节,

故取其一二,以见文教之远敷云。

乾隆《独山州志》卷三,清乾隆三十四年[1769]刻本,第五叶

3. 咸丰《兴义府志》

卷四十二《风土志·方言·猓猡语》

天文：天曰麦,日曰磨叉,月曰和卜,星曰专,风曰米,云曰得那,雪曰乌,雨曰蒙杭笃,霜降曰呢独,露曰并那,雹曰河衰,电曰蒙屑,冰曰乌呢革,旱曰木错,涝曰夷年。

地理：地曰米,山曰墨勒,大山曰墨勒厄,小山曰墨勒弱,山巅曰墨勒午,山麓曰墨勒脚,石曰六莫,洞曰多多,江曰夷莫,海曰夷年古,大水曰夷不笃,坑曰夷多多,沟曰左都,田曰得,土曰泥,圃曰徂谷,大路曰阿足莫,小路曰阿足坐,田塍曰米该得。

称谓：父曰爹,母曰阿密,祖曰普阿莫,祖母曰普阿婆,伯曰独磨,叔曰颇颇,兄曰阿磨,弟曰业楷,伯母曰密磨,叔母曰木角,嫂曰阿眠,弟妇曰妹,姑母曰阿咳,姊曰阿拿,妹曰妹,姊夫妹夫曰呢昨,妻舅曰阿侯,妻曰拿我,子曰昨,侄曰昨奴,女曰阿蛮,妇人曰阿妹,先生曰阿比婆,大人曰色染,媒人曰母脚,巫曰皆比如,佃曰明果,缝人曰多土呢拿,庖人曰乌章乌拿,木匠曰写答拿个,瓦匠曰我者拿个,我曰拿改,你曰俄改,差役曰差一颇,乞丐曰烧颇,盗贼曰色折颇。

人事：生曰锁,死曰习,贫曰叔,富曰木,大曰厄,小曰鹤,有曰黑,无曰麻不,来曰笃,去曰厄豆,迟曰舍特,速曰舍得查,言曰挪海,走曰屋竹色,人多曰屋叔檽,人少曰屋叔纳,愿曰南觉,不愿曰蛮觉,成曰海特,不成曰海蛮特,巧曰喜夷,愚曰未喜夷,拜曰革革,不听言曰海倒还习,打曰墨,骂曰且成碑,捆曰业个堪,骗曰说末街那他,买曰佛,卖曰乌,以物顿地曰墨相干。

身体：头曰我母,髪曰各比,额曰奴比,脸曰拖,眉曰那菜末,眼曰那多,耳曰罗波,鼻曰奴蒙,口曰业波,须曰奴七,齿曰直莫,舌

曰觉锁，项曰姑巴，肩曰那朱，背曰格不，手曰拿，掌心曰拿哥，大指曰七磨，小指曰拿子的，胸曰阿巴，腹曰阿姑，乳曰直，腰曰昨波，脐曰差必的，足曰吉巴，腿曰木交，膝曰密即，足肚曰即指，胫曰哈拿吉，脚心曰吉巴徒，足趾曰怯支，臀曰得白，筋曰昨，骨曰和偶，肉曰和，大便曰既哥，小便曰衣火。

疾病： 头疼曰安奴，腹疼曰阿北奴，腹胀曰阿比恶，心痛曰你木肉，耳聋曰六北偶，声哑曰海木革，眼瞎曰拿芒我，背驼曰目姑，呕吐曰臂，咳嗽曰哉，痢曰姚业呵，疮曰欺，癞曰色得，跛曰吉巴斗。

居处： 寨曰打楷，门曰喊俄，门外曰林呢，门限曰俄狄，房曰江韩，阶曰俄狄娄，楼曰帖，仓曰折莫，梁曰割肚，柱曰西者，瓦曰俄披，檐曰捨把，墙曰罗恰恰，板壁曰革怯。

衣服： 领曰托街，帽曰吴祖，衣曰托多，手巾曰拖结颇，衣钮曰呢子，腰带曰勒西，裙曰忒，裤曰昨，鞋曰乾乃，裹脚曰乾薄，枕曰吴革，被曰多，褥曰云波，席曰谷多，草荐曰不开，布曰颇，纱曰出，绸曰北，针曰厄，线曰赤。

饮食： 酒曰蘖，吃酒曰诺，饭曰熟，吃饭曰昨，肉曰麻忽肉，吃肉曰化肉，吃烟曰一触，烟竿曰一谷，烟包曰因盖，茶曰采一，吃茶曰采因，茶杯曰革肉公，油曰密夷，油灯曰抵竹，盐曰楚，粥曰褥，香曰纳，臭曰明拿，冷曰欺，热曰触，软曰勒奴，硬曰墨，糟曰蘖巴，麵曰叔尺。

器用： 桌曰昨，脚踏曰酷莫，碗曰摆，箸曰阿昨，灶曰租，釜曰侯娃，爆竹曰夺波，大炮曰楚母，斗曰特，升曰勒捨，米袋曰勃，杵曰墨尺，锄曰吉派，耙曰哈楷，镰刀曰或各，尖刀曰和白，扁挑曰还独，挂杖曰立，梳曰姐，锁曰恒查，面盆曰多脚皮，戥曰绿，秤曰吉，绳曰斩杜，书曰叔排，纸曰托叶，读书曰叔革，扇曰独绿，锣曰左，喇叭曰狄黎，铁链曰合抓。

数目： 一曰打谋，二曰蘖谋，三月收谋，四曰西谋，五曰俄谋，六月曲谋,七曰希谋,八曰合谋,九曰勾谋,十曰快谋,十一曰怯迭谋①,一百曰夺或,一千曰达多,一人曰打谋乌叉,十人曰怯谋乌叉,百人曰夺或乌叉,千人曰达多乌叉,一文曰呢既打谋,十文曰呢既怯谋,一钱曰达菜,一两曰达六,二两曰麋六,石(dàn)曰得贤,斗曰达科。

方向: 中曰古俄,前曰西吉,后曰奴触,左曰拂拍,右曰仙怕,上曰没打,下曰密迭。

颜色: 红曰你蘖,紫曰烘烘,黄曰鳃鳃②,蓝曰白泼,白曰卜团,黑曰奶拿。

珍宝: 金曰赊,银曰托,铜曰呢,铁曰或,钱曰你吉。

农功: 恳田曰等徒,筑田曰等哥,灌田曰得反,种田曰得得,挑粪曰怯伐,粪田曰怯伐得个,布种曰烘打,插禾曰烘既,收获曰怯速,晾穀曰怯得,割草曰歇速。

穀蔬: 穀曰怯,白米曰怯独,糯米曰怯阳土,舂米曰怯独迭,糠曰石开,麦曰速,荞曰鹤,红稗曰云泥,小米曰尺,豆曰猓,豆豉曰诺哉,菜曰蛙,青菜曰乌展,白菜曰乌土,油菜曰乌觉,苋菜曰乌业,蕨曰诺得,山药曰阿业,薑曰初拍,蒜曰姑沙,葱曰谷沙,芋曰高阿勒。

花木: 花曰米罗,草曰喜,竹曰莫,木曰洗,松曰托,杉曰叔,桐曰咦,漆曰既,棕曰叔节,柳曰女实,桃实曰实竹,李实曰实六,核桃曰实密,梨曰实罗,柑曰实勒,柴曰喜。

---

① "一曰打谋""十曰快谋",以类推思维,则"十一"当为"快打谋",记作"怯迭谋",有三个可能:其一,该民族语"十"以上的数词另成体系,不以低位数次"一"至"十"为基础;其二,"怯迭谋"之"怯"为"快"的形讹、"迭"为"打"之音变(两者所指原词同一);其三,与第二种可能性相反,即"十曰快谋"当作"十曰怯谋",其中"快"为"怯"之形讹。又据本则"十人曰怯谋乌义""十文曰呢既怯谋"二条记录可推知,"快"为"怯"形讹的可能性较大。

② 颜色词以重叠式表述,值得探讨。本则下,"红曰你蘖""蓝曰白泼""黑曰奶拿"之"你蘖""白泼""奶拿",原词可能是重叠式,所记录为其重叠式音变之后的形式。

鸟兽：鸡曰雅，鹅曰恶，鸭曰埋，鸦曰阿及，猪曰伐妈，羊曰气，猫曰冰乃，狗曰怯，马曰墨，牛曰呢，鼠曰蟹，兔曰阿叔，猴曰阿诺，虎曰叶。

鱼虫：鱼曰我，鳅曰我不你，鳝曰我山，龙曰罗，蛇曰不谐，蚊曰墨托，虱曰歇，蚤曰怯歇，蜂曰奴，蜘蛛曰阿娘怯，蜻蜓曰木那比，蝗曰墨，虾蟆曰巴多，蚓曰密迭。

按：志方言兼志苗语，考《黔书》《安顺志》《平安志》《永宁志》及《滇黔纪游》《滇行纪程》《峒溪纤志》诸书皆志苗语，兹因其例，非创例也。

咸丰《兴义府志》卷四十二，清宣统元年[1909]铅印本，第二十六至三十叶

4. 光绪《普安直隶厅志》

卷四《地理·附方言·罗罗语》[①]（存目）

5. 光绪《水城厅采访册》

卷四《食货·族姓附》

厅治夷汉杂处，隶客籍者历年未久，惟姬姓族较盛。土著中，安沙禄世系独远他族，散居墟落，多莫核其姓。安氏自明初始得姓，其初曰黑爨、曰黑卢鹿、曰乌蛮、曰罗甸、曰罗罗、曰罗施、曰罗氏。夷志谓爨氏乃楚令尹子文之后，自蜀汉诸葛南征，辟爨习为官署，历晋、梁、隋、唐，为西南夷大姓。迄南诏，胁以兵徙其户二十万于永昌，其散依林壑者得不徙，曰东爨，又谓卢戎，见于《尚书·牧誓》，罗与卢戎并见于《春秋传》。

安氏谱系谓其祖有堵穆者，其第六子曰穆济济，济济子曰济济火；历十数世为奶阿助，助死，助阿补嗣，支子为助阿扒瓦；补死，阿暑嗣；暑死，暑阿统嗣，其长子曰统莫补，为芒部陇氏，其少子曰统

---

① 此处所记与乾隆《普安州志》卷二十五《方言志·罗罗语》同。存目，不重录。

阿者,为阿鲊部;阿者死,阿者比於嗣,历十数世为都阿遮;遮死,遮
阿夺嗣,其支子曰遮阿以芝;又数世为主色阿更,其子曰阿更阿佩;
历四世为普露,其弟凡四十有七,有曰以列、曰白义者;历二世为普
贵;历五世为阿榨,其子曰阿榨亦奚,亦奚子曰亦奚不薛;历数世为
阿画、为霭翠。历数世为安贵荣,其子曰万钟,钟无子,弟万镒、万
铨,镒子仁,仁子国亨;亨死,安疆臣嗣,其弟曰尧臣,子曰位俱,无
嗣。安坤者,万铨之裔。陇氏、禄氏皆罗甸大姓,今东川土司多禄
氏、镇雄土目多陇氏。沙姓本拜勒部,若姬姓者,本汉阳诸姬,因庄
蹻征滇,遂从戎来此,今汉上人犹递相传述云。

　　　光绪《水城厅采访册》卷四,1965 年油印本,第三至四叶

卷四《食货·方言附·罗罗言》

　　天曰穆,日曰已,曰曰洪,星曰坚,云曰登,风曰行,雷曰穆支,
电曰檄乍,霜曰逆,露曰致,雪曰乌,霰曰才儿,雾曰能,晴曰凿,雨
曰烘。以上天文类。

　　春曰奶,夏曰施,秋曰濯,冬曰初,岁曰拓,月曰宏,闰曰宏低,
四立曰吴,二至二分曰盖,日曰仪,时曰兔,朝曰亨,夕曰克,昼曰穆
仪,夜曰洗披,月上弦曰穆打,下弦曰穆迁,甲曰这,乙曰齐,丙曰
被,丁曰升,戊曰肯,己曰丘,庚曰卢,辛曰赫,壬曰得,癸曰都,子曰
哈,丑曰尼,寅曰路、又曰腻,卯曰他暑,辰曰鲁,巳曰奢,午曰目,未
曰和,申曰诺,酉曰挖,戌曰期,亥曰凹,建曰唾,除曰厄,满曰等,平
曰朵,定曰纸,执曰痴,破曰打,危曰古,成曰杓,收曰木,开曰补。
以上时令类。

　　地曰迷,山曰补,水曰彝,岩曰法,石曰罗。以上地理类。

　　木曰腮,草曰诗,花曰葳,实曰模。以上草木类。

　　屋曰行,门曰古,床曰基,几曰白,木凳曰枯木,笔曰苏开,墨曰
洛那,纸曰图依,砚曰额洛,灯曰夺货,笠曰科卢,刀曰着恒,镖曰沙
巴,箭曰糯租,弩曰恰箭,药曰扎夺。以上屋舍器用类。

食曰祖,饭曰加,早餐曰滞,午餐曰招,晚餐曰迟,噉曰租,酒曰止,饮曰多、又曰朵,肉曰呼,菜曰务,盐曰初,酸曰支,苦曰枯,咸曰额,辣曰裴,甜曰痴,味之麻口者曰约,香曰奶,臭曰布能,饥曰厄,饱曰波。以上饮食类。

东曰费,西曰杓,南曰卧,北曰刻,中曰戈姑,上曰仪,下曰腾,高曰模,低曰能,右曰事,左曰番,前曰及,后曰脉、又曰度,先曰施及。以上方位类。

穀曰居,稻曰迟,豆曰诺,粱曰目租、又曰目杓,黄粱曰漆,稗曰为,红稗曰诺腊、又曰沙为,草子曰诗则,荞曰姑,小麦曰书,大麦曰数,燕麦曰杀诗,麻曰模,栽曰呆,种曰世,秧曰系。以上稻粱类。

布曰卜、又曰迷密,衣曰铺、又曰驼,裳曰杀恒,冠曰乌科,履曰期低,带曰着晒,袴曰暑、又曰致能,织曰袜,缝曰能、又曰及,剪曰择。以上衣服类。

青曰女,赤曰能,黄曰奢,白曰兔,黑曰那,灰色曰帛帛,水红色曰威威,杂色曰字兹、又曰戈戈,花色曰瓜瓜,浅蓝色曰暑舒,绿色曰贺呵。以上颜色类。

牛曰妮,马曰谟,猪曰凹,羊曰彻,毛羊曰何,狗曰期、又曰区,猫曰阿籴,鹅曰俄,鸭曰败,鸡曰娃,龙曰奴,虎曰其褒,豹曰则,狐曰兜,狮曰使宰,象曰乎,鹿曰泽,兕曰烘,麂曰痴,麋曰鲁,猴曰阿诺,熊曰额暮,封豕曰凹拈,兔曰阿署,黑花马曰谟那瓜,枣骝马曰杜都,海骝曰暑舒。以上鸟兽类。

父曰铺,母曰模,兄曰委,弟曰年,夫曰约,妇曰黑,子曰租,媳曰器,女曰阿墨,姑曰阿宜,嫂曰阿暮,婿曰序予,祖曰阿囊,祖母曰阿丹,曾祖曰阿铺,高祖曰阿亚,嫡曰奢,庶曰止,舅曰约铺,母之兄弟曰阿迁,女兄弟之子曰素把,君曰苴,臣曰卢,主曰色,奴曰止,主之老曰色铺,女奴曰颇,佃民曰苏面,宣慰曰苴慕,汉官曰沙助,土官曰挫,总理曰更苴,辅佐曰慕魁,赞助曰勺魁,主兵曰骂色,裨将曰黑乍,战将曰苴可,大头目曰模濯,次曰麻衣,又次曰掖续,事鬼神之祝曰褒慕、又曰白慕,即拜禡也,掌文字曰慕诗,掌礼仪曰铺偷,书手曰戈蜡,管事曰糯为,汉曰沙,苗曰妈烘,犵狫曰蒲,仲家曰沙慕、又曰沙免,蔡家曰阿乌那,龙家曰阿乌免,㑷曰沙卢基,自称曰嫩速,人曰凿,又曰乌搓,祭祖曰仪模,事君曰苴濯,嫁女曰能这,娶妇曰器肯,交友曰乃义。以上伦纪类。

头曰乌,目曰那都,鼻曰奴暮,耳曰罗波,口曰逆补,手曰蜡,足曰期,身曰果褒,背曰果朵,心曰奶,肝曰谢,脾曰支,肺曰趣,肾曰露,肠曰吾,肚曰赫,腹曰饿波,皮曰己,毛曰迷,髮曰乌疵,气曰雯,血曰须,肉曰呼,骨曰亨,筋曰纠,腰曰着古,臂曰居,股曰朵布,溺曰西,矢曰梯。以上身体类。

事曰糯,作事曰糯则,发号施令曰非是枯开,言曰度,语曰幸,姓曰恨,名曰扚,先曰吉,后曰墨,早曰扯,迟曰得,反曰颇,正曰耿,转曰着,侧曰兹,上曰模,下曰乃,高曰行,低曰滕,大曰窝,小曰把,多曰努,少曰奶,近亦曰奶,远曰敷,厚曰土,薄曰波,重曰黎,轻曰罗,信曰直,诈曰根,亲曰格,疏曰腻,想曰邓,记曰克,爱曰局,恶曰杓,他曰题,我曰额,你曰那,己曰约,存曰着,亡曰古,生曰苏,死曰希,作戛曰苏支,病曰奴,好曰乌,是曰恩,否曰麻,睡曰乙,坐曰宜,立曰赫,走曰斯,跑曰特,逃曰婆,抬曰扯,挑曰凹,背曰布,抱曰打,提曰恒,执曰兜,来曰离,去曰胎,有曰吾,无曰庶吾,成曰托,败曰麻托,好曰纽,不好曰麻纽,美曰哉,丑曰兴,寒曰加,暖曰楚,冷曰彻,咒曰朱,祝曰则,曲曰角,直曰耿,长曰奢,短曰妮,顺曰住,逆曰麻住,买曰瓦,卖曰务,扫曰斯,拂曰丘,摘曰哈,割曰呆,杀曰呼,打曰赌,骂曰这,教曰慕,督曰其,吃曰租,饮曰朵,做曰则,作曰瘥,修曰古,理曰暑,讼曰诺,讯曰哉,寄曰匪,赐曰左,与曰被,许曰更主,送曰乎,迎曰希,接曰杂,见曰我,闻曰纠,嗅曰布能,擒曰欲,追曰夏,畜曰幸,养曰烘,粘曰虐,贴曰觉,糊曰济,砍曰拖,切曰粗,煎曰波,炒曰酥,炙曰戈,烧曰区,煮曰札,蒸曰妮,煨曰者,熟曰理,生曰哉,汲曰去去读为克,去声,炊曰穆夺都,然曰睹,倾水曰舍,呼曰枯,应曰呵,绝曰皆,续曰杂,借曰痴,又曰乌,还曰去,送还曰胡,泻曰何,算曰查,计曰登,沐曰栖,浴曰鸦,装曰低,盛曰干,破曰呆,坏曰打读作达,平声,聚曰暑,散曰耐,完曰古,全曰伦,琐碎曰折折,拉曰果,搀曰色,缚曰兜,系曰渣敌,弹曰卑,清曰耿,浊曰歹灯,熄曰色,印曰媾,乾曰浮,湿曰夷呆,洁曰和,净曰乌甲。以上人事类。

　一曰太,又曰他,二曰腻,三曰斯,四曰布,五曰乌,六曰即,七曰戏,八曰赫,九曰居,十曰词,百曰洪,千曰都,万曰宜,一个曰他伦,一条曰他开。以上数目类。

　天曰坑,地曰图,日曰宜比雅,月曰宜骂,星曰谢苏,风曰蚌,云曰低,雨曰子,雪曰暑,山曰蠱,水曰死贺,河曰怯,沟曰哈,田曰甯,园曰鸭,官曰主赫罢,父曰阿把,母曰阿妈,兄曰阿冢,弟曰恒,子曰兹,孙曰嗣,叔曰乍,伯曰先把,甥曰肆,舅曰拉罢,男子作,女曰纽作,粘曰作灭,糯曰沙闵,稗曰把,梁曰姜子,小米曰砌,豆曰都,荞曰故,麦曰总,酒曰祖,饭曰勇,油曰腻,盐曰上,米曰巴灭,柴曰杓,吃饭曰欲戛勇,食肉曰欲二赞,马曰墨,牛曰慕,鸡曰更,犬曰慈,豕曰二,鹅曰拉阿,鸭曰先阿,蛇曰寅膽,虎曰乎罢,鱼曰目,乌曰字字,草曰凿,木曰杓,一曰衣,二曰打,三曰萨,四曰思,五曰母,六曰府,七曰齐,八曰本,九曰古,十曰然,百曰拔,千曰情,万曰凹,升曰神,斗曰睹,银曰宜,钱曰都挤,铜曰洞,铁曰恒,青曰次,红曰齿,黄曰翁,白曰八,黑曰肯,生曰汉,死曰司,去曰盖,来曰恨,上曰睹列戛,中曰大颡,下曰言米戛,左曰罢暑,右曰支暑,东曰宜成兵,西曰宜寒兵,南曰把迷自兵,北曰把兵,岁曰宜,春曰称哈,夏曰东牒,秋曰本委,冬曰然委,月曰额,日曰拱打,时曰格。

　光绪《水城厅采访册》卷四,1965 年油印本,第六至十一叶

卷四《食货・土俗・罗罗俗》

谚云："水西罗鬼，断头掉尾。"言其多且强也。亦有文字，类蝌蚪书，又若云篆、若虫书。坐无几席，与人食，饭一盘，水一盂，匕一枝，抄饭哨许①，抟之若丸，以匕跃入口，食已，必涤膔刷齿以为洁。作酒盆，而插以芦管啐饮之。男子剃髭，妇人束髮，缠以青带，裙长拖地，项下银圈重叠。烝报旁通，靦不恶。疾不延医，惟用巫，号曰"大奚婆"，事无巨细皆决之。正妻曰"耐德"，非耐德所生，不得继立。

光绪《水城厅采访册》卷四，1965年油印本，第十七叶

6. 光绪《黎平府志》

卷二下《苗蛮・苗字》

《夷字识略》：天，□，音模阴平声；地，□，音米阴平声；人，□，音撮；日，□，音宜；月，□，音洪；星，□，音姐阴平声；风，□音赫；雪，□，音乌；云，□，音葉阴平声，不转；雨，□音哄；君，□，音居；臣，□，音慕；父，□，音铺；子，□，音汝阴平声；兄，□，音外；弟，□，音业；夫，□，音约阴平声，约不转；妇，□，音摹；朋，□，音舒；友，□，音诺阴平声，不转；长，□，音窝；幼，□，音虐阴平声；说，□，音亨；话，□，音都；喜，□，音格；笑，□，音讹；善，□，音纫阴平声；恶，□，音左阴平声；饥，□，音艾；寒，□，音加；饱，□，音波；暖，□，音锁；买，□，音涯；卖，□，音乌；多，□，音诺阴平声，不转；少，□，音勒阴平声，不转；长，□，音除；短，□，音你阴平声；宽，□，音夺；窄，□，音污；饮，□，音夺；吃，□，音租；酒，□，音炙；肉，□，音呼；饭，□，音粥；菜，□，音雾阴平声；房，□，音赫；床，□，音饥；杯，□，音格阴平声，不转；碗，□，音低；

───────────────

① "哨许"，即少许。

箸，□，音竹；匙，□，音约阴平声，不转；山，□，音襄阳平声；石，□，音洛阴平声，不转；田，□，音得阴平声，不转；土，□，音米阴平声；春，□，音那阴平声；夏，□，音诗；秋，□，音措阴平声；冬，□，音出；金，□，音校；银，□，音土阴平声；铜，□，音鸡；铁，□，音黑；一，□，音沓；二，□，音义；三，三，音色；四，□，音希；五，五，音我阴平声；六，□，音鹊去声，不转；七，□，音兮；八，□，音亥；九，□，音格阴平声；十，□，音册；百，□，音洪；千，□，音都；万，□，音密；两，□，音撒；钱，□，音热阴平声，不转；分，乙，音非；厘，□，音里阴平声；夷，□，音义；汉，也，音沙；年，□，音课；月，□，音宏；日，□，音泥①；时，□，音免；甲，□，音著阴平声，不转；乙，□，音齐；丙，□，音闭；丁，□，音塞；戊，也，音克；己，□，音期；庚，□，音亨；辛，□，音亥；壬，□，音惰；癸，□，音祷；建，□，音免阴平声；除，□，音爱；满，□，音棠；平，□，音夺；定，□，音摺；执，□，音痴；破，□，音喇；危，□，音谷；成，□，音妥阴平声；收，中，音慕；开，□，音不；闭，耳，音被；金，□，音奢；木，□，音腮；水，力，音一；火，□，音隋；土，□，音迷阴平声；子，□，音哈；丑，宋，音宜，阴平声；寅，□，音腻；卯，□，音吐；辰，□，音鲁阴平声；巳，□，音射；午，□，音摹阴平声；未，□，音合；申，□，音糯；酉，□，音阿；戌，□，音欺；亥，□，音洼；贵，□，音更；州，□，音糯；大，□，音木阴平声；定，□，音柯；威，米，音勺去声，不转；宁，又，音密；平，□，音比；远，□，音喇；黔，中，音觚；西，四，音箸；毕，□，音龙；节，□，音更；水，□，音底；城，□，音苏；公，司，音法；鸡，分，音哥；山，□，音补；云，□，音竹；龙，□，音清；山，□，音补；落，□，音录；折，□，音遮；河，□，音逸；乌，

---

① 日、月，与上文重出，当是记录者失误所致。

□，音旡；西，□，音徐；东，□，音呆；川，□，音米去声；芒，□，音孟；部，□，音卜；罗，□，音阿；甸，□，音著；飏匀实□原注：东川长房茫部二房罗甸么房概姓飏实；乌，□，音五；撒，□，音尤；飏匀普□原注：宣威长房五术么房概姓飏普；昭，□，音岛；通，□，音蒙；且，□，音扯；兰，□，音勒；更□亨□原注：昭通长房且兰么房概姓更亨。

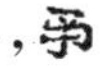

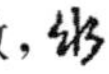

　　按："苗字"从《黔西州志》录出，或谓是猡猡字，黎平苗无此种。姑存之，备鞮译之征可也。

　　　光绪《黎平府志》卷二下，清光绪十八年［1892］刻本，第百四九至百五二叶

7. 光绪《毕节县志》
卷七《风教·方言》

　　男八月、女七月而齿生，自生齿以上，按籍而稽其数，则计以口，盖口之所纳者食也，而口之所出者言，同一物、一事、一人而称谓不同，如《左氏传》"乳曰穀，虎曰於菟"者，谓之方言。我圣朝化洽八垓，音传九译，虽嗜好不同、性情个别者亦辐辏阙下。夫书本同文，行本同伦，诚春夏《礼》《乐》、秋冬《诗》《书》，以叶其宫商、调其平仄。《诗》曰："出言有章。"《易》曰："咸其辅、颊、舌。"将莫不志和音雅，以鸣隆平之盛矣。田纶霞抚军过大小相见坡，记蛮歌四曲，谓意难尽解，大抵与"巴东三峡"词旨相类。今读第一曲云："上山荦角西复东，下山花开一箐红。半滑半乾石当路，乍晴乍雨笠摇风。"第二曲云："干楠缠腰布裹头，猿啼鹧叫四山秋。下来千尺商讹道，固麦呵交好自由。"第四曲云："唇下芦鸣月下跳，摇铃一队女妖娆。阿蒙阿字门前立，果瓮人来路不遥。"皆婉转动听。"商讹"者，放牛也；"固麦"者，食饵；"呵交"者，饮酒；"阿蒙"者，母；"阿字"者，父；"果瓮"者，行役也。以夷言而发为韵语，初无伤于风雅。元梁王女大理路段宣慰妻阿�绝命词云："吾家住在雁门深，一片闲

云到滇海。心悬明月照青天,青天不语今三载。欲随明月到苍山,误我一生踏里彩。吐噜吐噜段阿奴,施宗施秀同奴歹。云片波潾不见人,押不芦花颜色改。肉屏独坐细思量,西山铁立风潇洒。"

"踏里彩"者,锦被也;"吐噜"者,可惜之辞;"歹"者,不好;"押不芦花",北方起死回生草;"肉屏"者,骆驼峰;"铁立"者,松林。其音节悲壮苍凉,正不以方言而减,谁谓呕哑嘲哳难为听耶?况博采舆诵,辑为成书。西蜀扬子云已导厥先声也。

光绪《毕节县志》卷七,清光绪五年[1879]刻本,第十五至十七叶

(三) 民国方志

1. 民国《贵州通志》
《风土志六·方言·兴义夷语·猓猡语》(存目)①
《风土志六·方言·夷文》(存目)②

2. 民国《贵州通志》
《土民志八·兴义府苗仲语·猓猡语》(存目)③
《土民志八·兴义府苗仲语·罗罗语》(存目)④
《土民志八·黔西州罗罗言》(存目)⑤

3. 民国《普安县志》
卷十五《苗蛮语言·罗罗语》

天曰母,日曰宁其,月曰阿不,星曰金儿,风曰米嘻,云曰倭卓,雨曰母呼,雪曰污,雷曰母革,露曰至,霜曰呢,雹曰鲁呼,冰曰涡泥。

---

① 　此处所记,同于咸丰《兴义府志》卷四十二《风土志·方言·猓猡语》,不重录。
② 　此处所记,同于光绪《黎平府志》卷二下《苗蛮·苗字》,不重录。
③ 　此处所记,同于咸丰《兴义府志》卷四十二《风土志·方言·猓猡语》,不重录。
④ 　此处所记,同于乾隆《普安州志》卷二十五《方言志·罗罗语》,不重录。
⑤ 　此处所记,同于光绪《水城厅采访册》卷四《食货·方言附·罗罗言》,不重录。

地曰弥，山曰不勒，水曰亦甲，凡溪涧皆曰亦甲，田曰得谓平声，房曰儿用喉音，井曰宜都，石曰落莫，楼曰纳麓，桥梁曰扎。

人曰祖，大人曰沙祖，父曰爹，母曰阿纳，兄曰阿摸，弟曰哥低，姊曰阿讷，妹亦曰哥低，子曰肉读平声，女曰阿默，孙曰息，孙女曰息阿默，师傅曰书么。

拜年曰斩呼，祭祀曰铺皮根，请客曰湾侧，娶亲曰欺客，嫁女曰阿默欺，有子曰余钵，有女曰阿默育，织布曰扑字，耕田曰歹读平声葛，结讼曰发可得。

金曰施儿，木曰洗耳，水曰亦甲，火曰水都，土曰泥母，青曰纳，红曰涅，黄曰奢，白曰出，蓝曰咳①，紫曰呢纳。

喜曰辣，怒曰尼怒，哀曰额平声，乐亦曰辣。

梅曰沙格尾，桃曰沙物尾，李曰沙菊尾，凡花皆呼为尾。核桃曰沙棉，栗曰宅平声，柳曰尼。

头曰五用鼻音，耳曰乐波，眼曰那都，口曰涅波，眉曰那波，颈曰下入，胡曰泥七，乳曰八入，胸曰你都，肚曰亚巴，心曰你，肠曰物，肺曰次，肝曰塞，手曰辣，足曰夹跋。

布曰卜，缎曰巨佳，鞋曰琴，带曰竹饰，耳环曰奴则，胸前珠曰竹木。

打仗曰麻吉，弓曰娜，弩曰切，刀曰霞，枪曰杵，箭曰弩，炮亦曰杵。

金曰除，钱曰止知，戥曰罗，秤曰鸡，升曰施，斗曰得。

饮酒曰旨多，杀鸡曰呀呼，倒呼，鸡为呀，呼为榖。为黍为续腻。

牛曰尼，羊曰禾用鼻出气读，狗曰溪，狼曰物野，榖曰赤，荞曰姑，燕麦曰食米，小米曰策，芋头曰鸡苞，粟曰乌母苏，稗子曰阿鳖。

---

① "蓝曰咳"，原脱"曰咳"二字，据民国《贵州通志·土民志八·普安厅苗蛮言语·罗罗语》补出。

官好曰租莫的,老者曰速莫,少年曰奔儿沙,女之美丽者曰[①]忌,男之伟大者曰脚踏,住老有德曰速莫助。

民国《普安县志》卷十五,民国十五年[1926]石印本,第十二至十三叶

4. 民国《兴义县志》

第十一章《社会·边民语言·倮㑩语》[②]

5. 民国《大定县志》

卷十三《风土志·夷字》

安国亨所译夷书九则,内载阿畎唐时纳垢酋,居岩谷,撰爨字,字如科斗,三年始成,字母一千八百四十,号曰"韪书",即今夷字。文字左翻倒念,亦有象形、会意诸义……自元以后,奉行正朔,其法遂无传,今其书皆不可考,惟府字载《夷书释略》一篇,兹悉录之。[③]

民国《大定县志》卷十三,民国十五年[1926]石印本,第三十二至三十三叶

---

① "曰",原脱,依文例补。
② 此处所记,同于咸丰《兴义府志》卷四十二《风土志·方言·猓猡语》,不重录。
③ 以下所记,同于光绪《黎平府志》卷二下《苗蛮·苗字》,不重录。

二、苗族语言资料

（一）明代方志

万历《黔记》
卷五十九《诸夷·苗人》

言语侏离，甚者重译乃解。与其曹耦善厚者曰"同年"，"同年"之好，逾于亲串，与汉人善者亦曰"同年"。称其酋长曰"莽"，尊官亦"莽"。称人曰"歹"，自称亦曰"歹"，犹晋言"咱"、吴言"侬"也。

万历《黔记》卷五十九，明万历间[1573—1620]刻本，第三叶

（二）清代方志

1. 康熙《黔书》
卷上《方言》

拔，父也，一曰罢；蒙，母也，一曰明；的，孩也；努介，食食也，一曰依射；忽往，饮酒也，一曰呵交；努拟，食肉也；呵巴，饮茶也；呵应，食烟也；赛，米也；歹，火也，沱，亦火也；瓮，水也；大送，舂米也；介，鸡也；拜，豕也；拟，牛也，一曰讹；商讹，放牛也；麻，马也，一曰米；巴，亦豕也；猛已，赶集也；大弄，日午也；条，汉人也；雅奔条，不识汉语也；雅务，不好也；雅道，不得也；雨曰射娄。

父为包，母为蔑，祖为大，食食为固脉，饮酒为固悖，食肉为固窝，啜茶为固高；鸡为奓，鸭为呵，马为虐，犬为磨；一为序，二为瘦，

三为大,四为布,五为目,六为逆,七为索,八为遮,九为梭,十为完;织布为陶打,佣工为陶贡,赶集为拜其,丧祭为白号。

父谓之索,母谓之咪,兄谓之皮;朝饔谓之艮捱,再饭为之艮林,夕飧谓之艮乔,饮酒谓之艮捞,食烟谓之艮完;坐谓之壤,行谓之拜,揖谓之张,打谓之敌;畜豕谓之廛慕,佣工谓之果瓮,贸易谓之果介直,赶集谓之拜谒;雨谓之汶到,晴谓之汶艮,官谓之贯。

上坟曰砍地里,送客曰勾业,管兵头目曰抹色,书办曰模施,伴①当曰必苏,头人曰海折陌耕。

丁炜曰:侏离之音,译以尔雅,知接引异类,当不让冶城公耳。

康熙《黔书》卷上,清光绪二十三年[1897]刻本,第二十三至二十四叶

2. 乾隆《贵州通志》

卷七《地理·苗蛮》

名渠帅曰"精夫",相呼曰"姎徒",今长沙武陵蛮是也。

乾隆《贵州通志》卷七,清乾隆六年[1741]刻本,第五叶

3. 乾隆《独山州志》

卷三《地理志·方言·黑苗语》

天曰翁以喉音借调,地曰堆,日曰项,月曰拉,星曰孩,风曰哉,云曰浪,雷曰咆皆,雨曰囊,雪曰崩,露曰标好。

山曰卧,坡曰悖,水曰窝,君曰旺,官曰怪,祖父曰菊,祖母曰包,父曰坝,母曰买,兄曰歌,嫂曰义,弟曰皂,夫曰脚,妻曰味,子曰洞,孙曰冷。

穀曰贡,粘米曰箭,糯米曰那,麦曰糟下平声,豆曰布倒,稗曰放,荞曰祭,粱曰果粱,小米曰弩。

饭曰麻,酒曰助,吃曰赧,饮酒曰好助,肉曰阿,菜曰

---

① "伴",原作"佳",径改。

务°，柴曰杜°，炭曰 °贴。

　　马曰骂°，水牛曰纽°，猪曰 °买，羊曰 °央，狗曰戾°，房曰蔽°。

　　一曰 °以，二曰 °阿，三曰 °卑，四曰 °鲁，五曰 °巴以唇音借调，六曰 °交，七曰 °想下平声，八曰 °牙，九曰 °租，十曰 °早，百曰 °以 °杯，千曰 °以 °赛，万曰 °以 °王。

　　升曰 °审，斗曰 °倒，戥曰 °当，秤曰 °春。

　　乾隆《独山州志》卷三，清乾隆三十四年[1769]刻本，第四至五叶

4. 乾隆《南笼府志》

卷二《地理·苗类》

　　每岁三月初三，宰猪牛祭山，各寨分肉，男妇饮酒，食黄糯米饭。苗语以是日为"更将"，犹汉语呼为"过小年"也。三、四两日，各寨不通往来，误者罚之。六月六日，栽插已毕，其宰祭分食，如三月然，呼为"更六兀"，汉语曰"过六月六也"。男妇病不信医，用巫禳之，其巫名曰"报暮"。死则火化，今知用棺瘗矣。

　　乾隆《南笼府志》卷二，清乾隆二十九年[1764]刻本，第十九叶

5. 嘉庆《续黔书》

卷五《俗字》

　　黔南各郡民苗讼牒中多俗字，亦有字书所载而音迥不类者，询之亦有解。如夅读为"卞"，言"措勒不与"也；夃读为"摆"，言"行止动摇"也；婯读为"恋"，言"妇之善淫"也；又夬，读为"扭"，言"以虫置火上"，状纽动也。《集韵》：夬，逵员切，音权，虫入火也。鸼读为"刁"，言"人形短矮"也。《广韵》有鸼字，音爵，与雀同；《说文》：鸼，依人小鸟也。扑读为"绺"，言"刪晦之斜侧者"也。《集韵》：扑音璞，块也。《淮南子·说林训》：土胜水，非一扑塞江。又普木切，音攴，义亦同。孖读为"鸦"，言"水之分流者"也。孖，《广韵》《集韵》《类篇》并音滋。《玉篇》云：双生子也。黔之古城南有孖江、车溶两水，将合处，形如"八"字，有寨焉，亦名曰八孖。

　　嘉庆《续黔书》卷五，清光绪二十三年[1897]刻本，第四叶

卷五《化虎》

《括地志》:"越狁之人老者化为虎。"《博物志》:"江陵之貀一作猛人能化虎,好着葛衣。"《天中记》云:"南蛮人呼虎为'罗罗',人老则化虎,有罗藏山。"今黔之夷俗亦善变虎。王渔洋记定番土司事,非妄也。土人言此事多有,其子孙入山,颇识之,虎亦数往其家巡视,余窃怪焉。

嘉庆《续黔书》卷五,清光绪二十三年[1897]刻本,第六叶

6. 嘉庆《黔记》

卷三

清江黑苗,男子以布束髮,顶戴银圈,大环耳坠,着宽裤,男女皆跣足。种树木,与汉人通商。往来称曰"同年",爱着戏箱锦袍,汉人多买旧袍卖与之,以获倍利。未婚男子称曰"罗汉",女子曰"老倍",春日晴和,携酒食高冈,男歌女和,相悦者以牛角盛酒欢饮,奔而苟合。男子生子后,乃曰"有后人",方事耕作也。

嘉庆《黔记》,清光绪十二年[1886]刻本,卷三第八至九叶

卷四

邹小山一桂自作《楚黔山水画册》,笔墨精妙,题句皆关考证……《相见坡》云:"偏桥桥东相见坡,行人听见苗子歌。吹芦大踏月皎皎,摇铃暗拍声鸣鸣。前坡草长苦雅务,苗山岳,《黔书》:雅务,苗言南行也。后坡石滑愁商讹。言放牛。阿孛苗呼父。呵交饮酒也。在前店,阿蒙苗呼母。歹鸡坐也。方陟巇。回头相见不足奇,去去忽然还对面。山坳固麦吃饭谓之固麦。趁泉流,山前果瓮行路谓之果瓮人不休,鹃啼鹧叫蜑风秋。"

嘉庆《黔记》,清光绪十二年[1886]刻本,卷四第九至十一叶

7. 道光《贵阳府志》

余篇卷十九《杂识上》

矇瞍:黔中人称天子为"京里老皇帝",称大小官府皆曰"皇

帝"，其私称官府则曰"矇"。粤西称官曰"瞎"，称官府之仆从皆曰
"老爷"，各衙门曰"朝廷"。噫！"矇""瞎"之称，殆《春秋》一字之
讥欤？

衣服饮食：苗人多衣草衣，妇人以筒布为裙。以荷叶包饭，涧
水浇而食之。以芦管渍酒饮之，谓之"竿儿酒"。呼坐为"歹鸡"。

道光《贵阳府志》余篇卷十九，清咸丰二年[1852]刻本，第三至四叶

8. 道光《广顺州志》
卷一《风俗志·附方音》

苗音鸠舌，非翻译不解其称。天曰各达，称地曰罗，称日曰奈，
称月曰喇，称云曰睹，呼天晴曰鲁内，呼天阴曰乍内，呼天晚曰茫
内，呼夜行曰晦际，呼风曰箕，呼雨曰侬，呼雪曰拍，呼山曰补，呼上
山曰溜补，呼路曰能勾，呼塘曰各印，呼田曰蜡屋、亦曰补，呼耕田
曰铄喇，呼耕地曰铄落，呼瓦屋曰背瓦，呼茅屋曰补楚，呼木曰果
柱，呼竹曰木笼，呼花曰盆。

呼大官曰猛贵，呼小官曰得官，呼兵曰乍金，呼民曰果乍，呼苗
曰果雄，呼祖曰阿谱，呼祖母曰阿娘，呼父曰阿巴，呼母曰阿米，呼
伯曰马龙，呼叔曰马腰，呼兄曰阿那，呼弟曰得苟，呼姊曰阿亚，呼
妹曰亚苟，呼子曰得带，呼女曰得帕，呼姑曰阿孟，呼姨曰能龙，呼
外祖曰阿达，呼舅曰阿内，呼媳曰能，呼孙曰苗，呼夫曰帮，呼妻曰
殴，呼妻舅曰嗦补，呼亲家曰把截，呼朋友曰同年，自呼曰委，呼人
曰蒙。

呼说话曰破多，呼写字曰身读，呼娶亲曰内戳，呼嫁女曰张得
帕，呼有丧曰达内，呼葬曰两内，呼祭曰绰滚，呼请客曰请内哈，呼
叩头曰不备，呼头曰多北，呼耳曰果谋，呼眼曰合眉，呼口曰哈拢，
呼手曰阿斗，呼脚曰果落，呼肚曰果体，呼髮曰果北，呼看见曰乍
蒙，呼大曰隆，呼小曰得，呼肥曰胀，呼瘦曰瘠，呼好曰若内，呼醜曰
乍内，呼哭曰业，呼笑曰咒，呼立曰铄，呼坐曰重，呼卧曰卜梦，呼快

走曰兽,呼慢走曰达,呼会水曰阿,呼来曰摆,呼去曰散。

呼黄牛曰大跃,呼水牛曰大业,呼虎曰木瓜,呼马曰大美,呼骑马曰藏美,呼羊曰大客,呼猪曰大把,呼鸡曰大哈,呼狗曰大狗,呼鱼曰大某,呼鹅曰大奴。

呼锅曰果碗,呼罐曰果著,呼碗曰果折,呼凳曰果灰,呼桌曰记摆,呼钱曰钱当,呼银曰硬,呼铜曰果,呼锡曰蓦,呼布曰扐,呼笼曰果搭,呼背笼曰果的,呼铁曰果捞,呼箱曰杂文。

"中国地方志集成"贵州府县志辑,第 27 册,第 455 页下栏至 456 页下栏

卷十二《杂记》①（存目）

9. 咸丰《兴义府志》

卷四十二《风土志·方言·青苗语》

天文：天曰勒歪,日曰论台,月曰论塔,星曰勒得改,风曰交际,云曰当杏,雷曰北福,雨曰打隆,霜降曰觉打,下雪曰打鸠,雾曰哦呵,露曰奥打,雹曰打蓬,电曰泥坡,冰曰奥霜,旱曰堪滩,涝曰奥蓬。

《黔书》云："晴谓之汶艮,雨谓之汶到。"又云："雨曰射娄,午曰大弄。"《安顺志》云："天曰董,日曰上董,月曰糯夕,星曰糯工,风曰邦,云曰阿仁,雷曰骚果,雨曰饶裳,霜降曰哦打,下雪曰饶邦,露曰娄,雹曰劳,电曰骚乃,冰曰空,旱曰农科,涝曰皆劳。"

按：《黔书》所译,乃贵阳之苗语,《安顺志》所译,乃安顺之苗语,与兴郡之苗语不同,今特附录,以备参考。

地理：地曰街打,山曰巴,大山曰巴硗,小山曰格打巴,山巅曰古学巴,山麓曰格老巴,石曰论烟,山洞曰坑,江曰奥肉,河曰空跷,海曰勒江,大水曰却奥,小水曰奥兰,池曰坑工,沟曰觉贡,田曰勒

---

① 此处所记,同于嘉庆《续黔书》卷五《俗字》,不复录。

铃,士曰街拿,圃曰勒边,大路曰戛敲,小路曰得街,田塍曰街上你。

　　附考:安顺苗语,地曰打,大山曰巴劳,小山曰巴尤,山巅曰户巴,山麓曰蹈巴,石曰坳,岩曰兀,洞曰坑,江曰抗,河曰矼,海曰况潦,大水曰皆劳,小水曰皆尤,池曰邦,坑曰况踝,沟曰都矼,田曰冷,土曰打,圃曰同乳,大路曰戛劳,小路曰都戛,田塍曰况冷。

　　称谓: 父曰巴,母曰埋,祖曰告,祖母曰海乌,曾祖曰革子母绒,曾祖母曰乌老,伯曰海巴奴,叔曰伯效,伯母曰马奴,叔母曰埋娘,姑母曰田得,母舅曰海打忙,兄曰伽,弟曰豆屋,姊曰阿,妹曰得皮,弟姑曰得娘,姊夫曰谷杏,妹夫曰谷爱将,婿曰骑,表伯表兄弟曰谷海,妻舅曰海得奈,夫曰得油,妻曰娃,子曰得剑,侄曰谷阿爹,女曰谷阿歹波,妇人曰海年,先生曰香多,大人曰监奔,同辈曰同年,媒人曰娘乃,巫曰得祥,佃曰克爱,裁缝曰阿红,厨子曰阿老北,木匠曰向道,瓦匠曰郁泥,保人曰保乃,我曰外,你曰母,书吏曰得差,差役曰都差,禁卒曰吉,乞丐曰古怕,奸夫曰阿都,盗贼曰得年。

　　《滇行纪程》云:"黔苗称天子为'京里老皇帝',称大小官皆曰'皇帝',其私称官则曰'矇',官仆皆曰'老爷',各衙门曰'朝廷'。噫!'矇'之称,殆《春秋》一字之讥欤?呼汉官为'流官',戏称苗曰'同年',则辗然色喜,不知何所取义,闻呼踊跃也。"《峒溪纤志》云:"苗见流官,无论尊卑,皆称'老皇帝',见内地人曰'汉人',以汉始通道西南,故称其旧也。能通汉语者谓之'客语',为苗论判是非者谓之'卿公',汉人潜入苗洞者谓'汉汗',渠帅曰'精夫',同类称曰'同年',幼稚曰'马郎',苗童未娶者曰'罗汉',苗女未嫁者曰'观音',皆髻插鸡羽。"《滇黔纪游》云:"苗见吾辈鲜衣怒马、仆人呼拥而至,举家皆出膜拜,有不知者则大声呼而出之,曰'睨汉郎','汉郎'者,汉官也。"《黔书》云:"拔,父也,一曰罢;蒙,母也,一曰明;的,孩也。"又云:"父为包,母为蔑,祖为大食。"又云:"父谓之索,母谓之咪,兄谓之皮,官谓之贯,正妻曰耐德,条,汉人也,雅奔条,不识汉语也,佣工为陶贡,又谓之果瓮,贸易谓之果介,管兵头目曰抹色,书办曰募拖,伴当曰必苏,头人曰海折陌耕。"《安顺志》云:"曾祖曰脚娄台,曾祖母曰埋娄,祖曰脚娄,祖母曰埋娄台,父与亲家皆曰脚,伯曰尧,叔与弟皆曰牙,伯母曰埋劳,叔母及嫂与弟妇皆曰埋牙,姑母曰麻阿,母舅曰既农娄,兄曰姑,姊曰阿娄,妹曰阿,姊夫妹夫女婿皆曰敝务,表伯曰阿尧老,表兄弟曰老表,妻舅曰既村农,妻曰虐,子曰冬,侄曰冬句,女曰莫拟过,妇人曰伊虐,先生曰藏道,大人曰蒙老,媒人曰美人,巫曰鬼师,佃曰叠抬,裁缝曰采风,厨子曰处子,木匠曰藏伯,瓦匠曰藏坳,保人曰叩俄昌,我曰哄,书吏曰书班,差役曰都差,禁卒曰都皂,乞丐曰时和,奸夫曰马郎,盗贼曰都双。"

按:诸书所载苗语"称谓",多与郡苗不同。

人事:生曰或,死曰歹,贫曰下,富曰达,大曰哗,小曰育,有曰埋,无曰就贤,来曰六贤,去曰孟贤,迟曰鸽街,速曰阿戏,言曰釭差,走曰黑街,吃曰豪,人多曰落奶,人少曰熟奶,愿曰街喜,不愿曰气,成曰狭街,不成曰娘阿街,巧曰楷,愚曰虐,拜曰欺,不听言曰阿尔打,打降曰石的,骂曰塔乃,捆曰克乃,杖责曰奴,听讼曰薛告,讼胜曰橘独哈吐,讼负曰橘告,狱曰牢,抬轿曰讲脚,坐轿曰娘打,骗曰勒乃,买曰墨勒格先,卖曰刀妹,以物顿地曰索格打。

《黔书》云:"坐谓之壤,行谓之拜,揖谓之张,打谓之敌;雅务,不好也;雅道,不得也;赶集为猛已,又谓之谒拜;送客曰勾业,丧祭曰白号,上坟曰砍地里,织布曰陶打。"《滇黔纪游》云:"刺梨,苗女采入市货之,得江浙客买之,苗女喜曰:'利市!'言得佳客交易也。江南人或物色之,则举筐以赠曰:'爱莫离。''爱莫离'者,华言'与你有宿缘'也。或有调戏之者,则大怒曰:'落勿浑!''落勿浑'者,华言'没廉耻'也。所谓'物色之'者,非有他意,乃婉容愉色以问其出处,故喜说也。"《峒溪纤志》云:"木契者,木刻为符以志事也。苗人虽有文字,不能皆习,故每有事,刻木记之,以为约信之验。歃血誓约、缓急相救,名曰'门款',战斗进止以发喊助,曰'鸬鹚号'。朱漆牛皮以护头颈,名曰'固项'。"《安顺志》云:"生曰波,死曰夺,贫曰梗,富曰发采,大曰老,小曰育,有曰猛,无曰马猛,来曰劳,去曰蒙,迟曰离,速曰衰,言曰都衰,走曰猛戛,人多曰蒙都,人少曰蒙抬,愿曰好,不愿曰莫好,事不谐曰莫仁,巧曰乖,愚曰汤,跪曰扒九,拜曰奴户,不听言曰莫门腮,打降曰奴架,骂曰皆格,捆曰开,杖责曰奴,断案曰董然,讼胜曰状赢,讼负曰状输,狱曰把牢,骗曰赖换,肩曰离朱,买曰贸劳,卖曰贸蒙,以物顿地曰固诸打都。"

按:以上诸语,亦与郡苗多不同。

身体:头曰勒酷,髪曰打香,额曰眼牢,脸曰街妹,眉曰格香妹,眼曰郎埋,耳曰进夷,鼻曰格包泥,口曰格六,须曰格香罗,齿曰打皮,舌曰交泥,项曰勒格恭,肩曰格瞎结,背曰交结,手曰结北,掌心曰扒背,大指曰结迷骨,小指曰结打骨,胸曰勒格眉,腹曰包格廒,乳曰勒格学,腰曰勒格三,脐曰勒不笃,足曰结老,腿曰结巴,膝曰勒格脚,足肚曰讲娘,脚心曰葩老,足趾曰既米老,臀曰结巴,筋曰脚敞,骨曰葱,肉曰泥,毛曰街香,大便曰小假,小便曰苏发。

附考:安顺苗语,头曰农服,髪曰褒服,额曰宾包,脸曰包,眉曰褒蒙,眼曰盖蒙,耳曰农把,鼻曰农包,口曰农九,须曰阿者,齿曰命,舌曰乃,项曰农浪,肩曰胃,膊背曰朱股,手曰叉,掌心曰胥杂,大指曰地杂,小指曰地杂尤,胸曰农庄,乳曰农密,腰曰农夺,脐曰农况刀,足曰蹈,腿曰夅夅波,膝曰王服九,足肚曰庄米,胫曰广鲁刀,脚心曰底胥,足趾曰地糟打,臀曰交角,筋曰打绩,骨曰才桑,肉曰皆,毛曰毛制,大便曰庄过,小便曰庄委,与郡苗语多不同。

居处:街曰交街,小路曰街要,寨曰的巷,门曰勒丢,小门曰丢要,门外曰家丢格钩,门限曰格去脚,房曰勒格却,院曰勒右,阶曰格格桑甸,楼曰勒邦,仓曰劝浓,梁曰家二,柱曰同鸡,瓦曰呆,窗曰勒窗子,墙曰赤花,壁曰格双鸡。

附考:安顺苗语,巷曰尚,寨曰农王,门曰枕,门外曰枕老老,门限曰氐弓,房曰农把,院曰涠,阶曰孔,亭曰枕狼,楼曰农庄,仓曰戎,枋曰方,梁曰两,柱曰假把,瓦曰俄,窗曰窗风,檐曰滴罢,墙曰空身,板壁曰把太壁。

衣物:领曰汤阿,簪曰薜哼,小帽曰格帽,毡帽曰格帽西,凉帽曰帽消,衣曰葩温,汗衫曰巴河汗塔,手巾曰羌三妹,衣钮曰扣阿,脚带曰脚打,裙曰却獸,裤曰勒扣,鞋曰结亨,裹脚曰牛磽,袜曰结袜,枕曰巴哈秋,被曰汤拱,席曰汤,顶布曰希,纱曰福,绸曰结采,缎曰夺,针曰的九,线曰脚福。

附考:安顺苗语,领曰光等,簪曰比服,小帽、煖帽皆曰毛沓,毡帽曰毛制,凉帽曰两毛,衣曰袄,汗衫曰汗褂,手巾曰是波,衣钮曰扣子,腰带曰浪,裙曰登,裤曰置,鞋曰立,裹脚曰称,枕曰凝,被曰邦,褥曰芝,布曰帑,纱曰种沙,绸曰种,缎①曰空,针曰根,线曰骚。

饮食:酒曰菊,吃酒曰豪菊,饭曰街,吃饭曰那街,肉曰泥,吃肉曰论泥,猪肉曰泥八,吃烟曰豪烟,烟竿曰都烟,烟包曰端合泥,茶曰江,吃茶曰豪江,茶杯曰阿江,小茶杯曰阿要,油曰阿油,油灯曰杜灯,盐曰雪,粥曰街江,饥曰雪香街,臭曰巷,香曰街,冷曰霜,热曰楷,软曰埋,硬曰谷,糟曰格索九,面曰那蓙。

《黔书》云:"努介,食食也,一曰依射;忽往,饮酒也,一曰呵交;努拟,食肉也;呵巴,饮茶也;呵应,食烟也。"又云:"食为固脉,饮酒为固悖,食肉为固窝,啜茶为固高。"又云:"朝饔谓之艮捱,再饭谓

---

① "缎",原作"緞"。径改。

之艮林,夕飱谓之艮乔,食烟谓之艮完。"《安顺志》云:"酒曰灶,饮酒曰呼糟;饭曰囊,吃饭曰囊囊;肉曰改,吃肉曰囊吃,吃猪肉曰囊改吃;吃烟曰呼茵,烟竿曰札烟,烟包曰因盒;茶曰及呼,茶杯曰柯箕,小茶杯曰都匡;油曰状,油灯曰庄油;盐曰祚,粥曰过篛,饥曰筛,臭曰胄,冷曰囊,热曰炒,软曰浓,硬曰堕,糟曰脱灶,麴曰哥灶。"

按:二书所载苗语"饮食",与郡苗不同。

器用:桌曰的当,脚踏曰街打,帐曰勒晚,大碟曰勒片,小碟曰勒先,碗曰勒秋,箸曰毒,灶曰勒索,火钳曰的盖斗,火把曰斗斗,炮竹曰庖斗,大炮曰豪拓,斗曰勒多,升曰勒轻,米袋曰勒端,杵曰勒觉,臼曰勒伊觉,箩曰结菊,锄曰的仓,耙曰的楷,镰刀曰格论,尖刀曰结九,柴刀曰结九马斗,斧曰的倒,担曰交干,禾架曰多的拿,挂杖曰盖打娘,头梳曰瞎科,锁曰勒巴锁,钥曰勒巴古,面盆曰加三理,戥曰的等,秤曰的学,绳曰家敞,书曰多,纸曰多,读书曰特多,扇曰狄年,锣曰勒虐,鼓曰虐加把,梆曰勒各梆,喇叭曰羊八,芦笙曰交盖,刑杖曰秋苏,铁链曰交苏,枷曰勒鸡;扭曰克呀既半。

附考:安顺苗语,桌曰枕,脚踏曰蹈,屏风曰梗,帐曰盉,大碟曰碟老,小碟曰碟育,碗曰呆,箸曰抬,灶曰弓着,火钳曰着着,火把曰拉道,爆竹曰炮胀,大炮曰地炮,升斗曰道升,米袋曰糯,杵曰降校,臼曰柶交,碓曰枚,箩曰鲁,锄曰陆,耙曰簸,镰刀曰鲁无,尖刀曰潜,柴刀曰作,斧曰独,扁挑曰扛,禾架曰枕,担子曰庄,杖曰打打,头梳曰若,锁曰素,面盆曰当,戥曰顿,秤曰直,绳曰络,书曰道,纸曰道,读书曰柯道,扇曰簸,锣曰那,鼓曰卓,钟曰同,梆曰着,铙曰光扯,喇叭曰罗博,芦笙曰泡推,竹板曰半,铁链曰罗卢,枷曰枉,扭曰昆卢。

数目:一曰咳,二曰阿,三月半,四曰桑,五曰假,六曰的,七月熊,八曰哑,九曰九,十曰一九,十一曰结枷,一百曰一霸,一千曰一千,一人曰特乃,十人曰九乃,百人曰一霸乃,千人曰一千乃,一文曰一乃晒,十文曰九乃,一毫曰一喷,一两曰咳两,二两曰阿两,石曰德,斗曰道。

《黔书》云:"一为序,二为瘦,三为大,四为布,五为目,六为送,七为索,八为遮,九为梭,十为完。"《安顺志》云:"一曰依,二曰阿,三曰巴,四曰褒,五曰阜,六月娄,七曰贼,八曰以,九曰觉,十曰古,十一曰古依,一百曰依博,一千曰依生,一万曰依望,十万曰依索,一人曰你依,十人曰古你依,百人曰博你依,千人曰生你依,一文曰一依,十文曰古依,一毫曰好,一厘曰一里,一钱曰一曾,一两曰一良,二两曰阿良,石曰当,斗曰道。"

按:二书所载苗语"数目",与郡苗不同。

方向:中曰家董,前曰艮埋,后曰的改,左曰百齐,右曰白堆,上曰格歪,下曰格打。

附考:安顺苗语,中曰章,前曰打,后曰光,左曰如,右曰罗,上曰家,下曰箕。

颜色:红曰学,紫曰都觉,黄曰仙,青曰肉,绿曰倒,白曰罗,黑曰乃。

附考:安顺苗语,红曰伦,紫曰都伦,赤曰都摸,黄曰广,青曰波素,绿曰波,白曰刀,黑曰胧。

疾病:头疼曰满科,腹疼曰妈腔,腹胀曰格昌地,心痛曰满谷,耳聋曰聋泥,声哑曰虐,眼瞎曰肉埋,背驼曰拱丢,呕吐曰乌,咳嗽曰嗯,痢曰马腔家牵,瘰曰帖雪,癫曰菊牛,跛曰既老。

附考:安顺苗语,头疼曰服会,腹疼曰包芒,腹胀曰包胀,心痛曰顺芒,耳聋曰浪拔,声哑曰汤,眼瞎曰雷眸,背驼曰重明,呕吐曰懦,咳嗽曰伦,痢曰过唱,瘰曰俄包,癫曰炳,跛曰力。

珍宝:金曰景,银曰泥,铜曰刀,铁曰套,锡曰焉,铅曰圆,钱曰白西。

附考：安顺苗语，金曰工，银曰凝，铜曰等，铁曰陆，锡曰索，钢曰萨，铅曰汞，钱曰屯曾。

农功：垦田曰阿拿，筑田曰阿坚，灌田曰向均，挑粪曰改磨，粪田曰格索立黎，布种曰向挑，插禾曰甲黎，薅秧曰叶黎，晒禾曰结格差，收获曰萧格差，薅草曰裁娘笃，割草曰革街。

附考：安顺苗语，垦田曰开垒，筑田曰俄涸垒，灌田曰喂温逐垒，种田曰俄垒，挑粪曰俄坟，粪田曰俄坟逐垒，布种曰搬秧，插禾曰挤秧，薅秧曰扔雍，晾禾曰温雍，收获曰扔把，晾谷曰温把，种土曰俄打，薅草曰脱茹，割草曰扔茹。

穀蔬：穀曰街差，白米曰差斗，红米曰差小，舂米曰都差，糯米曰街脑，糠曰街楷，麦曰街密，荞曰九，红稗曰街伯，小米曰街差，豆曰刀，豆豉曰刀雪，菜曰嗷，青菜曰嗷芥，白菜曰嗷斗，油菜曰嗷油，芹菜曰嗷觉，苋菜曰嗷天仙米，薑曰坑，蒜曰翠，葱曰乌葱，韭曰乌葱衭，山药曰奶多，蕨曰呀呵。

《黔书》云："赛，米也；大送，舂米也。"《安顺志》云："穀曰把，白米曰宋老，红米曰宋昨，舂米曰堕宋，糯米曰宋娄，穀壳曰索篓，糠曰索，麦曰门，荞曰假门，红稗曰西，小米曰都农，豆曰都，黄豆曰都广，绿豆曰都波，豇豆曰都柱，扁豆曰都缚，豆豉曰豉，菜曰茹，青菜曰茹波，白菜曰茹过老，油菜曰茹过有，芹菜曰茹京，苋菜曰茹及，薤菜曰茹脱，薑曰指，蒜曰堆，葱曰茹葱，韭曰茹韭，芋曰柴户，山药曰玉朵，蕨曰茹梭，丝瓜曰阿都。"按：二书所载苗语"穀蔬"，与郡苗不同。

花木：花曰边，草曰解，竹曰倒既，木曰豪倒，杉曰倒鸡，桐曰倒得有，漆曰倒七，棕曰倒差，桃实曰倒家当，李实曰倒家阿，核桃曰倒核桃，梨曰拿家阿，杏实家忙，栗实曰江冈，柴曰杜，生柴曰杜牛，乾柴曰杜呆。

附考：安顺苗语，花曰邦，兰曰莲，菊曰保广，艾曰岩，草曰娘，竹曰找，木曰能，松曰争，杉曰阿金，桐曰呵当，漆曰呵腮，棕曰曾棠，柳曰养柳，桃实曰敝祼，李实曰敝考，核桃曰敝桃，梨曰敝，柑曰殊拿，葡萄曰敝更，杏实曰家，栗实曰敝芍，羊桃藤曰敝芒，柴曰堆，生柴曰道波，干柴曰道踝。

鸟兽：鸡曰得改，鹅曰得年，鸭曰得甲，鸦曰得阿伏，猪曰得八，羊曰得犁，猫曰得妈，狗曰得三，马曰得麻，水牛曰得娘，黄牛曰得呀，鼠曰得纳，兔曰得罗，猴曰得礼，虎曰得畜，豹曰畜。

《黔书》云："介，鸡也；拜，豕也；巴，亦豕也；拟，牛也，一曰讹，商讹，放牛也；麻，马也，一曰米。"又云："鸡为夅，鸭为呵，马为虐，犬为磨。"《安顺志》云："鸡曰喈，鹅曰犒，鸭曰歌，鸦曰窝，猪曰都膊，羊曰都养，猫曰都毛，狗曰扯，马曰敝密，水牛曰都勾，黄牛曰都母，鼠曰都博，兔曰都乐，猴曰夺泠，虎曰敝召，鹿曰都坪。"

按：二书所载苗语"鸟兽"，与郡苗不同。

鳞介：鱼曰孽白，鲤曰得孽，鳅曰孽打，鳝曰孽学，龙曰杜公，蛇曰邓年，蚊曰点浪，虱曰点改，蚤曰点傍，蜂曰改蒙，蜘蛛曰改鞋，蝗曰改小，虾蟆曰改，蚓曰改螽。

附考：安顺苗语，鲤曰大里，鳅曰麻丝，鳝曰麻糯，鳖曰都九，龙曰敝穰，蛇曰敝糯，蚊曰都芒，虱曰洞，蚤曰都莫，蜂曰赖、又曰虻，蜘蛛曰都歪，蜻蜓曰浪温，蝗曰光密，虾蟆曰过戈，蚓曰糯姜。又附考：《黔书》云："歹，火也，沱，亦火也；瓮，水也。"《峒溪纤志》云："苗人曰'把忌'者，以元日为始，二七而解，不容犯忌。"又云："午日，苗人尽闭门守忌。"又云："跳月者，春月跳舞也。六月二十四日，苗人名火把节，相聚啖牛、豕。"[1]又云："椎牛而祭，谓之'做鬼'，初夏徙居数日让鬼居，谓之'走鬼'。腊祭曰'报章'，祭用巫，

_____

① 由此可见，火把节不仅白、彝两种民族有，苗族也有。

设女娲、伏羲位。"又云："亲死，聚族歌舞，谓之'闹尸'，又曰'喝齐'。遇令节，男子吹笙撞鼓，妇随男后，婆娑进退，名曰'踹堂之舞'，以长柄木枚(xiān)跳舞，名曰'舞枚'。"

咸丰《兴义府志》卷四十二，清宣统元年[1909]铅印本，第十二至二十三叶

卷四十二《风土志·方言·白苗语》

天文：天曰诺，日曰昌夺，月曰盖西，星曰糯哥，风曰枷，雪曰磨，雨曰浪，霜降曰闹开，下雪曰落磨，雾曰哈，露曰下娄，雹曰论得，电曰骚后另堂，冰曰罗磨，旱曰论怎老，涝①曰能得劳。

地理：地曰那的，山曰火到，大山曰根得刀，小山曰得刀，山巅曰根泥倒，山麓曰丢到，石曰格肥，洞曰可邑，江曰家勒得，河曰独天，大水曰皆勒得少，小水曰得尤，坑曰立北敲，沟曰格迭，田曰来，土曰格劳，圃曰王，大路曰枷格吉，小路曰都结，田塍曰枷没有来。

称谓：父曰姐，母曰奶，祖曰阿又，祖母曰阿抱，伯曰一少，叔曰洞，伯母叔母皆曰伯少，兄曰狄娄，弟曰勾，嫂曰抱少，弟妇曰娘勾，姑母曰剥妈，母舅曰墨郎，姊妹曰妈，姊夫妹夫皆曰服，婿曰都乌，妻舅曰厄当，妻曰谐，子曰冬诺，女曰笃，妇人曰冬菜，先生曰堪鬪，大人曰蒙老，媒人曰老勾冲，巫曰端公，缝人曰生钞，庖人曰阿查，木匠曰艮冬，瓦匠曰艮发，我曰古木瓜，乞丐曰枷斋，盗贼曰都方。

人事：生曰戒，死曰夺，贫曰收，富曰发采，大曰老，小曰育，有曰麻，无曰则麻，来曰麻，去曰根差官麻，迟曰皮，速曰飞②，言曰海鹿，走曰骂，人多曰蒙多，人少曰蒙咒，愿曰结应，不愿曰者应，不成

---

① "涝"，原作"劳"。径改。
② "迟曰皮""速曰飞"，其中"皮""飞"似即典型汉语方言借词。"迟"，今云南省大理州宾川县鸡足山镇白语亦读如"皮"。

曰则仁，巧曰招迭，愚曰者招迭，跪曰呼邱，拜曰阿边，不听言曰真明鲁，打降曰多卜，骂曰格拿，捆曰马勒开，骗曰格耕那，买曰墨拿，卖曰麻，以物顿地曰去做阿稽。

身体：头曰鹿呵，髮曰勒不六，额曰火不来，脸曰革济，眉曰皆麻，眼曰格麻，耳曰格蔑，鼻曰格牛，口曰盖牛，须曰格去娘，齿曰乃，舌曰杏乃，项曰皆浪，肩曰知不远，背曰六古，手曰良邦，掌心曰滕狄，大指曰本地狄，小指曰业缸，胸曰格肥，腹曰格曲，乳曰密，腰曰打，脐曰老斗，足曰斗，腿曰格结，膝曰服九，胫曰六斗，脚心曰额登斗，足趾曰本地斗，臀曰耕主，筋曰怎论，骨曰格苍，肉曰卢堂，毛曰鲁，大便曰招枷，小便曰昭月。

疾病：头疼曰毛，眼疼[①]曰毛曲，心痛曰格非毛，耳聋曰阿格浪，声哑曰革垞，眼瞎曰迭麻，背驼曰迭波，呕吐曰那，咳嗽曰龙，痢曰亨昌，瘧曰墨呵，癫曰呵吉及。

居处：门曰枷中，门外曰那呵中，门限曰巴中，房曰庄，阶曰枷张，楼曰荡，仓曰弱，梁曰重，柱曰农，窗曰窗空，檐曰革提比，板壁曰那枷者。

衣服：领曰怎郎，小帽曰哥，毡帽曰手真，凉帽曰哥呵，衣曰操，手巾曰葩，衣扣曰开操，腰带曰西，裙曰凯，裤曰枷迭，鞋曰库，裹脚曰盖冲，枕曰安君，被曰革棒，褥曰革张，草荐曰章露，布曰帑，纱曰少，绸曰麻，针曰工，线曰少。

饮食：吃酒曰呼酒，吃饭曰哓哓，吃肉曰耕哓，猪肉曰梁巴，吃烟曰呼茵，烟包曰张主，茶曰龙，吃茶曰呼龙，茶杯曰利，小茶杯曰都杯，油曰罩，盐曰女，粥曰既，香曰耿，臭曰主，冷曰哓，热曰少，软曰麻很，硬曰斗，麵曰拿。

器用：桌曰革薑，脚踏曰都斗，大碟曰排，小碟曰都排，碗曰

---

① “眼疼”，原作“服疼”，形近而误。径改。

利,箸曰周,灶曰鸽灶,锅曰贤,火把曰长飘斗,大炮曰炮苏,升曰勒
腮,米袋曰贫,杵曰革教,臼曰罗交,锄曰陆,耙曰耙苏,镰刀曰革勒
纱,尖刀曰枷寨,柴刀曰枷斋,扁挑曰穷庄,杖曰橘,梳曰邑,面盆曰
当,秤曰直,绳曰纱,书曰一时,纸曰馁,读书曰宁斗,扇曰诈,锣曰
查,喇叭曰勒蓄,芦笙曰恒,刑杖曰格者,铁链曰格衰卢。

数目: 一曰罗,二曰阿罗,三曰比罗,四曰陆薄,五曰必罗,六
月足罗,七曰香罗,八曰一罗,九曰甲罗,十曰古罗,十一曰古依,一
百曰一把,一千曰一采,一人曰一伦,十人曰古伦,百人曰一把伦,
千人曰一采伦,一文曰一罗哉,十文曰古罗哉,一钱曰一者,一两曰
一良,石曰当,斗曰兜。

方向: 中曰华张,前曰那笃业,后曰招罗,左曰那革浪,右曰革
罗,上曰那革当,下曰浪阿鬥。

颜色: 红曰都乃,紫曰绒,黄曰狼绒,蓝曰罗,白曰娄,绿曰缘,
黑曰罗。

珍宝: 银曰呆,铜曰冻,铁曰罗,钢曰既,钱者。

农功: 垦田曰阿来,沟田曰昭质,挑粪曰勾欺,布种曰额龙,插
禾曰操约,收获曰送立,晾谷曰既勃娄,割草曰乃。

穀蔬: 穀曰勒,白米曰勒娄,舂米曰打,糯米曰该不六,糠曰
沙,麦曰毛,荞曰吉,红稗曰革促,小米曰都促,豆曰独,黄豆曰独
木,豇豆曰独奏,扁豆曰独老,豆豉曰阿师,菜曰偶,青菜曰偶邑,
白菜曰偶乃,油菜曰褥革斋,芹菜曰偶盖,苋菜曰肉盖,薑曰楷,
蒜曰格叶,葱曰劳,茄子曰里朱,芋曰革高,山药曰玉乃,蕨曰
肉邑。

花木: 花曰菊肥,草曰枷邑,竹曰咒,木曰龙,松曰托,杉曰解,
桃实曰积拿,李实曰积口,核桃曰积娄,梨曰积邑,葡萄曰积解,柴
曰头。

鸟兽: 鸡曰喈,鸭曰坳,猪曰妈,羊曰痴,猫曰革痴,狗曰立,马

曰论,水牛曰夺,黄牛曰虐,鼠曰枷邑,兔曰拿,猴曰乃,虎曰艮勒早,豹曰勒宝。

　　鱼虫:鱼曰蔑,鳅曰蔑鳅,鳝曰蔑郎,龙曰娘,蛇曰郎,蚊曰纳庸,虱曰多,蚤曰麻,蜂曰母,虾蟆曰阿贡。

　　咸丰《兴义府志》卷四十二,清宣统元年[1909]铅印本,第二十三至二十六叶

10. 同治《苗疆闻见录稿》
卷下

　　男未婚者曰"罗汉",女则谓之"老倍"。男子头插白翎,婚后乃去之。

　　人皆赻舌,不通汉语,其称官为"蒙",称官之大者曰"喀拉",席公宝田督办援黔军务,呼之曰"喀拉席"。其他:父曰阿罢、亦曰阿扒,母曰阿蒙、亦曰阿米,吃饭曰固麦、亦曰鲁羹,饮酒曰呵交、亦曰好究①,皆属蛮音,多不可识。

　　家不祀神,只取所宰牛角悬诸厅壁,其有"天地君亲师"神位者,则皆汉民变苗之属。

　　同治《苗疆闻见录稿》卷下,抄本(年代不详),第三、四叶

11. 光绪《水城厅采访册》
卷四《食货·方言附·苗家言》

　　天曰翁,地曰堆,日曰顶,月曰拉,星曰孩,风曰哉,云曰浪,雷曰咆皆,雨曰囊,雪曰崩,露曰标好,山曰卧,坡曰悖,水曰窝。

　　君曰旺,官曰怪,祖曰菊,祖母曰包,父曰罢,母曰买,兄曰果,

---

①　本条中,"父曰阿罢,亦曰阿扒"两种说法,其音义皆借自汉语"阿爸",所谓一词两说,乃是记录者不自觉或故弄玄虚而为;"母曰阿蒙,亦曰阿米"虽稍显隐蔽,但大体也可以认为其音义也都借自汉语"阿妈"或"阿母";"饮酒曰呵交,亦曰好究",其音义无疑也借自于汉语"喝酒";至于"吃饭曰固麦,亦曰鲁羹",则应为该民族语言的原始成分。可见,记录者记录以上资料时,该民族语言已深受汉语的影响。

弟曰皂,夫曰脚,妻曰味,嫂曰义,子曰洞,孙曰洽。

穀曰贡,粘曰箭,糯曰那,麦曰糟,豆曰布倒,稗曰放,荞曰祭,粱曰果粱,小米曰努,饭曰麻,酒曰助,饮酒曰好助,肉曰阿,菜曰务,柴曰杜,炭曰贴。

马曰骂,牛曰纽,猪曰买,羊曰央,狗曰戾,房曰蔽。

一曰以,二曰阿,三曰毕,四曰鲁,五曰巴,六曰交,七曰想,八曰牙,九曰租,十曰早,百曰以杯,千曰以赛,万曰以王。

升曰审,斗曰倒,戥曰当,秤曰冲。

正月曰着系,二月曰拉系,三月曰然系,四月曰那系,五月曰能系,六月曰扬系,七月曰勒系,八月曰皆系,九月曰更系,十月曰巴系,十一月曰纳系,十二月曰纽系,岁曰休那。

富曰一烘素,贫曰一烘书。

左曰搂的哥,右曰搂才那,上曰搂不多,下曰搂不都。

青曰冻张,赤曰来,黄曰止刚,白曰搂,黑曰洛冷加。

去曰摸鲁,来曰卢寨,无曰致麻,死曰打篓,生曰简篓。

斗曰娄豆,戥曰即仑,秤曰读戒,升曰披,金曰戈,银曰岩,钱曰则,铁曰都暑。

一曰基鲁,二曰阿鲁,三曰别鲁,四曰不六鲁,五曰支鲁,六曰度鲁,七曰向鲁,八曰夷鲁,九曰夹鲁,十曰务鲁。

马曰斗能,牛曰斗纽,鸡曰斗皆,犬曰斗盖,豕曰斗罢,鸭曰斗呵,蛇曰斗那,虎曰斗赵,豹曰斗诗,鱼曰斗折,鸟曰念怒。

草曰戛渣,木曰等,穀曰别,稗曰不醋,豆曰读,荞曰杰,小米曰鰵,油曰朵,盐曰郑,柴曰度得,米曰申征。

官曰戛妈致,父曰阿为,母曰阿耐,兄曰阿木,弟曰年盖,子曰年多,孙曰年皆,叔曰叭耶,伯曰叭鲁,甥曰年濯,舅曰乃诺,姑曰妈琅,姑夫曰阿务卢,男曰济能,妇曰戛薄纽,女婿曰阿务,美曰戎年,少男曰戛煞年,少女曰东姑。

火曰兜，田曰勒，园曰阿王，天曰龙都，地曰龙低，日曰龙侬，月曰洛係，星曰洛戈，风曰稼杓，雾曰哈波，水曰格，雨曰那洛，雪曰播洛，山曰富夺。

吃饭曰呶干稼，吃早饭曰呶差，吃午饭曰呶邵，吃晚饭曰呶磨，吃肉曰呶解，吃酒曰副就，吹笙曰濯解，唱歌曰贺古，跳花曰姑把。

问从何来曰戛达哈的打，问干何事曰戛干致，问从何去曰戛阿模伦货的，今年丰收曰孝耐乃嚣戎，明年亦丰收曰诗纽那曰嚣戎，这人好曰叫低你耐戎，这人不好曰叫这戎，这人有饭吃曰一那动戛加诺，这人有衣穿曰都濯那，这人年老曰乃孝杓落，这人年少曰乃孝幼。

回去曰耿模鲁致，无事曰致麻糯，做事曰模阿孤，有马骑曰度乃结，昨日曰阿那，今日曰诺那，明日曰登鸡。

光绪《水城厅采访册》卷四，1965 年油印本，第十二至十三叶

上前走谓母格歹路[1]，往后谓楼格东，房屋谓在陇，回家谓母在，出门谓谓索古，请坐谓娘呆。

吃茶谓服乌，吃烟谓服银，吃酒谓服觉去声，吃饭谓曾格去声，吃菜谓曾窝，肉谓夷。

鸡谓格平声，鸭谓柔，鱼谓乃，鹅谓果，水牛谓你，黄牛谓略，猪谓别去声，马谓米。

茶油谓乌又，盐谓遂，米谓撒，柴谓架。

金与汉语同，银谓些，铜谓堵，铁谓路，锡谓溶。

一谓旭，二谓窝，三谓踔，四谓梭，五谓追，六谓度，七谓雄，八谓移，九谓[2]就，十谓促，一百谓衣白，一千谓衣生，一万谓一丈。

人头谓父里鸠，头谓父，头髮谓梭父，眼精谓抹，耳谓乃，鼻谓

---

[1] "母格歹路"，光绪《古州厅志》卷一《生苗语》作"母格歹"，无"路"字。疑"路"为衍文。

[2] "谓"，原脱，依文例补。

雷,口谓漏,手谓摆,脚谓洛。

帽谓对,衣谓饿,裤谓斗,鞋谓黑,袜谓套。

站谓秀抈,跪谓穷,磕头谓穷母堆,作揖同客语。

岩谓埃,男子谓打芩,女子谓打丿,公谓顾,奶谓鹅,父谓霸,母谓客,兄谓逞,弟谓具,呼大人谓往溜,呼大老爷谓往又,见官谓补望,营兵谓丢奔。

桌子谓顶,板凳谓档,枪曰内朵,刀曰社,羊曰用,犬曰赖,练勇与兵同。

> 光绪《黎平府志》卷二,清光绪十八年[1892]刻本,第百四七至百四
>
> 八叶

12. 光绪《古州厅志》

卷一《苗语》[①]

箱曰果补,鼓曰播侬,锣曰果钲,铳曰砲,枪曰写,刀曰果滕,锁曰果索,戥曰听硬,秤曰听度。

盐曰仇,油曰删,火曰斗,烧火曰北斗,向火曰奴斗,冷曰嫩,热曰格内,小米曰糟侬,大米曰糟奴,糯米曰糟糯,柴曰果斗,吃饭曰拢利,吃酒曰欯酒,吃烟曰欯烟,茶曰忌,吃茶曰欯忌,肉曰牙,吃肉曰能牙。

被曰特泼,帽曰果帽,衣曰阿,鞋曰硗袴,裤曰鎭[②]可。

一曰哈,二曰偶,三曰补,四曰彼,五曰罢,六曰着,七曰中,八曰亿,九曰仇,十曰个,百曰阿,千曰阿采,万曰阿万,升曰果赏,斗曰果斗。

正月曰喇哈,二月曰喇偶,三月曰喇补,四月曰喇彼,五月曰喇罢,六月曰喇着,七月曰喇中,八月曰喇亿,九月曰喇仇,十月曰喇

---

① 此处所记,前半同于道光《广顺府志》卷一《风俗志·附方音》,从略。

② "鎭",疑即"鎮"字。

個,十一月曰喇中,十二月曰喇柔。

　　初一曰哈昧喇,初二曰偶昧喇,初三曰补昧喇,初四曰彼昧喇,初五曰罢昧喇,初六曰着昧喇,初七曰中昧喇,初八曰亿昧喇,初九曰仇昧喇,初十曰個昧喇,过年曰桂前。

　　东曰勾齈代,南曰勾齈莽,西曰纪中,北曰纪达,上曰溜,下曰落,高曰率,低曰亚,平曰排。

　　欠债曰斗折,还债曰必折,公道曰苦理,不公道曰乍腮,是曰业,不是曰肘业,杀人曰打内,抢夺曰这惑内,帮鬬曰戳紧,偷窃曰业内,人凶曰阿内内窝,挽人解忿曰讲歹,和事不成曰肘跌掌,和事之人曰牙即、又曰行人,主盟之人曰背箭,防事曰木掌,不管事曰张掌。

　　其命名男子多以"老",如老偶、老补、老彼、老罢、老鈌、老乔、老伞、老叟、老宰之类;女子多以阿叟、阿如、阿中、阿帕、阿妹、阿吉、阿金、阿息、阿布之类为名。三厅中,相距稍远者,其言语亦多不同,不能尽译也。

　　　　光绪《古州厅志》卷一,清光绪十四年[1888]刻本,第二十三至二十

　　　　　五叶

卷一田雯《苗语》①

　　大弄曰牛也②。

　　丧祭曰号③。

　　朝饔谓之艮推④,再饭为之長林⑤。

　　　　光绪《古州厅志》卷一,清光绪十四年[1888]刻本,第二十五叶

---

①　此处所记,与康熙《黔书》卷上《方言》基本相同。以下只录有异者。

②　"大弄曰牛也",康熙《黔书》卷上《方言》作"大弄,午也"。

③　"丧祭曰号",康熙《黔书》卷上《方言》作"丧祭为白号"。

④　"艮推",康熙《黔书》卷上《方言》作"艮捱"。

⑤　"長林",康熙《黔书》卷上《方言》作"艮林"。

卷一《生苗语(新采)》

天谓瓦,地谓堆,鸣雷谓朵哮,下雨谓打农,天晴谓务瓦,言好天也,下雪谓打罢,风大谓计溜,月出谓打攂,日出谓打拉,星谓大家,早晨谓堵悔,天晚谓瓦足,坡高谓忍嗟,深山谓务兜,大路谓拱溜,小路谓拱又,上坡谓葭摆,下坡谓务趸,田曰列_{上声},土谓蜡过,河谓夺乌过,船谓夺仰。

上前走谓母格歹,往后谓楼格东,房屋谓在陇,回家谓母在,出门谓谓索古,请坐谓娘呆。

吃茶谓服乌,吃烟谓服银,吃酒谓服觉_{去声},吃饭谓曾格_{去声},吃菜谓曾窝,肉谓夷。

鸡谓格_{平声},鸭谓柔,鱼谓乃,鹅谓果,水牛谓你,黄牛谓略,猪谓别_{去声},马谓米。

茶油谓乌又,盐谓遂,米谓撒,柴谓架,金与汉语同,银谓些,铜谓堵,铁谓路,锡谓溶,一谓旭,二谓窝,三谓跻,四谓梭,五谓追,六谓度,七谓雄,八谓移,九谓就,十谓促,一百谓衣白,一千谓衣生,一万谓一丈。

人头谓父里鸠,头谓父,头髮谓梭父,眼精谓抹,耳谓乃,鼻谓雷,口谓漏,手谓摆,脚谓洛。

帽谓对,衣谓饿,裤谓斗,鞋谓黑,袜谓套,站谓秀挖,跪谓穷,磕头谓穷母堆,作揖同客语。

岩谓埃,男子谓打芩,女子谓打丿,公谓顾,奶谓鹅,父谓霸,母谓密,兄谓迄,弟谓具,呼大人谓往溜,呼大老爷谓往,又见官谓补望,营兵谓丢奔。

桌子谓顶,板凳谓档,枪曰内朵,刀曰社,羊曰用,犬曰赖,练勇与兵同。

光绪《古州厅志》卷一,清光绪十四年[1888]刻本,第二十六至二十七叶

13. 光绪《黎平府志》

卷二下《苗蛮·苗语》①(存目)

卷二下《苗蛮·生苗语》②(存目)

14. 光绪《毕节县志》

卷七《风教·方言·各家言》③

大弄,日午④也。

唉饭⑤为固麦。

鸭为阿⑥。

午饭曰艮林,晚飧曰艮乔,食烟曰更坐⑦。

上坟曰砍地理,送客曰句业⑧。

光绪《毕节县志》卷七,清光绪五年[1879]刻本,第二十六叶

(三) 民国方志

1. 民国《贵州通志》

《风土志一·风俗》

女子十三四,构竹楼野外处之,苗童聚歌其上,情稔则合。黑苗谓之马郎房,獠人谓之麻栏,獞人谓之杆栏。

孟春,合男女于野以择偶,名曰"跳月",即马郎房、麻栏、杆栏而合成一会,此苗俗大礼也。归化苗家恒以教场坝为月场,其南有

---

① 此处所记,同于康熙《黔书》卷上《方言》,不复录。

② 此处所记,同于光绪《古州厅志》卷一《苗语》,不复录。

③ 此处所记,大多数同于康熙《黔书》卷上《方言》,仅改换格式。以下只录有异者。

④ "日午",《黔书》作"午"

⑤ "唉饭",原作"谈饭",径改。此条《黔书》无。

⑥ "阿",《黔书》作"呵"。

⑦ "午饭",《黔书》作"再饭"。"晚飧",《黔书》作"夕飧"。"更坐",《黔书》作"艮完"。

⑧ "砍地理",《黔书》作"砍地里"。"句业",《黔书》作"勾业"。

峻岭,名跳花坡,自正月初三至十三,皆跳月之期,两男对跳,四五女联背围之,满场凡数百围,男跳易之,须互换也。笙声沸天,两相谐则目成心许矣。十三日跳毕,男吹芦笙于前,女牵带从之,绕场三匝,相携入丛箐间,先为野合,名曰"拉阳"。然必有娠而后得嫁,否则越岁复游牝于牧矣。

云赶场曰"猛已",亦曰"拜其",余自盘州抵归化,历龙场、兔场、狗场、鸡场诸寨,初不改命名之义,及询诸土人,始知逐日赶场,数百里间,按十二辰为一周也。

苗俗近渐丕变,妇稚竟有以节孝称者。道光二十年,鳞方伯庆采访得五人,请于朝以旌之。孝子二,曰喧噶,曰贾香;节妇三,曰扃招,曰禾落,及其子妇曰噶。

> 民国《贵州通志》"风土志一",民国三十七年[1948]铅印本,第三〇至三二叶

《风土志六·方言·夷语》①(存目)

《风土志六·方言·兴义夷语·青苗语》②(存目)

《风土志六·方言·兴义夷语·白苗语》③(存目)

《风土志·方言·都匀夷语·苗族语》④(存目)

《风土志·方言·都匀夷语·独山黑苗语》⑤(存目)

《风土志·方言·黎平夷语·生苗语》⑥(存目)

---

① 此处所记,皆引述他书,同于康熙《黔书》卷上《方言》、咸丰《兴义府志》卷四十二《风土志·方言·青苗语》相关记载,不重录。
② 此处所记,引用咸丰《兴义府志》卷四十二《风土志·方言·青苗语》,不重录。
③ 此处所记,引用咸丰《兴义府志》卷四十二《风土志·方言·白苗语》,不重录。
④ 此处所记,引用乾隆《独山州志》卷三《地理志·方言·苗族语》,不重录。
⑤ 此处所记,引用乾隆《独山州志》卷三《地理志·方言·黑苗语》,不重录。
⑥ 此处所记,引用光绪《黎平府志》卷二下《苗蛮·生苗语》,不重录。

《风土志·方言·古州苗语》①(存目)

《风土志·方言·附田雯蛮语歌》

"上山牢角西復东，下山花开一箐红。半滑半乾石当路，乍晴乍雨笠摇风。干楠缠腰布裹头，猿啼鹃叫四山秋。下来千尺商讹放牛也道，固麦唻饭呵交饮酒好自由。奈此翻桨白汗何，赶场大弄日午不停梭。歺鸡坐也后岭望前岭，雅务不好、难行小坡愁大坡。唇下芦鸣月下跳，摇铃一对女妖娆。阿蒙母阿孛父门前立，果瓮行役人来路不遥。"曲意亦难尽解，大抵与"朝发黄牛，暮发黄牛，三朝三暮，黄牛如故""巴东三峡巫峡长，猿啼三声泪沾裳"词旨相类耳。

邹一桂《黔楚山水画册·苗语诗》："偏桥桥东相见坡，行人听见苗子歌。吹芦大踏月皎皎，摇铃暗拍声呜呜。前坡草长苦雅务，后坡石滑愁商讹。阿孛阿交在前店，阿蒙歺鸡方陟巇。回头相见不足奇，去之忽然还对面。山坳固麦趁泉流，山前果瓮人不休，鹃啼鹃叫蜚风秋。"原注："苗语'雅务'言难行，'商讹'言放牛，'阿孛'呼父；'阿交'，饮酒；'阿蒙'，呼母；歺鸡，坐也；固麦，吃饭也；果瓮，行路也；大弄，日午也。"

民国《贵州通志》"风土志六"，民国三十七年[1948]铅印本，第五六叶

2. 民国《贵州通志》

《土民志八附苗语、苗文》

昔郝隆为蛮部参军，尽解蛮语，南蛮以是服之，况州县为亲民之官，未有不通其言语而能得其嗜好者。夫言，心之声也，先得其言，而后因其言以想其心，再为之设身处地，所欲与聚，所恶勿施，以揣其不言之隐，如慈母之于孩提，只一啼哭之间，知其嗜好，此无

---

① 此处所记，前半同于光绪《古州厅志》卷一《苗语》，后半同于乾隆《普安州志》卷二十五《方言志·罗罗语》，误合两种民族语、两处记载为一，乃修志者疏忽。不重录。

他心,诚求之故耳。惟是黔中苗民八十二种,微特仲语与苗语不同,即仲语亦有与仲语不同者,即如县属平安仲语,谓天曰论闷、地曰囊、日曰刀轮、月曰莽高、父曰耶、母曰埋、兄曰哥、弟曰那;普安仲语,谓天曰滇、地曰的、日曰完、月曰吞、父母曰拨茂、兄曰汲、弟曰煗;独山仲语,谓天曰闷、地曰报、日曰大握、月曰冗乱、父曰波、母曰媄、兄曰比、弟曰暖,此不可以概论也,惟即其地以译其语焉可耳。盖苗语难知,故用译以译译译,故曰重译。兹仅译苗、仲二语者,以二种多故也,苟由此而尽译之,因其言以想其心之所以言,并揣其不言之隐,则倾心向化,将不独郝隆尊美于前矣。至今日仲民读书者众,能以其语为诗歌,固足见涵濡熏陶之德,然非同文之世所贵也,故舍而弗录。《安顺府志》

　　民国《贵州通志》"土民志八",民国三十七年[1948]铅印本,第三至
　　四叶

《土民志八·兴义府苗仲语·青苗语》①(存目)

《土民志八·兴义府苗仲语·白苗语》②(存目)

《土民志八·普安厅苗蛮言语·苗家言》③(存目)

《土民志八·普安厅苗蛮言语·各家言》④(存目)

《土民志八·黎平府硐家语·生苗语》⑤(存目)

《土民志八·都匀府苗语·苗语》

　　水家曰虚,子也;苏,丑也;业,寅也;猫,卯也;伸,辰也;徐,已也;恶,午也;米,未也;盛,申也;由,酉也;狠,戌也;哀,亥也。

　　父曰不,母曰宜,祖曰共,祖母曰牙,伯曰聋,叔曰旦,嫂曰屑,

---

①　此处所记,引用咸丰《兴义府志》卷四十二《风土志·方言·青苗语》,不重录。
②　此处所记,引用咸丰《兴义府志》卷四十二《风土志·方言·白苗语》,不重录。
③　此处所记,同于光绪《水城厅采访册》卷四《食货·方言附·苗家言》,不重录。
④　此处所记,同于光绪《毕节县志》卷七《风教·方言·各家言》,实出康熙《黔书》卷上《方言》,不重录。
⑤　此处所记,同于光绪《古州厅志》卷一《生苗语(新采)》,不重录。

婶曰宜低,妹曰奴。

早饭曰借毫义,午饭曰借毫先,晚饭曰借毫仰,饮酒曰借蒿。

赶场曰拜格,出曰拜,入曰项,坐曰毁,坐这点曰毁菊乃,睡曰能,去睡曰拜能拜。

黄牛曰薄,水牛曰壮,马曰麻,虎曰蒙,虎食人曰蒙国也,鱼曰猛,食鱼曰借猛。

盐辣曰乱令①,放盐曰和乱,放辣曰和令,相骂曰都宜,相打曰都贵。

石曰岀,火曰玉,水曰崽,路曰困,灯曰拨,油曰欲,钱曰眉痕,银曰娘。

狗曰化,鸡曰改,鸭曰害。

衣曰棵,帽曰卯,鞋曰贾②,裤曰烘,手曰面,脚曰定,头曰姑,眼曰目。

大锅曰道扛,小锅曰道的,门口曰蒲坠,大门曰堕扛,开门曰卯堕,闭门曰神堕。

天明曰问明,下雨曰挡混混,下雪曰挡泪,吃丝烟曰借宴戏,吃叶烟曰借宴瓦,水烟袋子曰董宴,香叶烟袋曰董宴瓦,吃茶曰借节,吃猪肉曰借虎虎。《都匀志》。

民国《贵州通志》"土民志八",民国三十七年[1948]铅印本,第二九叶

《土民志八·都匀府苗语·花苗语》

花苗呼祖曰故,祖母曰故老,父曰拔,母曰宜,伯曰拔老,叔曰拔幼,兄曰底,弟曰埃,姊曰媛,妹曰额,子曰他,女曰扒牙、一曰摆,夫曰亚,妻曰外,朋友曰概,亲家曰拔暇,亲家母曰密暇,接亲家曰

---

① "盐辣曰乱令"有错漏。据下文"放盐曰和乱,放辣曰和令","盐辣曰乱令"当为"盐曰乱,辣曰令"。

② 以汉字记民族语词,记录者有时会忽略一字多音的问题,以致莫衷一是,例如"贾",一音 gǔ,一音 jiǎ,如此之类,并不少见。

突概,女婿曰达曜,看亲曰某概,客来曰概打,官长曰网潦,区长曰故老。

出外曰谟再,进家曰劳再,在家曰每再,去曰谟,未去曰排谟,赶场曰谟其、一曰拜谒,吃饭曰奴解、一曰固脉,吃酒曰腹棱、一曰固悖,吃烟曰腹宴,吃茶曰腹己、一曰固高。

衣,一也;阿,二也;跛,三也;唆,四也;抓,五也;丢,六也;凶,七也;鸭,八也;缴,九也;菊,十也。

固,盐也;粮,米也;第,碗也;柱,箸也。

挑水曰艮污,煮饭曰造盖,葬坟曰艮密诸,早饭曰艮林,晚饭曰更乔,卖东西曰骂谟,买东西曰骂劳。《都匀志》。

民国《贵州通志》"土民志八",民国三十七年[1948]铅印本,第三〇叶

《土民志八·都匀府苗语·广顺州犵狫语》①(存目)

3. 民国《麻江县志》

卷五《风俗·夷语》

夷族语言各异,兹录平定下司河外龙心精所译苗语,以备方言。

其家庭称谓: 父曰爸,母曰卖,卖读上平声,下同。祖父曰告,祖母曰屋,曾祖父曰告赏瓦,瓦读去声,下同。曾祖母曰屋赏瓦,伯父曰爸楼,伯母曰卖楼,叔父曰爸一,叔母曰卖宁,大哥曰补修,二哥曰不窝,我的哥曰余杭补,弟曰一,我的弟弟曰余杭一,大姊曰阿留,阿去声下同。二姊曰②阿窝,姊曰几阿,妹曰冉,媳曰迁娘,大嫂曰迁娘留,夫妻曰竿攸,子曰纠呆,女曰呆培,孙曰纠幾,孙女曰幾呆培③,乡村呼朋友曰瓜瓢,伙计曰汉学,友曰瓜,庖曰同斗都,农人曰乃交阿高,交入声,下同。工人曰告相,商人曰乃交阿赈,士人曰乃交同斗,

---

① 此处所记,同于嘉庆《续黔书》卷五《俗字》,存目,不复录。
② "曰"字,原脱,径补。
③ "孙女曰幾呆培",原作"孙女幾曰呆培",径改。

先生曰先生,学生曰学生,铁匠曰告相劳,瓦匠曰告相花衣,翻瓦曰告相反衣,老爷曰瓜来,百姓曰百姓,强盗曰阿娘。娘入声。

饮食用语: 吃饭曰陇瓜,陇上声,下同。吃早饭曰陇瓜梭,吃少午曰陇瓜奶,吃晚饭曰陇瓜忙,忙去声,下同。吃糯饭曰陇瓜老去声,吃粽巴曰陇菲归,吃麦巴曰陇菲瓜忙,吃包穀巴曰陇九金母条,红稗巴曰九必撒,荞巴曰九窝邦,膏粱巴曰九京们,们上声。小米曰寡各,黄豆曰陶本,豌豆曰陶小,饭豆曰陶杆,吃粉曰陇粉,吃面曰陇面,吃菜曰陇窝,吃肉曰陇李,饮酒曰嚎酒,饮茶曰嚎么金,饮汤曰嚎么斋,饮水曰嚎么,凉水曰么随,开水曰么开,吹鸦片烟曰嚎瓜归,吹烟曰嚎烟。

衣服别语: 衣曰欧,裤曰靠,袜曰拖,拖去声,下同。布鞋曰鞋青,鞋阴平。小帽曰磨,头巾曰青科,裤带曰练靠,对襟衣曰欧怡纲,弯襟衣曰欧鞋呆,背心曰欧拱蒙,拱入声。长衫曰欧丹,丹阳平。短衣曰欧来,来阴平。夹衣曰欧窝等,单衣曰欧纠等,棉衣曰欧绷,穿衣曰囊欧,穿袜曰断拖,穿鞋曰断海,穿裤曰囊靠。

住所别语: 瓦屋曰简炸衣,炸阳平,下同。草房曰炸锅,大门曰瓜勺留,门间曰瓜勺剃,壁曰瓜卑简,梁曰丙简,柱曰栋简,窗曰港罗闹,楼房曰简补,栏杆曰干粉样,内室曰瓜京,灶房曰瓜梭,火炉曰瓜家,床曰瓜秋,秋去声。仓曰来農,来阴平。

用器: 锅曰鱼,水缸曰滔么,水桶曰提么,调羹曰调羹,筷曰丢,菜碗曰纲阿,饭碗曰地瓜,酒杯曰奥九,奥阴平,下同。茶杯曰奥么金,柴刀曰善瓜,镰刀曰瓜两,斧曰惰,钳曰归鬼,菜刀曰丢篙窝,扫帚曰丢期丹,丹阳平。桌曰典,方桌曰典梭归,圆桌曰典冷,长桌曰典打,几曰当哥一,凳曰当,当入声。碗架曰来机,来阴平。茶壶曰篙么金,酒壶曰篙酒,菜坛曰任酒,酒钵曰网的,酒缸曰缸阿九。阿去声。

身体则头曰科,髮曰瓜心科,额曰养娘,娘阴平,下同。目曰乌卖,眉曰干心卖,眼皮曰干令卖,耳曰瓜碾,鼻曰康研,口曰罗,唇曰干令裸，裸去声。齿曰美，舌曰瓜你，你入声。喉曰瓜勺公曰①，腔曰海罗，须曰修娘，颈曰瓜镶，肩曰敲及，手曰笔，肘曰心笔，手掌曰瓜把笔，手指曰瓜歹笔，指甲曰艮笔，手腕曰姑留笔，脊骨曰耸刁，肋骨曰耸党，胸曰纲谷，心曰柳，乳曰物，肚曰瓜亲，肺曰松念铺，肝曰松念，肾曰条，大肠曰寡留，小肠曰寡要，臀曰里朵纲，肛门曰慷寡，阳物曰过，阴物曰法，足曰裸，裸阴平。腿曰瓜边，脚杆曰东昂，脚掌曰瓜把罗，罗阴平声，下同。脚指曰瓜歹罗，肤曰干令，动脉曰寝敌，静脉曰寝介。

兽则水牛曰引，黄牛曰卯，雄曰把，雌曰迷，牯牛曰把引，牸牛曰迷引，羊曰勇，马曰麻，犬曰酒，豕曰变，虎曰修，狮曰狮子，山羊曰女勇咬，豺曰朽洒，野猪曰女变呆，豪猪曰香，黄鼠狼曰假，鼠曰歹囊，歹去声。蝙蝠曰稿也。

禽则鸡曰干，鹅曰各雁，鸭曰各挽，燕子曰站客，雀曰闹，鹦哥曰约箸，箸上声。画眉曰闹交，八哥曰闹阿引，鹰曰朗，白鹤曰撮收。

虫则蜻蜓曰刚育，纺车婆曰纲朽未，禅曰纲览力，蜂曰纲蒙，蜜蜂曰纲蒙告歪，蝶曰纲把唱，蟋蟀曰纲强，螳螂曰纲麻融，萤曰纲门网斗衣，蝗曰纲稿，蚊曰纲咬打买，买阴平。蜘蛛曰纲燕，马蚁②曰纲彭，彭上声。蚯蚓曰纲龚，蚂蟥曰纲轮。

果品则梨曰真雅，花红曰真雅破，李曰真让，桃曰真冷，杏曰振忙，柿曰振枚，杨梅曰振力，羊奶曰振寡勇。

天文则日曰赖奶，赖、奶均阴平。月曰赖救，星曰呆街，云曰道么，么去声。雨曰弄，下雨曰打弄，风曰近打，雷曰步呼起，电曰立夫。

金属则黄金曰乜仿，银曰乜，钱曰美水，黄铜曰倒纺，红铜曰倒像，白铜曰倒合，铁曰劳，劳去声。锡曰尚，钢曰沙锅，铅曰沙鱼。

---

① "曰"，当为衍文。
② "马蚁"，即"蚂蚁"。

农具则犁曰开，耙曰卡，卡去声。钉耙曰滓或，锄曰所芸，刀曰交，交入声。粪箩曰来母，粪桶曰提寡，穀桶曰滔的难。难上声。

数目：一曰衣，二曰窝，三曰比，比阳平，下同。四曰梭，五曰渣，六曰吊，七曰胸，胸去声，下同。八曰牙，九曰就，十曰乔，十一曰乔衣，十二曰乔窝，十三曰乔比，十四曰乔梭，百曰衣变，二百曰窝变，千曰衣商，万曰衣汪。

民国《麻江县志》卷五，民国二十七年[1938]铅印本，第十六至十九叶

4. 民国《榕江县乡土教材》

第四章《第三节·传说一·济火、铜鼓》

苗王庙之由来，已如前说。但亦有传说，庙中之苗王，并非上古时代由中原飞来之老苗，系诸葛孔明平匪乱时代之济火公。所谓"济火"者，为土言"巨巨火"之译音。巨巨火系为古州境内之苗民，当时深明大义，拥护中央，见诸葛孔明之南来，即率同伙伴投诚，后人于西门内之山坡，即命名卧龙岗，于卧龙岗上，建筑诸葛祠，诸葛祠旁建立济火公之苗王庙，所以纪念诸葛，亦所以纪念济火之深明大义也。

民国《榕江县乡土教材》第四章，1965年油印本，第三十八至三十九叶

第五章《第七节·土音歌》

以上各节所载歌谣，系为乡间人民能读汉字、能解国音者所唱之歌，抑或由土音中意译之歌，但边胞所唱歌谣，什九多用土音。兹录土音歌谣数则如下，每则后，附以译意，译意用散文，以存其真也。本节所录土音歌谣，系青苗所唱之歌。

一、康乐干堕勇，康乐窝善左，窝门丢贵省，养乐又扁敢。

（译意）你看得起我，我俩就一路走，我们去贵阳，快乐又便当。

二、康干堕乃心，康约窝鸦落，窝门先我先，先门乃阿本。

（译意）你看得起我，就同我去，要去就要脚跟脚，鸡叫我俩就走，走快点家中老人才不知道。

三、羊焉冬戒冬,绑妈抛件虽,妕蛙收就宰,打亮胎母先。

(译意)春天到了,杏子花也都开放了,园中的油菜也都抽苔了,我们何妨出去看看。

四、间赖今类纲,间别今类省,带旭好懦脸,带夏好懦脸。

(译意)下边到北京城,上边到云南省,发财的就要一挑银子,穷的就要一百块钱。

五、带旭间戒脸,带夏间坝脸,加晒量带卯,凶赖怒苟那。

(译意)发财的要一挑银子,穷的要一百块钱,将一千元去铸钟,送给和尚去敲。

民国《榕江县乡土教材》第四章,1965 年油印本,第五十二至五十三叶

5. 民国《八寨县志稿》

卷二十一《风俗》

白苗语：

父曰扳,母曰扪,夫曰歹,妻曰搬难,兄曰伴,弟曰野,姐曰压,祖父曰干鸦,祖母曰鹅。

天曰雨胆,地曰孚胆,草曰囊。木曰打,梨曰正雅,橘曰正亘,橙曰正卡,桃曰正指,李曰正怒,雅片烟曰银直,落花书①曰达干打,栗曰正个,竹曰打捞,柏曰打垢,松曰打线浓,枫曰打卯。

山曰右,水曰牙,石曰言,田曰吕。

马曰慢,牛曰宁,猪曰班,犬曰下,羊曰勇,鸡曰管,鸭曰堪,鱼曰难,虾曰简孔,蟹曰简多。

油曰讲,盐曰线,布曰朵,麦曰见卯,辣曰正难,衣曰垢,纸曰豆,炭曰摊,柴曰楮,菜曰卧,铁曰拉,铜曰打,银曰拟,早餐曰反,午曰乃,晚曰盖,枪曰难,碗曰低,箸曰耻,房曰栈,读书曰东多,写字

---

① "落花書",当为"落花生",系音误所致。也可能是先误合"落花生曰"之"生曰"
二字误会作"甭",因"甭"字较突兀,传抄者乃妄改作形近的"書"字。

曰晚多，墨曰也忙，笔曰泪，鞋曰含，袜曰扪①，库曰改丁，帽曰磨，笠曰狗，犁曰坎，耙曰克，锄曰梭，斧曰多，锅曰尾，灶曰敢磋，箩曰罗，箕曰及，斗曰格，升曰考，尺曰浪，糖曰当，雷曰干乎，灯曰楮胥②，窗曰康劳，凳曰当，桌曰讲东。

足曰罗，手曰打，耳曰卡难，鼻曰卡将，眼曰卡米，口曰卡牛，头曰卡可，肚曰卡空，心曰卡秀，肝曰送难，胃曰卡云鸾，肠曰垢杂，血曰岁。

吃烟曰哈银，吃酒曰哈就，栽秧曰匡礼，打米曰颠纳。

儿童曰呆难，木匠曰相打，石匠曰相言，裁缝曰相皮鹅。

沟曰贡吕，坝曰瓮，扇曰能，梳曰哑，筐曰求留切，桶曰丁，磨曰言麽。

髮曰雄考，胡曰研，指甲曰改公板，唇曰卡搬牛，齿曰妹，颈曰卡科，背曰卡狗，胸曰卡巷。

柱曰痛，寨曰养，堡曰线卡，八寨曰改绉、又名押羊、押者八也，养者寨也。改绉即八寨县之名。省城曰酿省，都匀曰贞荣切，三合曰排搬简，榕江曰改浪。

一曰夷，二曰鹅，三曰板，四曰锁，五曰乍，六曰丢，七曰凶，八曰牙，九曰转，十曰纠。

黑苗语：

屋曰者，窗曰慷密闹，棹曰○的翁切，门曰干丢，凳曰当，碗曰地，盐曰显，辣曰宰拿，烟曰印，烟袋曰夺，锅曰威，灶曰干梭。

睡曰罢，兴曰○衣冠切，去曰母平声，坐曰嬢，饭曰敢，吃饭曰冷敢，酒曰酒，吃酒曰好入声酒③，唱歌曰噫霞，洗脸曰卧面，赶场曰

---

① "鞋曰含""袜曰扪"，原作"鞋含""袜扪"，均脱"曰"字，径补。

② "胥"，未知何字，似"胃"或"有"。存疑。

③ "酒曰酒""吃酒曰好酒"，显然均直接从汉语借入（音义皆借）。

扝更。

称父曰巴，称母曰棉，洗手曰卧般，洗脚曰卧略平声，儿曰皆呆，女曰编妍。

民国《八寨县志稿》卷二十一，民国二十一年［1932］铅印本，第十三至十四叶

6. 民国《都匀县志稿》

卷五《风俗·夷语·苗族》

都匀夷类不一，语言亦异，兹录土族、苗族、水族常语言各数则，以见梗概云尔。

苗族： 天曰风瓦，日曰打，月曰利，星曰卡，云曰蒿，雾曰独务、又曰乌代，雨降曰打糯，风曰挤，雷曰拷，雪曰打拜阴平，电曰立蒿，雹曰劳，霜降曰打旁去声，地曰格歹，水曰乌，山曰务，路曰孔，石曰埃，河曰乌了，崖曰荣，屋曰再，沟曰格略，垭曰格堕，庙曰庙，峰曰刁，井曰乌袍上声，池曰凤，人曰密朱，父曰八，母曰宜，祖父曰固，祖母曰袜，伯曰八劳，兄曰敌，弟曰矮，姊曰害，子曰打盛，女曰八南，女婿曰滴要，妻曰外上声，友曰八概，孙曰他聚，髮曰留，手曰排，足曰劳阴平，头曰敲，眼曰格骂，口曰格劳，鼻曰统奈，耳曰格奈阴平，须曰打嫩，身曰格再，牛曰拟，马曰马，猪曰拜，羊曰勇，鸡曰鸡，鹅曰暗，鸭曰打胯，鱼曰崖，鸟曰弄，鹊曰阿密，火曰桃，灯盏曰桃优，床曰宠，油曰油阴平，布曰刀，衣曰高入声，刀曰得，裤曰狄，凳曰堂，桌曰同，衾曰拜阴平，锅曰元，甑曰乍，箸曰跳，瓢曰海阴平，书曰到，笔墨亦曰到，锄曰丁造，耙曰斧去声刀入平，桶曰滴，缸曰抗乌，帽曰帽，腰带曰赞活，鞋曰攀，袜曰拭首，巾曰聚富，树曰丁豆，草曰叔，花曰格本，菜曰拷番，椒曰聚逆，橘曰聚及，橙曰老，梨曰聚卡，柿曰聚棉，桃曰聚里，李曰聚样，棉曰西，豌豆曰独王，饭豆曰独埊，黄豆曰独豆，玉蜀黍曰介杂，麦曰介蒙，黍曰介你，红稗曰介哥，高粱曰介杂能，谷曰格西，粟曰格岔，饮食曰努，饭曰介，酒曰照，肉曰女，酸

曰样，糖曰当，早餐曰介皮，午曰介那，晚曰介骂，饮水曰伏乌，一曰

兮，二曰蒿，三曰拜_{阴平}，四曰刁，五曰坚_{阳平}，六曰住，七曰送，八曰

叶，九曰爪，十曰足，百曰拜，千曰生，万曰问，分曰同，钱曰洗，两曰

两_{阳平}，寸曰同，尺曰堵，丈曰劳，子曰能，丑曰拟，寅曰召，卯曰同，

辰曰孔，巳曰吞，午曰麻，未曰勇，申曰敛_{上声}，酉曰鸡，戌曰赖，亥

曰拜。

民国《都匀县志稿》卷五，民国十四年[1925]铅印本，第十二至十三叶

7. 民国《独山县志》

卷十三《风俗·苗语》

天曰冗_{读入声}阿，地曰背堆_{读上声}，日曰项_{读上声}，月曰罕_{读平声}，天

未晓曰冗阿靡_{读若米架工}，天将黑曰冗阿己沙标_{读去声}，黑尽曰冗阿

标，日中曰项当韶吼_{读上声}，晌午曰囊_{上平}朗。

乍晴乍雨曰己沙狱业己沙狱囊，大雨曰囊_{读入声}火，小雨曰囊

天，雪曰狱波_{读上声}，霜曰狱九，雾曰标_{去声}好_{去声}，月亮打伞①曰拉罕

楼_{读上平}觉斯。

石曰裸己，山坡曰珠，山上曰纪龚_{读去声}，草屋曰兵_{读入声}格_{读上}

_声，瓦屋曰兵万②。

落雨曰刀纳，地平坦曰白点邦_{读入声}，土曰堆_{读上声}，锄土曰项_读

_{上声}堆，厂坝曰果苔_{读上声}，水曰舞，水湄曰舞保刀，水汊曰舞阿_{读上声}

海卯_{读上声}，入水曰告豪，竹林曰物糟，陶器曰沙坠。

人曰夺难_{读去声}，知不知曰字觅字，言曰夺渣，多言曰夺渣鸦，

众多语曰难鸦夺渣，强交言曰面黑_{读上声}豆接豆，言语忤人曰面黑

豆接豆栖妈，骂人曰希拿_{读上平}。

---

① "月亮打伞"，颇为形象，当为区域性汉语方言用语。

② "草屋曰兵格""瓦屋曰兵万"，可知"兵"对应的汉语意为"屋"，"兵格""兵万"直
译为汉语即"屋草""屋瓦"，这是"通称＋专称"的构词方式。

眼曰两忙读入声，鼻曰龚读去声邦读入声，鼻祝[①]曰龚邦奏，口曰绕读去声，足曰揽，目视何处曰忙依没当读入声。

发怒曰烦齐，貌美曰夺难乌，貌丑曰夺难斜，齿曰噜寒，龅齿曰丁读入声墨单，齿本肉曰噜寒干。

执拗曰孟多降，去曰帽，来曰刀，逞刁曰尿揽读上声，难合意曰嗞合觉，悭吝曰腮揽读上平，奢侈曰约上平腮揽，聪明曰哲黑读上声，侮辱曰你罕妈揽，昏聩曰露，疲缓曰格读上声揽，结舌[②]曰挜虐读去声，污秽曰搓读上声，羞耻曰佳读入声，骂人无耻曰觅簸地佳。

手曰倍，手挽[③]曰倍拉格妈，手爪曰倍格，爪刺曰扔读平声，足躧曰揽歹。

嚼曰觉读去声，吃曰囊读上声，眼跳曰诺读入声忙读入声烂，细声曰麻麻读入声扎，大声曰达蒿夥。

多须曰秾读入声烂读上声，少须曰米吊秾，女髻曰红罕，耳曰共读入声比，耳作声曰共比皆，生疮曰得滥，结痒子曰各囊读上声，皮裂曰格读平声头坎，清谈曰斗渣，搅动曰歪读上声。

腰带曰拢簁读下平，衣曰奢，短衣曰奢裸读上平，小衣曰者，背曰果稿。

药毒人曰觉读上声多那读上平，虫钉人曰夺难多那读上平。

老人曰那平声露，少年曰朵那，祖父曰郁，祖母曰包略近，父曰坝读上平，母曰买，兄曰哥同汉，嫂曰义读下平，弟曰皂读下平，夫曰脚读去声，妻曰围，姐曰济，妹曰渣读下平，伯父曰板郎，叔父曰八么，外公曰厄育，外婆曰包旦，舅父曰郁闹，舅兄曰闹，舅弟曰查，子曰朵中读入声，童子曰朵么，孙曰阑，外甥曰朵阑，新人曰忸采，官曰拐，民曰那

① “鼻祝”为方言词，意谓“鼻塞”，今西南官话区较常见。
② “结舌”当为方言词，即通语所谓“结巴”。
③ “手挽”，文如此，即“手腕”。

上平杏，先生曰本兜读下平，劫贼曰拿入声呢好，小偷曰拿呢么，尔曰厄读上声，我曰左读下平，他曰梗读上声，男曰攸，女曰胞。

小儿扒地曰朵么然读入声必堆读上声，人死曰难道读入声，抱人曰包读入声道难，不为礼曰哚每赖，人短曰难盖。

问贵姓曰露谁也便吼读平声，答曰左口便吼；问春秋几何曰打家得休，答曰左单若干得休；问尔好不好曰厄乌哚乌，答我好曰左乌。

有福曰乌明读入声，寿高曰搅读上平休，多少曰搅蓄，重轻曰巷读入声夸读上声，长短曰连罗，高低曰海杆。

村寨曰厄读去声，桥梁曰周，河曰两读平声，沟曰康读上声，田曰得读平声，园曰翁。

龙曰昂读平声，蛇曰那，儿马曰粑读下平漫，课马曰美麻，羊曰样，猴曰赖读上声，鸡曰敢，下蛋曰勤基，牙狗曰粑读下平尖读下平，草狗曰买尖，牡猪曰卖粑，鼠曰嫩，黄牛曰得浩调喉音，水牛曰得忸即前之舞，水牯曰板下平忸，水牸曰买忸，虎曰学读下平，豹曰哮，骡曰得鲁，猫曰苗读平声，鹅曰蚁读平声，鸭曰宴略近，虾曰糟，鱼曰哚，飞鸟曰诺庸，走兽曰蛇门，地脚曰必救，桌曰龚读入声，碗曰粘，筷曰纠读入声，杯曰选，酒曰仇，饭曰麻读入声，肉曰干，盐曰蕊读下平，辣曰搅读上声调喉音，菜曰欧读上声，桶曰土，刀曰倒，瓢曰罕控，箕曰压汗读入声气，盆曰堆，甑曰学平声，火曰豆，斧曰兜，刨曰包，锯曰周，盒曰顽读上声，风箱曰雀读平声堂，石磨曰黑陡，岩阿读去声，三脚曰菊怪读平声，板凳曰先读上声，草索曰觉读平声，扁担曰纪站，帽曰卯，袜曰漫，升曰耸，斗曰倒斛，桶曰归，布曰斗，缎曰反，瓦曰万，屋倾曰皮勾。

金曰总，银曰蚁读平声，铜曰都，铁曰蒿，锡曰吼，漆曰散，钱曰腮，笔曰秉，墨曰忙奴读平声，茶曰在，烛曰佐，灯草曰门当读下平，点灯曰逗当，擂钵曰埃读去声，棍棒曰点，锅铲曰戈读下平尖，盆曰当读去声，犁耙曰奶叉。

散秧曰勾约读上声，栽秧曰节得读平声，薅秧曰叨得，米曰梭读下平，打米曰逗梭下平，粘米曰个煎读下平，糯米曰个那，红稗曰放读上声调喉音，高粱曰果远，豆曰道，荞曰载，麦曰栈，小米曰奴读去声，包谷曰渊。

油曰略，柴曰豆，草曰格读上声，木曰噜，花曰蒙读平声，戥曰当读入声，秤曰磋。

橘曰排力，荸荠曰排想，慈姑曰物拉，瓜曰睹，瓜子曰巷读上声睹，桃曰排改，李曰排埃读上声，杏曰忸读平声，琵琶曰补坝，梨曰排袄读上声，杨梅曰排亮，鸡勾①曰排者。

韭菜曰舞敢也蚁读平声，芸台菜曰木邦读入声，青菜曰伍觉读平声，白菜曰伍觉九，四季豆曰培倒，豇豆曰培倒两先，篱笆豆曰培倒力未，苦瓜曰阿挨读上声，王瓜曰忸读入声干，冬瓜曰睹海，香料曰马歹，薑曰穷，蒜曰伍敢，毛辣子②曰伍枸，萝卜曰嘉不，茄子曰杂，豆芽曰道长，芝麻曰埃读去声，糖曰麻颠，蜂窝曰楼义墨照。

炮曰纵，木多③曰噜揽读平声，田垦曰选得读上声，被盖曰顽读平声构，帐曰皮罕平声，枕曰宏汝平声，卧单曰告埃上声，竹席曰想，草席曰想厄读上声，草荐曰新，顶罐曰外古，瓦罐曰沙醉，坛曰凶读上声，缸曰阑，菩萨曰欲渺读平声，土地曰欲阐，指路碑曰己把。

红曰赖读上声，白曰走，青曰觉读上声，绿曰渺读平声，黄曰光，黑曰标读去声，灰曰跑。

子曰弄，丑曰忸读平声，寅曰学读下平，卯曰磨，辰曰昂读平声，巳曰那读上声，午曰漫，未曰央，申曰赖读上声，酉曰敢，戌曰尖读下平，亥曰粑。

一曰以，二曰阿读上声，三曰卑读上声，四曰鲁略近，五曰巴读上声，六曰交，七曰想读下平，八曰也，九曰周，十曰早，十一曰早以，十二曰早阿上声，一百曰以巴，一千曰以赛读上声，一万曰以月。

民国《独山县志》卷十三，1965 年油印本，第二十六至二十九叶

---

① "鸡勾"，似为汉语方言词。

② "毛辣子"方言词，指西红柿。

③ "木多"似非"树木多"之义，可能是当地汉语方言词。存疑。

8. 民国《荔波县志资料稿》

第二编《民族资料·语言·苗族语言》

　　苗族语言,俗称"苗话",可分为佳荣地区的红苗话和黑苗话,以及散居各乡的苗话三种,因三种各有不同,然亦一部分可以互通,而散居各乡之苗族,除少数七八十岁的老人能说本族的话之外,通常都说汉话,甚至本族的话都不会说了。

"中国地方志集成"贵州府县志辑,第 25 册,第 416 页下栏

9. 民国《兴义县志》

第十一章《社会·边民语言·青苗语》①(存目)

第十一章《社会·边民语言·白苗语》②(存目)

10. 民国《兴仁县志》

卷二十二《艺文志·考据·夜郎》

　　盘江之夜郎,西南夷自命者也。遵义之夜郎、龙标之夜郎,隋唐二代中朝所命名,《史记》所载之夜郎,非遵义及巫州之夜郎也。苗语称其主为"马郎"(malang),今苗女称所欢者曰"马郎",盖尊爱之如君也。北音读"夜"为"亚",则夜郎者,汉使入境,闻夷呼其主为 ma-lang,因以"夜郎"二字译之。县境居盘江之中,当为夜郎故地,至夜郎在盘江境内,不特四史,《通鉴辑略》《华阳国志》《云南通志》《平彝志》《霱益志》均载之。

民国《兴仁县志》卷二十二,民国二十三年[1934]修、1965 年油印本,
第二十五至二十六叶

11. 民国《大定县志》

卷十三《风土志·苗文》

　　大定土著以苗族为最古,而文字缺如,旧志亦不载,盖无书可

---

① 　此处所记,同于咸丰《兴义府志》卷四十二《风土志·方言·青苗语》,不重录。

② 　此处所记,同于咸丰《兴义府志》卷四十二《风土志·方言·白苗语》,不重录。

稽也。兹得法教士费亚氏《法苗文法》一书,谨节录之,以备参考。

　　苗字半立于象形,其无形者立于会意、立于谐声,其字之不得以形、意、声立者,作各种记号以志别之,且有一字数音、数字同音者,其字则缺,其式则全,每句之字,若易其位,则意亦变,此苗文之强硬处也。

　　名字:地,［符号］米。山,［符号］波。屋,［符号］海。家,［符号］改。马,［符号］母。虎,［符号］拉。斗,［符号］奥哥子。雷［符号］莫则。锥,［符号］房都。月,［符号］吸拉罢马。

　　静字:富,［符号］白恶。贫,［符号］歇亚。长,［符号］喜爱。短,［符号］尼。这个,［符号］曷拉。那个,［符号］该拉。这些,［符号］曷歇爱。那些,［符号］该歇爱。我,［符号］揩。你,［符号］尼。他,［符号］揩曷。我们,［符号］曷塞。你们,［符号］耐。他们,［符号］揩曷歇。

　　数字:一,［符号］的。二,［符号］尼。三,［符号］疏。四,［符号］来歇。五,［符号］揩。六,［符号］苦。七,［符号］塞。八,［符号］爱葛。九,［符号］该。十,［符号］挫。十一,［符号］的挫。十二,［符号］尼拉。十五,［符号］揩挫。二十,［符号］挫尼。三十,［符号］挫疏。四十,［符号］挫来歇。五十,［符号］挫揩。一百,［符号］爱的。一千,［符号］都的。一万,［符号］乏的。

　　长量:汉人所用之长量,苗人亦用之,惟苗人自有之长量为"罗",一罗［符号］的罗者,即用两臂伸直时其两指尖之距也。

　　分时:苗人以兽分时,如汉人所用之属兽然。其兽名凡十二,即:虎,［符号］拉;兔,［符号］多;龙,［符号］鲁;蛇,［符号］塞;马,［符号］母;羊,［符号］尤;猴,［符号］俄;鸡,［符号］矣阿;狗,［符号］周;猪,［符号］佛;鼠,［符号］阿;牛,［符号］尼。

　　积量:苗人积量纯由汉人输入,曰［符号］打、［符号］布、［符号］疏,即石、斗、升也。

　　苗币:昔时苗人以海虫壳为币,复改用钱,苗人谓［符号］［符号］曰马或〔符号〕哑得累，上一字即"铜"，下一字谓可数之件也。后汉人输入银，每两银易钱一千个。苗人谓一两银为〔符号〕休的罗，"休的"即"银"，"罗"者"两"也。两下以十退，曰〔符号〕周、〔符号〕泛爱，即汉文钱、分之译音也。

民国《大定县志》卷十三，民国十五年[1926]石印本，第三四至三五叶

12. 民国《余庆县志》

卷四《土司志·方言》①

　　管兵头目曰扶色②。头人曰海折陌根③。《平越志》

民国《余庆县志》卷四，民国二十五年石印本，第十五叶

13. 民国《开阳县志》

第九章第五十三节《风俗·语言》

　　苗族语言，与汉族迥然不同。惟其族自相告语用之，而苗族中又各自有其历史之关系，故所言亦每互异。苗胞居止散漫，以蒲窝八寨为其保聚有名之区，姑以其言代表之。

　　其称谓也，于父曰阿巴，母曰阿妹，祖父曰阿敌，曾祖父曰阿敌祖，姊妹皆曰阿大，子曰阿铛，女曰铛妹。其名畜也，狗曰阿狼读平声，雄牛曰戥读入声，下同巴溜，雌牛曰戥妹。其名物也，碗曰阿孔，筷曰阿箸读去声。其指事也，早餐曰浓亚月，午餐曰浓亚赏，晚餐曰浓亚博，"浓"谓吃，"亚"指所食，"月""赏""博"指时间，犹曰早、中、晚也。

　　其音多难汉字直译，其繁亦不可胜书，欲概其余，略举一斑耳。饮酒曰喝爵读平声，"爵"者酒之谓。其酒有以膏粱制者，制法若醪，不更蒸馏。酒成，摘芦苇长尺许，插瓮口，而数人环吸之。芦状若箸，中空，故能吸也，恒以款客，客家谓之"吃咂酒"。客家者，苗胞称汉人，亦汉人之自称。

民国《开阳县志稿》第九章，民国二十九年[1940]铅印本，第五叶

---

① 此处所记，与康熙《黔书》卷上《方言》基本相同。以下只录有异者。

② "扶色"，康熙《黔书》卷上《方言》作"抹色"。

③ "陌根"，康熙《黔书》卷上《方言》作"陌耕"。

三、布依族语言资料

（一）清代方志

1. 乾隆《普安州志》
卷二十三《苗属志》

独家有三种，一曰卜龙，二曰克尤，三曰青狆……然在普安者，无此三种。汉人久处于此，即流为独家，如黄姓本汉人，子姓四五百家，今皆独家矣。独家风俗大约与交趾同，语音亦复相类：黄平独家呼水曰"软"，交趾呼水曰"染"，黄平呼火曰"为"，交趾呼火为"肥"，"软""染"、"为""肥"，相去不远。

乾隆《普安州志》卷二十三，清乾隆二十三年［1758］刻本，第七叶

卷二十五《方言志·独家语》

天曰滇，地曰的入声，风曰轮，云曰雾，雷曰霸，雨曰温，乾曰闷，坤曰南，日曰完，月曰吞，阴曰盆，阳曰凉，星曰帝，斗曰倒，河曰达，汉曰哈，炎曰万，雾曰茂，水曰涤，雪曰乃平声，霰曰别平声，冰曰认，霜曰逢，皇帝曰鸿代，父母曰拨蔑，州主曰赛达，兄曰彼，弟曰煖，姊曰彼囊，妹曰暖囊，食饭曰更好，早（饭）曰更岩，午（饭）曰更临，晚（饭）曰更毁，盐曰孤，米曰好三，稻曰好稼，荞曰好戛，麦曰好舒，酒曰老，饮酒曰更老，薪曰坟。

乾隆《普安州志》卷二十五，清乾隆二十三年［1758］刻本，第八叶

2. 乾隆《独山州志》

卷三《地理志·方言·狇家语》

天曰闷°，地曰°赧，日曰大°握，月曰°冗乱°，星曰闹°宜，风曰°戎，云曰°窝，雨曰问°，雪曰耐°。

山曰播°，水曰°禳，河曰°打，沟曰墁°，田曰纳°，园曰蒜°。

官曰赛°，祖父曰豹°，祖母曰°雅，父曰°波，母曰°媄，兄曰比°，弟曰暖°，夫曰°交，妻曰°雅，子曰侖°，孙曰烂°，叔曰°波好°，伯曰°波°龙，甥曰烂°①，舅曰°拿，男曰晒°，女曰谋°。

粘米曰°豪箭°，糯米曰°豪你°，稗曰°豪旺°，粱曰°豪°粱，豆曰朵°，荞曰°豪孟°，麦曰°豪摸°，小米曰°豪°汪。

饭曰°岩，酒曰°老，肉曰°傕，油曰欲°，盐曰决°，柴曰°文，米曰°豪，食曰更°。

马曰麻°，牛曰节°，鸡曰盖°，犬曰骂°，豕曰暮°，鹅曰罕°，鸭曰并°，蛇曰额°，虎曰共°，豹曰标°，虾曰°乌，鸟曰°若，草曰哈°，木曰歪°。

一曰廖°，二曰宋°，三曰散°，四曰细°，五曰°哈，六曰若°，七曰怎°，八曰便°，九曰°孤，十曰°漆，百曰罢°，千曰认°，万曰°挽。

升曰损°，斗曰岛°，戥曰°当，秤曰°葬。

乾隆《独山州志》卷三，清乾隆三十四年[1769]刻本，第一至二叶

3. 咸丰《兴义府志》

卷四十二《风土志·方言·狇苗语》

天文： 天曰立奔，日曰江晚，月曰龙论，星曰老黎，风曰戎，云曰乌，雷曰巴染，雨曰刀温，霜降曰刀奈分，雪下曰刀奈，雾曰乃莫，露曰藏善，电曰罗岜，雹曰刀论马，冰曰刀奈消，旱曰没刀温，涝曰刀温奈老。

---

① "孙曰烂""甥曰烂"，如刻印无误，则该语言中"孙"与"外甥"称谓不作区分。

按狪语各处不同，如府辖境之狪语，谓天曰立奔、日曰江晚、月曰龙论，而普安之狪语，谓天曰滇、日曰完、月曰吞，永宁州狪语，谓天曰论闷、日曰刀论、月曰莽高，独山州之狪语，则又谓天曰闷、日曰大握、月曰冗乱。见《安顺志》《永宁志》《平安志》诸书。盖狪语亦各处不同也。今特即府境之狪语，亲叩而详译之，他处之狪语与郡之狪语不同者，亦附志以备参考。

附考：永宁狪语，天曰论闷、日曰刀论、月曰莽高、星曰奈里、风曰任、霜曰奈文、露曰崖、电曰要巴、雹曰刀任、凌冰曰奈块、旱曰闷雨、涝曰攘至，余称云、雷、雨、雪、雾之语，与郡之狪语同。永宁与郡之安南交界，两处之狪苗每多争讼，而永宁之狪苗多与郡狪异，故特为附考，以备听讼者览稽。

地理： 地曰囊，山曰播，大山曰播老，小山曰播奈，山顶曰宁波，山麓曰谷播罗，石曰伦会，岩曰岜，山洞曰立格莫，水曰染，湖曰立大，江曰立宜，江滨曰六宜，大水曰仍不老懦，小水曰立我，井曰立波，沟曰千侯，田曰拿，田塍曰恒拿，土曰奈，园圃曰立三，大路曰染劳，小路曰染梁。

附考：永宁狪语，山顶曰娘泊、山麓曰懦顺、石曰应、岩曰因、山洞曰论庄、江曰岩、湖曰安、河曰大、大水曰刀懦、小水曰刀奈、池塘曰当、井曰论莫、沟曰论孟、土曰囊园、圃曰论顺、大路曰论瀹、小路曰论奈，余称地、山、田塍与郡狪同。又考：普安狪语谓地曰的，独山狪语谓地曰赧。

称谓： 父曰播，母曰米，祖曰包，祖母曰夏，曾祖曰呀太，曾祖母曰包太染龙，伯曰包笼，伯母曰妹巴，叔曰坳，叔母曰蔑坳，姑曰妹姑，母舅曰妹拿，兄曰必劳，弟曰龙伦汉，嫂曰必奔，弟妇曰蔑坳，姊曰阿比，姊夫曰必盖，妹曰龙老汉，妹夫曰叔包，夫曰包，妻曰夏，舅曰播拿，子曰立衰，女曰娄猛，侄曰伦兰，婿曰卜甘，外甥曰娄滥，亲家曰卜龙，通谓妇人曰叔夏，寡妇曰没迈，孤儿曰勒家，僧道曰卜道,巫曰老,田主曰苏奈,佃曰伦李,缝人曰上义,庖人曰上苏,木匠曰上肥,瓦匠曰上瓦,石匠曰上林,中人曰阿卜立过江,官曰卜腮,差役曰交差,我曰闹,他曰星闷,通称曰同年,乞丐曰不奴,乞丐头曰赛不奴,盗贼曰不让。

附考:永宁犵苗,父曰耶,母曰埋,祖曰公,祖母曰太,高曾祖曰包大,高曾祖母曰亚老,伯曰包,叔曰爷,伯母曰蔑奥,叔母曰亚比,姑母曰蔑巴,母舅曰播龙,兄曰哥,嫂曰比奥,弟与弟妇皆曰那,姊曰借,姊夫曰包龙,妹曰猛,通称妇人亦曰猛,姊夫表叔皆曰播古,表伯曰播比,表兄曰比,表弟曰囊,妻舅曰播那,妻曰折亚,子曰娄,侄曰娄腮,女曰娄猛,婿曰娄规,亲家曰老浪,先生曰章瑞,媒人曰补司,僧道曰阿遒,巫曰文亡,佃曰娄张,缝人曰文牛,庖人曰文厨,木匠曰文歪,瓦匠曰文瓦,石匠曰文硬,保人曰包都文,中人曰凭端,我曰皆蒙,你曰皆沽,书吏曰仲同,差役曰阿差,禁卒曰阿斋,乞丐曰阿弩,盗贼曰不劣,囚曰里芮,余与郡犵同。又考:普安犵语,父母曰拨茂、兄曰汲、弟曰煖;独山犵语,父曰波、母曰媄、兄曰比、弟曰煖,又各不同。

人事:生曰交,死曰獣,贫曰不奴奈,富曰姑马姑蔑,大曰老、又曰那饶,小曰娘,又曰奶饶,有曰半,无曰恶蔑,来曰行马,去曰倒不然,速曰半辽,迟曰来山,言曰冈不呢,走曰岜论,坐曰浪,卧曰碑论,吃曰哽,多曰奈劳,少曰恶蔑,怒曰袅袅,喜曰蒙浪,不成曰那个蔑半,成曰个半,巧曰耕老,呆曰娃老,小心曰老浪,不惧曰密劳,拜曰跪,揖曰乃老,不听言曰少蔑你老蔑呢不老少,磕诈①曰佛根牙,打曰同登,骂曰同那,杖责曰打不耽,听讼曰审赛,讼胜曰赢半,讼负曰输半,狱曰论牢,管狱曰牢论,杀曰街,捆曰杀熟,抬轿曰染轿,坐轿曰浪轿,欠债曰负你老,索债曰要密来,买物曰半后手,卖物曰阿不甘,以物丢地曰韦古染浪,祭山曰拜苏赛盟,过小年曰更将六。

---

① "磕诈",即"敲诈",西南官话中"磕""敲"音近。

按旧志、《通志》《识略》并云:犵苗于三月三日祭山,曰"拈山子";是日过小年,曰"更将";六月六日祭宰分食,曰"更六六"。今考郡之犵苗,祭山曰"拜苏赛萌",六月六日过小年,曰"更将六",与旧志诸书所言异。

附考:永宁犵语,生曰里利,死曰大败,贫曰窝老,富曰班利,有曰里,无曰秘攸,来曰骂,去曰败,速曰茫邀,迟曰卯邀,言曰甲奥,走曰条,物大曰沽农,物小曰沽右,人多曰丈赖,人少曰丈修,愿曰主,不愿曰密主,事不谐曰密攸,巧曰饶,伶俐曰直饶,愚蠢曰瓦,小心曰同,跪曰拜,叩头曰高,不听言曰密睿,打曰董敌,骂曰董泣,捆曰混杖,责曰呆断,案曰决罪,贪婪曰更案,换肩曰利己,买曰甲,卖曰周,嫖曰过有,赌曰同,掷骰子曰刀能,以物丢地曰诂论氏谋。余与郡犵同。

身体: 头曰拱交,髮曰编老,额曰拿岜,面曰岜拿,眉曰奔大,眼曰论大,耳曰雷,鼻曰包浪,口曰班,须曰孟,齿曰阿油,舌曰冷,项曰少华,肩曰高巴,背曰白浪,手曰冯,掌心曰降冯,大指曰蔑冯,小指曰娄冯,胸曰那个,乳曰莫,腰曰亨,腹曰蔑董,脐曰立波,足曰不顶,腿曰街棒,茎物曰完,膝曰卯,足肚曰街,胫曰打包,足心曰丢顶,足指曰老顶,臀曰不猷,筋曰凝,骨曰楞哪,肉曰糯,毛曰奔拿,大便曰刀夜,小便曰刀乌。

附考:永宁犵语,头曰拱高,髮曰奔高,面曰那,齿曰札儿,项曰拱右,肩曰拱巴,手曰文,掌心曰虹文,大指曰蔑文,小指曰娄文,胸曰白按,乳曰秘,腰曰拱文,腹曰论董,脐曰波戾,足曰顿,腿曰戛心,膝曰高窝,足肚曰董戛,胫曰大抱,足心曰曼顿,足趾曰娄顿文,臀曰更荣,骨曰光,毛曰奔大,大便曰戈也,小便曰戈右。余与郡犵同。

疾病: 头疼曰交温,腹痛曰董坚,腹胀曰董胀,心痛曰恶坚,耳聋曰不任鹿,声哑曰不昂,眼瞎曰大锡,背驼曰伦背,呕吐曰罗侯,咳嗽曰嗺，吐涎曰北南，痢曰奔毒淋，疟曰奔身，癫狂曰奈牛，跛足曰架圭。

附考：永宁狪语，头疼曰高坚，心痛曰温坚，耳聋曰柔懦，声哑曰昂，眼瞎曰大望，背驼曰懦工，呕吐曰若，咳嗽曰嘻，痢曰董弁，疟曰戈相，癫狂曰寡，跛足曰架茄。余与郡狪同。

居处：大街曰请盖老，小街曰讲盖娘，钟鼓楼曰洒支宋，寨曰满，门曰杜，门外曰杜红，门限曰鹊睹，大门曰杜老，小门曰杜娘，庙曰谬，房曰兰，阶曰不杜，楼曰耕落，仓曰李夜，椽曰捐，柱曰姑非，砖曰捐，窗曰都当，檐曰碍哈，墙曰阿香，梁曰井。

附考：永宁狪语，街曰盖，巷曰龙，门外曰氏论，门限曰敢杜，房曰然，院曰稔，阶曰温光，楼曰瘦，仓曰庚，枋曰王，椽曰同，柱曰嫂，砖曰忝，窗曰同，檐曰柱然，墙曰进。

衣物：领曰或，簪曰班，镯曰佛架，挖耳曰山挖耳，小帽曰帽娘，毡帽曰帽仙，凉帽曰帽领，衣曰白，马褂曰不笃，汗衫曰崇汉，手巾曰竹那，衣扣曰伦雏，腰带曰物，裙曰因，裈曰娃，鞋曰岩，袜曰曼，裹脚曰鸽郎，枕曰交睡，被曰莫，褥曰蛮，草荐曰本藁簾，布曰邦，纱曰表，绸缎曰哄，针曰金，线曰卖。

附考：永宁狪语，领曰广，簪曰并高，小帽曰帽奶，毡帽曰帽毡，衣曰光布，马褂曰布登，汗衫曰汗沓，手巾曰冒邦，衣扣曰娄路，腰带曰刁，裤曰重，袜曰岩曼，裹脚足曰郎，枕曰高，睡被曰奔芒，褥曰晋丢，草荐曰草簾，纱曰卖，绸曰同，缎曰奥，针曰遁。余与郡狪同。

饮食：酒曰醪，饮酒曰哽醪，饭曰豪，吃饭曰哽豪，早饭曰哽矮，午饭曰哽林，晚饭曰哽少，吃肉曰哽糯，吃烟曰哽烟，烟竿曰暮烟，烟包曰立合不论，吃茶曰哽者，茶杯曰松茶，油灯曰更当，盐曰盐，粥曰戎奥，饥曰同因，香曰央，臭曰好呀蔑半，冷曰申，热曰兰，软曰奶，硬曰戎米奶，糟曰娘爱。

　　附考：永宁狆语，饭曰奥，吃饭曰哽奥，烟竿曰论龙，烟包曰治完，茶杯曰论奥，小茶杯曰论千，油灯曰当油，粥曰那冬，饥曰筛，香曰应，臭曰奥，冷曰蒋，热曰抽，软曰温，硬曰朗，糟曰庆，面曰酉糯。余与郡狆同。

　　器用：桌曰李松，椅曰当椅，脚凳曰当杀顶，床曰立温，帐曰惹，煤曰论熳，碗曰那台，箸曰故豆，灶曰立烧，锅曰阿烧，水入锅曰当潮数帚，洗锅曰拿帚，①锅铲曰屑耙，水缸曰恩落，水桶曰立冬，水瓢曰立半，洒帚曰一笃，火钳曰弗经，烛曰松，火曰肥，火把曰颠肥，爆竹曰得松，大炮曰得松浪，小炮曰得松沙，升曰星，斗曰倒，米袋曰立袋，杵曰立长，臼曰拱兑，舂米曰倒沙，篓曰立冯，锄曰发呵，耙曰勿扰，镰刀曰勿镰，尖刀曰刀桑，剪刀曰弗绞，斧曰勿玩，扁挑曰击寒，杖曰吉肥，梳曰勿垂，锁曰立笼，钥曰薛龙，面盆曰为甚那，瓶袋曰立烧，戥曰上韩，秤曰立上，绳曰脚沙，笔曰扁浪，墨曰芒，文字曰来收，书曰收，纸曰撒，读书曰徒收，扇曰兵比，锣曰领那，钟曰立钟，喇叭曰布豆，芦笙曰布铙古向，刑杖曰脚打，铁链曰色乏。

　　附考：永宁狆语，桌曰庄，椅曰几，脚凳曰当，屏风曰莫睹，床曰长，大碟曰论碟，小蝶曰论盆，碗曰乍，灶曰论烧，火钳曰奥今，烛曰蜡珠，火把曰卧为，爆竹曰乌包，大炮曰且中②，升斗曰倒盛，米袋曰申袋，杵曰几带，臼曰任带，碓曰带，篓曰箩，锄曰妈，耙曰饶，镰刀曰零，尖刀曰汪明，斧曰玩，扁挑曰条索，禾架曰阿脑，担曰案，杖曰等，梳曰阿外，锁曰冷龙，钥曰即龙，面盆曰论盆，瓶袋曰抱，戥

---

① “锅曰阿烧”“水入锅曰当潮数帚”“洗锅曰拿帚”之“烧”“帚”或为同一个词（锅），用形体不同而读音相近的汉字记音。
② 兴义狆语，“爆竹曰得松”“大炮曰得松浪”，“大炮”的词语结构及词义都建立在“爆竹”的基础上，两者具有非常密切的关系；而永宁狆语“爆竹曰乌包”“大炮曰且中”，其中“大炮”和“爆竹”词语结构及词义都看不出明显的关系。通过这两个例子的比较可知，兴义狆语与永宁狆语，其基础词汇层中的某些成分，形式不同，来源不一，至于形成此种局面的原因，则很难解释。

曰登,秤曰丢,绳曰又,笔曰奔,文字曰娘,书曰瘦,读书曰果瘦,扇曰必,锣曰同,鼓曰光,梆曰芒,铙曰光匝,喇叭曰打的,芦笙曰汲连,刑杖曰撮戎,铁链曰又抓,枷曰论然,扭曰戛鞭。余与郡狪同。

数目：一曰兰了,二曰宋了,三月撒了,四曰薛了,五曰哈了,六曰肉奈,七曰沙奈,八曰必论,九曰古论,十曰薛论,十一曰日因,一百曰一把,一千曰染论,一万曰一万,十万曰薛不论,一人曰布独文,十人曰薛卜,百人曰巴布,千人曰千布,一厘曰分了,一分曰发了,一两曰一赏,二两曰宋赏,十两曰十必赏,一斤曰一千①,二斤曰宋千,三斤曰撒千,四斤曰薛千,五斤曰哈千,六斤曰肉千,七斤曰沙千,八斤曰必千,九斤曰古千,十斤曰局千,一石曰一了,一斗曰倒了,一升曰升了。

附考：永宁狪语,一曰望,二曰宋,三月撒,四曰西,五曰阿,六月绕,七曰差,八曰边,九曰姑,十曰仇,十一曰仇依,一百曰把了,一千曰玩了,一万曰谅了,十万曰仇谅,一人曰望了,十人曰仇文,百人曰百文,千人曰谅文,十文曰仇厘,一厘曰同,一分曰玩,一两曰一领,二两曰宋领,一石曰如,一斗曰倒,一升曰分。余与郡狪同。

年月：一年曰比勒,前年曰比刀,去年曰比瓜,今年曰比铃,明年曰比墓,后年曰比那,正月曰勒香,二月曰勒米,三月曰勒撒,四月曰勒薛,五月曰勒奈,六月曰勒戎,七月曰勒古,八月曰勒比,九月曰勒歌,十月曰勒息,十一月曰勒一,十二月曰勒落。

方向：中曰江门,前曰百里观,后曰娄囊,左曰逢然,右曰逢

---

① "一曰兰了""一两曰一领""一斤曰一千",可知该民族语数词"一"单独使用时尚保留原有词,与其他数词复合时,则借用汉语数词"一",这说明其数词系统的低位数处于被邻近强势语言同化的边缘;不过,从"二两曰宋赏""二斤曰宋千""三斤曰薛千"……等条目看,除"一"(兰了)之外,彼时该民族语言原有数词系统保存还比较完整。

括，上曰亨雷，下曰戎雷。附考：永宁犽语，东曰汪，西曰汝，南曰三，北曰故，中曰枕矼，前曰浪，后曰那，左曰稔水，右曰稔刮，上曰双，下曰氐论。按：郡犽称东、南、西、北与汉人同。

颜色： 红曰棒领，柴曰棒降，黄曰棒亨，青蓝曰棒道，绿曰棒绿，白曰棒好，黑曰棒分。

附考：永宁犽语，红曰伦，紫曰瀹，赤曰邦翁，黄曰烟，青蓝曰温滥，绿曰伦，白曰告，黑曰晚。

珍宝： 金曰景，银曰痕，铜曰龙，铁曰乏，锡曰连，钢曰亨，铅曰立。

附考：永宁犽语，金曰近，银曰案，铁曰瓦，锡曰攸，钢曰扛，铅曰元，钱曰煎，玉曰浪，宝曰奥。

农功： 恳田曰得拿，种田曰送豪，灌田曰嗅染之拿，粪田曰阿奔之拿，布种曰笃家，插禾曰浪拿，薅秧曰奈拿，晾禾曰助浪，割草曰割家，收获曰榖拿。

附考：永宁犽语，恳田曰溉拿，布种曰拖瓜，晾禾曰他夏，割草曰管牛，收获曰收缪，晾榖曰他祆，种土曰戈拿，薅草曰拢压。

榖蔬： 榖曰豪街，白米曰豪山，糯米曰豪色，粘米曰豪磨，糠曰长磨，麦曰豪索，包榖曰豪宋，红稗曰阿烘，小米曰阿翁，荞曰豪格，豆曰豪佃，绿豆曰娄比落，豇豆曰乌格豆，扁豆曰阿巴，豆豉曰冻，菜曰标干，青菜曰玩标干，白菜曰标干好，油菜曰邦油，芹菜曰标痕，苋菜曰标阿陵，草曰娘，薑曰勒影，蒜曰水，葱曰乌，韭曰标根，芋曰娄百，山药曰罗门，蕨曰标反，茄子曰娄勾，辣椒曰龙万，丝瓜曰罗圭，南瓜曰勒方，西瓜曰勒圭，冬瓜曰法母，苦瓜曰勒亨。

附考：永宁犽语，榖曰奥子，白米曰阿奥，春米曰利奥，糯米曰阿那，粘米曰阿晋，榖壳曰然邦，糠曰燃，麦曰阿芒，荞曰芒芒，红稗曰阿望，豆曰娄妈，绿豆曰娄兵，豇豆曰娄必，豆豉曰妈闷，菜曰邦，青菜曰邦干，白菜曰邦干好，油菜曰邦油，芹菜曰香芹，苋菜曰邦乱，草曰奈射，薑曰应，蒜曰饿，韭曰跑马，芋曰娄忍，山药曰娄叟，蕨曰邦坤,丝瓜曰娄王。

花木：花曰歪,兰曰罗乃,藤曰石高,竹曰肥雷,芭蕉曰勒追蕉盈,木曰姑肥,松曰肥既,桐曰肥高,漆树曰肥勒,棕树曰肥农温,柳曰肥鲁,桃实曰肥木桃,李实曰肥木门,核桃曰肥木乌,梨曰肥木梨,柑曰肥木柑,杏实曰肥木温,栗实曰肥木垂,落花生曰独奈,瓜子曰颠瓜,干柴曰文俗。

附考：永宁狪语,兰曰奶,藤曰告,草曰同,竹曰歪仁,木曰乌歪,松曰歪既,桐曰歪高,漆曰都良,棕曰囊愠,柳曰歪鲁,桃实曰娄桃,李实曰娄闷,核桃曰娄抬,梨曰娄抬,葡萄曰娄卯,杏实曰而瓮,栗实曰歪亚,羊桃藤曰歪那,柴曰堆文,生柴曰文留,干柴曰生罗。

鸟兽：鸡曰盖,鹅曰雁,鸭曰都进,鸦曰哑,猪曰都暮,羊曰都庸,狗曰暮,马曰都麻,水牛曰都歪,黄牛曰都胄,鼠曰都奈,兔曰丹罗,猴曰都灵,虎曰谷,豹曰梁。

附考：永宁狪语,狗曰拉骂[①],鼠曰都嗅,兔曰毛,虎曰都恐,豹曰都空。余同。

鱼虫：鱼曰岜好,鲤曰岜,鳅曰岜西,鳝曰岜心,虾曰都娘,鳖曰偎,龙曰都龙,蛇曰藕,蚊曰都灵,虱曰都南,蚤曰都曼,蜂曰都丁,蜘蛛曰肥勒分,蝗曰冰,虾蟆曰高护,蚓曰都伦。

附考：永宁狪语,鲤曰都摆,鳅曰摆赖,鳝曰摆剪,鳖曰都乌,龙曰都区,蛇曰都妪,蚊曰都良,蜂曰都更,蜘蛛曰都告,蜻蜓曰温霸,蝗曰都乱,虾蟆曰都硬,蚓曰都断。

咸丰《兴义府志》卷四十二,清宣统元年[1909]铅印本,第二至十二叶

---

① 兴义府狪语,"狗曰暮",而永宁狪语"狗曰拉骂",相互比较之下可知,同为"狪语",但其中某些最基本的词汇不能对应,其原因可能是：第一,两地狪语的基本词汇层所受邻近语言的影响情况不同；第二,"暮"与"拉骂",均很难在汉语中找到对应形式,并非汉语借词,但两者孰为原词,暂不清楚,原词之外的那一个词,则应当是某一邻近语言的借词或同源词。

4. 光绪《普安直隶厅志》

卷四《地理·苗蛮》

　　旧志①谓犵家风俗大约与交趾同，语音亦复相类：犵呼水曰软，交趾呼水曰染，犵呼火曰为，交趾呼火曰肥，"软""染"、"为""肥"相去不远。考犵家言语与獞家相近，其先本自粤西来，意黔之犵即粤之獞也。

　　　　光绪《普安直隶厅志》卷四，清光绪十五年［1889］刻本，第一叶

卷四《地理·附方言·犵家语》②（存目）

5. 光绪《水城厅采访册》

卷四《食货·方言附·犵家言》

　　天曰闷，地曰报，日曰太握，月曰冗乱，星曰阑宜，风曰戎，云曰窝，雨曰问，雪曰耐，山曰播，水曰禳，河曰打，沟曰墁，田曰纳，园曰蒜。

　　官曰赛，祖曰豹，祖母曰亚，父曰波，母曰媄，兄曰比，弟曰暖，夫曰交，妻曰雅，子曰仑，孙曰烂，叔曰波好，伯曰波龙，甥亦曰烂，舅曰拿，男曰晒，女曰谋。

　　粘曰豪箭，糯曰豪你，稗曰豪旺，粱曰豪粱，豆曰豪朵，荞曰豪孟，麦曰豪模，小米曰豪汪，饭曰岩，酒曰老，肉曰傩，油曰欲，盐曰决，柴曰文，米曰豪，食曰更。

　　马曰麻，牛曰池，鸡曰盖，犬曰骂，豕曰暮，鹅曰罕，鸭曰并，蛇曰额，虎曰共，豹曰标，虾曰乌，鸟曰若。

　　草曰哈，木曰歪。

　　一曰廖，二曰宋，三曰散，四曰细，五曰哈，六曰若，七曰怎，八曰便，九曰孤，十曰漆，百曰罢，千曰认，万曰挽。

------

① 　所谓"旧志"，当指乾隆《普安州志》卷二十三《苗属》。
② 　此处所记，同于乾隆《普安州志》卷二十五《方言志·犵家语》，不重录。

升曰损，斗曰岛，戥曰当，秤曰葬，银曰老岩。

早饭曰更岩，午饭曰更仁，晚饭曰更刀，烧酒曰老基，甜酒曰老鸭。

盛世曰利屋恩，膏曰案绕，遍曰寮，普曰喇衢，歌曰果玩，击曰滴，乐曰益，陶然曰笑眉，太平曰歹冰，愚贱曰蒲乃，江山曰底般，万年曰挽拈，岁丰曰备黎，万国曰晚般。

人曰菩，主曰完，活曰教，树曰槐，仙曰线。

光绪《水城厅采访册》卷四，清光绪二年[1876]纂修、1965 年油印本，第十一至十二叶

6. 光绪《毕节县志》

卷七《风教·方言·犵家言》[①]（存目）

（二）民国方志

1. 民国《贵州通志》

《风土志六·方言·兴义夷语·犵苗语》[②]（存目）

《风土志六·方言·都匀夷语·土族语》[③]（存目）

《风土志·方言·都匀夷语·独山犵家语》[④]（存目）

2. 民国《贵州通志》

《土民志八·兴义府苗仲语》[⑤]（存目）

《土民志八·普安厅苗蛮言语·犵家语》[⑥]（存目）

《土民志八·黔西州罗罗·犵家言》[⑦]（存目）

---

① 　此处所记，同于光绪《水城厅采访册》卷四《食货·方言附·犵家言》，不重录。

② 　此处所记，引用咸丰《兴义府志》卷四十二《风土志·方言·犵苗语》，不重录。

③ 　此处所记，引用民国《都匀县志稿》卷五《风俗·夷语·土族》，不重录。

④ 　此处所记，引用乾隆《独山州志》卷三《地理志·方言·仲家语》（省去原四角圈点），不重录。

⑤ 　此处所记，引用咸丰《兴义府志》卷四十二《风土志·方言·犵苗语》，不重录。

⑥ 　此处所记，同于乾隆《普安州志》卷二十五《方言志·犵家语》，不重录。

⑦ 　此处所记，同于光绪《水城厅采访册》卷四《食货·方言附·犵家言》，不重录。

3. 民国《都匀县志稿》

卷五《风俗·夷语·土族》

都匀夷类不一,语言亦异,兹录土族、苗族、水族常语言各数则,以见梗概云尔。

土族: 天曰更汶更读入声,日曰大恶,月曰乱,星曰劳去声,风曰冗,云曰宛阴平,雪曰奈,雨降曰刀汶,地曰拉底,石曰任,林曰弄,水曰瀼阴平,火曰雨,土曰难上声,木曰外阳平。

金曰金去声,银曰恩入声,铜曰罗入声,铁曰袜,锡曰农,钱曰马节。

父曰簸,母曰免,祖父曰报,祖母曰同汉,兄曰沟,弟曰奴,姊曰同,妹曰奴,子曰仑入声,女曰满,孙曰漢,妻曰雅,夫曰爹,友曰比奴。

衣曰脚补,裤曰脚战,帽曰帽上声,鞋曰鞋,袜曰马,屋曰染去声,桌曰脚,椅曰党椅,凳曰党,镰曰镰,锄曰官阳平,犁曰瓦贵,耙曰瓦草,钉耙曰姤袜。

客来曰显刀,敬礼曰干连阴平,饮食曰更,茶曰札,杀牲曰干。

鸡曰改,猪曰茂,羊曰勇入声,牛曰节,马曰麻。

酒曰醪阴平,早餐曰更爱入声,午曰更令入声,晚曰更教入声,肉曰糯,菜曰旁上声,酸曰双。

子日曰恶栽,丑日曰恶標,寅日曰恶客入声,卯日曰恶卯阴平,辰日曰恶即,巳日曰恶诗,午日曰恶茶,未日曰恶文入声,申日曰恶申去声,酉日曰恶如,戌曰恶采,亥日曰恶改。

民国《都匀县志稿》卷五,民国十四年[1925]铅印本,第十二叶

4. 民国《独山县志》

卷十三《风俗·蛮语》

天曰根读入声笨,地曰拉底,日曰大恶,月曰冗链,天将晓曰然读入声冗,天将黑曰排老,黑尽曰拉摆流,日中曰大恶当,晌午曰折伶

读入声，乍晴乍雨曰恶凝恶蕴，虹曰东读入声发，电曰讶读上声鞭，雷曰鞭，星曰捞俚上平声，风曰冗读入声，云曰窝，雨曰蕴，大雨曰蕴劳，小雨曰蕴刀①，飞雪曰朵奈，霜曰奈碗读入声，雾曰朗抹，月戴斗篷即月晕近尺曰冗链登搅，月打伞即月晕径丈曰冗链扛两上平。

石曰印，山曰洞，坡曰傍下平播，坡戴雾曰傍播登卯，草檐下曰拉敢汗读入声，落雨曰朵蕴刀，山冲曰降烘，地平坦曰拉底降兵读入声，土曰那读入声，锄土曰本那，厂坝曰降麻，水曰瓢，水涯曰瓢衮读入声刀根读入声，水汉曰瓢赖拜送摆，入水曰得温读入声能瓢，竹林曰勒读平声黑，陶器曰育夥。

人曰问读入声，知不知曰若读下平觅若，言曰扛好，语冗曰把赖，众多语曰问赖扛好赖，强交言曰好觅刀扛，言语忤人曰没扛好少问入声，骂人曰归问读入声，眼曰大，鼻曰曩读去声，鼻塍曰②曩赏，口曰霸，足曰定，目视曰得大斗典，发怒曰果假上声，貌美曰利佳读入声，貌陋曰也畹，齿曰柔读上声，齿龊曰柔底，齿本肉曰柔傩读上声，执拗曰柔读去声，去曰拜，逞刁曰醒雅，难合意曰觅蒿醒，悭吝曰门买赖流，奢侈曰管拜读入声，聪明曰擎读领上平，侮辱曰海顾，昏愦曰觅柔赖，疲缓曰堕朵，结巴曰漫弥，污秽曰觅秀，羞耻曰雅莞，骂人无耻曰问觅若下平雅莞。

手曰焚，手挽③曰焚然读上声，手爪曰勒焚，爪刺曰勒焚与焚，足躄曰定麻吉勒，嚼曰柔平声岩入声，食曰更，眼跳曰必大展，细声曰杏乃，大声曰杏劳，多须曰猛赖，少曰猛消，女髻曰根读入声，交耳曰热耳，作声曰热厚，生疮曰笨读入声讶，结痒曰笨簸，皮裂曰典恨，清谈曰扛好古扎，搅动曰鸟读下平。

腰带曰交读入声，长衣曰般上声来入声，短衣曰般丁，小衣曰瓦，

---

① "大雨曰蕴劳，小雨曰蕴刀"二条，原脱"曰"字，径改。
② "曰"，原脱，经补。
③ "手挽"，即"手腕"。

背曰把浪,药毒人曰夜半问,虫叮人曰念典问。

老人曰蒲姐,少年曰蒲卓,祖父曰豹,祖母曰雅,外公曰保大,外婆曰也歹,父曰簸,母曰美,叔父曰波好①,伯母曰美浩,兄曰皮,弟曰浓,妹曰圞,舅父曰簸龙入声,外家通称曰诺难,夫妻曰交雅,舅兄曰龙入声,舅弟曰拿,子曰勒乃,孙曰烂,外甥亦曰烂,新妇曰旁林,又曰孃抹,官蒲晒,民曰问入声百,先生曰保信,劫贼曰管练,小偷曰管然读入声,尔曰蒙入声,我曰顾,他曰典,男曰勒般读上声赛,女曰勒般。

小儿扒地曰勒乃闰读入声,人死曰问代,抱人曰拱读入声问,不为礼曰迷离连,人形短曰问挡,问贵姓曰蒙老读入声位隔麻,答我姓某曰顾位隔麻,问尔有许多岁曰蒙老来及赖比读去声,答曰顾来比及赖比,问好不好曰蒙老当利觅利,答好曰当顾利,问有几子曰蒙老呢及赖勒,答有子几曰顾呢勒及赖,有福曰老离缚读去声,寿高曰教多,少曰杜消,轻重曰抱囊,长短曰腮读入声丁,高低曰上档。

村寨曰麻,桥梁曰蕐居玉切,河曰打,沟曰漫,田曰纳,园曰算。

龙曰頯读上声,蛇曰厄,儿马曰得蛮,课马曰美麻,羊曰月,猴曰得伶读入声,鸡曰改,下蛋曰果佳读上声,牙狗曰骂得,草狗曰骂兔,豕曰茂,鼠曰得内读上平,黄牛曰绝狠上平,水牛曰得歪读入声,水牯曰歪得读上声,水牸曰歪走,水母曰歪美,虎曰得固,兔曰得睹,骡曰得洛,猫曰苗读入声,鹅曰罕,鸭曰贬,豹曰标,虾曰鸟,鱼曰巴读去声,飞鸟曰若命。

门地脚曰前渡,棹曰龚读入声,碗曰堆下平,筷曰得读上声,杯曰纵,酒曰醪同汉,盐曰卷,辣曰马,菜曰坝略近,饭曰岩读入声,桶曰束,刀曰蜜,瓢曰背控,箕曰惹气,盆曰外,甑曰赛,火曰鱼入声,斧曰万,

---

① "父曰簸""叔父曰波好"二条,其中"簸""波"所指词源似同。以汉字同音记录,记录者较为随意,而不刻意推求其中的规律,故同一个词,所用的汉字字形不一(读音则相似或相同)。

刨曰保，锯曰格_{读上声}，盒曰叫，风箱曰摆，石磨曰墨陡，岩曰热令，三脚①曰江_{读入声}，板凳曰挡，草索曰散，扁担曰危哈，柴曰焚_{读入声}，竹篮曰邪，帽曰卯，袜曰马，升曰盛，斗曰岛斛，桶曰乌，布曰那_{读入声}，缎曰闺_{略近}，绸曰茧，瓦曰顽，屋歪曰然_{读入声}揣_{平声}。

金曰敬，银曰恩_{读入声}，铜曰鸾，铁曰发，锡曰眼，漆曰染_{读入声}，钱曰结。

笔曰秉，墨曰忙_{读入声}，茶曰杀，烛曰锁_{读去声}，灯草曰门_{读入声}挡，点灯曰殿当，擂钵曰罢臼，棍棒曰腓隼，锅铲曰卦耍，盆曰奔_{读入声}。

犁耙曰醉坝，散秧②曰堕家，栽秧曰嫩纳，薅秧曰赖纳，米曰豪，打米曰敌豪，粘米曰豪箭，糯米曰豪利，稗曰豪旺，高粱曰豪粱，豆曰短，荞曰豪猛，麦曰豪摸，小米曰豪汪，包谷曰豪翁_{读入声}。

油曰欲，柴曰闻，草曰汗_{读入声}，木曰槐，花曰歪_{读入声}，戬曰当，称③曰掌。

橘曰勒纠，蔗曰得为，荸荠曰勒酸_{读入声}，瓜子曰女勒瓜，橙曰勒白，柑曰勒扦④，桃曰慢刀_{读入声}，李曰勒骂，杏曰勒金_{读入声}，琵琶曰勒八，梨曰曼刀，杨梅曰勒选，鸡勾⑤曰勒斤_{读入声}，韭菜曰坝乌，芸台菜曰坝巴_{入声}，青菜曰坝扦，四季豆曰勒短散，豇豆曰勒短望洒_{读入声}，篱笆豆曰勒短坝，苦瓜曰勒杭，王瓜曰勒定，冬瓜曰勒发，西瓜曰勒染，芫荽曰坝虚，葱曰坝茂，姜曰影，蒜曰罢_{略近乎}，洋茄子⑥曰勒揉_{读去声}，萝卜曰勒不，茄子曰勒格，豆芽曰岸指，麻曰勒然_{读入声}。

---

① "三脚"为汉语方言词，即放置火塘或火盆上用以安支烧水壶之物，铁制，有三只脚。
② "散秧"，"散"即"撒"。
③ "称"，即"秤"。
④ "勒扦"为合璧词，"扦"即"柑"，音义皆借。
⑤ "鸡勾"，应为当地汉语方言词。
⑥ "洋茄子"，应为当地汉语方言词。

糖曰丁读入声，蜂窝曰耸读入声丁入声，炮曰耸多，木曰槐赖，田垦曰拱拿，被盖曰幔莫，帐曰夜，枕曰虽入声，卧单曰攘，草荐曰稿选，竹席曰慢名停，草席曰慢名项，罐曰卦鲁，缸曰恩。

菩萨曰博散，土地曰保间，指路碑曰印当读入声败读入声。

白曰浩，红曰令，黄曰薰。

子曰申，丑曰标，寅曰业，卯曰猫，辰曰昔，巳曰奢，午曰沙下平，未曰番，申曰善，酉曰如，戌曰胜，亥曰高下平。

一曰料，二曰送，三曰散，四曰洗，五曰汗读平声，六曰弱去声，七曰善，八曰便，九曰辜，十曰节，十一曰节易，十二曰节拟，一百曰把料，一千曰吊料，一万曰板料。

民国《独山县志》卷十三，民国四年[1915]纂修、1965 年油印本，第十一至十五叶

卷十三《风俗·�语》

天曰闷，地曰论，日曰难读去声问，月曰纪力，天将晓曰闷将，天将黑曰闷老，黑尽曰拉摆流，日中曰难问当，晌午曰般读上声汶，乍晴乍雨曰等咏等岭，虹曰得龙，闪电曰勒读平声巴读上声，雷曰得把读上声，星曰劳读去声里，风曰龙读去声，云曰瓦，雨曰咏，大雨曰咏劳，小雨曰咏底①，雪曰累，霜曰累旺，雾曰朗抹，月戴斗篷即月晕径尺曰纪力当搅，月打伞即月晕径丈曰纪力康散。

石曰堆读入声，山曰播，山戴雾曰播朗抹，檐下曰拉然读去声，水曰曩，檐滴水曰远然朵咏，山冲曰拢入声，地平坦曰拉拢摈读入声，土曰拢，锄土曰谷拢，厂坝曰得读上声板，水湄曰曩猛，水汊曰曩东读入声皋，入水曰拜拉曩竹，壕曰弄打，陶器曰东入声罐。

人曰挨印，知不知曰若读下平觅若，言曰东江，多言曰江拱读入声，众多语曰印公东江，强交言曰散江，言语忤人曰江好当多印，骂

---

① "大雨曰咏劳""小雨曰咏底"原脱"曰"字，径补。

人曰涓印。

眼曰大，鼻曰曩读去声，口曰兜读上声，视曰高及闹，发怒曰元假读上声，美人曰奈印，貌陋曰搜，齿曰攸，齿龅曰攸东读入声袄，齿本肉曰拿攸，执拗曰悄嫩，去曰拜，来曰当①读去声。

逞刁曰溜翁读入声，难合意曰觅刀送麻读入声，悭吝曰本拱读入声，奢侈曰恼勇，聪明曰纵明，侮辱于人曰抬印，结巴曰把免，污秽曰鸦，羞耻曰羞难读上声，骂人无耻曰泥印蔑鲁读去声羞难平声。

手曰哒，手挽②曰哒巧，手爪曰忍哒，爪刺曰哒美，足曰定，足躔曰定那读上声。

嚼曰挨平声，食曰敬，细声曰江底，大声曰江劳，眼跳曰必大展。

多须曰洛空读入声，少须曰洛消，女髻曰假，耳曰架耳。

作声曰架翁下平，生疮曰喷假上声，结痒子③曰喷簸，皮裂曰觅江连，清谈曰用买，搅动曰哒要，腰带曰惹去声，背曰般伦，药毒人曰然读入声哈印，虫叮人曰累江印。

老年曰埃去声劳，少年曰埃索，祖父曰共去声，祖母曰牙平声，父曰蒲，母曰呢，兄曰怀，弟曰奴平声，妹曰浓，夫曰饶，妻曰俚读平声，伯父曰蒲劳，叔父曰蒲底，子曰辣，童子曰辣底，孙曰汉，外公曰共上声大，外婆曰牙殿，舅父曰布下平龙，外甥曰界拦，男子曰腊坝，女子曰腊吁，新人曰腊俚，官曰檬平声，民曰边醒，贼曰担奸，尔曰厄，我曰葉，他曰道，小儿扒地曰辣底眷拉，人死曰印代，抱人曰翁印，不为礼曰觅江连，人短曰印挡，问尔贵姓曰厄醒格麻读入声，答曰业姓某，问春秋几何曰来平声及赖便，答曰业来若干岁，问尔好否曰厄赖觅赖，答我好曰业赖，问尔有几子曰厄浪几平声辣，答我有几子曰

---

① 本条归类颇显随意。明清民国地方志所记录的民族语言资料，其类型的划分，有时颇为混杂。

② 即"手腕"。

③ "结痒子"应为当地汉语方言词。

业浪几读平声辣。

有福曰浪府，多少曰共入声消，轻重曰耄刃，长短曰挨令平声，高低曰翁当。

村寨曰漫读平声，桥梁曰曲，河曰业读去声，沟曰面，田曰阿，路曰困，园曰羡。

龙曰拢入声，蛇曰蕊读入声，儿马曰麻达，课马曰麻呢，羊曰然读入声，猴曰淋读入声，鸡曰改，下蛋曰窝界读上声，牙狗曰骂得，草狗曰骂呢平声，豕曰茂，鼠曰那平声，黄牛曰得婆，水牛曰得怀，水牸牛曰得回，水母牛省曰曰内平声回①，虎曰蒙，兔曰抖，骡曰洛，猫曰苗平声，鹅曰安读上声，鸭曰夜，豹曰蒙，鱼曰猛，虾曰蚴（yòu），草曰亚，木曰埋，飞鸟曰诺永。

门地脚曰琴堕，桌曰龚读入声，碗曰窝入声，筷曰送，杯曰众，肉曰难，酒曰醪汉同，盐曰瑞，辣曰领，菜曰慢，饭曰岩读入声，桶曰通，刀曰蔑，瓢曰免控，箕曰远气，盆曰点，甑曰埃读去声，火曰未，斧曰固，刨曰保，锯曰煮，石磨曰沐陡，岩曰兵读入声播，三脚曰均读入声，板凳曰挡，草索曰然读入声讶，扁担曰梅哈，柴曰梅洞，篮曰兵入声，帽曰卯，袜曰麻，升曰弄读上声，斗曰陶，斛桶曰东，仓曰攸，布曰易，缎曰嵩，瓦曰顽，屋歪曰让衰。

金曰敬，银曰凝，铜曰隆，铁曰俚，锡曰先读上声，漆曰老，钱曰营。

笔曰柄，墨曰麻，纸曰燦，书曰链，茶曰杂。

烛曰左，灯草曰门挡读去声，点灯曰丁玉挡。

擂钵曰糜（mí）东领，棍棒曰枚，盆曰奔读入声，犁耙曰醉八。

散秧曰摆基，栽秧曰嫩也，薅秧曰业也，打米曰兜读入声豪，粘米曰豪箭，糯米曰豪赖，红稗曰豪放，高粱曰豪眠，豆曰抖，荞曰豪

---

① "水母牛省曰曰内回"颇龃龉，当为传抄讹误。

猛，麦曰豪摸，小米曰豪永，油曰门，戥曰当，秤曰浪。

橘曰勒掬，蔗曰董威，瓜子曰委瓜，柑曰勒敢，桃曰勒到_{入声}，李曰勒漫_{平声}，琵琶曰勒八，梨曰勒撺，杨梅曰勒选。

韭菜曰慢吼_{平声}，芸台菜曰慢蒙_{入声}，青菜曰慢敢，白菜曰慢棚，苋菜曰慢用，苦瓜曰勒槓，王瓜曰勒并，薑曰行_{去声}，蒜曰货，洋茄子曰勒掉，萝卜曰勒坏，豆芽曰斗酺，芝麻曰勒赧_{读入声}，糖曰当_{读入声}。

炮曰總，木多①曰埋拱_{读入声}，田垦曰拱雅，帐曰春，卧单曰罢，草荐曰告井，竹曰梅单，竹席曰罢丁，草席曰亚丁_{下平}，顶罐曰清庐孤，缸曰杭_{读入声}。

菩萨曰得然，庙曰拉渺，指路碑曰堆_{下平}败_{读入声}。

白曰诰，红曰浪，黄曰安，绿曰孝，青曰怕，黑曰那，紫曰港。

一曰料，二曰烂，三曰散，四曰细，五曰讹，六曰略，七曰幸_{读上声}，八曰罢_{平声}，九曰纠，十曰热，十一曰热远，十二曰热蚁，一百曰辨，一千曰羡，一万曰挽。

> 民国《独山县志》卷十三，民国四年［1915］纂修、1965 年油印本，第十七至二十叶

5. 民国《荔波县志资料稿》

第二编《民族资料·语言·佈依族语言》

佈依族语言，其中可分为三种：

（一）一般佈依话，就是佈依族一般通用的话，俗称"本地话"，这种话以②时来、朝阳、董界、捞村、翁昂、驾欧、播瑶、水利、周罩、从善、佳荣、茂兰、瑶庆、永康、洞塘等地区的佈依族是通行的，即其他地区的佈依族也能够使用。

（二）方村、阳凤的佈依话，俗称"莫话"（因说这种话的都是

---

① "木多"，原文如此，疑即"木铎"。
② "以"同"与"。原文如此。

莫姓)。

（三）地袄的佈依话,俗称"锦话"。

因为方村、阳凤的莫话和地袄的锦话二分之一左右与水话同,其相同程度似较一般佈依话还大些,所以把他分为三种。

"中国地方志集成"贵州府县志辑,第 25 册,第 416 页上栏

6. 民国《普安县志》

卷十五《苗蛮语言·仲家语》①(存目)

7.民国《兴义县志》

第十一章《社会·边民语言·僮苗语》②(存目)

第十一章《社会·土著语言》

本邑土著人口占全县人口二分之一,其祖籍多自江西、湖广来者,迁来时期,均在明末清初,考吴姓家谱中有"洪武年间调北征南来此,近于夷者为夷,近于汉者为汉",此足证土著人多系外来住此,其祖先非贵州籍也。本地有因土著人先来此,称之为"老户",汉人后到此,谓之为"客家",当矣。然土著人因到此较久,习染夷风,又产生一种特殊语言,略举例如下:

天文:天曰们,天亮曰戎啰,日晚曰了头,虹曰坭杀,雨曰温,下雨曰道温,风曰戎,吹风曰道戎,星曰单对,月曰罩敦,月亮明曰单敦双,星光明曰单对双,云曰接尾,日曰胆,日出曰倒胆,日光明曰胆烧得很。

称谓:祖父曰阿抱,祖母曰阿奶,父曰博,母曰乜,兄曰阿婢,弟曰婢龙腮,姊曰婢龙蒙,伯父曰抱大爹③,伯母曰抱大妈,叔父曰

---

① 此处"仲家语",与乾隆《普安州志》卷二十五《方言志·狪家语》所记相同,不重录。

② 此处所记,同于咸丰《兴义府志》卷四十二《风土志·方言·狪苗语》,不重录。

③ "抱大爹","抱"为民族语词,"大爹"为汉语方言词(今西南官话区称"伯父"为"大爹"者较为常见)。

阿耶,叔母曰阿娘,子曰勒,女曰勒谋,妻曰鸭,夫曰官,岳父曰抱达,岳母曰鸭代,外祖父曰阿公,外祖母曰阿婆,舅父曰抱那,舅母曰牙那,姑父曰抱龙,姑母曰牙巴。

人事: 取曰拗,水曰酿,取水曰拗酿,吃曰耕,吃饭曰耕好,吃水曰耕酿,吃早饭曰耕好岩,吃晚饭曰耕好肴,吃午饭曰耕好银,吃夜饭曰耕消夜,杀曰戛,人曰文,杀人曰戛的文,牛曰的歪,杀牛曰戛的歪,马曰马,杀马曰戛的马,猪曰的褒,杀猪曰戛的褒,羊曰乜,杀羊曰戛的乜,鸡曰的盖,鸭曰的并,狗曰的妈,猫曰瞄,桌曰阿雄,凳曰阿当,碗曰阿底,筷曰阿得,房曰阿然,杯曰阿兄,椅曰当歪,床曰阿降,灯曰定当,灶曰当少,锅曰阿孝,瓢曰阿备,水缸曰阿央,被盖曰莫,蚊帐曰惹,衣曰白,穿衣曰登白,帽曰毛,戴帽曰登毛,读书曰读搜,耕田曰得那,田曰那,地曰阿热,山曰坡,上山曰丁坡,说话曰都堂,说话多曰都堂奶,有曰梅,无曰乌梅,多曰奶,不多曰密奶,要得曰拗盘,不堪用曰拗密盘[①],愚蠢曰寡,聪明曰乖[②]。

　　总之,本县境内之土著所操之土话则大致相同,由箐口乡到广西境则大同小异,至都市所操之语言,皆以汉语为主体。

　　民国《兴义县志》第十一章,民国三十七年[1948]稿本,第十一至十
　　三叶

四、水族语言资料

（一）清代方志

1. 乾隆《独山州志》

卷三《地理志·方言·狄家语》

　　天曰闷°，地曰°底，日曰拿°玩°，月曰赧°年，星曰赧°夜，风曰°泥弄°，雷曰°泥°巴，雷曰奋°，雪曰内°，霜曰内°八°。

　　山曰弩°怎°，水曰°囊，河曰业°，沟曰面°，田曰阿°，路曰困°，园曰羡°。

　　君曰王°，官曰°翁，祖父曰共°，祖母曰°牙，父曰布°，母曰呢，兄曰怀，弟曰°奴，夫曰夜°，妻曰°涯，子曰辣°，孙曰汉°，叔曰布°低，伯曰布°龙，甥曰腊°汉°，舅曰祖°，男曰腊°玩°，女曰腊°面°。

　　粘米曰°豪箭°，糯米曰°豪恨°，稗曰°豪旺°，粱曰°豪°粱，豆曰°朵，荞曰°豪孟°，麦曰°豪摸°，小米曰°豪°汪，饭曰°豪，酒曰°蒿，肉曰°难，菜曰骂°，吃曰借°，用曰°台拜°，油曰们°，盐曰那°，柴曰°令，米曰°豪。

　　马曰°麻，牛曰波°，羊曰缚°，鸡曰盖°，犬曰骂°，豕曰务°，鹅曰°安，鸭曰夜°，蛇曰海°，虎曰°蒙，豹曰标°，鱼曰°猛，鸟曰你°诺°，兽曰你°线°，草曰亚°，木曰°埋。

一曰夺゜,二曰蜡゜,三曰汗゜,四曰戏゜,五曰 ゜讹,六曰略゜,七曰幸゜,八曰罢゜,九曰 ゜局,十曰速゜,百曰辨゜,千曰羡゜,万曰 ゜挽。

升曰损゜,斗曰 ゜乎,戥曰 ゜当,秤曰浪゜。

乾隆《独山州志》卷三,清乾隆三十四年[1769]刻本,第二至四叶

2. 光绪《古州厅志》

卷一《苗语·狄家语新采》

天谓门,地谓弟,鸣雷谓拱孖,下雨谓刹文,天晴谓门领,下雪谓刹宜,风大谓炕老,月出谓当捻,日出谓打文务,星谓二门,早晨谓门射,天晚谓门酿。

坡高谓古亡,深山谓龙客,大路谓困老,小路谓困底,上坡谓沙枕,下坡谓汇枕,田谓亚,土谓代,岩谓顶。

过河谓打趸,过水谓打聋,过船谓打蜡,走上前谓摆贯,走往后谓冷摆,房屋谓岩,回家谓排岩,出门谓务怒,请坐谓又洞悔,吃茶谓接假,吃烟谓接盐,吃酒谓接拷,吃饭谓接吼,吃菜谓接麻。

肉谓之览,鱼谓孟,水牛谓嘓,黄牛谓簇,猪谓暮,马与汉语同,鸡谓介,鸭谓叶,鹅谓晏。

茶油谓甲有,盐谓括,白米谓吼咸,禾谓吼忙,穀谓吼兼,柴谓靛,金谓芩,银谓凝,铜谓董,铁谓欠,锡谓才,钱谓甜。

一谓夺,二谓牙,三谓寒,四谓替,五谓我,六谓略,七谓盛,八谓办,九谓鸠,十谓手,一百谓夺办,一千谓夺田,一万谓夺饭,十万谓夺山。

人头谓平耿,头谓耿,眼睛谓纳,耳谓卡,鼻谓囊,口谓霸,手谓麻,脚谓定,大帽谓暖老,衣谓过,裤谓风,鞋谓作虾,袜谓约。

跕谓元,跪谓脚,磕头谓脚贞耿。

男子谓威办,女子谓你趸,公谓贡,奶谓雅,父谓补,母谓你,兄谓怀,弟谓弩,文官谓翁关很,大人同汉谓,武官谓翁都办、言打仗官员也,见官谓洛翁。

桌子谓靛,板凳谓当,枪谓重,刀谓米,羊谓发,犬谓麻,大老爷与汉语同,先生与汉语同,营兵谓假并,练勇谓假连。

> 光绪《古州厅志》卷一,清光绪十四年[1888]刻本,第二十七至二十八叶

3. 光绪《黎平府志》

卷二下《苗蛮·狄家语》①(存目)

(二) 民国方志

1. 民国《贵州通志》

《风土志六·方言·都匀夷语·水族语》②(存目)

《风土志·方言·都匀夷语·独山水家语》③(存目)

《风土志·方言·黎平夷语·狄家语》④(存目)

2. 民国《贵州通志》

《土民志八·水家语》⑤(存目)

《土民志八·水家文》⑥(存目)

3. 民国《八寨县志稿》

卷二十一《风俗》

狄家语:

家曰鸭,门曰堕,窗曰糯,灶曰六,锅曰道,甑曰蒿去声,碗曰堆,

---

① 此处所记,同于光绪《古州厅志》卷一《苗语·狄家语新采》,不重录。
② 此处所记,引用《都匀县志稿》卷五《风俗·夷语·水族》,不重录。
③ 此处所记,引用乾隆《独山州志》卷三《地理志·方言·狄家语》(略去四角圈点),不重录。
④ 此处所记,同于光绪《古州厅志》卷一《苗语·狄家语新采》,不重录。
⑤ 此处所记,同于民国《贵州通志·风土志·方言·黎平夷语·水家语》,不重录。
⑥ 此处所记,引用民国《都匀县志稿》卷五《风俗·夷文》,不重录。又,其后附丁文江《爨文丛刻·说文》(增订本改题《训书》)一种,读者可参看丁氏原书(中研院史语所研究专刊之十一,商务印书馆,1936年)或马学良主编《增订爨文丛刻》(四川民族出版社,1986年。修订本,2017年),兹不复录。

筷曰主,盐曰乱,辣曰令,酒曰蒿,油曰扪入声,桶曰通,水曰朗入声,火曰玉,柴曰梅入声,炭曰炭,书曰赖,纸曰支,笔曰扁,墨曰芒,牛曰归入声,马曰麻,鸡曰介。

狄家反书:

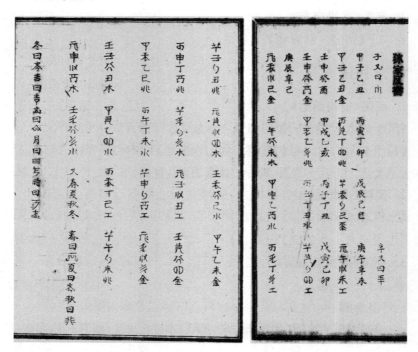

民国《八寨县志稿》卷二十一,民国二十一年[1932]铅印本,第十四至十五叶

4. 民国《都匀县志稿》

卷五《风俗・夷语・水族》

天曰文,地曰地平声,星曰引,日曰大汶,月曰宁南,风起曰亢论,雨降曰荡惯,天晓曰汶朗去声,晚曰汶定,云曰满去声,霜曰望,雪曰内,露曰你,土曰凤,水曰酿。

树曰埋，草曰杠，米曰毫，井曰温，沙曰义，竹曰粪，花曰弄，高粱曰毫粱，红稗曰毫放，糯穀曰毫赖，粘曰毫节，黍曰毫勋，玉蜀黍曰毫灭。

父曰蒲，母曰宜，祖父曰公去声，祖母曰爷音牙，伯父曰龙入声，伯母曰巴劳，叔父曰得的，叔母曰宜的，姊曰同，妹曰奴，兄曰怀，弟曰奴，子曰腊，女曰愿，姑曰宜华，姑夫曰蒲华，舅父曰蒲竹，舅母曰宜竹，女婿曰腊毫，孙曰汉。

头曰孤，面曰难阴平，目曰龙大，耳曰卡，鼻曰囊，口曰把，眉曰明大，手曰面，足曰定，身曰任，帽曰帽上声，衣曰冗，裤曰封，首巾曰朵姑，鞋曰葬，袜曰拭，腰带曰朗冗。

桌曰西，凳曰浪念，碗曰魁，箸曰箸上声，釜曰到，灶曰六，火曰裕，油曰油入声，灯曰荡，斧曰姑贯，耙曰八，钉耙曰者，锄曰困，犁曰犁入声，桶曰桶阴平，箩曰同，书曰利，纸曰鸡，墨曰忙。

牛曰婆，马曰麻，羊曰或，骡曰骡入声，犬曰化，鸡曰解，虎曰猛，鱼曰猛。

梨曰埃，橘曰杠，橙曰杠不，桃曰放，李曰扪，胡瓜曰卦，青菜曰骂干，莱菔曰骂邦入声，苋曰骂恶，黄豆曰倒劳，绿豆曰倒庶，饭豆曰倒浪，豌豆曰倒王，芸薹曰骂育，饮食曰借，饭曰毫，酒曰蒿，肉曰南，菜曰骂，酸曰安，糖曰当入声，糍曰毫於。

一曰夺，二曰押，三曰汉，四曰洗，五曰俄，六曰略，七曰亨，八曰丙，九曰诸，十曰索，百曰愿，千曰线，万曰万上声，寸曰同，尺曰井，丈曰同，毫曰同，厘曰厘入声，分曰分，钱曰雪，两曰连，斤曰正入声。

子曰西，丑曰苏，寅曰寅入声，卯曰卯阳平，辰曰辰入声，巳曰徐，午曰恶，未曰米，申曰申去声，酉曰酉阳平，戌①曰很，亥曰埃，甲曰

---

① "戌"，原作"戍"，径改。

价，乙曰雅，丙曰边，丁曰丁去声，戊①曰母，己②曰巳去声，庚曰见，辛曰辛去声，壬曰虐，癸曰醉。

　　　　民国《都匀县志稿》卷五，民国十四年［1925］铅印本，第十三叶

卷五《风俗·夷文》

　　夷族无文字，惟水族诹吉占病有专书，至今传习，其文谓之水书，一称反书。大氏古篆之遗，第相沿日久，寝多讹失耳。兹录一二，亦庶几夷汉交通之迹可略证也。

〔水书字〕天，地，日，月，星，金，木，木，水，火，土，甲，甲，乙，丙，丁，戊，巳，庚，庚，辛，辛，壬，癸，子，丑，寅，卯，辰，巳，午，未，申，酉，戌，亥，吉，凶，一，二，三，四，五，六，七，八，九，十，年，年，年，元，人，鸟，兽，鱼，虫，草，山，河，井，时，乾，坎，艮，震，巽，离，坤，兑，阴，阳，祖，父，母，夫，妇，子，孙，兄，弟，姑，姊，妹，嫂，叔，舅，婿，文，廉，武，贪，巨，禄，辅弼同文，破。

　　　　民国《都匀县志稿》卷五，民国十四年［1925］铅印本，第十三至十四叶

5. 民国《独山县志》

卷十三《风俗·狄语》

　　天曰闷，地曰打底，日曰大问，月曰浪业，天将晓曰闷当读去声，天将黑曰闷海读平声领，黑尽曰领辽，日中曰大问堆读上声打底，晌午曰借香，乍雨乍晴曰起奋起擎，虹见曰幹借囊读平声，雷曰扛下平了，星曰忍，风曰摆读去声，云曰番，雨曰奋，大雨曰奋劳，小雨曰奋底，

飞雪曰朵内，霜曰内八，雾曰礳，月戴笠即月晕径尺曰业当吊，月打伞即月晕径丈曰业吊罕。

石曰丁读入声，山曰挈读入声，岩曰挈丁，坡曰曾读入声，山戴雾曰孤挈入声现礳草，檐下曰雨晏下平压，落雨曰朵奋，山冲曰葛弩入声，地平坦曰打底别，土曰阒，锄土曰扎阒，水曰囊上平，水冒曰囊标读去声，水汉曰囊拜谐读入声枉，入水曰累拜袄上平囊，竹林曰腮泛，陶器曰洛堆。

人曰认，知不知曰嚣觅嚣，言曰都坟，多言曰各略平声，强交言曰蓂敖平声业坟业补平声坟，言语忭人曰业坟鲜乃羞岩读入声，骂人曰眛认。

眼曰大，鼻曰囊读去声，齿曰咏，齿龅曰咏虐读上声，齿本肉曰南仰。

去曰拜逞，刁曰了略平声，难合意曰蓂刀，悭吝曰美略平声，奢侈曰坡腓，聪明曰懈共读入声，侮辱曰纠囊去声蓂迹，昏愦曰巷平声兴，疲缓曰勺读上声略平声，称人结巴曰鸾骂读入声，污秽曰按读入声邦读入声，羞耻曰攀读上声胃，无耻曰蓂攀胃。

手爪曰揽面，爪刺曰面堆读上声，足曰定。

嚼曰马，吃曰借，眼跳曰拱大刁读入声，大声曰房裸，细声曰都房裸底，多须曰虐共读入声，少须曰虐消，女髻曰果夥，耳曰看，耳作声曰看公翁翁读入声，生疮曰见去声梗，结痒子曰窝，皮裂曰调代，闲谈曰焚读入声麻浪平声，搅动曰乌面敖。

腰带曰缆拢，长衣曰朵皆，短衣曰朵领平声，小衣曰烘，背曰打烂，药毒人曰哈罕上平认，虫钉①人曰内读入声呆认。

老人曰认老，少年曰辣瓮，祖父曰共，祖母曰牙，父曰蒲，母曰呢，兄曰腓，弟曰挈，姐曰腓远，妹曰挈贬，夫曰格去声，妻曰涯平声，

---

① "钉"，原文如此。即"叮咬"之"叮"。

伯父曰蒲劳，叔父曰蒲低，伯母曰巴 即呢劳之省，叔母曰呢低，子曰辣，童子曰辣底，孙曰辣汉，外公曰拱大，外婆曰牙戴，舅父曰广蜀，舅兄曰龙 读入声，舅弟曰蜀，男曰辣坝 去声，女曰辣面，新妇曰鲜美，官曰冠，民曰兵 读入声，贼曰两，尔曰业，我曰挨 读入声，他曰各闷，小儿扒地曰辣底圈 入声打底。

　　人死曰认代，抱人曰面翁认，不为礼曰蔑坟连，人短曰党得拿，问贵姓曰业姓芒 入声，答曰埃 入声姓芒，问春秋几何曰业呆基共 入声拜，答曰埃呆基共 入声拜，问尔好不好曰业赖蔑赖，答我好曰埃赖，问尔有几子曰业囊 去声基辣，答我有几子曰埃囊基辣，问尔有福曰业赖劳，问尔有寿曰业杜劳。

　　多少曰共 入声消，重轻曰让然 平声，高低曰奉党，上下曰务呆。

　　村寨曰巴，桥梁曰辇(jú)，河曰彦，沟曰规，田曰敢，园曰愿。

　　龙曰斡，蛇曰灰 读入声，儿马曰蜡麻，课马曰海麻，羊曰惑，猴曰满，鸡曰改①，下蛋曰窝 上声改，牙狗曰共骂，草狗曰昂 上声骂，豕曰茂，鼠曰诺 平声，黄牛曰婆满 平声，水牛曰规 入声，水牯曰规连，水牸曰规海，水母(牛)曰呢规，揆其文法，应作规呢。虎曰蒙，兔曰巴 下平亚，骡曰洛，猫曰牟，鹅曰晏，鸭曰厄 上声，豹曰蒙 入声，鱼曰摸 读去声，虾曰虐 上声，兽曰你 入声线，飞鸟曰诺骞 读若涧。

　　门地脚曰段堕，棹曰希，碗曰堆 下平，筷曰箸，杯曰纵，酒曰蒿，肉曰难，盐曰乱，辣曰敛 上声，菜曰骂，饭曰欧 下平，用曰台 平声拜②，桶曰通，刀曰蜜，瓢曰比 读去声控，箕曰款气，盆曰典盆，甑曰沤，火曰玉，斧曰惯，锯曰旧，盒曰恨，风箱曰过合遇，石磨曰丁 入声墨，三脚曰国，板凳曰闻挡，草索曰揽拈，扁担曰枚岸，柴曰点，帽曰浓，袜曰麻，升曰盛，斗曰乎 平声，戥曰当，秤曰党，轿曰道，仓曰裸，房屋曰

---

① "鸡曰改"，当为汉语借词。"鸡"在贵州方志所载民族语言资料中，以"改""介""盖""该""概"等形式记录，形式不同，但本质相同。

② "用曰台拜"，与邻近诸条不协，恐有误。

安读入声，门曰板堕，窗曰堕格，门栓曰囊堕，砖曰喘，瓦曰欲，石砍①曰干入声，石灰曰害，墙曰吐平声，柱曰安，几曰混宁平声，水烟袋曰东入声囊。

金曰龚去声，银曰凝，铜曰东入声，铁曰显，锡曰现，漆曰打，钱曰贤入声。

笔曰枚砭，墨曰慢入声，纸曰基，茶杯曰纵节，烛曰左，灯曰等，灯草曰门玉，点灯曰颠等，擂钵曰垒入声，棍棒曰枚，锅铲曰各斩，犁耙曰醉八。

散秧曰逗连平声，栽秧曰浪敢，薅秧曰奈入声敢。

米曰豪，打米曰堆入声豪，粘米曰豪箭，糯米曰豪现，红稗曰豪放，高粱曰豪茂莽入声，豆曰堕，荞曰豪猛，麦曰豪模，小米曰豪渊，包谷曰豪蔑，油曰欲。

草曰槙，木曰枚，棍棒亦曰枚，花曰秾，蔗曰巍，荸荠曰或，瓜子曰蕊不，橙曰敢当入声，柑曰杆，桃曰放，李曰们，琵琶曰核，梨曰埃，杨梅曰海把，栗曰堆上声，韭菜曰纠下平，青菜曰漫敢，豇豆曰堕料，篱笆豆②曰堕板，苦瓜曰漫棹杆入声，王瓜曰卦，冬瓜曰冗八，西瓜曰不蒿，芫荽曰蔓汇，葱曰纠入声梭，薑曰信，毛辣子③曰漫掉，萝卜曰漫八，茄子曰稼，豆芽曰朵辣，芝麻曰岸，糖曰当入声，蜂窝曰箇洛，炮曰笨众，田垦曰箭坎，被盖曰绵入声浓，帐曰昏，枕曰垫孤，卧单曰垫涛，草荐曰堪检，竹席曰冰条，顶罐④曰正，缸曰晏，指路碑曰定入声朵恨。

红曰晖平声，白曰八，青曰那，紫曰降，绿曰悄，黄曰满平声，黑曰

---

① "石砍"，原文如此。通作"石坎"。
② "篱笆豆"，当是汉语方言词。
③ "毛辣子"，即西红柿，汉语方言词。
④ "顶罐"似为汉语方言词，具有典型的地域特征，有可能是当地汉民族根据该邻近民族头顶顶罐以汲水或取物之习俗而造出的新词。

曩去声,灰曰怕讽上声,浅深曰典样。

甲曰假,乙曰矣,丙曰鞭,丁曰殿,戊曰茂,己曰记,庚曰更,辛曰信,壬曰浓,癸曰举。

一曰夺,二曰安入声,三曰旱,四曰洗,五曰峨,六曰略,七曰显,八曰把,九曰纠,十曰索,十一曰索一①假借乙译,十二曰索安,一百曰底般上声,一千曰底现,一万曰底饭。

苗蛮各种皆无文字,惟狆家有反书,略似小篆,今采数十字,仿摹如左:

子,丑,寅,卯,辰,巳,午,未,申,酉,戌,亥,甲,乙,丙,丁,戊,己,庚,辛,壬,癸。

春,夏,秋,冬,月,日,时,方。

天,地,星,辰,风,云,雪,雨,山,川,草,木,花,虫,乾,坎,艮,震,巽,离,坤,兑。

东,西,南,北。

贪,巨,六,文,廉,武,破,辅,弼。

民国《独山县志》卷十三,1965年油印本,第二十一至二十五叶

6. 民国《荔波县志资料稿》

第二编《民族资料》第一章第一节《语言·水族语言》

水族语言,俗称"水话",各地区有不同者,不过百分之一二,其余仅方音稍别而已。惟阳安水话与一般地区差异较大,然亦可互相通话,故不另分。

"中国地方志集成"贵州府县志辑,第25册,第416页上栏

---

① "一"单独使用时,保留民族语言原有说法,尚未被汉化;"一"与"十"组合为"十一"时,丧失其原有说法,而借用汉语的"一"表达。可知,该民族语言的数词,彼时已处于整体汉化的边缘。

第二编《民族资料》第一章第二节《民族源流·关于所谓以姓名地
　问题》

　　查水潘、水龙、水韦,乃由该地原名译音,而非以姓得名也……
查少数民族居住地区,其地名、村名(除汉族特别称呼外)、人名(除
读书者另取的学名外),均系其本族之音,与汉字音符合者甚少,故
译以汉字,仅取其近似耳,而求其意义,则更不可能,即以本族之语
言求其意义,亦多仅有音而无义,疑则阙之,何必牵强附会,以失真
象? 至其与姓之音近似者,亦偶合耳,又何必生拉活扯,启无谓的
猜测? 我非好辩者,但以万、胡两先生所说,距事实太远,若不辩
明,不知者将引以为史实,使以后考据者徒滋疑问,故特详言之。

　　“中国地方志集成”贵州府县志辑,第25册,第431至432页

第二编《民族资料》第二章第二节《水族·反书》

　　反书是水族婚丧起造择吉日以及看病用鬼割蛋判吉凶所用的
一种迷信书,据说他与汉人所用的通书是相反的,所以汉人叫他做
反书,但本族人称之为"ㄌㄜˋ"(勒去声,是书的意思)"ㄙㄨㄟˊ"(水阳
平,是水族名称),即"水书"的意思,其文字很少。在反书中,每句
不一二字,其百分之九十以上都是读音而无字,有通汉文的,则以
汉文同音之字,以帮助记忆,而其用途,亦仅为择吉卜卦者所秘,故
流传者甚少。

　　“中国地方志集成”贵州府县志辑,第25册,第450页下栏

第二编《民族资料》第二章第二节《水族·文字》

　　水族文字,即反书中所用之字,其笔画多与古象形文类似,在
旧社会时,我国社会学者岑家梧于公元一九四三年到荔波考查,与
编者抄得水族文字。去后,曾与编者来函云:"……现于反书中,发
现若干字体及文法,均与殷代甲骨文相合,足证水族文化渊源甚
远,似可追溯至商代也……"兹将采访所得列表于后,以作考古者
之一助。

卦	蟲	阳	月	西	荔波县志资料稿	戌	辰	辛	甲	字汉	
	魚	山	星	南	第二编民族资料	亥	辰	壬	乙	字汉	汉水文字对照表
		山或谷	望或〇〇〇	畢			壬	癸	乙或己	水字	
乾	虎	河	風	北		春	巳	癸	丙	字汉	
					七十二	夏		子	丁	水字	
坎	刀	花	雲	天		亥或亥	午	子	丁或丁	水字	
艮	谷	草	雷	地		秋	未	丑	戊	字汉	
				世或工			未或禾	区	戊或戌	水字	
震	弓	鳥	雨			冬	申	寅	己	字汉	
				〇或〇						水字	
巽	箭	獸	陰	日		東	酉	卯	庚	字汉	
										水字	

倒	金
	盒
立	木
	水或〇
左	水
右	火
中	土
	牛
	為

弱	古	足	姊	男	荔波县志资料稿	恒	殺	非	日	離
			女	文				拌		
	今	耳	妹	叔		人	破		時	坤
門或〇	與	目	姑	伯	第二编民族资料	祖	文	慈	時	兑
	宜	口	嫂	夫		孫	武	衰	吉	兑
線	上	鼻	岳	婦		父	康	犯	凶	神
衣	下	頭	婿	兄		子	貪	死		
	輔	腰	手	弟	七十三	母	元	柩		月
						始				日

"中国地方志集成"贵州府县志辑,第25册,第450至452页

五、侗族语言资料

（一）清代方志

1. 光绪《古州厅志》

卷一《硐家语新采》

　　天谓闷,地谓堆,鸣雷谓岜,下雨谓夺聘,天晴谓闷向,下雪谓夺内,风大谓轮老,日谓向,月出谓孖闷,星出谓细闷,早晨谓闷根,天晚谓闷邓,坡高谓岑胖,深山谓岑彦,大路谓困骂,小路谓困内,上坡谓卡岑,下坡谓汇岑,田谓亚,土谓堆,岩谓顶。

　　过河谓打孖,过水谓打能,过船谓打洛,走上前谓夺贯,走往后谓夺轮,房屋谓然,回家谓拜然,出门谓务度谓①,坐谓缒。

　　吃茶谓计血,吃烟谓计彦,吃酒谓计拷,吃饭谓计苟,吃菜谓计骂,肉谓览。

　　鱼谓霸,水牛谓嘓,黄牛谓辰,猪谓库,马与汉语同,鸡谓介,鸭谓奔。

　　茶油谓血油,盐谓过白,米谓苟善,禾谓苟棉,榖谓苟进,柴谓令。

　　金谓进,银谓凝,铜谓泉,铁谓困,锡谓锡,钱谓贤。

　　一谓号,二谓牙,三谓善,四谓岁,五谓我,六谓略,七谓盛,八

---

① "谓",当为衍文。

谓办,九谓鸠,十谓手,一百谓衣办,一千谓衣善,一万谓一湾,十万谓手湾。

人头谓告凝,头谓告头,头髮谓告并,眼精谓大,耳谓卡,鼻谓囊,口谓后,手谓纳,脚谓定。

帽谓庙,衣谓过幸,裤谓所,鞋与汉语同,袜谓买夺。

站谓院,跪谓脚,磕头谓磕头。

男子办谓凝办,女子谓老俾,公谓贡,奶谓撒,父谓补,母谓母,兄谓歹,弟谓侬,大人谓猛大人,大老爷谓①吓虽,先生谓先散,营兵谓猛骂,练勇谓练假,见官谓彦猛。

桌子谓随,板凳谓问,枪谓嗅。

羊谓列,犬谓袴。

人取名,老曰补,少曰老。

光绪《古州厅志》卷一,清光绪十四年[1888]刻本,第二十六叶

2. 光绪《黎平府志》

卷二下《苗蛮·硐家语》②(存目)

(二) 民国方志

1. 民国《贵州通志》

《风土志·方言·黎平夷语·硐家语》③(存目)

2. 民国《贵州通志》

《土民志八·黎平府硐家语》④(存目)

---

① "谓",原脱,径补。
② 此处所记,同于光绪《古州厅志》卷一《硐家语新采》,不重录。
③ 此处所记,同于光绪《古州厅志》卷一《硐家语新采》,不重录。
④ 此处所记,引用《黎平府志》,同于光绪《古州厅志》卷一《硐家语新采》,不重录。

3. 民国《荔波县志资料稿》

第二编《民族资料》第一章第一节《语言·侗族语言》

　　侗族语言,俗称"侗话",这种话和方村、阳凤、地莪的佈依话以及水话相同的地方也很多。

　　"中国地方志集成"贵州府县志辑,第 25 册,第 417 页上栏

六、白族语言资料

（一）清代方志

1. 乾隆《普安州志》

卷二十五《方言志·僰语》

天曰与，日曰涅，月曰蛙，星曰星，风曰拍蝉，云曰允，雨曰微，雪曰雪，露曰露，霜曰深，雹曰卓仆。

地曰低，山曰赊，水曰需，田曰批底，房曰火，井曰需都，石曰卓落，楼曰勒，桥曰古。

人曰宜格，皇帝曰无对，大人曰大人，父曰波，母曰摸，兄曰阿雍，弟曰阿帖，姊曰阿荞，妹曰牛忒，子曰阿挈，女曰阿牛，孙曰阿沙，孙女曰牛沙。

春曰春，与①夏、秋、冬俱汉语。

水曰西，火曰灰，土曰捏气。

青曰青，红曰赊，白曰拍，黑、紫曰锅塞。

怒曰闷躁，笑曰肃。

米曰昧②，谷曰苏，麦曰薏麦，荞曰姑。

---

① "与"，原作"兴"，误，径改。
② "昧"，原作"时"，误，径改。光绪《普安直隶厅志》卷四《地理·附方言》及民国《贵州通志·土民志八·普安厅苗蛮言语》均为"昧"，是。今白语"米"读音近似"昧"，亦可证。

虎曰猓，豹曰绑，牛曰额，野牛曰野额，马曰墨①，羊曰药，猪曰忒，猫曰阿弥子，鼠曰舒。

拜年曰百中，祭祀曰姐，娶妻曰丕西破，嫁女曰祝牛，生子曰疏孳，生女曰疏牛。

草曰刍，花曰火平声，桃曰爹，核桃曰五都，栗曰阿宅。

布曰叵，缎曰以叵，鞋曰眼，帽曰多么，衣服曰衣通，鬓曰泥工，髻曰吹。

身曰痴草，头曰斗膊，目曰味草心，口曰追，颈曰假爹，须曰五，手曰施，足曰果，心曰星，肠曰不多，肺曰披。

枪曰冲，打仗曰接张。

皇帝圣明曰无对养，官明白曰官养，天下太平曰兴、曰太平，年成丰熟曰草孳丕地养，老人盛德曰古泥底泥家，男子好汉仗曰孳泥呼汉仗，女色美曰牛泥额里克结，讼曰跌官司，争田曰争丕地，争水曰争需。

乾隆《普安州志》卷二十五，清乾隆二十三年[1758]刻本，第六至七叶

2. 光绪《普安直隶厅志》

卷四《地理·附方言·僰语》②（存目）

（二）民国方志

1. 民国《贵州通志》

《风土志·方言·黎平夷语·僰语》③（存目）

---

① "墨"，原作"里"，误，径改。光绪《普安直隶厅志》卷四《地理·附方言》及民国《贵州通志·土民志八·普安厅苗蛮言语》均为"墨"，是。今白语"马"读音近似"墨"，亦可证。

② 此处所记，同于乾隆《普安州志》卷二十五《方言志·僰语》，不重录。

③ 此处所记，同于乾隆《普安州志》卷二十五《方言志·僰语》，不重录。

2. 民国《贵州通志》

《土民志八·普安厅苗蛮夷语·獤语》①(存目)

3. 民国《普安县志》

卷十五《苗蛮语言·獤语》②(存目)

---

① 此处所记,同于乾隆《普安州志》卷二十五《方言志·獤语》,不重录。
② 此处所记,同于乾隆《普安州志》卷二十五《方言志·獤语》,不重录。

七、壮族语言资料

（一）清代方志

1. 光绪《古州厅志》

卷一《苗语·壮家语新采》

天曰奔，地曰底，鸣雷曰岜，下雨曰问，天晴曰仍，下雪曰内，风大曰能劳，日出曰能温，月出曰饿练，星曰列立，早晨曰恨卵，天晚曰问能，坡高曰晓上，深山曰晓蜡，大路曰问劳，小路曰问虽，上坡曰恨晓，下坡曰垒晓，田曰纳，土曰①览，岩曰幸。

过河曰汉打，过水曰外轮，过船曰汉六，走上前曰昔观，走往后曰衣浪，房屋曰然，回家曰背然，出门曰饿度，坐曰攘。

吃茶曰更茶，吃烟曰更彦，吃酒曰更漏，吃饭曰更岩，吃菜曰更岜，肉曰弩。

水牛曰歪，黄牛曰尺，猪曰暮，马曰麻，鸡曰归，鸭曰并，羊曰勇，犬曰骂，鹅曰鼿。

茶油曰汉语同，盐曰就白，米曰善候，禾曰侯朗，谷曰侯，柴曰文。

金曰进，银曰硬，铜与汉语同，铁曰袜，钱曰汉语同，锡曰细。

一曰溜，二曰送，三曰善，四曰虽，五曰吓，六曰用，七曰正，八

---

① "曰"，原作"田"，涉上而误，径改。

曰白,九曰就,十曰洗,一百曰衣霸,一千曰衣见,一万曰衣晚。

人头曰文就,头曰就,头髮曰并就,眼睛曰岜,耳曰入,鼻曰囊,口曰霸,手曰文,脚曰定。

大帽曰卯定,帽曰卯,衣曰补,裤曰挖,鞋与汉语同,袜曰麻。

跕曰松,跪曰诡。

男子曰补晒,女子曰老孟,公曰包,奶曰乃,父曰补,母曰墨,兄曰打,弟曰农,大人曰吓劳,大老爷曰吓虽,先生曰先辰,营兵曰并,练勇曰练见,官曰练杭。

桌子曰旦,板凳曰枪问,枪曰中,刀曰密。

> 光绪《古州厅志》卷一,清光绪十四年[1888]刻本,第二十八至百二十九叶

2. 光绪《黎平府志》

卷二下《苗蛮·壮家语》①(存目)

(二)民国方志

1. 民国《贵州通志》

《风土志·方言·黎平夷语·壮家语》②

黄牛曰吃③。

鼻曰郎④。《黎平府志》

> 民国《贵州通志》"风土志六",民国三十七年[1948]铅印本,第五四至五五叶

---

① 此处所记,同于光绪《古州厅志》卷一《苗语·壮家语新采》,不重录。

② 此处所记,基本同于光绪《古州厅志》卷一《苗语·壮家语新采》。以下只录有异者。

③ "黄牛曰吃",光绪《古州厅志》卷一《苗语·壮家语新采》作"黄牛曰尺"。"尺""吃"音近,记作"吃",亦通。

④ "鼻曰郎",光绪《古州厅志》卷一《苗语·壮家语新采》作"鼻曰囊";"郎""囊"音近,所指相同。

2. 民国《贵州通志》

《土民志八·壮家语》①(存目)

3. 民国《荔波县志资料稿》

第二编《民族资料》第一章第一节《语言·僮族语言》：

　　僮族语言,俗称"僮话",这种话与一般佈依话也有很多相同。

　　总起来说,佈依话与水话、侗话、僮话在语音、语法上都有很多相同之点,可作一个语系,暂称"佈依、水、侗、僮语系"。苗话和傜话的语音、语法相同之点也很多,但他与佈依、水、侗、僮的话截然不同,可以另作一个语系,暂称苗傜语系。

　　"中国地方志集成"贵州府县志辑,第 25 册,第 417 页上栏

---

① 　此处所记,同于光绪《古州厅志》卷一《苗语·壮家语新采》,不重录。

八、仡佬族语言资料

（一）清代方志

道光《广顺州志》
卷一《风俗志·附方音》

犵狫往来浦市、泸溪经商贸易者，能言客话，与外人无异；居村寨中未尝至城市者，则专为土语，又其自相问答俱不作客语。

其称天曰板围，称地曰府都，称人曰灵，称天晴曰凯，称风曰急，称雨曰浪_{上声}，呼云曰皮亮，呼山曰补，呼上山曰留补，呼溪曰夯屋，呼路曰回勾，呼田曰籽菜，呼地曰纳，呼茅屋曰背楚，呼瓦屋曰补瓦，呼木曰盖头，呼竹曰盖脑。

呼小官曰射贵，呼大官曰聊贵，呼兵曰曹，呼客民曰凯_{去声}，呼苗曰双，呼祖曰阿怕，呼祖母曰阿屋，呼父曰阿麻，呼娘曰阿奶，呼伯曰阿波_{去声}麻，呼叔曰阿幼，呼兄曰阿古，呼弟曰阿己，呼姐曰阿亚，呼外祖曰家公，呼外祖母曰家婆，呼妻曰屋，呼夫曰保，呼媳曰妹，呼子曰得，呼女曰得怕，呼朋友曰把那，自呼曰唯，呼人曰穆。

呼说话曰乌耍，呼写字曰随纸，呼讨亲曰觅处，呼嫁女曰张得怕，呼有丧曰抬来，呼葬曰恼来，呼祭神曰扯鬼，呼请客曰请纳凯。

呼头曰扯北，呼耳曰盖谋，呼眼曰盖眉，呼口曰盖捞，呼手曰盖葡，呼脚曰盖达，呼肚曰盖体。

呼看见曰泡载，呼不看见曰更迷载，呼好曰肉样，呼丑曰窄样，呼肥曰胀，呼瘦曰柴，呼睡曰跰，呼走快曰撒得尚，呼走慢[①]曰撒得栗，呼过水曰投屋，呼过船曰投隘。

呼黄牛曰泥抬，呼水牛曰泥屋，呼老虎曰沼，呼马曰美，呼骑马曰藏美，呼猪曰陪，呼鸡曰艮，呼狗曰果卉。

呼钱曰成当，呼银曰昂，呼铜曰塘，呼铁曰罗，呼布曰台，呼背笼曰果索，呼打鼓曰扒绉，呼打锣曰打老，呼鸟枪曰铳，呼刀曰解毛去声，呼戡曰替昂，呼秤[②]曰替。

呼盐曰纳，呼油曰阿撒，呼火曰婆台，呼烧火曰抵台，呼天冷曰才去声，呼天热曰回，呼小米曰搓粮，呼大米曰搓谋，呼糯米曰搓茂，呼吃饭曰囊里，呼吃酒曰叶（xié），呼吃茶曰旗上声，呼吃肉曰囊芽。

呼帽曰盖幕，呼戴帽曰头盖幕，呼衣曰亚，呼靴曰寋，呼裤曰正卡，呼升曰赏，呼斗曰戴，呼过年曰贯者。

呼上曰留奔，呼下曰落奔，呼高曰率，呼低曰矮，呼杀人曰打来，呼抢物曰皮赖，呼相斗曰厮排。

其土语钩辀格磔，大类鸟音，外人不能知其一字，骤遇接谈，未有不疑为苗，彼虽分辨，亦无由晓也。

"中国地方志集成"贵州府县志辑，第 27 册，第 456 页下栏至 457 页下栏

（二）民国方志

民国《贵州通志》
《土民志八·广顺州犵狫语》[③]（存目）

---

① "走慢"，原作"走漫"，径改。
② "秤"，原作"称"，径改。
③ 此处所记，引用道光《广顺州志》卷一《风俗志·附方音》，不重录。

九、瑶族语言资料

（一）清代方志

嘉庆《黔记》
卷三

　　猺人黔旧无之，雍正时自广西迁来清平、贵定、独山等处，居无定址，喜傍溪涧，以树皮为连筒，灌水至家，懒于汲也。耕作之暇，入山采药，沿寨行医。所祀之神名曰盘發，所藏之书名曰旁砖，圆印篆文，义不可解，且珍秘之。风俗谨厚，见遗不拾。

　　　嘉庆《黔记》卷三，清道光十四年[1834]刻本，第五叶

（二）民国方志

1. 民国《贵州通志》
《土民志八·夭家语》

　　夭家呼父曰八，母曰埋，子曰兑，女曰兑牌，叔曰卡累，伯父曰八落，伯母曰埋落，祖父曰嘴，祖母曰补。

　　　民国《贵州通志》"土民志八"，民国三十七年[1948]铅印本，第三〇叶

2. 民国《荔波县志资料稿》
第二编《民族资料》第一章第一节《语言·瑶族语言》

　　傜族语言，俗称"傜话"，可分为黑傜话和白傜话，而黑傜中之瑶麓与洞塘的傜话又不相同，但是也有一部分可以互通。

　　　"中国地方志集成"贵州府县志辑，第25册，第416页下栏

十、回族语言资料

民国方志

民国《普安县志》
卷十《风土志·风俗·回族语言》

　　人曰客兮，马曰阿户补，牛曰果乌，羊曰苦素番，鸡曰木界，犬曰沙客，猪曰很折，耳曰谓，回族为□四体，汉族曰阿□耳，仲家曰长格耳，天曰主，师傅曰阿浑，祖父曰把，父曰爸，盐曰勒麦克，米曰苦另子，数目一、二、三、四、五、六、七、八、九、十呼为丁、假、元、吊、拐、劳、才、盘、坎、齐。

　　民国《普安县志》卷十，民国十五年[1926]石印本，第二十八叶

十一、多民族语言比较资料

（一）清代方志

1. 道光《永宁州志》

卷十《风土·苗语狑语合译》

　　天文_{苗语、狑语①}：天曰董、论闷；日曰上董、刀轮；月曰糯夕、莽高；星曰糯工、奈里；风曰邦_{下平}、任；云曰阿仁、乌；雷曰骚果、巴来；雨曰饶囊、刀愠；霜降曰峨打、奈文；下雪曰饶邦、刀奈；雾曰峨阿、乃摸；露曰娄、崖；电曰骚乃、要巴；凌冰曰空、奈块。凡有音无字者，俱以四声圈读之，惟下平声圈读恐与上平声混，故注曰"下平"。余仿此。

　　地理_{苗语、狑语}：地曰打、囊；山曰巴、播；石曰坳、应；岩曰兀、因；江曰抗、岩；河曰矼、大；海曰况潦、岩；大水曰皆涝、刀懦；小水曰皆尤、刀奈；井曰况潦、论模；田曰冷、拿；土曰打、囊。

　　称呼_{苗语、狑语}：高祖曾祖父曰脚娄臺、包太；高祖曾祖及老妇曰埋娄、亚太；祖曰脚娄、公；祖母曰埋娄臺、太；父曰脚、耶；母曰埋、埋；伯曰尧、包；叔曰牙、爷；兄曰姑、哥；弟曰牙、那；姐曰阿娄、姐；妹曰阿、猛；母舅曰既农娄、播龙；妻舅曰村既农、播那；妻曰虐、

---

① 原文单行大字（汉语）下为双行小字（民族语），双行之居右者为"苗语"、居左者为"狑语"。今以横排录入，原双行小字居右之"苗语"居前、居右之"狑语"居后。下同。

折亚；子曰冬、娄；女曰莫痴过、娄猛；亲家曰脚、老郎；先生曰藏道、章瑞；大人曰蒙老、大人；你曰你，皆沾；我曰哄、皆蒙。

言语动作_{苗语、狪语}：富曰发财、班利；贫曰梗、窝老；有曰猛、里；无曰马猛、秘攸；来曰劳、骂；去曰蒙、败；走动曰猛戞、条；不愿曰莫好、密主；凡事不谐及没有曰莫仁、密攸；不听人言曰莫门腮、密睿；拜跪曰扒九、拜；磕头曰奴户、高。

身体_{苗语、狪语}：头曰农服、拱高；髪曰衰服、奔高；眉曰褒蒙、奔大；眼曰盖蒙、论大；耳曰农把、雷；鼻曰农褒、浪；口曰农九、班；齿曰命、札儿；手曰又、文；乳曰农密、秘；足曰蹈、顿；骨曰柴桑、光；肉曰皆、懦。

村寨房屋_{苗语、狪语}：街曰街、盖；巷曰尚、龙；寨曰龙王、满；门曰枕、杜；房曰农把、然；楼曰农庄、廈；仓曰戌、庚；梁曰两、梁；柱曰假把、嫂；瓦曰俄、瓦；墙曰空身、迸；檐曰滴罢、拉然；寺观庙宇曰庙、谬。

衣服_{苗语、狪语}：毡帽曰毛制、冒普；衣曰袄、光布；衫曰衫子、布衫；马褂曰马褂、布登；袍，均曰袍；腰带曰浪、刁；裙曰登、因；鞋曰立、岩；袜曰袜、岩曼；枕曰疑、高睡；被曰邦、奔忙。

布帛_{苗语、狪语}：布曰帑、邦；绸曰种、同；缎曰空、奥；针曰根、遁；线曰骏、卖。

饮食_{苗语、狪语}：酒曰灶、醪；吃酒曰呼糠、哽醪；饭曰囊、奥；肉曰改、糯；油曰状、油；盐曰祐、故；粥曰过篦、那冬；香曰香、应；臭曰胄、奥；硬曰堕、郎。

器用_{苗语、狪语}：棹曰枕、庄；椅曰倚、几；床曰藏、长；帐曰歪、惹；碗曰呆、乍；箸曰招、汝豆；升斗曰道升、倒盛；杵曰降校、凡带；臼①曰桐校_{下平}、任带；锄曰陆、妈；斧曰独、玩；镰刀曰鲁无、零；锁

---

① "臼"，原作"白"，径改。

曰素、冷龙；钥曰钥匙、即龙；戥曰顿、登；秤曰直、丢；笔曰笔、奔；墨曰墨、芒；书曰道、撒；读书曰何道、又果瘦；扇曰簏、必；锣曰那、向；鼓曰卓、光；钟曰仝、同；磬曰仝、同；叭呐曰罗博、打的；芦笙曰泡惟、汲连。

米穀苗语、犰语：穀曰把、奥干；白米曰宗老、阿奥；麦曰门、阿芒；荞曰假门、芒芒；稗曰西、阿望；小米曰都农、阿望；豆曰都、娄妈；黄豆曰都广、娄妈。

菜蔬苗语、犰语：菜曰茹、邦；青菜曰茹波、邦干；白菜曰茹过老、邦瓜好；芹菜曰茹京、香芹；蕨菜曰茹梭、邦坤；薑曰指、应；蒜曰堆、饿；葱曰茹葱、乌；韭曰茹韭、跑乌。

菓蓏苗语、犰语：桃曰敝裸、娄道下平；李曰敝考、娄闷；梨曰敝、娄梨；柑曰殊、拿；杏曰家、而瓮；栗曰敝苟、歪亚；壶瓜、丝瓜俱曰阿都、娄王。

花木苗语、犰语：花曰绑、歪；兰曰莲、奶；菊曰保广、奶；艾曰岩、艾；草曰娘、同；竹曰找、歪仁；木曰能、乌歪；柳曰养柳、歪鲁；松曰争芒、歪既；桐曰呵当、歪高；杉曰呵金、杉；漆曰阿腮、都良。

禽兽苗语、犰语：鸡曰喈、盖；鹅曰犒、雁；鸭曰歌、聘；猪曰都膊、都暮；羊曰都养、都庸；狗曰拉、都骂；猫曰都毛、猫；马曰敝密、都马；水牛曰都勾、都歪；虎曰敝召、都恐；豹曰豹于[1]、都空。

鳞介苗语、犰语：鲤鱼曰大里、都摆；龙曰敝攘、都区；蛇曰敝糯、都妪。

昆虫苗语、犰语：蜂曰蛾、都更；蜜蜂曰虻、都蝶；蜘蛛曰都盃、都告；虾蟆曰过戈、都哽；蚓曰糯姜、都断。

颜色苗语、犰语：红曰伦、伦；紫曰都伦、滃；赤曰都摸、邦翁；黄

---

[1] "豹于"，当为"豹子"之误。

曰广、烟；绿曰波、论；白曰刀、告；黑曰聋、晚；青蓝曰①波素、温滥。

珍宝_{苗语、狆语}：金曰工、近；银曰凝、案；铜曰等、龙；铁曰陆、瓦；锡曰索、攸；钢曰蓬、扛；铅曰永、元；钱曰屯、煎；玉曰玉、浪；宝曰宝、奥。

方向_{苗语、狆语}：东曰东、汪；西曰西、汝；南曰赧、三；北曰北、故；中曰章、枕矼；前曰打、浪；后曰光、那；左曰如、稳刮；上曰家、丧；下曰箕、氏论。

数目_{苗语、狆语}：一曰依、望；二曰阿、宋；三曰巴、散；四曰褒、西；五曰卑、阿；六曰娄、绕；七曰臧、差_{下去}；八曰以、边；九曰觉、姑；十曰古、仇；百曰依博、把了；千曰一生、玩了；万曰依望、谅了；一文曰一依、一文；十文曰古依、仇厘；一毫曰好、豪；一厘曰一里、同；一分曰一分、玩；一钱曰一曾、一钱；一两曰一良、一领；二两曰阿良、宋领；石曰当、如；斗曰道、倒；升曰升、分；合曰合、合；勺曰勺、勺②。

道光《永宁州志》卷十，清道光十七年[1832]刻本，第十四至十七叶

2. 咸丰《安顺府志》

卷十五《地理志·风俗_{附方言}·苗语仲语合译》③

天文_{苗、狆语}：天曰董、论闷；日曰上董、刀轮；月曰糯夕、莽高；星曰糯工、奈里；风曰邦_{下平}、任；云曰阿仁、乌；雷曰骚果、巴来；雨曰饶囊、刀愠；霜降曰峨打、奈文；下雪曰饶邦_{下平}、刀奈；雾曰哦呵、乃摸；露曰娄、崖；电曰骚乃、要巴；雹曰劳、刀任；凌冰曰空、奈块；旱曰浓科、闷雨；涝曰皆劳、攘王。凡有音无字者，俱以四声圏读

---

① "青蓝曰"，原作"青蓝白"，径改。
② "勺曰"之后，原文漫漶不清，据《安顺府志》卷十五《地理志·风俗附方言·苗语仲语合译》补出。
③ 此处所记，与道光《永宁州志》卷十《风土·苗语狆语合译》大体相同，但有大量补充，故仍录出，以备参考。

之,惟下平声圈读恐与上平声混,故注曰下平,余仿此。

地理_{苗、仲语}:地曰打、囊;山曰巴、播;大山曰巴劳、播糯;小山曰巴尤、播奈;山顶曰户巴、娘泊;山脚曰蹈巴、懦顺;石曰坳、应;岩曰兀、因;江曰抗、岩;湖曰搪不、安;河曰矼、大;海曰况潦、岩;大水曰皆涝、刀懦;小水曰皆尤、刀奈;池塘曰邦、当;井曰况潦、论摸;坑曰况踩、论庄;沟曰都矼、论孟;田曰冷、拿;土曰打、囊;园圃曰罔乳、论顺;大路曰戛劳、论瀚;小路曰都戛、论奈;石洞曰况孚、论庄;田塍曰况冷、温那。

称呼_{苗、仲语}:高祖曾祖父曰脚娄台、包太;高祖曾祖母老妇曰埋娄、亚老;祖曰脚、公;祖母曰埋娄抬、太;父曰脚、耶;母曰埋、埋;伯曰尧、包;叔曰牙、爷;伯母曰埋涝、蔑奥;叔母曰埋牙、亚比;姑母曰麻阿、蔑巴;母舅曰既农娄、播龙;兄曰姑、哥;兄嫂曰埋牙、比奥;弟曰牙、那;弟妇曰埋牙、那;妇人曰伊虐、猛;姐曰阿娄、姐;姐夫曰敝务、包龙;妹曰阿、猛;妹夫曰敝务、播古;表伯曰阿尧老、播比;表叔曰阿牙老、播古;表兄曰老表、比;表弟曰老表、囊;妻舅曰村既农、播那;妻曰虐、折亚;子曰冬、娄;兄弟之子俱曰冬句、娄腮;女曰莫痴过、娄猛;女婿曰敝务、娄规;外甥曰外甥、娄滥;亲家曰脚、老浪;先生曰藏道、章瑞;大人曰蒙老、大人;媒人曰美人、补司;僧道曰和尚、阿道;鬼师曰鬼师、文亡;佃户曰垒招、偻张;裁缝曰采风、文牛;厨子曰厨子、文厨;木匠曰藏伯、文歪;瓦匠曰藏俄、文瓦;石匠曰藏坳、文硬;保人曰叩俄昌、包都文;中人曰中人、凭端;你曰你、皆沽;我曰哄、皆蒙;书办曰书班、仲同;代书曰代书、仲同;差曰都差、阿差;打曰奴、呆;断案曰董状、决芮;讼胜曰状赢、赢败;讼输曰状输、输败;班房曰班房、仲同;监狱曰把牢、论牢;禁卒曰都皂、阿斋;乞丐曰时和、阿弩;贼盗曰都双、不劣。

言语动作_{苗、仲语}:生曰波、里利;死曰夺、太败;贫曰梗、窝老;富曰发采、班利;大曰老、那饶;小曰育、奶饶;有曰猛、里;无曰马

猛、秘攸；来曰劳、骂；去曰蒙、败；迟曰离、卯邀；速曰衰、茫邀；言语
曰都腮、甲奥；走动曰猛戛、条；物大曰老、沽农；物小曰育、沽右；人
多曰蒙都、文赖；人少曰蒙招、文修；愿曰好、主；不愿曰莫好、密主；
凡事不谐及没有曰莫仁、密攸；巧者曰乖、饶；伶俐曰在行、直饶；愚
蠢曰汤、瓦；小心曰小心、同；拜跪曰扒九、拜；磕头曰奴户、高；不听
人言说曰莫门腮、密睿；打降曰奴架、董敌；相骂曰皆架、董汶；捆缚
曰开、混；换肩曰离朱、利巴；骗赖曰赖、骗赖；贪婪曰脏钱、更案；买
曰贸劳、甲；卖曰贸蒙、周；嫖曰嫖、过有；赌钱曰赌钱、同；掷骰曰掷
骰、刀能；以物顿地上曰固诸打都、沽论氏谅。

身体：头曰农服、拱高；髪曰衰服、奔高；额曰宾包、拿罢；脸曰
包、那；眉曰褒蒙、奔大；眼曰盖蒙、论大；耳曰农把、雷；鼻曰农褒、
浪；口曰农九、班；胡须曰阿者、孟；齿曰命、札儿；舌曰乃、冷；顶曰
农浪、拱右；肩曰胄膊、拱巴；背曰朱股、白浪；手曰乂、文；掌心曰胥
杂、虹文；大指曰地杂、蒉文；小指曰地杂尤、娄文；胸膛曰农庄、白
按；乳曰农密、秘；腰曰农夺、拱文；肚腹曰农包、论董；肚脐曰农况
刀、波戾；足曰蹈、顿；足腿曰李李波、戛必；膝曰王服九、高窝；足肚
曰庄朱、董戛；胫曰广鲁刀、大抱；脚心曰底胥、曼顿；足指曰地糟
打、娄顿文；臀曰交角、更荣；筋曰打续、凝；骨曰才桑、光；肉曰皆、
糯；毛曰毛制、奈大；髪辫曰褒服、奔高；大便曰庄过、戈也；小便曰
庄尾、戈右。

村寨房屋：街曰街、盖；巷曰尚、龙；寨曰农王、满；门曰枕、杜；
门外曰枕老老、氏论；门限曰氏弓、敢杜；寺观庙宇曰庙、谬；房曰农
把、然；院曰涧、稔；阶曰孔、温光；亭曰枕狠、亭；楼曰农庄、瘦；仓曰
戎、庚；枋曰方、王；椽曰椽、同；梁曰两、梁；柱曰假把、嫂；砖曰专、
焘；瓦曰俄、瓦；窗曰窗风、同；檐曰滴罢、拉然；墙曰空身、进；板壁
曰把太壁、板壁。

衣服：顶曰光等、广；簪曰比服、并高；小帽、煖帽俱曰毛杏、冒

奶；毡帽曰毛制、昌晋；凉帽曰两毛、凉帽；衣曰袄、光布；衫曰衫子、
布衫；袍、褂均与汉人同；马褂曰马褂、布登；汗衫曰汗褂、汗沓；手
巾曰是波、冒邦；衣扣曰扣子、娄路；腰带曰浪、刁；裙曰登、因；裤曰
置、重；鞋曰立、岩；袜曰袜、岩曼；裹脚曰称、郎；枕曰凝、高睡；被曰
邦、奔芒；褥曰芝、晋丢；草荐曰草敛、草簾。

布帛苗、仲语：布曰帑、邦；纱曰种纱、卖；绸曰种、同；缎曰空、
奥；针曰根、遁；线曰骚、卖。

饮食苗、仲语：酒曰灶、醪；吃酒曰呼灶、哽醪；饭曰囊、奥；吃饭
曰囊囊、哽奥；肉曰改、糯；吃肉曰囊吃吃、哽糯；猪肉曰糯改吃、哽
糯暮；吃烟曰呼茵、哽完；烟竿曰札烟、论龙；烟包曰因盒、洽完；茶
曰及、者；吃茶曰呼及、哽者；茶杯曰柯箕、论奥；小茶杯曰都匡、论
千；油曰状、油；油灯曰庄油、当油；盐曰祚、故；粥曰过簋、那冬；饥
饿曰筛、口饶；香曰香、应；臭曰胄、奥；冷曰囊、蒋；热曰炒、抽；软曰
浓、温；硬曰堕、朗；糟曰脱灶、戾；麵曰哥灶、酉糯。

器用苗仲语：坐卧具：棹曰枕、庄；椅曰椅、几；脚踏曰踏枕、当；
屏风曰梗、莫睹；床曰藏、长；帐曰盃、惹。

饮食具：大碟曰碟老、论碟；小碟曰碟育、论盆；碗曰呆、乍；箸
曰招、故豆。火具：炉灶曰弓着、论骚；火钳曰着着、奥今；蜡烛曰
烛、蜡朱；火把曰拉道、卧为；爆竹曰炮赈、乌包；大炮曰地炮、旦中。
粮食具：升斗曰道升、倒盛；米袋曰糯、甲袋；杵曰降校、凡带；臼曰
椆校下平、任带；碓曰枚下平、带；篓箩曰鲁、罗。农具：锄曰陆、妈；
耙曰簸、饶；镰刀曰鲁无、零；尖刀曰潜、汪明；柴刀曰作、汪明；斧曰
独、玩；扁挑曰扛、条案；禾架曰枕、阿脑；担子曰庄下平、案；挂杖曰
打打、等。杂具：头梳曰若、阿外；锁曰素、冷龙；钥匙曰钥匙、即
龙；脸盆曰当、论盆；瓶口曰瓶口、抱；戥曰顿、登；秤曰直、丢；绳索
曰络、又；藤曰芒、告。文具：笔曰笔、奔；墨曰墨、芒；文字曰文字、
娘；书曰道、瘦；纸曰道、撒；读书曰柯道、果瘦；印曰印、应；扇曰籛、

必。乐器：锣曰那、同；鼓曰卓、光；钟曰仝、同；磬曰仝、同；梆曰著、芒；铙曰光扯、光匝；叭呐曰罗博、打的；芦笙曰泡推、汲连。刑具：竹板曰半、撮戎；链曰罗卢、又抓；枷曰枉、论然；铐曰昆卢、戛鞭；囚犯曰充军、里芮。

数目苗、仲语：一曰依、望；二曰阿、宋；三曰巴、撒；四曰褒、西；五曰卑、阿；六曰娄、绕；七曰臧、差下去；八曰以、边；九曰觉、姑；十曰古、仇；十一曰古依、仇依；一百曰依博、把了；一千曰依生、玩了；一万曰依望、谅了；一亿曰依索、仇谅；一人曰你依、望了；十人曰古你依、仇文；百人曰博你依、百文；千人曰生你依、谅文；一文曰一依、一文；十文曰古依、仇厘；一毫曰好、毫；一厘曰一里、同；一分曰一分、玩；一钱曰一曾、一钱；一两曰一良、一领；二两曰阿良、宋领；石曰当、如；斗曰道、倒；升曰升、分；合曰合、合；勺曰勺、勺。

方向苗、仲语：东曰东、注；西曰西、汝；南曰赦、三；北曰北、故；中章、枕矼；前曰打、浪；后曰光、那；左曰如、稔水；右曰罗、稔刮；上曰家、丧；下曰箕、氏论。

颜色苗、仲语：红曰伦、伦；紫曰都伦、瀹；赤曰都摸、邦翁；黄曰广、烟；青蓝曰波素、温滥；绿曰波、论；白曰刀、告；黑曰胧、晚。

疾病苗、仲语：头疼曰服曾、高坚；肚曰包、董；肚痛曰包芒、董坚；腹胀曰包胀下平、董胀；心痛曰顺芒、温坚；耳聋曰浪拔、柔懦；声哑曰汤、昂；眼瞎曰雷眸、大望；背驼曰重朋、懦工；呕吐曰懦、若；咳嗽曰论、嘻；下痢曰过唱、董弄；病疟曰俄包、戈相；癫狂曰炳、寡；跛足曰加、架笳。

珍宝：金曰工、近；银曰凝、案；铜曰等、龙；铁曰陆、瓦；锡曰索、攸；钢曰萨、扛；铅曰永、元；钱曰屯曾、煎；玉曰玉、浪；宝曰宝、奥。

农工：垦田曰开垒、溉拿；筑田塍曰俄涸垒、沓波拿；以水灌入田内曰喓温逐垒、嗅染之拿；种田曰俄垒、戈拿；挑粪曰俄坟、阿奔；

粪田曰俄坟逐垒、阿奔之拿；布种曰撒秧、拖瓜；插禾曰挤秧、浪拿；薅秧曰扔雍、奈那；晾禾曰温雍、他戛；收获曰扔把、收谬；晾谷曰温他、把袄；种土曰俄打、戈那；薅草曰脱茹、拢压；割草曰扔茹、管牛_{下平}。

米谷： 谷曰把、奥于；白米曰堕老、阿奥；舂米曰堕宋、利奥；糯米曰宋篓、阿那；粘米曰宋昨、阿晋；谷壳①曰索娄、燃那；糠曰索、燃；麦曰门、阿芒；荞曰假门、芒芒；红稗曰西、阿望；小米曰都农、阿翁；豆曰都、娄妈；黄豆曰都广、同上；绿豆曰都波、娄兵；芝麻曰芝麻、同；杠豆曰都枉、娄必；扁豆曰都缚、阿巴；豆豉曰豉、嫣闷。

菜蔬： 菜曰茹、邦；青菜曰茹波、邦干；白菜曰茹过老、邦瓜好；油菜曰茹过有、邦油；芹菜曰茹京、邦芹；苋菜曰茹及、邦乱；薅菜曰脱茹、奈状；姜曰指、应；蒜曰堆、饿；葱曰茹葱、乌；韭曰茹韭、跑乌；芋子曰柴户、娄忍；山药曰玉朵、娄叟；蕨曰茹梭、邦坤。

果蓏： 桃曰敝裸、娄道_{下平}；李曰敝考、娄闷；核桃曰敝道_{下平}、娄招；梨曰敝、娄梨；柑曰殊、拿；葡萄曰敝更、娄卵；壶瓜、丝瓜俱曰阿都、娄王；杏曰家、而瓮；栗子曰敝芍、歪亚。

花木： 花曰绑、歪；兰曰莲、奶；菊曰保广、奶；艾曰岩、艾；藤曰□②、告；草曰娘、同；竹曰找、歪仁；木曰能、乌歪；松曰争芒、歪既；杉曰呵金、杉；桐曰呵当、歪高；漆曰呵腮、都良；棕曰曾棠、囊愠；柳曰养柳、歪鲁；羊桃藤曰敝芒、歪那；柴曰堆、文；生柴曰道波、文留；干柴曰道踝、文罗。

禽兽： 鸡曰喈、盖；鹅曰犒、雁；鸭曰歌、聘；鸦曰窝、哑；猪曰都脯、都暮；羊曰都养、都庸；猫曰都毛、猫；狗曰拉、都骂；马曰敝密、都马，水牛曰都勾、都歪；黄牛曰都母、都胄；鼠曰都博、都嗅；兔曰

---

① "壳"，原作"谷"，误，径改。
② 该民族语中无此词，故以空缺表示。

都乐、毛；猴曰夺冷、都灵；虎曰敝召、都恐；豹曰豹子、都空；鹿曰都佯、都。

　　鳞介：鲤鱼曰大里、都摆；鳅鱼曰麻丝、罢赖；鳝曰麻糯、罢剪；鳖鱼曰都九、都乌；龙曰敝攘、都区；蛇曰敝糯、都妪。

　　昆虫：蚊曰都芒、都良；虱曰硐、都南；蚤曰都膜、都曼；蜂曰螨、都更；蜜蜂曰蚝、都蝶；蜘蛛曰都盃、都告；蜻蜓曰浪温、温坝；蝗虫曰光密、都乱；虾蟆曰过戈、都硬；蚓曰都姜、都断。

　　以上见《安顺府志》。

咸丰《安顺府志》卷十五，咸丰元年[1851]刻本，第十六至二十三叶

（二）民国方志

1. 民国《贵州通志》

《风土志·方言·安顺夷语合释》[1]（存目）

2. 民国《贵州通志》

《土民志八·安顺府苗仲语合译》[2]（存目）

3. 民国《剑河县志》

卷七《语言》

　　本县种族复杂，大别之，有客家、苗家与侗家三种。客家即汉族，其先世多由湘、赣等地移殖来此，操音通官话与国语。苗家则为本地土著，故亦称本地人。大都结寨山居，鲜与外界往还，生活原始，文化低落，操特殊之方言，非客家所能了解，即所谓苗语。其祖先原有简单之文字，要已失传，今之苗家，亦不能解读其文字。

　　苗家之语言单纯，无所谓经济文化，仅以表达其生活而已。譬

---

① 此处所记，引用咸丰《安顺府志》卷十五《地理志·风俗附方言·苗语仲语合译》，不重录。
② 此处所记，同于咸丰《安顺府志》卷十五《地理志·风俗附方言·苗语仲语合译》，不重录。

如吃饭谓之"鲁（ㄗㄡ）格（ㄍㄜ）"，请坐谓之"娘（ㄅㄡ）堆（ㄒㄧ）"，睡觉谓之"别（ㄅㄧㄝ）呆（ㄅㄧㄞ）"，其发声多为唇音。

侗家亦具特殊之方言，其发音又与苗语截然不同，如吃饭谓之"计（ㄐㄧ）欧（ㄍㄡ）"，请坐谓之"遂（ㄙㄨㄟ）"，游玩谓之"尾（ㄨㄟ）眼（ㄧㄢ）"，唱歌谓之"向（ㄒㄧㄤ）阿（ㄚ）"，睡觉谓之"那（ㄅㄚ）"。唯侗家较苗家为进步，文化水准亦较高，多能操普通官话与国语，生活习惯已渐与汉族同化矣。

> 民国《剑河县志》卷七，民国三十四年［1945］纂修、1965年油印本，第九叶

4. 民国《定番县乡土教材调查报告》

第十二章·语文

定番苗、夷的言语，与汉语迥异，但定番苗、夷除小孩外，多能说定番的汉语，俗称为"客话"。他们说汉话时，不如汉人流利，与汉人通话时，往往有辞不达意之慨。定番的夷人，住处很集中，语言统一，发音相同，意义一致，所有夷人之间，从无不通语之感。定番苗人的种类有谷蔺苗、白苗、打田苗（俗语叫打铁苗）、青苗、山苗、海蚌苗、慈菰苗、盟芦苗等八种（详见人口一章）。住处分散，各苗的语言分歧，彼此殊异，相见之下，每不能互通心意。惟苗、夷均属文化落后的民族，按照文化传播的定例，必须吸收汉人的文化，可以补自己的不足。这种情形，我们在定番苗夷的语言中，也可以找出无数的例证，如苗人无"吃烟"的观念，则采取汉人所用者，呼曰"呼烟"；再如吃酒曰"呼焦"，买盐曰"门药"，一百曰"伊巴能"，等等。

> 民国《定番县乡土教材调查报告》第十二章，民国二十八年［1939］撰、1965年油印本，第二至三叶

5. 民国《晴隆县志》

卷九《第四章·第二节·语言及文字》

本县居民不论何族，均通汉语，俗谓之"官话"，惟苗夷等族说

汉话时，多生硬，尾音不明，入声字多读为平声；至于文字，皆习用汉文。苗族亦有文字，字形类似回文，但不常用，惟巫师（俗称"老魔"）习之。

"中国地方志集成"贵州府县志辑，第 31 册，第 577 页上栏

6. 民国《大定县志》

卷十三《风土志·殊语》

　　夫辞气鄙俗，曾子所嫉，南蛮鴃舌，孟子所羞。孙详雅音偶乖，则学徒因之不至；李业兴旧音未改，则梁人笑其失词。汉族方言既著于篇首，苗猓之音曾何足采？然而语言虽微，恒与其民族相始终，匪惟可以考民族之迁移，抑亦可以征群治之进退。昔王长孙作《河洛语音》，王之珂作《闽音》，必辨所载殊语，其例可循，爰师其意。类拾如下。

　　天，夷曰模，苗曰翁，猓罗曰坑，狆家曰闷。

　　日，汉曰太阳，夷曰宜，猓罗曰已、又曰宜比雅，狆家曰太握，苗曰顶。

　　月，汉曰月亮，夷曰洪，猓罗曰洪、又曰宜骂，狆曰冗乱，苗曰拉。

　　星，汉曰星宿音岫，夷曰姐阴平声，猓罗曰坚、又曰谢苏，狆家曰阑宜，苗曰孩。

　　风，夷曰赫，猓罗曰行、又曰蚌，狆家曰戎，苗曰哉。

　　云，夷曰枼，猓罗曰低，狆家曰窝，苗曰浪。

　　雨，夷曰哄，猓罗曰子，狆家曰问，苗曰囊。

　　雪，夷曰乌，猓罗曰暑，狆家曰耐，苗曰崩。

　　雷，猓罗曰穆支，苗曰咆皆。

　　雾，汉曰罩子，猓罗曰能。

　　露，苗曰标好，猓罗曰致。

　　电，汉曰火闪，猓罗曰橄乍。以上天文。

地,夷曰迷,猓罗曰图,独家曰赧,苗曰堆。

山,夷曰褒、又曰白,猓罗曰补、又曰蛊,独家曰播,苗曰卧。

河,夷曰逸,猓罗曰怯,独家曰打。

田,夷曰得阴平声,猓罗曰宁,独家曰纳,苗曰勒阴平声。

石,汉曰石头,夷曰落,猓罗曰罗。以上地舆。

东,夷曰果,猓罗曰费。

南,猓罗曰卧。

西,夷曰徐,猓罗曰杓。

北,猓罗曰刻。以上四方。

春,夷曰那阴平声,猓罗曰奶。

夏,夷曰诗,猓罗曰施。

秋,夷曰措阴平声,猓罗曰濯。

冬,夷曰出,猓罗曰初。以上四季。

正月,夷曰沓宏,猓罗曰太宜骂,苗曰着系。

二月,夷曰义宏,猓罗曰他宜骂,苗曰拉系。

三月,夷曰色宏,猓罗曰斯宜骂,苗曰然系。

四月,夷曰希宏,猓罗曰布宜骂,苗曰那系。

五月,夷曰我阴平声宏,猓罗曰乌宜骂,苗曰能系。

六月,夷曰鹊宏,猓罗曰邰宜骂,苗曰扬系。

七月,夷曰兮宏,猓罗曰戏宜骂,苗曰勒系。

八月,夷曰亥宏,猓罗曰赫宜骂,苗曰皆系。

九月,夷曰格阴平声宏,猓罗曰居宜骂,苗曰更系。

十月,夷曰册宏,猓罗曰词宜骂,苗曰巴系。

十一月,汉曰冬月,夷曰出宏,猓罗曰初宜骂,苗曰纳系。

十二月,汉曰腊月,夷曰册义宏,猓罗曰词斯宜骂,苗曰纽系。

甲,夷曰著,猓罗曰这。

乙,夷曰齐,猓罗亦曰齐。

丙，夷曰闭，猓罗曰被。

丁，夷曰塞，猓罗曰升。

戊，夷曰克，猓罗曰肯。

己，夷曰期，猓罗曰丘。

庚，夷曰亨，猓罗曰虚。

辛，夷曰亥，猓罗曰赫。

壬，夷曰惰，猓罗曰得。

癸，夷曰祷，猓罗曰都。以上天干。

子，夷曰哈，猓罗亦曰哈。

丑，夷曰宜，猓罗亦曰宜。

寅，夷曰腻，猓罗曰路。

卯，夷曰吐，猓罗曰他暑。

辰，夷曰鲁阴平声，猓罗亦曰鲁。

巳，夷曰射，猓罗曰奢。

午，夷曰摹，猓罗曰目。

未，夷曰合，猓罗曰和。

申，夷曰糯，猓罗曰诺。

酉，夷曰阿，猓罗曰挖。

戌，夷曰欺，猓罗亦曰欺。

亥，夷曰窟，猓罗曰凹。以上地支。

金，夷曰梭，猓罗曰腮，苗曰戈。

木，夷曰腮，苗曰等。

水，夷曰一，猓罗曰死贺，苗曰格。

火，夷曰惰，苗曰兜。

土，夷曰迷，猓罗曰厚。以上五行。

君，夷曰居，猓罗曰苴。

臣，夷曰慕，猓罗曰泸。

父，夷曰铺，猓猡亦曰铺、又曰阿把，独家曰波，苗曰阿未，侬架子曰阿乙。

母，夷曰阿妈，猓猡曰模，独家曰媄，苗曰阿赖，侬架子曰阿谜。

祖，夷曰阿不阴平声，猓猡曰阿褒，苗曰阿在，侬架子曰阿卑。

曾祖，夷曰阿权，猓猡曰阿铺，苗曰阿撒。

兄，汉曰哥，夷曰阿外，猓猡曰阿冢，苗曰果。

弟，夷曰业，猓猡曰恒，苗曰早。

夫，夷曰约，独家曰交，苗曰脚。

妻，苗曰味，独家曰雅。

子，夷曰汝阴平声，独家曰仑，苗曰洞。

孙，苗曰洽，独家曰烂。

姊，汉曰姐，夷曰阿楼阴平声，苗曰阿必平声，侬架子曰阿哥。

妹，夷曰出口，又曰阿木平声，苗曰赖他哥、又曰阿的，侬架子曰那平声哥。

舅，汉曰公公，猓猡曰约铺，独家曰拿。

姑，汉曰婆婆，猓猡曰阿宜，苗曰妈琅。

伯，苗曰叭鲁，仲家曰浪龙，猓猡曰先把。

叔，猓猡曰乍，独家曰浪好，苗曰叭耶。

嫂，猓猡曰阿暮，苗曰义。

婿，汉曰姑爷，猓猡曰序予，苗曰阿务。

母之兄弟，汉曰娘舅，猓猡曰阿迁，苗曰乃诺。

姊妹之子，汉曰甥，猓猡曰素把，亦曰肆，独家曰烂，苗曰年濯。

朋友，夷曰舒罗阴平声，猓猡曰乃义。以上伦纪。

酒，夷曰灾，猓猡曰止，独家曰老，苗曰助。

肉，夷曰呼，猓猡亦曰呼，独家曰傩，苗曰阿。

饭，猓猡曰加，夷曰粥，独家曰岩，苗曰麻。

菜，夷曰雾阴平声，猓猡曰务，苗亦曰务。

盐,夷曰初,苗曰郑,狪家曰决。

早餐,夷曰吃_{平声}煮,苗曰捞车,侬架子曰反六_{平声},猓罗曰滞。

午餐,夷曰搦_{平声}煮,苗曰捞所_{平声},侬架子曰瓦北,猓罗曰招。

晚餐,夷曰吃煮,苗曰捞摩,侬架子曰瓦波,猓罗曰迟。以上饮食。

屋,夷曰赫,侬架子曰槁木,苗曰蔽,猓罗曰行。

大屋,夷曰黑木,苗曰赖追。

小屋,夷曰黑八,苗曰阿米追。

升,苗曰披,狪家曰损。

斗,苗曰娄豆,狪家曰岛。

戥,狪家曰当,苗曰即仑。

秤,狪家曰葬,苗曰读戒。以上宫室器用。

荞,猓罗曰姑,狪家曰豪孟,苗曰祭。

麦,猓罗曰总,狪家曰豪摸,苗曰糟。

梁,猓罗曰目租,狪家曰豪粱,苗曰果粱。

豆,猓罗曰诺,狪家曰朵,苗曰布例。

穀,猓罗曰居,苗曰贤。

粘穀,猓罗曰作灭,狪家曰豪箭,苗曰箭。

糯穀,猓罗曰沙闵,狪家曰豪你,苗曰那。

稗,汉曰毛稗,夷曰把,狪家曰豪旺,苗曰放。

米,猓罗曰巴灭,狪家曰豪汪,苗曰努。以上五谷。

牛,猓罗曰妮,又曰慕,狪家曰池,苗曰纽。

马,猓罗曰谟,狪家曰麻,苗曰骂。

羊,猓罗曰彻毛,苗曰夬。

犬,猓罗曰期,狪家曰骂,苗曰戾。

豕,汉曰猪,猓罗曰凹,狪家曰暮,苗曰买。

猫,猓罗曰阿尔。

　　鸡,猓罗曰娃,独家曰盖,苗曰斗皆,夷曰哥。

　　龙,夷曰渣,猓罗曰奴。

　　蛇,猓罗曰寅胆,独家曰额,苗曰斗那。

　　虎,猓罗曰其褒,独家曰共,苗曰斗赵。

　　豹,猓罗曰则,独家曰标,苗曰斗诗。

　　鹅,猓罗曰俄,独家曰罕。

　　鸭,猓罗曰败,独家曰并,苗曰斗阿。

　　鱼,猓罗曰目,苗曰斗折。

　　鸟,独家曰若,苗曰念怒。

　　草,猓罗曰诗,独家曰哈,苗曰戛渣。以上飞潜动植。

　　民国《大定县志》卷十三,民国十五年[1926]石印本,第二四至三一叶

十二、地名及民俗记载中的
民族语言资料

地　名^①

清代方志

1. 乾隆《独山州志》

卷三《地理志·村落》

独山司：　摆九寨　　高岩寨　　拉细寨　　榔木寨　　摆笃寨
摆鲁寨　　苗林寨　　瑶家寨　　弄志寨　　蛮求寨　　播寨　　浪流寨
塘丈寨　　茂桑寨　　塘八寨　　尧寨　　白岩寨　　董隆寨　　祭荣寨
甲牌寨　　鸡窝寨　　拉者寨　　蛮纳寨　　播要寨　　蛮劳寨　　坡同寨
问口寨　　满罗三寨　　金寨　　甲笼寨　　拉巴寨　　甲捞寨　　翁奇寨
唱漫寨　　苗宜寨　　甲定寨　　夹西寨　　义寨　　基高寨　　夹东寨
塘古寨　　傍理寨　　巴录寨　　更周寨　　土把寨　　坡毫寨　　邬家寨
韦家寨　　拉杆洒寨　　牛角寨　　然存寨　　岩花寨　　支谷寨　　打作寨
匾怀寨　　塘木寨　　暮早寨　　苗翁寨　　塘鸭寨　　甲台寨　　班台寨
瓮秦寨　　拉林寨　　苗攀寨　　拉干寨　　新寨　　蛮墨寨　　班志寨
敷寨　　虎场寨　　高乙寨　　文家寨　　三脚寨　　平正寨　　甲塘寨
尧落寨　　拉禳寨　　漂寨　　亥寨　　罗寨　　秋寨　　塘容寨　　董旦寨

---

①　以下所录只是较为典型地名资料，而非全部，希望借以引起学界的关注。民国
　　贵州地方志中也不乏类似的典型地名资料，兹不复录。

拜颜寨　　巴羊寨　　蛮端寨　　尧元寨　　打羊寨　　更念寨　　其标寨
打然寨　　更塘寨　　滥泥寨　　瓮乔寨　　奇三寨　　小河寨　　母鱼河寨
水岩寨　　打锡寨　　拉罢寨　　宁寨　　夹才寨　　千送寨　　夭水东寨
计笼寨　　维寨　　雍寨　　州后寨　　难寨　　当寨　　高寨　　江寨
拉辨寨　　王屯寨　　利沙寨　　巴赛寨　　打山寨　　里蜡寨　　坛子窑寨
知查寨　　者蜡寨　　里院寨　　蛮傍寨　　巴怀寨　　鲁降寨　　朵罗寨
蛮洗寨　　马鞍寨　　石板寨　　交然寨　　大地寨　　短汝寨　　蛮瓮寨
蛮孔寨　　交董寨　　大麻寨　　小麻寨　　蛮塘寨　　平左寨　　塘勒寨
简丽寨　　鸡袍寨　　瓢洞寨　　尧罕寨　　羊地寨　　塘董寨　　塘怀寨
兰寨　　然供寨　　莫四寨　　拜棒寨　　更挠寨　　巴敬寨　　巴香寨
计力寨　　然包寨　　熟内寨　　送恭寨　　巴牙寨　　塘正寨　　更折寨
小兔塘寨　　蛮庄寨　　塘谷寨　　蛮化寨　　蛮柳斋　　者眠寨　　长塘寨
大巴寨　　瓮赖寨　　傍塘寨　　孔讲寨　　摆罗寨　　万家寨　　杨家庄
胡家庄　　摇梭寨　　拉彼寨　　拉步寨　　拉平寨　　丙瓦寨　　甲报寨
蛮修寨　　龙井寨　　命寨　　大瓮坑寨　　小瓮坑寨　　丙寨　　琼寨
拉丙寨　　拉熟寨　　格寨　　蛮禄寨　　拜寄寨　　纳拜寨　　何家寨
蛮牙寨　　夹沙寨　　夹赛寨　　交林寨　　鸡公寨　　者梭寨　　摆丢寨
鸡寨　　拉羡寨　　翁彪寨　　更庄寨　　约寨　　巴囊寨　　该寨　　三应寨
彝朗寨　　蛮凹寨　　朗留寨　　小水东寨　　拜寅寨　　拉咬寨　　翁进寨
翁奇三寨　　苗渊三寨　　蛮了寨　　甲乃寨　　哨上寨　　抵岩寨
康朗寨　　甲诈寨　　三骂寨　　把寨　　等寨　　夜寨　　义董寨　　独勒寨
槐花寨　　尧朗寨　　仁近寨　　打老寨

　　丰宁上司：上旺堆寨　　下旺堆寨　　拉贡寨　　庚庄寨　　扯旺寨
下江寨　　牛角寨　　三坡寨　　歌寨　　视高寨　　者尧寨　　王龙寨
者保寨　　唐又寨　　王拉寨　　拉饶寨　　更郡寨　　坡要寨　　西林寨
坡怀寨　　拉荡寨　　拉磨寨　　拉才寨　　顶鲁寨　　浪寨　　牙寨
打拉寨　　近寨　　进寨　　尧情寨　　尧坝寨　　甲马寨　　唐雅寨

打林寨　　燕寨　　蛮慕寨　　弄桃寨　　打线寨　　冗点寨　　冗井寨
交摆寨　　龙塘寨　　贺寨　　纳寨　　王冗寨　　饶寨　　米洞寨　　米慕寨
米田寨　　者维寨　　者匣寨　　蛮状寨　　坡降寨　　上坡寨　　下坡寨
蛮孔寨　　蛮麻寨　　拉唐寨　　唐琥寨　　辨寨　　蛮傍寨　　打或寨
蛮隆寨　　更若寨　　上黑寨　　下黑寨　　唐伦寨　　化良寨　　交乔寨
外卜寨　　角寨　　唐忙寨　　拉祆寨　　外东寨　　外旦寨　　拉赖寨
拉干寨　　总乃寨　　者拉寨　　者赧寨　　袍寨　　冗纳寨　　母化寨
董寅寨　　者桃寨　　坡来寨　　者饶寨　　母罗寨　　拉闹寨　　鲁降寨
母拉寨　　冗怀寨　　纳慕寨　　冗打寨　　王寨　　干拉寨　　者乖寨
洒力寨　　尧合寨　　海寨　　苟寨　　盖寨　　翁想寨　　拉幹寨　　拉外寨
者降寨　　公九寨　　董拉寨　　拉横寨　　福寨　　拉捧寨　　纳怀寨
蛮甫寨　　蛮冗寨　　峰匣寨　　甲雅寨　　峰甲寨　　者蒙寨　　拉外寨
拉朵寨　　巴蕉寨　　半寨　　点寨　　唐必寨　　唐改寨　　拉达寨
唐本寨　　香干寨　　香夜寨　　冗毫寨　　蛮任寨　　任墨寨　　巴言寨
巴浮寨　　巴怀寨　　蛮角寨　　拉蔑寨　　打冒寨　　者耶寨　　拉号寨
东尧寨　　景平寨　　琴寨　　养寨　　董大寨　　惰寨　　更言寨　　蛮然寨
巴廷寨　　蛮所寨　　拉约寨　　唐牧寨　　甲浪寨　　冗更寨　　弄别寨
视怀寨　　蛮看寨　　者佳寨　　者然寨　　莫羊寨　　年今寨　　丙艾寨
总夜寨　　者弄寨　　平寨　　墨石寨　　交鲁寨　　札寨　　曾寨　　甲角寨
地下寨　　坝尾寨　　甲也寨　　拉偶寨　　尧贺寨　　拉讽寨　　拉松寨
打头寨　　坟山寨　　撒立寨　　尧眉寨　　者按寨　　慕龙寨

　　丰宁下司：董内寨　　龙井寨　　拉暮寨　　拉厘寨　　白花寨
九门寨　　哆啰寨　　王後寨　　蛮免寨　　蛮洛寨　　蛮萌寨　　蛮鲁寨
蛮维寨　　蛮亥寨　　蛮连寨　　蛮烘寨　　拉邑寨　　拉桑寨　　拉者寨
拉坝寨　　憨寨　　摇内寨　　芽平寨　　扁近寨　　小斗寨　　三脚寨
南会寨　　打寨　　纳羊寨　　塘头寨　　铁坑寨　　摇拉寨　　黄泥寨
斗篷寨　　布寨　　交暮寨　　南寨　　尾寨　　扳达寨　　扳甫寨　　摇南寨

长塘寨　打叶寨　蛮往寨　拉来寨　拉尾寨　扳连寨　扳兔寨
董台寨　拉溜寨　猺益寨　播寨　牛角寨　拉若寨　拉矮寨
者交寨　落桑寨　拉庄寨　拉连寨　打它寨　者宜寨　把盏寨
慕八寨　打六寨　贡寨　打邪寨

　　烂土司：尧辉寨　尧瓦寨　罕唐四寨　靠寨五寨　拉石六寨
天星坉三寨　打勿寨　水扳五寨　计赖四寨　董领寨　兰上寨
宁寨　中安三寨　教寨三寨　交卧三寨　克偕寨　排扫寨
濛寨三寨　蛮乏寨　羊脚三寨　阳乐四寨　唐志寨　拉号寨
拉遇坏五寨　罗家寨　拉浪三寨　蛮穷寨　蛮盘寨　唐力寨
大良寨　蛮岩寨　蛮拱寨　助上寨　器寨三寨　蛮漫寨
者然六寨　蛮存寨　丙法寨　巴右寨　架桥寨　者凉寨　骡马寨
破曲寨　王香寨　慕陶寨　打锄二寨　巴索寨　巴盐寨　赛帽寨
蛮蒙寨　拉要寨　巴外寨　拉怀寨　蛮因寨　李家寨　明寨
豪寨　尧平寨　抗谷寨　董蒙寨　巴卜寨　蛮阳寨　巴棉寨
三脚四寨　姑娄寨　外赏寨　姑卦寨　牌稍寨　拉揽寨
大略三寨　石切寨　营寨　拉罢寨　巴架寨　落马寨　巴才寨
塘石寨　拉芒寨　打桃寨　茂桃寨　贯者寨　董丙寨　羊脚寨
羊猛寨　羊落寨　拉洒寨　拉墙寨　沙纳寨　旺寨　沙叶寨
巴平寨　乌劳寨　排洒寨　董热寨　山冲寨　排埒寨　洒地寨
漫扎寨　巴开寨

　　三埪舍：倒寨　祆寨　屋寨　翁良寨　然荣寨　千坪寨
傍既寨　董汪寨　拉千寨　蛮道寨　央寨　翁寨　瑶弓寨
瑶王寨　八约寨　瑶莘寨　然戎寨　用寨　唐年寨　董鞯寨
哆啰寨　坡图寨　猺赫寨　猺董寨　瑶令寨　甲翁寨　冷水寨
蛮在寨　瑶郎寨　董岭寨　瑶琴寨　房寨　董八寨　瑶连寨
瑶蒙寨

　　普安舍：交然三寨　尧基二寨　巴若二寨　冘斤寨　交同寨

平寨二寨　　冗羊寨　　巴念寨　　沃坉三寨　　马场三寨　　巴林二寨
尧平寨　　洒从寨　　张家冲二寨　　交赖寨　　蛮兰寨　　巴艾五寨
打剑三寨　　班台四寨　　羊伦二寨　　夜高四寨　　苗基七寨
普坁六寨　　苦竹寨　　甲蜡四寨　　的匀四寨　　总蒋五寨　　乌工三寨
知照二寨　　羊柬三寨　　羊勇五寨　　高然三寨　　排月寨　　翁其三寨
以济三寨　　高同五寨　　摆残二寨　　乌拉寨　　摆招二寨　　亚工寨
排都二寨　　拉览二寨　　岩锄二寨　　羊忙寨　　底到寨　　交梨四寨
打孟三寨　　高坉三寨　　大塘寨　　者残四寨　　梨岩寨　　莪浦二寨
巴孟寨　　牛皮二寨　　留寨二寨　　洛价寨　　外朋寨　　彚坝寨
拉高寨　　慕上寨　　四十寨　　卢未寨　　巴潭寨　　新寨　　慕冈寨
羊能寨　　拉厌寨　　塘印寨　　巴棉寨　　王家寨　　拉毫寨　　高要寨
也足寨　　使牛寨　　乌控寨　　也非寨　　同是寨

乾隆《独山州志》卷三,清乾隆三十四年[1769]刻本,第一至六叶

按：以上不少地名资料结构规律较为明显,其间理据与文化内涵,值得从民族语言研究、地名研究的角度加以深入考察。按结构规律大略概括如下:

"摆(拜)×"结构,有"摆九寨、摆笃寨、摆鲁寨、摆残二寨、摆招二寨、拜颜寨、拜棒寨、摆罗寨、拜寄寨、纳拜寨、摆丢寨、拜寅寨"等。

"巴×"结构,有"巴羊寨、巴赛寨、巴怀寨、巴敬寨、大巴寨、巴囊寨、把寨、巴言寨、巴浮寨、巴怀寨、巴廷寨、巴索寨、巴外寨、巴卜寨、巴棉寨、巴架寨、巴才寨、巴平寨、巴开寨、巴若二寨、巴林二寨、巴艾五寨、巴孟寨、巴潭寨、巴棉寨"等。

"拉×"结构,有"拉细寨、拉者寨、拉巴寨、拉杆洒寨、拉林寨、拉干寨、拉罢寨、拉辨寨、拉步寨、拉平、拉丙寨、拉熟寨、拉美寨、拉贡寨、王拉寨、拉饶寨、拉荡寨、拉磨寨、拉才寨、拉唐寨、拉赖寨、拉干寨、拉闹寨、拉幹寨、拉妹寨、拉横寨、拉捧寨、拉外寨、拉朵寨、拉

蓑寨、拉号寨、拉约寨、拉偶寨、拉讽寨、拉松寨、拉暮寨、拉岜寨、拉桑寨、拉者寨、拉坝寨、拉来寨　拉尾寨、拉溜寨、拉若寨、拉矮寨、拉庄寨、拉连寨、拉石六寨、拉号寨、拉遇坏五寨、拉浪三寨、拉蔓寨、拉怀寨、拉罢寨、拉洒寨、拉墙寨、拉千寨、拉览二寨、拉高寨、拉厌寨、拉毫寨"等。

"塘（唐）×"结构，有"塘丈寨、塘八寨、塘古寨、塘木寨、塘容寨、更塘寨、塘勒寨、塘董寨、塘怀寨、塘正寨、塘谷寨、长塘寨、傍塘寨、唐又寨、唐雅寨、唐琥寨、唐伦寨、唐忙寨、唐必寨、唐改寨、唐本寨、塘头寨、唐志寨、唐刀寨、塘石寨"等。

"尧×"结构，有"尧寨、尧落寨、尧元寨、尧合寨、东尧寨、尧贺寨、尧眉寨、尧辉寨、尧瓦寨、尧平寨、尧基三寨、尧平寨、尧朗寨"等。

"甲×"结构，有"甲牌寨、甲笸寨、甲捞寨、甲定寨、夹西寨、夹东寨、甲台寨、甲塘寨、夹才寨、甲乃寨、甲诈寨、甲马寨、甲浪寨、甲角寨、甲也寨、甲翁寨"等。

"打×"结构①，有"打作寨、打羊寨、打然寨、打锡寨、打山寨、打老寨、打拉寨、打林寨、打或寨、打冒寨、打颐寨、打寨、打叶寨、打它寨、打六寨、打那寨、打勿寨、打桃寨、打剑三寨、打孟三寨"等。

"蛮×"结构，有"蛮纳寨、蛮劳寨、蛮墨寨、蛮端寨、蛮洗、蛮瓮寨蛮孔、蛮塘寨、蛮庄寨、蛮柳斋、蛮修寨、蛮禄寨、蛮牙寨、蛮了寨、蛮状寨、蛮孔寨、蛮麻寨、蛮傍寨、蛮隆寨、蛮甫寨、蛮任寨、蛮然、蛮看寨、蛮免寨、蛮洛寨、蛮萌寨、蛮鲁寨、蛮维寨、蛮亥寨、蛮连寨、蛮烘寨、蛮穷寨、蛮盘寨、蛮岩寨、蛮拱寨、蛮漫寨、蛮存寨、蛮蒙寨"等。

"者×"结构，有"者蜡寨、者眠寨、者梭寨、者尧寨、者保寨、者维寨、者匣寨、者拉寨、者赧寨、者饶寨、者乖寨、者降寨、者蒙寨、者

① 据乾隆《独山州志》卷三《地理志·方言·狪家语》所记"河曰打"，以及光绪《水城厅采访册》卷四《食货·方言·狪家语》所记"河曰打"，则"打×"的地名结构，其核心理据可能与河流相关。

佳寨、者然寨、者弄寨、者按寨、者交寨、者宜寨、者凉寨"等。

　　"董×"结构,有"董隆寨、义董寨、董寅寨、董拉寨、董大寨、董内寨、董台寨、董领寨、董蒙寨、董丙寨、董热寨、董汪寨、董轙寨、董岭寨、董八寨"等。

　　"冘×"结构①,有"冘点寨、冘井寨、王冘寨、冘纳寨、冘怀寨、冘打寨、蛮冘寨、冘毫寨、冘更寨、冘斤寨、冘羊寨"等。

　　"羊×"结构,有"羊地寨、纳羊寨、羊脚三寨、羊脚寨、羊猛寨、羊落寨、冘羊寨、羊伦二寨、羊束三寨、羊勇五寨、羊忙寨"等。

　　"瑶(摇、猺)×"结构,有"瑶家寨、摇梭寨、摇内寨、摇拉寨、瑶弓寨、瑶王寨、瑶苇、猺赫寨、猺董寨、瑶令寨、瑶郎寨、瑶琴寨、瑶连寨、瑶蒙寨"等。

　　"翁(瓮)×"结构②,有"翁奇寨、瓮秦寨、瓮乔寨、翁彪寨、翁进寨、翁奇三寨、翁想寨、翁寨、翁寨、甲翁寨、翁其三寨"等。

2. 道光《永宁州志》

卷三《地理·村寨》

　　　南界募役司头甲：　享乐寨　　　毛栗寨　　　者棒寨　　　泥所寨
鸭子寨　　上关口　　下关口　　块榜寨　　酸枣寨　　马食寨　　落烘寨
董贡寨　　水田坝　　坡麻寨　　坡坎寨　　落布寨　　木寨　　牛田
簸箕寨　　扒子寨　　法岔寨

　　　东南界募役司二甲：　法泥　　　喜戛寨　　　以作寨　　　冬足寨
下岩寨　　木革寨　　哨上寨　　上岩寨　　落哨寨　　木耙寨　　落安寨
喜架寨　　花月　　打至　　黄泥哨　　那大关　　喜旺寨　　简益寨

---

① 据乾隆《独山州志》卷三《地理志·方言·狇家语》所记"月曰冘乱""风曰戎",以及光绪《水城厅采访册》卷四《食货·方言·狇家语》所记"月曰冘乱""风曰戎",则"冘×"的地名结构,其核心理据可能与月亮或风有关。

② 据乾隆《独山州志》卷三《地理志·方言·水家语》所记"官曰翁",以及民国《贵州通志·风土志·方言·都匀夷语·狇山水家语》所记"官曰翁",则"翁×"的地名结构,其核心理据可能与"官"有关。

阿喇寨

西南界募役司三甲：平寨　落盘寨　木工寨　松得寨　喜塔寨　豆腐岭　明月箐　干田　良节寨　纳色寨　偏坡　落蟒寨　柑子寨　岗所寨　上石灰　上瓜　花戛　下石灰　新寨　果别　下瓜　多得寨　高寨　板贵寨　落洞　新铺后寨

东南界募役司四甲：木咱寨　上那寨　摆波寨　上郎先　下郎先　下那忙　董札营　凉水井　检桃寨　朗章寨　普又寨　板怀寨

东界下募役：卜冲　八河　铜鼓井　磨子山　龙潭寨　石溪寨　牛角硐　姑娘庄　大木哈　陇工哨　法奓　烈山　杉木寨　石汪寨　安宁庄　牛口　礼义　纳代　平安寨　小平寨　河头　猪场坝　盔林甲　阿由寨　以莫寨　梭头寨　底母　落朗　王安寨　犬木山　阿凹寨　三岔湾　海马溪　箐口　打鱼寨

东界顶营司尾纳：黑泥凹　阿桑寨　鲁灰　阿各　窝得寨　八角岩　顶营哨　大龙潭　纳併寨　板王寨　许杵　小坝　木架寨　纳募　鸡窝田　波罗沟　那大　水寨　那花　花鱼井

西边雷打岩：既王　火把岩　梭落寨　岩上　雨窝　新寨　乌蜡岩　上苑　烈山　坡坏　者斗　落榛寨　那得

东界顶营司下布马：红岩　红花园　驴子寨　竹林寨　黄土坉　斧头寨　青岗林　化木孔　养马寨　水塘寨　白马哨　蜜蜂岩

北界沙营司法纳：果枝　果戛　旧营　沙营　上盘江　谷日　阿白寨　落泱　尾里寨　岗乌　丙坝　石头寨　仰革　下盘江　养牛寨　口答寨　马董寨　阿亚笼　那稿　得力箐　卜利　陇古寨　阿良寨　简庄　阿康寨　萝卜寨　麻布寨　瓮得　阿羊寨　阿都寨　麻龙宫　二官寨　阿黑寨　兔场哨　箐口　龙潭寨　新寨　阿冒寨　枫香岭　奓乍　补母当　阿翁寨　洒崩

东界阿果枝：那大　卡棒　滑石哨　王三寨　可播　坝伞
阿贡寨　石头寨　硐口　大洋溪　小抵拱　龙头山　偏坡　平寨
拦马田　猓戛寨　卜乂　林王　阿棉寨　三架寨　洒把寨　本寨

东南界八十石新寨：董榜　栲挒哨　者乮庄　即工　坡冒
郎定　木皮寨　高寨　陇工　上下苑　红岩　三房寨　红岸
板吾　巴林　郎妹　且二　郎产　摆渡　龙瓜树

东北界六保枝尾革：坎黎　燕子岩　丙志　坝湾　阿慈寨
陇黎　上坡贡　偏坡　坡头寨　下坡寨　纳冗　中寨　木士寨
纳渡　小平寨　猓纳寨　头目寨　苗寨　凤凰关　丁孝寨
落烘寨　多林寨　上寨　可马寨　者田寨　苦竹林　毛草坪
平寨

东南界上三马：乐举司　洒凹寨　弄软寨　仁齐寨　法艾寨
顶洪寨　纳立寨　喜以寨　这元寨　仰峨寨　大坉司　打罕寨
纳有　江纳寨　喜茹寨　石头寨　邕先寨　纳劳寨　花牛寨
弄袍寨　戛答寨　江纳寨　纳沙寨　坡红寨　娿（rú）戎寨
板门寨　打帮寨　喜妹沟　喜怀寨　老鸦岩寨　复泥寨　纳浩寨
磨周寨　坡凹寨　纳王寨　弄凡寨　磨抵寨　弄林寨　夹道寨
纳凡寨　弄乃寨　坡捞寨　巧工寨

八大司：八大新寨　滥田冲　上板骂　邕举寨　板乐寨
老刘寨　板兴寨　板羊寨　洒浪寨　巧硐寨　上板羊　上打万
丙坝寨　坡冒寨　喜朝寨　榜路寨　板要寨　喜相寨　喜漫寨
喜理寨　邕呈寨　者认寨

东南界下三马：乐运哨　扁脚寨　法要寨　那坎寨　那牌寨
乐谢寨　板岩寨　板干寨　阳降寨　喜路寨　邕便寨　板外寨
红浪寨　顶坛寨　那棉寨　板干上苑　洒鞋寨　牛头寨　者介寨
邕林寨　磨得寨　由蜡寨　纳磨寨

乐坝哨　那袍寨　朵万寨　仁榜　乐臺寨　那襄寨　由坝寨

新坉寨　排沙寨　里木寨　匾翁寨　令全寨　弄山寨

播西哨　容怀寨　坝卧寨　下营寨　纳见寨　邕力寨　邕怀这阳　弄袍　喜染寨　纳右苗寨

西南界江外：明望寨　坡鸾寨　高龙寨　南关寨　羊林寨冗达寨　打村寨　坡哈寨　金井寨　这爱寨

道光《永宁州志》卷三，清道光十七年［1832］刻本，第三十四至三十九叶

按：以上不少地名资料有较为明显的结构规律，其间理据与文化内涵，亦值得从民族语言研究、地名研究的角度加以深入考察。按结构规律总体概括如下：

"那（纳）×"结构，有"那大、那花、那得、那稿、那坎寨、那牌寨、那棉寨、那袍寨、那襻寨、纳色寨、纳代、纳併寨、纳冗、纳渡、纳立寨、纳有、纳劳寨、纳沙寨、纳浩寨、纳王寨、纳凡寨、纳磨寨、纳见寨、纳右苗寨"等。又，"上那寨、下那忙、江纳寨"等，亦含"那（纳）"字。

"阿×"结构，有"阿喇寨、阿由寨、阿桑寨、阿各、阿白寨、阿亚笼、阿良寨、阿康寨、阿羊寨、阿都寨、阿黑寨、阿冒寨、阿翁寨、阿贡寨、阿棉寨、阿慈寨"等。

"板×"结构，有"板贵寨、板怀寨、板王寨、板吾、板门寨、板乐寨、板兴寨、板羊寨、板要寨、板岩寨、板干寨、板外寨、板干"等。又，"上板骂""上板羊"，亦含"板"字。

"喜×"结构，有"喜夏寨、喜架寨、喜旺寨、喜塔寨、喜以寨、喜妹沟、喜怀寨、喜朝寨、喜相寨、喜理寨、喜路寨、喜染寨"等。

"打×"结构，有"打至、打鱼寨、打罕寨、打帮寨、打村寨"等。又，"上打万"，亦含"打"字。

"弄×"结构，有"弄软寨、弄袍寨、弄凡寨、弄林寨、弄乃寨、弄山寨、弄袍"等。

"法×"结构，有"法岔寨、法泥、法歪、法艾寨、法要寨"等。

　　"洒×"结构,有"洒崩、洒把寨、洒凹寨、洒浪寨、洒鞋寨"等。

　　"者×"结构,有"者棒寨、者斗、者峇庄、者田寨、者认寨、者介寨"等。

　　"以×"结构,有"以作寨、以莫寨"。又,"喜以寨",亦含"以"字。

　　"这×"结构,有"这元寨、这阳、这爱寨"。

　　"×得"结构,有"松得寨、多得寨、窝得寨、磨得寨"等。又,"那得""得力箐",亦含"得"字。

　　"×夏"结构,有"喜夏、花夏、果夏、猓夏寨"等。又,"夏答寨",亦含"夏"字。

3. 光绪《古州厅志》

卷一《苗寨》①

　　东路苗寨里程：　滚玉寨②　　伞扒寨　　八匡寨　　盘矬寨
盘阳寨　　新寨　　高扒寨　　宰大寨　　苗蓝寨　　岭锁寨　　寨麻寨
茶寨　　高洞寨　　利洞寨　　定弄寨　　高赧寨

　　南路苗寨里程：鸭拔寨　　宰笋寨　　蜡苓寨　　孟潘寨　　蜡子寨
龙头寨　　蜡酉寨　　俾鸭寨　　八救寨　　高同寨　　高赛寨　　高谁寨
岑扛寨　　俾奶寨　　俾柳寨　　分引寨　　加武寨　　党安寨　　引窝寨
邱阿寨　　加溪寨　　改里寨　　赧冷寨　　加里寨　　加赧寨　　九邱寨
加坳寨　　加退寨　　俾勤寨　　加乃寨　　高雅寨　　八开寨　　加去寨

---

①　此处所记地名,"高×寨""加×寨""俾×寨""计×寨""八×寨"均成批出现,可知"高""加""俾""计""八"等词(音译词),当是与相应民族生产生活、精神文化密切相关的事物,若从语言的角度看,这些词,都可归属于该民族语言中较为常见、使用频率较高的基本词。又,地方志所记录的民族语言资料,地名是必不可少的板块,整理与研究时,不能视而不见,但是,什么样的地名材料方能称之为"民族语言资料",需要审慎筛选鉴别,筛选鉴别的标准,应以具有典型性、系统性,并能从中找寻语言与民族文化内涵者为首要。属于民族语言资料,但其中蕴含的语言和民族文化内涵不突出者,一笔带过即可。

②　只记地名,地名后所附小字(即位置里程),不再录出,以免繁复。

俾赖寨　　加良寨　　耶梭寨　　加化寨　　俾计寨　　计维寨　　俾抵寨

计化寨　　格弄寨　　计哀寨　　俾绍寨　　加早寨　　引堆寨　　俾拉寨

牛场　　俾九寨　　计水寨　　妙酉寨　　孟冬寨　　定旦寨　　在比寨

俾公寨　　革赧寨　　乌将寨　　俾辽寨　　俾亡寨　　八董寨　　拉立寨

都什寨　　蜡亮寨　　八吉寨　　乌泥寨　　归奶二寨　俾九寨　　俾打寨

台寨　　高旧寨　　高祥寨　　新寨　　高孖寨　　俾倍寨　　空乃寨

高排寨　　平禹寨　　礼色寨　　八蒙寨　　岩寨　　杨翁寨　　水彭寨

上下五寨　水尾寨　　霸皆寨　　拉巳寨　　高鱼寨　　滚通寨　　干永寨

斗篷寨　　塘沙寨　　龙榜大山　下康坡　　孖蒙寨　　乌丢寨

西路苗寨里程：八孖寨　料里寨　高文寨　高武寨　水西寨

八遂寨　　归利寨　　马寨　　乌酬寨　　俾赖寨　　马厂寨　　归教寨

平江寨　　当鸠寨　　长寨　　鸡弄寨　　得蜡寨　　八鲁寨　　格陇寨

鸡俾寨　　双溪口寨　地足寨　　孖尧寨　　高格寨　　归被寨　　俾佳寨

归农寨　　高既寨　　鸡底寨　　苗勒寨　　架你寨　　寻朱寨　　故衣寨

南丹寨　　乌翁寨　　冷衣寨　　四格寨　　岭倍寨　　脚车寨

怎冷寨。①

北路苗寨里程：车寨　章鲁寨　者头寨　墨寨　月寨　口寨

定达寨　　高文寨　　新寨　　江边寨　　者告寨　　更扒寨　　华兰寨

母守寨　　乐乡寨　　平比寨　　怎丢寨　　俾州寨　　孖蜡寨　　唐冷寨

康黄寨　　母香寨　　上受寨　　下受寨　　平列寨　　者应寨　　正罗寨

岭贾寨　　高牙寨　　怎矮寨　　观音寨　　平松寨　　三洲寨　　寨蒿寨

八妹寨　　孟冲寨　　赧勇寨　　岑音寨　　俾沟寨　　高孖寨　　龙易寨

大榜寨　　孖娄寨　　孖妹寨　　千衣寨　　遂里寨　　高平寨　　养花寨

---

① 此处地名中，有上述成批出现的"高""俾""八"等词（音译词），此外，亦有"鸡"
"归""乌""冷""孖"等词成规律出现，其间应蕴含着特殊的民族文化及语言文
化内涵。又，其中"鸡 X"，似与上则之"计 X"构词理据相同，"鸡""计"所指词
源很可能是一致的。

小寨　　上者寨　　定酗寨　　岭转寨　　宰例寨　　高表寨　　空龙寨

高便寨　　乌工寨　　九董寨　　高冈寨　　俾酗寨　　归罗寨　　遂里

高婆寨　　空申寨　　乔勒寨　　空例寨　　平劳寨　　保里寨　　大寨

扣列寨　　平敖寨　　基①纱寨　　洛里寨　　新寨　　下者寨　　岑环寨

大寨　　牙短寨　　小寨　　往里　　平定　　上者香　　岑归寨　　呼里寨

公皆寨　　平妈寨　　骂我寨　　得里寨　　香岭寨　　归尾寨　　者龙寨

归虽寨　　王寨　　西寨　　小寨　　本里大寨　　旧寨　　梅得寨　　平寨

归你寨　　养俾寨　　归得寨　　下绍寨　　苗养寨　　上绍寨　　归七寨

岑门寨　　岑梗寨　　定向寨　　岑醉寨　　展邦寨　　归勇寨　　色同寨

高兴寨　　加宠寨　　眼丁寨　　乌寨　　孖俾寨　　官丹寨　　向纽寨

养汪寨　　乌济寨　　养提寨　　归西寨　　乌商寨　　岑老寨　　旁岑寨②

光绪《古州厅志》卷一,清光绪十四年[1888]刻本,第十二至十七叶

民　　俗

（一）清代方志

1. 宣统《安南县乡土志》

第一编《乡土历史·人类》

蔡家即蔡人,春秋时为楚子所俘,在白家塘。男子制毡为衣,
妇人以毡为髻,饰以青布,若牛角状,用长簪绾之,短衣长裙,以耕

---

① "基"与上述"鸡""计"所指词源似同。

② 此处地名中,除上述"高""八""俾""孖""乌""归"等词外,亦有"者""母""怎"
"岑""养"等词呈一定规律出现,其间也应蕴含着特殊的民族文化及语言文化
内涵。又,其中"者"似即"怎",其所指词源也应该一致。可见,明清民国滇黔
方志在记录少数民族地区地名时,有时只着意于其读音,其背后的理据多不关
注,致使命名理据同一或近似的地名,时常以多个形体不同、读音相近的汉字
记录,需要整理者细心辨别。

为业。丧礼杀牛宰牲,群聚跳舞,名曰"作戛"。

宣统《安南县乡土志》第一编,1964 年油印本,第二十四叶

2. 宣统《贵州地理志》

卷三《种族》

  蔡家苗: 在贵筑、修文、清平、清镇、咸宁、大定、平远诸地。本中国之裔,春秋时,蔡为楚所灭,俘其人于此。其俗,男子制毡为衣,妇人以毡为髻,饰以青布,若牛角状,高尺许,用长簪绾之,短衣长裙。翁媳不通言。居丧三月,不食米肉,惟饮稗粥,犹存古礼。杀牛宰牲,聚亲属吹笙跳舞,名曰"做戛"。夫死,以妇殉葬,妇家夺去乃免。

"中国地方志集成"贵州府县志辑,第 1 册,第 514 页上栏

(二) 民国方志

民国《兴仁县志》

卷九《风物志·风俗》

  《黔书》云:"黔苗不娴音律。"然芦笙之制,六管栉比,跳月时,凡苗童皆人握一具,笙梢系葫芦,贮水,吹久簧燥,以水润之。僰谓吹笙好曰"婷扒",其音与今风琴相似。

  每六日一趁集,汉曰"赶场",黑苗语曰"猛",仲苗曰"踔",苗女三五相伴,麇集其间,曼声低唱。

  三月三日为"更将",犹云过小年也;六月六日为"更六",犹云过六月六也。是日为换带期,群苗室女,裸浴溪中,人或薄而观之,赠以裙带,则尤喜,其不得带而归者,父母以为耻。

民国《兴仁县志》卷九,1965 年油印本,第三十二、三十三、三十四叶

图书在版编目(CIP)数据

明清民国滇黔地方志中民族语言资料分类汇编 / 乔
立智编著. --上海：上海古籍出版社，2024.7.
ISBN 978-7-5732-1240-5

Ⅰ. H2

中国国家版本馆 CIP 数据核字第 20247KT839 号

明清民国滇黔地方志中民族语言资料分类汇编

乔立智　编著

上海古籍出版社出版发行

（上海市闵行区号景路 159 弄 1-5 号 A 座 5F　邮政编码 201101）

（1）网址：www.guji.com.cn

（2）E-mail：guji1@guji.com.cn

（3）易文网网址：www.ewen.co

上海商务联西印刷有限公司印刷

开本 890×1240　1/32　印张 11.5　插页 2　字数 278,000

2024 年 7 月第 1 版　2024 年 7 月第 1 次印刷

ISBN 978-7-5732-1240-5

H·277　定价：68.00 元

如有质量问题，请与承印公司联系